GERBELLE
& MAURANGE

Les meilleurs vins à petits prix

2009

LA REVUE DU
vin
DE FRANCE

LA REVUE DU vin DE FRANCE

Découvrez La

Chaque mois

MILLÉSIME 2007 EN ALSACE

Alsace : dénichez les vignerons exigeants !

Parcourez

le **vignoble**
à la découverte
des **terroirs**

Découvrez

les **meilleurs crus** dans
le **cahier "Dégustations"**

LA REVUE DU vin DE FRANCE

Hors-série spécial cave
100 pages de conseils

CONSTITUER LA CAVE IDÉALE

ARMOIRES À VINS
Banc d'essai complet

LOGICIELS DE CAVE
Les plus performants

VOTRE CAVE A-T-ELLE DE LA VALEUR ?
Comment l'estimer

CAVE EN APPARTEMENT
Toutes les astuces

Notre sélection exceptionnelle

400 vins incontournables

Les meilleures bouteilles
• dans chaque région
• à tous les prix
• à boire ou à garder

Savourez

vos vins dans
les meilleures conditions

Revue du vin de France

4 numéros **pour 16 €** seulement au lieu de 37,50 €

BICEPS

Le guide des meilleurs vins
à petits prix
2009

Antoine Gerbelle & Philippe Maurange
Email : agerbelle@gmc.tm.fr et pmaurange@gmc.tm.fr

Avec la collaboration de :

Guillaume Barouin, Alaric de Portal, Jean-Emmanuel Simond.

Nous remercions les interprofessions et syndicats viticoles qui ont organisé nos dégustations à l'aveugle dans leurs régions.

Première secrétaire de rédaction : Corinne Boutellier

Secrétaires de rédaction : Céline Pech et Marion Chouquer (stagiaire)

Assistante : Frédérique Cosson

Organisation des dégustations : Alaric de Portal, Julien Revesz

Couverture : Rampazzo et associés

Rédacteur graphique : Sylviane Savatier

Photo des auteurs : Quitterie de Fommervault, aux Caves Estève Paris IVe et XVIe

Conception et programmation base de données : Christophe Perrot - TBS

Mise en pages : NRS

Fabrication : José Raposo, Christophe Morel

Impression et façonnage : Interforum Editis

Direction et édition : Jean-Paul Lubot, Directeur Général adjoint du Groupe Marie -Claire

Président-Directeur Général et Directeur de la publication : Hubert Brisson

La Revue du vin de France,
43/47 rue du Gouverneur Général Félix Éboué - 92137 Issy-les-Moulineaux cedex.
Tél. : 01 41 40 23 00 - Fax : 01 41 40 23 09
www.larvf.com

Diffusion : INTERFORUM/EDITIS

ÉDITO

RÉDUIRE LA FRACTURE DU GOÛT DU VIN

En décembre 2006, le philosophe Michel Onfray fonde l'université populaire du Goût à Argentan en Normandie. Son objectif est de vouloir réduire la fracture sociale du goût, afin d'aider les moins fortunés à mieux cuisiner et à mieux s'alimenter. On y apprend entre autres, avec l'aide de grands chefs, à préparer des plats avec des légumes peu onéreux. Depuis vingt ans, on assiste effectivement à l'émergence d'une nouvelle cuisine aristocratique et bourgeoise devenue inaccessible à un point jamais imaginé. Dans son sillage, elle hisse à des prix stratosphériques des vins jusqu'alors chers, mais accessibles au prix de sacrifices mesurés. Nous sommes bien placés à la Revue du vin de France pour affirmer que les tarifs des vins les mieux cotés dans les principales sélections mondiales sont devenus à ce point exorbitants.

Comme pour la cuisine, le vin cher n'est pourtant pas une fatalité.

Cette huitième édition du guide des meilleurs vins à petit prix en est la preuve. Son succès également, puisque vous êtes toujours plus nombreux à suivre le « petit guide rouge ». Durant nos quatre mois de dégustations intensives, nous trions le bon grain de l'ivraie pour permettre à chacun de monter sa cave d'honnête amateur sans se ruiner. Rappelons que plus de la moitié de la production française est encore vendue autour de 4 €. Au bonheur de chasser les bons rapports qualité/prix, nous ajoutons le plaisir de faire découvrir de nouveaux talents, de futurs grands dont vous découvrez ici les cuvées en avant-première. Cette année, nous avons ajouté à nos commentaires de dégustations le nombre de bouteilles produites pour cette cuvée. Un élément essentiel pour juger du rapport qualité/prix d'un vin. Car ce n'est pas la même chose de produire 2 000 ou 80 000 bouteilles d'un bon vin. Nous avons enfin donné cette année leur autonomie à des régions généralement associées par simplification. Ainsi la Corse se trouve libérée de la Provence, tandis que la Savoie se sépare du Jura et le Roussillon du Languedoc.

Ce geste éditorial souligne la montée en puissance de ces régions, l'affirmation du goût de leurs productions que vous êtes nombreux à plébisciter.

Antoine Gerbelle   Philippe Maurange

MODE D'EMPLOI

Ce guide est composé de 14 régions et d'un chapitre, classés par ordre alphabétique. À l'intérieur de chaque région, le classement se fait par appellation, par ordre alphabétique. À l'intérieur de l'appellation, par note décroissante, et pour une même note, par ordre alphabétique des domaines.

❶ FLEURIE

❷ *Géographiquement (et gustativement) proches des moulin-à-vent, les fleuries se sont taillés une belle réputation, principalement auprès de nos amis suisses qui achètent une grande par*

❸ **Cave du Cépage ❹ - Lafayette 2003 ❺**   ❻ 🍷 15,23 € ❼
Maurice Chardonnay ❽   T 03 00 00 08 08 ❾
504, rue du Chai, B.P. 33 - 69840 Juliènas ❿   cave@raisin.com ⓫

❿ Mûr, croquant, très fruité, sur des notes d'agrumes. Un joli vin de 11° d'alcool naturel, qui donne du plaisir sans compter.

❶ **APPELLATION**

❷ **PRÉSENTATION DE L'APPELLATION**

❸ **NOTATION SUR 20**
          20 à ne pas manquer
          16 à 18 excellent
          14 à16 très bon
          12 à 14 bon

❹ **NOM DU VIN OU DU DOMAINE**

❺ **NOM DE LA CUVÉE ET MILLÉSIME**

❻ **COULEUR DU VIN**
   (🍷 Rouge 🍷 Rosé 🍷 Blanc)

❼ **PRIX EN EUROS TTC, DÉPART CAVE**

❽ **NOM DU PRORIÉTAIRE OU RESPONSABLE**

❾ **TÉLÉPHONE**

❿ **ADRESSE DU DOMAINE OU DE LA CAVE**

⓫ **E-MAIL**

⓬ **COMMENTAIRE DE DÉGUSTATION**

COMMENT
SÉLECTIONNE-T-ON LES VINS DANS CE GUIDE ?

Pour présélectionner les vins, nous faisons appel aux syndicats et inter-professions des producteurs qui organisent, à notre demande, des dégustations à l'aveugle (étiquette cachée), réunissant les vins de tous les vignerons désireux de nous soumettre un ou plusieurs échantillons de leur production. Il est impératif que le vin présenté soit encore à la vente au domaine au minimum jusqu'à la fin de l'année 2008. Mais surtout, les propriétaires sont contraints de présenter des vins dont le prix ne dépasse pas une limite que nous fixons au préalable pour chaque appellation. Il correspond au prix en-dessous duquel nous considérons que l'acheteur fait une bonne affaire. Il est mentionné à la fin de l'introduction de chaque appellation.

SOMMAIRE

PALMARÈS

NOUVEAUX TALENTS - VINS DÉCOUVERTES

Cette distinction met à l'honneur de jeunes domaines, des propriétés récemment reprises ou en forte progression que nous jugeons comme les espoirs de leur région.

Soyez les premiers à les découvrir !

ALSACE

Domaine Lucien Meyer & Fils · *Gewurztraminer Grand Cru, Hastschbourg 2006* · 8,00 €
· *Pinot Gris Vendanges Tardives 2005* · 8,00 €
· *Riesling, Elsbourg 2004* · 5,10 €
Domaine Stirn · *Muscat 2007* · 6,05 €

BEAUJOLAIS

Domaine J.G. Chasselay · *Beaujolais, Quatre Saisons 2007* · 4,90 €
Domaine de Fontalognier · *Beaujolais blanc 2007* · 6,00 €
· *Régnié 2006* · 5,80 €
Domaine de Trémont · *Chénas, les Petites Pierres 2006* · 7,00 €
· *Chénas, Desvignes 2006* · 7,00 €
Domaine de la Chèvre Bleue · *Chénas, Vieilles Vignes 2007* · 6,00 €
· *Moulin-à-Vent 2006* · 8,00 €
· *Moulin-à-Vent, Reserve Philibert 2007* · 8,00 €
Domaine du Granit · *Chénas 2006* · 6,00 €
· *Moulin-à-Vent, Tradition 2006* · 7,80 €
Domaine Richard Rottiers · *Moulin-à-Vent 2007* · 7,50 €

BORDEAUX

Château Haut-Colombier · *Blaye 2005* · 10,00 €
· *Premières Côtes de Blaye 2007* · 5,20 €
· *Premières Côtes de Blaye 2006* · 5,40 €
Château Junayme · *Canon-Fronsac 2006* · 6,10 €
· *Fronsac 2006* · 4,80 €
Château Canon · *Canon-Fronsac 2006* · 9,00 €
Château Majoureau · *Côtes de Bordeaux Saint-Macaire, La Petite dorée 2007* · 8,00 €
· *Côtes de Bordeaux Saint-Macaire, Cuvée Hyppos 2007* · 7,00 €
Château de Carles · *Fronsac 2005* · 9,00 €
Château des Graves · *Graves blanc 2007* · 9,00 €
· *Graves rouge 2006* · 9,00 €
Château Vénus · *Graves rouge 2007* · 8,00 €

Château Reysson • *Haut-Médoc 2005* • 8,00 €
Château du Retout • *Haut-Médoc 2005* • 9,50 €
Château Lucas • *Lussac Saint-Émilion, Grand de Lucas 2004* • 9,00 €
Château Grandchamp • *Montagne Saint-Émilion 2005* • 8,00 €
Château Ferran • *Péssac-Léognan blanc 2006* • 12,00 €
Château Baulos-Charmes • *Péssac-Léognan rouge 2005* • 11,80 €
Château Pontet Caillou • *Péssac-Léognan rouge 2006* • 12,50 €
Agape • *Premières Côtes de Bordeaux 2006* • 6,50 €
Château Soleil • *Puisseguin Saint-Émilion, Promesses 2005* • 9,00 €
Château La Rose Monturon • *Saint-Émilion 2005* • 10,00 €
Clos de La Cure • *Saint-Émilion Grand Cru 2005* • 15,00 €
Château Moutinot • *Saint-Estèphe 2007* • 12,00 €

BOURGOGNE

Domaine Ballorin et Fils • *Bourgogne Aligoté, Le Hardi 2007* • 6,50 €
 • *Marsannay, Les Echezots 2006* • 12,00 €
Domaine du Clos du Roi • *Bourgogne Coulanges-La-Vineuse 2006* • 5,90 €
Domaine Vincent Lumpp • *Givry Premier Cru, Clos Jus 2006* • 13,00 €
Domaine Renaud • *Irancy 2006* • 7,80 €
Closerie des Alisiers - Stéphane Brocard • *Marsannay, Vielles Vignes 2006* • 12,00 €
 • *Nuits-St-Georges, La Cour des Miracles 2005* • 16,00 €
Domaine Marcel Couturier • *Pouilly-Fuissé, Les Scellés 2006* • 11,90 €
Domaine Claudie Jobard • *Rully, Montagne La Folie 2006* • 9,10 €
 • *Rully, La Chaume 2006* • 9,00 €
Château de La Crée • *Maranges, En Goty 2006* • 12,00 €
 • *Santenay, En Foulot 2006* • 13,00 €
Domaine Creusserome • *Viré-Clessé 2007* • 6,70 €

LANGUEDOC

Domaine Alain Cavaillès • *Blanquette de Limoux, Micromegas 2006* • 6,40 €
Domaine de Cazaban • *Cabardès, Demoiselle Claire 2007* • 7,50 €
Château Prieuré Borde-Rouge • *Corbières, Rubellis 2006* • 5,50 €
Château du Cerbier • *Corbières, Indiana 2004* • 5,50 €
Château Fontarèche • *Corbières, Tradition 2006* • 4,40 €
 • *Corbières, Vieilles Vignes 2007* • 5,70 €
 • *Vin de Pays de l'Aude 2007* • 3,50 €
 • *Vin de Pays d'Oc, Syrah 2007* • 4,40 €
Domaine La Lause • *Corbières, Marie de Sobzansac 2006* • 4,90 €
Domaine Le Chemin des Rêves • *Coteaux du Languedoc blanc, Abracadabra 2007* • 7,00 €
Domaine Le Clos du Serres • *Coteaux du Languedoc, Le Clos 2007* • 6,00 €
Domaine de Fabrègues • *Coteaux du Languedoc, Le Moulin de Vissandre 2007* • 4,00 €
Domaine La Borie Fouisseau • *Faugères, La Salamandre 2006* • 7,50 €
Château Guilhem • *Malepère, Cuvée Famille 2007* • 6,00 €
 • *Vin de Pays d'Oc, Cuvée Famille 2007* • 6,00 €
Château de Paraza • *Minervois, Cuvée Spéciale 2007* • 5,50 €
Mas de Madame • *Vin de Pays d'Oc, Domaine de Montplaisir 2007* • 5,00 €

Domaine Gayda · *Vin de Pays d'Oc, T'air d'Oc Chardonnay 2007* · 3,90 €
· *Vin de Pays d'Oc, T'air d'Oc Sauvignon 2007* · 3,90 €
· *Vin de Pays d'Oc, L'Archet Viognier 2007* · 5,00 €

ROUSSILLON

Mas de la Chique · *Côtes de Roussillon 2007* · 5,00 €
Mas Mudigliza · *Maury 2006* · 12,00 €
Domaine de l'Arca · *Muscat de Rivesaltes 2006* · 7,00 €

LOIRE

Château Soucherie · *Coteaux du Layon Vieilles Vignes 2007* · 11,00 €
Domaine Les Loges de la Folie · *Montlouis-sur-Loire, Le Chemin des Loges 2007* · 7,60 €
Domaine de la Garnière · *Muscadet Sèvre et Maine, Clos des Mulonnes 2007* · 4,20 €
Domaine le Fay d'Homme · *Muscadet Sèvre et Maine, Clos de la Févrie 2007* · 4,75 €
Domaine de la Landelle · *Muscadet Sèvre et Maine, Les Treilles 2007* · 4,50 €
Domaine de la Foliette · *Muscadet Sèvre et Maine 2007* · 4,35 €
Domaine Sébastien David · *Saint Nicolas de Bourgueil, L'hurluberlue 2007* · 6,50 €
Le P'tit Domaine · *Saumur-Champigny 2007* · 8,50 €
Château de Parnay · *Saumur-Champigny , Clos du Château 2007* · 7,00 €
Domaine des Clémendières · *Touraine 2007* · 3,50 €
Domaine Sébastien Brunet · *Vouvray, Renaissance 2007* · 9,00 €

PROVENCE

Domaine Dupuy de Lôme · *Bandol rosé 2007* · 11,00 €
Château d'Ollières · *Coteaux Varois rosé 2007 (rosé)* · 5,90 €
· *Coteaux Varois blanc 2007* · 6,10 €
· *Coteaux Varois rouge 2007* · 6,30 €
Les Caves du Commandeur · *Côtes de Provence rouge, Dédicace 2004* · 7,00 €
· *Côtes de Provence rosé, Dédicace 2007* · 6,00 €
· *Côtes de Provence rouge, Dédicace 2006* · 7,00 €
· *Côtes de Provence rouge, Secrète 2006*· 4,70 €
Domaine Les Trois Terres · *Côtes de Provence blanc, Cuvée Famille 2007* · 6,50 €
Domaine des Diables · *Côtes de Provence rosé 2007* · 5,50 €

CORSE

Domaine Nicolas Mariotti Bindi · *Patrimonio, Porcellese VV 2007* · 9,00 €
Domaine de La Punta · *Vin de Corse 2005* · 7,00 €
Domaine Granajolo · *Vin de Corse Porto-Vecchio 2007* · 6,00 €

SUD-OUEST

Clos Troteligotte · *Cahors, K Price 2005* ·8,00 €
· *Cahors, La Perdrix 2004* · 6,85 €
Château Le Brézéguet · *Cahors 2005* · 6,10 €
Le Clos d'Un Jour · *Cahors 2004* · 6,00 €

Clos des Batuts • *Cahors 2007* • 4,50 €
Clos Cavenac • *Côtes du Marmandais, Terra 2007* • 4,50 €
Domaine de l'Enclos des Braves • *Gaillac blanc, Les Gourmands 2006* • 4,50 €
Domaine la Truffière-Beauportail • *Monbazillac, Grains Nobles 2005* • 14,00 €
Château Masmontet • *Montravel 2006* • 4,00 €
Domaine d'Arton • *VdP des Côtes de Gascogne rouge, La Croix d'Arton Réserve 2006* • 5,85 €
• *VdP des Côtes de Gascogne blanc, Les Hauts d'Arton 2007* • 3,40 €
• *VdP des Côtes de Gascogne rouge, La Croix d'Arton 2007* • 3,55 €

VALLÉE DU RHÔNE NORD
Domaine de la Ville Rouge • *Crozes-Hermitage, Nathan 2006* • 11,00 €
Wiedmann Chatain Sélections • *Saint Joseph, Nathan 2006* • 11,50 €

VALLÉE DU RHÔNE SUD
Domaine Beauvalcinte • *Beaumes de Venise, Les Trois Amours 2005* • 9,90 €
Domaine Ravardel • *Beaumes de Venise, Le Long Termes 2006* • 7,30 €
Domaine Giuliani • *Chateauneuf-du-Pape blanc, Cuvée Flora 2007* • 15,50 €
Domaine Benetto-Fabrol • *Coteaux du Tricastin, Sélection Vieilles Vignes 2006* • 7,40 €
• *Coteaux du Tricastin, Le Colombier 2007* • 4,90 €
Domaine Matthieu Dumarcher • *Coteaux du Tricastin 2007* • 8,00 €
Domaine du Val d'Aéria • *Coteaux du Tricastin, Passion d'une femme Léa 2006* • 6,00 €
Domaine Regarde moi venir • *Côtes du Lubéron, Mélodie 2005* • 6,00 €
R&D Vins • *Côtes du Rhône 2006* • 5,50 €
• *Gigondas 2005* •10,90 €
• *Côtes du Lubéron, Dom. Louise et Clément, Réserve du Domaine 2007* • 3,90 €
Domaine de Magalanne • *Côtes du Rhône 2007* • 4,50 €
Domaine Montmartel • *Côtes du Rhône 2005* • 5,00 €
• *Côtes du Rhône-Villages Visan, 2005* • 7,50 €
Domaine de la Guicharde • *Côtes du Rhône, Cuvée Léon 2007* • 4,60 €
• *Côtes du Rhône-Villages Massif d'Uchaux, Genest 2006* • 7,50 €
Domaine des Lauribert • *Côtes du Rhône-Villages Visan, Les Truffières 2006* • 5,90 €
Mas de Restanques • *Gigondas 2007* • 10,50 €
• *Vacqueyras 2007* • 8,50 €
Domaine des Florets • *Gigondas 2007* • 10,00 €
Domaine du Moulin • *Vinsobres, Les Vieilles Vignes de Jean Vinson 2006* • 6,50 €
• *Vinsobres, Cuvée ++ 2006* • 7,80 €

À PROPOS DES PRIX

Sauf indications contraires, les prix mentionnés dans ce guide correspondent au prix d'achat, à la cave, toutes taxes comprises, d'une bouteille de 75 cl.

Le prix du transport n'est donc pas compris.

La justesse de ces prix repose sur la bonne foi des producteurs qui nous les ont communiqués.

ALSACE

LA QUÊTE DU GRAAL

Les vins d'Alsace se différencient par les cépages qui les composent tout en favorisant un traitement égalitaire entre les vins, majoritairement blancs. Ici, chaque fragment de gamme doit se juger pour lui-même, du vin générique à une cuvée particulière ou de prestige, d'un riesling générique à un Grand cru. Ce qui explique que l'Alsace soit une terre de bonnes affaires. De plus, sa réglementation n'admet que quelques cépages, dits nobles (riesling, gewurztraminer, pinot gris et muscat), sur les terroirs des Grands crus. La nouvelle génération de vignerons a permis d'engager un saut qualitatif aux domaines familiaux, en réduisant les rendements pour mieux mettre en valeur les terroirs, ce qui profite au consommateur. Riesling, muscat, pinot gris, gewurztraminer, pinot blanc, sylvaner, auxerrois, chasselas : tous ces mots présents sur les étiquettes des vins d'Alsace désignent le cépage, c'est-à-dire le raisin à partir duquel le vin est vinifié. Un assemblage de cépages est toujours possible, souvent sous le nom d'edelzwicker (avec au moins un cépage noble). La mention Alsace Grand cru est obligatoirement suivie de l'un des quatre cépages nobles autorisés et du nom de l'un des cinquante et un Grands crus officiels classés depuis les années 70. Le mélange de plusieurs Grands crus fait perdre le droit à cette mention. Tout cela ne facilite pas l'achat des vins d'Alsace, tant chaque producteur présente une gamme diversifiée, avec des noms de crus souvent difficiles à mémoriser. Vous pouvez faire confiance à la liste de producteurs que nous proposons : nous avons fait, encore cette année, un tri draconien, tout en vous laissant un choix vaste dans le style des cépages.

LES DERNIERS MILLÉSIMES

2007 : 15/20

Les vignerons les plus patients ont évité le piège de la dilution. Les Grands crus atteignent des sommets. Le bon état sanitaire de la vendange 2007 a permis d'élaborer des moelleux plus pur qu'en 2006. Le gewurztraminer est sans doute le cépage le plus réussi de l'année. **Garde : 5 à 10 ans.**

2006 : 14/20

Un millésime tout en équilibre et en digestibilité, bien plus qu'en puissance et en richesse. Loin d'être un millésime qui marquera les esprits, il a engendré des vins de bonne facture, à boire assez jeunes. **Garde : 4 à 5 ans.**

2005 : 15/20

Des pluies durant les vendanges ont perturbé la tranquillité de ce millésime. Malgré cela, le niveau des vins est bon. Ils possèdent une véritable richesse avec un style droit et pur. Les meilleurs, notamment le cépage riesling sur les Grands crus, vieilliront harmonieusement. **Garde : 5 à 10 ans.**

ALSACE EDELZWICKER

*Appelé aussi « edel », c'est un rare vin d'assemblage dans un pays voué au monocépage. Parfois vendu au litre, il est souvent élaboré à partir des restes de cuves des cépages purs que l'on assemble. On y retrouve une majorité de chasselas, sylvaner, pinot blanc. Quand il est bien fait, c'est un vin plaisant au quotidien, assez vif et à boire jeune. **Une sélection établie à moins de 5 €.***

 Domaine Jean-Paul Klur & Fils - 2007   🍷 4,50 €
Jean-Paul Klur.   T 03 89 27 22 51
61 rue d'Ammerschwihr, 68230 Katzenthal.   vinsklur.katzelberg@wanadoo.fr

Arômes d'agrumes et présence d'un peu de sucre résiduel, assemblage savoureux, assez fin et long pour ce vin équilibré à la finale épicée, dans lequel on retrouve bien l'exubérance aromatique du muscat. (6 000 bouteilles)

ALSACE GEWURZTRAMINER

*Son exubérance aromatique et sa rondeur baroque font du gewurztraminer l'un des vins blancs les plus controversés. Pour les uns, c'est un vin facile, extraverti, aguicheur, trop sucré (bien que légalement sec), qui parle trop et trop fort pour être honnête. Pour les autres, c'est un génie prolixe et généreux, merveilleux vin de fête et d'initiation, capable de faire chavirer dans le plaisir les derniers des abstèmes. Il s'accorde bien aux cuisines épicées, en particulier à la cuisine indienne et aux currys. Le cépage se transcende sous l'effet de la pourriture noble et peut donner un nectar de vendanges tardives comparable aux grands sauternes. Une autre originalité du gewurztraminer est son vieillissement. Avec l'âge, il sort du registre fruité et primesautier. Il prend alors des saveurs de noix et développe une palette d'amertume étonnante. Le 2006 a été réussi par les vignerons, la vivacité et la précision des saveurs sont au rendez-vous. **Une sélection établie à moins de 7 €.***

 **Domaine Michel Heyberger - 2006**   🍷 5,70 €
Michel Heyberger.   T 03 89 73 00 78
4 rue Ancien Abattoir, 68590 Saint-Hippolyte.   remyheyberger@hotmail.fr

La bouche est juteuse, le fruit croquant, épicé, matière ferme et charnue. Un très beau vin ample, corsé, profond, belle persistance et précision aromatique, qui transcende l'expression variétale. Bravo ! (4 500 bouteilles)

 Domaine Pierre Arnold - Prestige de Dambach 2006   🍷 6,80 €
Pierre Arnold.   T 03 88 92 41 70
16 rue de la Paix, 67650 Dambach-la-Ville.   alsace.pierre.arnold@wanadoo.fr

Vin assez vif en attaque, bouche désaltérante, saline, expression minérale et vive, caractère bien sec et ferme. Un vin d'excellente tenue, dans un style précoce et consensuel. Labellisé bio, certifié Tyflo/Ecocert. (3 500 bouteilles)

 Domaine Bernard Sohler & Fils - 2006   🍷 6,00 €
François Sohler.   T 03 88 85 51 36
17 route du vin, 67140 Itterswiller.

Du fruit, de la fraîcheur, de jolies notes d'écorce d'orange ; le tout dans un style vif, subtil et assez fin. Vin long et savoureux qui appelle un plat épicé. (3 500 bouteilles)

 Domaine Christian Dock - Cuvée Prestige 2007   🍷 6,00 €
André et Christian Dock.   T 03 88 08 02 69
20 rue Principale, 67140 Heiligenstein.

Nez de fruits frais, ananas, bouche tonique, expressive et vivante, matière saine et franche, du caractère. Allonge épicée revigorante sur l'écorce d'agrume. (4 000 bouteilles)

Domaine Louis Scherb & Fils - 2007
Joseph Scherb et Agnès Burner.
1 route de Saint-Marc, 68420 Gueberschwihr.

♀ **5,80 €**
T 03 89 49 30 83
louis.scherb@wanadoo.fr

Le nez se fait discret, mais la bouche est ample, de bon volume. De caractère assez corsé, riche et plein, c'est un bon gewurztraminer équilibré, aux dimensions généreuses, destiné à la table. Volubile et avenant. (8 000 bouteilles)

Domaine Pierre Adam - 2006
Rémy Adam.
8 rue du Lieutenant Mourier, 68770 Ammerschwihr.

♀ **7,00 €**
T 03 89 78 23 07
www.domaine-adam.com

Fruit moelleux, intense, très épicé, notes d'agrumes et de quinquina, finale tonique. Nous apprécions ce style énergique au caractère affirmé. (20 000 bouteilles)

Domaine Xavier Schoepfer - 2007
Xavier Schoepfer.
13 rue du Bouleau, 68920 Wintzenheim.

♀ **6,00 €**
T 03 89 80 96 39
www.schoepfer-xavier.com

Le sucre est encore présent, mais le style est enlevé et vif, sur les agrumes, et se tient dans un style généreux qui privilégie la richesse du fruit. Finale épicée et relativement fraîche. (6 500 bouteilles)

ALSACE GEWURZTRAMINER GRAND CRU

*A tous ceux qui aiment le gewurztraminer pour ses arômes et ses saveurs extraverties (rose, mangue, girofle épicé) mais qui trouvent cette expression variétale limitée, nous conseillons de découvrir les versions insoupçonnées de ce cépage en Grand cru ou comment les grands terroirs d'Alsace domptent le plus oriental des cépages. Sur le papier, ce sont des vins dits « secs » mais en réalité, ils sont assez doux, d'un style riche et parfois marqué par du sucre résiduel. 2006 a donné de beaux vins équilibrés et expressifs, d'un abord assez facile mais capables de bien vieillir sur cinq à quinze ans. Il faut savoir adapter leur consommation à une cuisine riche en saveurs. **Une sélection établie à moins de 11 €.***

Domaine André Ehrhart & Fils - 2006
Antoine Ehrhart.
68 rue Herzog, 68920 Wettolsheim.

♀ **9,10 €**
T 03 89 80 66 16
ehrhart.andre@neuf.fr

Beau fruit mûr, pêche jaune, matière onctueuse, sucre présent mais parfaitement intégré, richement constitué, profond et plein. Très bon vin franc. (2 000 bouteilles)

Domaine Lucien Meyer & Fils - Hatschbourg 2006
Jean-Marc Meyer.
57 rue du Maréchal Leclerc, 68420 Hattstatt.

♀ **8,00 €**
T 03 89 49 31 74
www.earl-meyer.com

Le nez est un peu grillé, le vin offre une belle richesse de constitution et une matière ample, ferme et corsée. Ensemble complet, généreux et sans opulence, équilibré et savoureux, qui se prolonge par une finale poivrée. (3 000 bouteilles)

15 /20 **Domaine Schille Pierre & Fils - Mambourg 2006**
Famille Schille.
14 rue du Stade, 68240 Sigolsheim.

🍷 11,00 €
T 03 89 47 10 67
vinsalsaceschille@wanadoo.fr

Si les sucres sont marqués, l'ensemble séduit par son caractère exotique, épicé, très corsé. Vin ramassé, dense, mais assez prometteur. (1 400 bouteilles)

ALSACE KLEVENER DE HEILIGENSTEIN

*Il s'agit du savagnin rose, appelé aussi traminer, cépage jadis très présent dans tout l'Est et qui, en Alsace, a été remplacé par son cousin, l'épicé gewurztraminer. Il reste un îlot de production anecdotique à Heiligenstein et dans ses environs. Un blanc à boire jeune, assez riche en alcool, qui s'allonge en bouche sur des saveurs amères et suaves. **Une sélection établie à moins de 7 €.***

15 /20 **Domaine G. Zeyssolff – 2005**
Yvan Zeyssolff.
156 route de Strasbourg, 67140 Gertwiller.

🍷 6,90 €
T 03 88 08 90 08
www.zeyssolff.com

Une attaque parfumée, un vin ample et charnu à la trame droite et minérale, finale sur de beaux amers croquants, écorce d'agrumes. Belle allonge, très recommandé. (4 000 bouteilles)

ALSACE MUSCAT

*Il existe deux cépages de muscat, le muscat ottonel et le muscat d'Alsace, plantés sur moins de 3 % du vignoble. Généralement assemblés, ils donnent un vin souvent sec, assez léger, réputé pour son fruit et ses arômes musqués. On doit, en principe, avoir la sensation de croquer le grain du raisin lui-même. Cette année encore, les muscats déçoivent mais quelques bonnes expressions sur le fruit se rencontrent en 2007. **Une sélection établie à moins de 7 €.***

16,5 /20 **Domaine Martin Schaetzel - Réserve 2007**
Jean Schaetzel.
3 rue de la 5ᵉ DB, 68770 Ammerschwihr.

🍷 6,90 €
T 03 89 47 11 39
jean.schaetzel@wanadoo.fr

Très joli nez de tilleul, touche mentholée, fruit expressif sur la pêche jaune, caractère acidulé, très beaux amers en finale qui font saliver. Excellent vin, vrai caractère, on se régale et on croque dans le pomelos. Long, frais et intense. Bravo ! Labellisé bio, certifié Ecocert et Demeter. (3 000 bouteilles)

15,5 /20 **Domaine Stirn - 2007**
Fabien Stirn.
3 rue du Château, 68240 Sigolsheim.

🍷 6,05 €
T 03 89 47 30 58
www.domainestirn.fr

Ce muscat de pure variété ottonel offre un beau nez mûr et expressif, et une bouche ample, à la chair svelte, persistante et épicée. Il conjugue la fraîcheur, le naturel et l'élégance. Long et mûr, un très beau muscat capable d'évolution. (2 000 bouteilles)

14,5 /20 **Domaine Meyer-Fonné - Vignoble de Katzenthal 2007**
Félix Meyer.
24 Grand-Rue, 68230 Katzenthal.

🍷 6,70 €
T 03 89 27 16 50
felix.meyer-fonne@libertysurf.fr

Nez un peu poivré. La bouche offre un beau fruit et du potentiel, un certain volume et une matière franche et croquante. Encore un peu « brut de cuve » lorsque dégusté. (3 000 bouteilles)

ALSACE MUSCAT

ALSACE

14 | **Domaine Jean-Louis Baur - 2007** | ♀ 6,00 €
/20 | Jean-Louis Baur. | **T** 03 89 41 93 72
| **Rue Rempart Nord, 68420 Eguisheim.** | **www.leon-baur.com**

Vin frais, épicé, simple, parfumé et savoureux, tout ce que l'on attend d'un muscat, idéal l'été à l'apéritif. (1 500 bouteilles)

ALSACE MUSCAT GRAND CRU

*Comme pour le Gewurztraminer, le muscat cultivé sur les meilleurs terroirs peut être transcendé et voir son expression variétale ennoblie par une plus grande complexité aromatique. Malheureusement, très peu de muscats sont déclarés en Grand cru. Pourtant, il saura alors s'imposer à table et se bonifier au vieillissement avec une grâce étonnante. **Une sélection établie à moins de 11 €.***

15 | **Domaine André Ostermann & Fils - Sonnenglanz 2006** | ♀ 7,00 €
/20 | André Ostermann. | **T** 03 89 73 60 81
| **5 rue du Cimetière, 68150 Ribeauvillé.** | **domaineostermann@free.fr**

Beau nez intense, tendu, le terroir l'affine et lui apporte de la tension. Notes de fruits jaunes (pêche, mangue), fraîcheur acidulée, trame tendue et volume offrent à ce vin plénitude et équilibre. Prêt à boire. (1 000 bouteilles)

ALSACE PINOT AUXERROIS

*L'auxerrois est un cépage originaire de Lorraine que l'on retrouve dans les vins des côtes de Toul. Souvent assemblé au pinot blanc, il permet d'élaborer les crémants. En vin tranquille sec, il offre un style fruité, assez tendre et d'une agréable souplesse. **Une sélection établie à moins de 5 €.***

15 | **Domaine Kumpf et Meyer - 2007** | ♀ 5,00 €
/20 | Sophie et Philippe Meyer. | **T** 03 88 50 20 07
| **34 route de Rosenwiller, 67560 Rosheim.** | **www.kumpfmeyer.fr**

Il se distingue par une bonne fraîcheur, des touches de poire : c'est un vin tendre et précis, de style soigné, assez sain. Expressif, un vrai charme, belle longueur. C'est très réussi. Certifié Tyflo. (5 500 bouteilles)

15 | **Pierre et Frédéric Becht - 2005** | ♀ 3,90 €
/20 | Famille Becht. | **T** 03 88 38 18 22
| **26 faubourg des Vosges, 67120 Dorlisheim.** | **info@domaine-becht.net**

Arômes de fruits jaunes, poire mûre, amande, belle allonge, complexité, vraie personnalité. À boire sans se poser de questions. (15 000 bouteilles)

ALSACE PINOT BLANC

*Deuxième cépage le plus planté en Alsace après le riesling, il propose les meilleurs vins d'un style standard, d'une qualité régulière, d'un millésime à l'autre. C'est le blanc le moins aromatique d'Alsace. Il est fait pour accompagner les cuisines simples et familiales. Il sert aussi de base à de nombreux crémants. Les 2007 savent se montrer désaltérants, les 2006 sont tendres et assez simples. 2005 est un millésime qui se déguste toujours à merveille après trois années de bouteilles. **Une sélection établie à moins 5 €.***

16 | **Domaine Alfred Meyer & Fils - 2006** | ♀ 4,60 €
/20 | Daniel Meyer. | **T** 03 89 27 24 50
| **98 rue des Trois-Épis, 68230 Katzenthal.** | **www.lesvins.com**

Joli nez de noisette et d'amande. Bouche charnue, fruits jaunes, matière déliée, finale épicée. C'est un vin de terroir avant d'être une expression du cépage. Délicieux. (3 000 bouteilles)

15 **Domaine Gérard Schmitt - Vignoble Epfig 2007**
/20 Gérard Schmitt.
18 rue Sainte-Marguerite, 67680 Epfig.

4,50 €
T 03 88 85 54 38
www.domaine-schmitt.fr

Vin direct, bien expressif, franc et croquant, aux savoureuses notes florales. Beau fruit net, vin désaltérant. (3 300 bouteilles)

15 **Domaine Ruhlmann-Dirringer - Réserve 2007**
/20 Rémy Dirringer.
3 impasse de Mullenheim, 67650 Dambach-la-Ville.

4,25 €
T 03 88 92 40 28
rulhmann.dirringer@terre-net.fr

Beau vin de construction assez ample, avec un fruit moelleux et confortable, porté par la fraîcheur d'une jolie trame acide. Très engageant. (13 000 bouteilles)

15 **La Cave du Roi Dagobert - Sélection 2005**
/20 Lilian Andriazzi.
1 route de Scharrachbergheim, 67310 Traenheim.

4,70 €
T 03 88 50 69 00
www.cave-dagobert.com

Joli nez qui évoque les fruits jaunes. La bouche est énergique, assez dense et solaire, du corps et du mordant. Beau vin de caractère, finale sur l'écorce d'agrume, très digeste. (50 000 bouteilles)

14 **Domaine Georges et Claude Humbrecht - 2006**
/20 Georges et Claude Humbrecht.
33, rue de Pfaffenheim, 68420 Gueberschwihr.

4,20 €
T 03 89 49 31 51

Si le nez manque un peu de netteté, la bouche s'avère souple et épanouie, assez nerveuse, avec une matière dense et un caractère épicé. Un vin corsé, pour la table. (2 000 bouteilles)

14 **Domaine Jean-Marie Haag - 2005**
/20 Jean-Marie Haag.
17 rue des Chèvres, 68570 Soultzmatt.

5,90 €
T 03 89 47 02 38
www.domaine-haag.fr

Généreux, ce vin se distingue par son harmonie entre fraîcheur du fruit et richesse de matière. Il est long, épanoui, et offre beaucoup de charme et de plaisir. Il réclame une cuisine épicée. (4 000 bouteilles)

13,5 **Domaine Jean-Paul Simonis et Fils - 2006**
/20 Jean-Marc Simonis.
1 rue Chasseur Besombes, 68770 Ammerschwihr.

4,80 €
T 03 89 47 13 51
jmsimonis@orange.fr

Arômes de fruits jaunes. La bouche est assez pleine avec de la matière, mais manque un peu de fraîcheur. L'ensemble s'avère raisonnablement gourmand. (1 500 bouteilles)

ALSACE PINOT GRIS

*D'origine bourguignonne, c'est un cépage aux grains roses, capable d'enrichir sa saveur grâce à la surmaturité ou à la pourriture noble. Les pinots gris de petite maturité sont insignifiants. Les vins de vendanges tardives ou de sélections de grains nobles, en revanche, peuvent atteindre les plus hauts sommets de la qualité et se révèlent d'une longévité inimaginable. La chaleur du sud de l'Alsace favorise leur puissance. Malheureusement, la majorité des pinots gris présentés à la dégustation est dominée par les sucres résiduels. Ce cépage naturellement lourd ne sort pas indemne de telles vinifications. Pour notre part, nous recherchons et nous privilégions les pinots gris d'un style plus aérien et minéral, sans pour autant renier la personnalité du cépage. **Une sélection établie à moins de 7 €.***

Domaine André Mauler - 2006
15,5 Christian Mauler.
/20 3 rue Jean Macé, 68980 Beblenheim.

5,90 €
T 03 89 47 90 50
www.domaine-mauler.fr

Assez fin et floral au premier abord, ce vin dévoile une matière déliée, suave, aux sucres maîtrisés et intégrés. De bonne intensité et nervosité, il termine sur l'amande verte. Digeste, sain, équilibré. Excellent. (5 600 bouteilles)

Domaine du Rempart - Coteaux de Dambach 2006
15 Gilbert Beck.
/20 5 rue des Remparts, 67650 Dambach-la-Ville.

7,00 €
T 03 88 92 42 43
beck.domaine@wanadoo.fr

Joli nez expressif, notes de mirabelles. C'est un vin gourmand, rond et croquant, fruit juteux et sec, excellent équilibre. Style énergique et précis. (4 000 bouteilles)

Domaine Jean-Marie Haag - Vallée Noble 2006
15 Jean-Marie Haag.
/20 17 rue des Chèvres, 68570 Soultzmatt.

7,50 €
T 03 89 47 02 38
www.domaine-haag.fr

Annoncée par des notes de fruits jaunes et de caramel salé, la bouche conjugue souplesse, fruit mûr, caractère sec, engageant et digeste, avec de beaux amers en finale. Vin complet et très réussi. (6 500 bouteilles)

Domaine Paul Zinck - Portrait 2007
14,5 Philippe Zinck.
/20 18 rue des Trois-Châteaux, 68420 Eguisheim.

6,50 €
T 03 89 41 19 11
www.zinck.fr

Du tonus, assez ample mais expression aromatique simple, matière suave, épicée, bon équilibre qui privilégie la fraîcheur. Un bon vin générique. (30 000 bouteilles)

Domaine Pierre Adam - Ammerschwihr 2006
14,5 Rémy Adam.
/20 8 rue du Lieutenant Mourier, 68770 Ammerschwihr.

7,00 €
T 03 89 78 23 07
www.domaine-adam.com

Assez épicé et vif, du charme, des fruits jaunes et un juste équilibre entre le sucre et l'acidité. Digeste, finale très épicée, amande verte. (15 000 bouteilles)

ALSACE PINOT GRIS GRAND CRU

*Naturellement riche en alcool et d'acidité basse, le pinot gris répond en contrepoint sur les terroirs plutôt calcaires et granitiques. Les terres de marne plus profondes accentuent le côté gras et son naturel un brin pataud. La puissance des tokays pinot gris Grand cru en font des fidèles camarades de gastronomie. On peut leur reprocher d'avoir un taux de sucre résiduel parfois dominant qui dénature l'expression même du cépage. **Une sélection établie à moins de 11 €.***

Domaine François Braun et Fils - Vorbourg 2005
15,5 Philippe et Pascal Braun.
/20 19 Grand'rue, 68500 Orschwihr.

10,85 €
T 03 89 76 95 13
www.francois-braun.fr

Pas mal de sucre résiduel en attaque, le terroir est présent et apporte ensuite de l'élan, avec une trame assez nerveuse qui porte le vin. La finale est nette, la minéralité ressort. (3 500 bouteilles)

ALSACE PINOT GRIS VENDANGES TARDIVES

*Lorsque le botrytis est au rendez-vous, les pinots gris en Vendanges Tardives peuvent faire partie des plus grands vins de dessert, avec une exubérance aromatique et une opulence parfois extravagante. Là encore, les meilleurs vins expriment avant tout les nuances des terroirs, que la richesse en sucre ne doit pas masquer. **Une sélection établie à moins de 8 €.***

15 **Domaine Lucien Meyer & Fils - 2005**
/20 Jean-Marc Meyer.
57 rue du Maréchal Leclerc, 68420 Hattstatt.

🍷 8,00 €
T 03 89 49 31 74
www.earl-meyer.com

Assez opulent en bouche tout en restant suave, ce vin possède suffisamment de fraîcheur. La richesse en sucre est équilibrée par le caractère tonique et assez nerveux du vin. Franc et abouti. (1 400 bouteilles)

ALSACE PINOT NOIR

Paris raffole de ces vins rouges légers produits en petite quantité et dont la qualité moyenne est d'une banalité souvent désarmante. Dans nulle autre appellation rouge de France, on constate autant de variations de couleurs, du rose saumon diaphane au rouge carmin. Les 2006 sont assez tendres mais se goûtent déjà bien, et quelques 2007 se démarquent du lot par leur finesse et leur délicatesse aromatique. Ils pourront évoluer sur quelques années. Les 2005 encore disponibles se montrent séducteurs, et nous apprécions particulièrement leur équilibre et la fraîcheur de leur fruit. Ils sont déjà délicieux et certaines cuvées, plus concentrées, se garderont sans difficulté trois à quatre ans.
Une sélection établie à moins de 8 €.

15,5 **Domaine Jean-Claude Koehler et Fils - Vallée Noble 2006**
/20 Christian Koehler.
7 rue de Soultzmatt, 68250 Westhalten.

🍷 5,30 €
T 03 89 47 01 23
www.vins-koehler.fr

Une jolie expression de petits fruits rouges introduit ce vin friand et acidulé aux touches de menthe fraîche. Les tanins sont fins, la finale nette et inspirée. Ce vin sera capable d'une garde de trois à quatre ans. (2 980 bouteilles)

15,5 **Domaine Philippe Sohler - Cuvée Bacchus 2007**
/20 Philippe Sohler.
80 A route du Vin, 67680 Nothalten.

🍷 7,00 €
T 03 88 92 49 89
sohler.philippe@wanadoo.fr

Un pinot noir frais et épicé, parfumé, soutenu par une bonne acidité. Son expression est juteuse, assez élégante et complexe. Un vin d'excellent niveau, pour la table, qui pourra vieillir. (2 600 bouteilles)

15,5 **Domaine Pierre-Henri Ginglinger - 2005**
/20 Paul Ginglinger.
33 Grand-Rue, 68240 Eguisheim.

🍷 6,40 €
T 03 89 41 32 55
www.vins-ginglinger.com

Beau nez de cerise et de menthe, bouche charnue, au fruit plein, mûr et expressif, beaux tanins croquants. Bâti sur l'équilibre d'un grand millésime, c'est un vin complet au potentiel certain. Labellisé bio, certifié Ecocert. (5 040 bouteilles)

15,5 **Domaine René Simonis - 2006**
/20 Étienne Simonis.
2 rue des Moulins, 68770 Ammerschwihr.

🍷 6,50 €
T 03 89 47 30 79
rene.etienne.simonis@gmail.com

Vin parfumé, friand, très floral, très belle expression de fruit velouté et souple. Il est construit sur une matière droite, l'ensemble est digeste, très équilibré et savoureux. Un excellent vin. (600 bouteilles)

15 **Domaine Pierre Arnold - 2006**
/20 Pierre Arnold.
16 rue de la Paix, 67650 Dambach-la-Ville.

🍷 6,80 €
T 03 88 92 41 70
alsace.pierre.arnold@wanadoo.fr

Assez vif en attaque, il annonce une bouche désaltérante, saline dans son expression minérale et tonique. C'est un vin sec et ferme à l'excellente tenue, dans un style précoce et consensuel. Labellisé bio, certifié Ecocert et Typhlo. (2 000 bouteilles)

15 /20 **Domaine Serge Fend - Rouge de Marlenheim** 2007
Serge Fend.
3 rue des Tilleuls, 67520 Marlenheim.

7,50 €
T 03 88 87 51 40
serge.fend@wanadoo.fr

Bonne fraîcheur de fruit, matière ample, du volume et de la profondeur. Les tanins sont fins et précis. Beau fruit sur la cerise et touches fumées. Très bon vin au juste équilibre. (1 000 bouteilles)

14,5 /20 **Domaine René Meyer & Fils** - 2007
Jean-Paul Meyer.
14 Grand Rue, 68230 Katzenthal.

7,50 €
T 03 89 27 04 67
www.meyer-katzenthal.com

De trame très souple, dans un style léger et frais, ce vin se distingue par son expression un peu mentholée, qui privilégie un fruit croquant et friand, simple et accessible. (8 000 bouteilles)

14 /20 **Domaine Aimé Stentz et Fils** - 2007
Etienne et Louis Stentz.
37 rue Herzog, 68920 Wettolsheim.

7,30 €
T 03 89 80 63 77
vins-stentz@calixo.net

De robe très pâle, ce vin fruité et souple se montre tendre et charmeur. Il joue sur la fraîcheur et la finesse, il fera un canon friand et sain à boire bien frais. En conversion bio. (1 200 bouteilles)

14 /20 **Domaine Ruhlmann-Dirringer - Tradition** 2007
Rémy Dirringer.
3 impasse de Mullenheim, 67650 Dambach-la-Ville.

5,25 €
T 03 88 92 40 28
rulhmann.dirringer@terre-net.fr

Nez de terre fraîche, touche un peu végétale. Bonne fraîcheur de fruit, style digeste et sain, assez vif, et charmeur, c'est un vin à boire frais dans sa jeunesse. (12 000 bouteilles)

ALSACE RIESLING

*Le premier cépage alsacien (23 % de la surface plantée) donne des vins nerveux au fruit intense, capables de transmettre les moindres nuances du terroir lorsque les rendements sont contrôlés et la maturité du raisin suffisante. La qualité moyenne du « cépage-roi » de l'Alsace est hélas fort inégale, les deux-tiers de la récolte n'atteignant pas une maturité satisfaisante. Le sud de l'Alsace est souvent chaud pour lui, à l'exception des terroirs gréseux de Guebwiller ou des célèbres laves du Rangen à Thann. Il préfère les microclimats plus froids et montagnards du Bas-Rhin. Les rieslings 2007 surprennent par leur pureté aromatique et leur vivacité. C'est un millésime alsacien classique, c'est-à-dire que les vins vieilliront bien sur leur support acide. Assez riches et précoces, les 2006 évolueront plus vite. Les 2005 s'imposent avec une matière ample et généreuse et une très belle droiture. Ils possèdent un bon potentiel de garde. **Une sélection établie à moins de 7 €.***

16,5 /20 **Domaine Lucien Meyer & Fils - Elsbourg** 2004
Jean-Marc Meyer.
57 rue du Maréchal Leclerc, 68420 Hattstatt.

5,10 €
T 03 89 49 31 74
www.earl-meyer.com

Beau nez alliant agrumes et expression de roche. Très droit et net, ce vin élégant s'exprime avec conviction dans un registre précis et pur, sans concession. Très recommandé. (4 200 bouteilles)

16,5 /20 **Domaine Xavier Schoepfer** - 2007
Xavier Schoepfer.
13 rue du Bouleau, 68920 Wintzenheim.

4,80 €
T 03 89 80 96 39
www.schoepfer-xavier.com

La bouche est droite, pure et minérale. Des touches florales et agrumes, ce vin gagne en intensité à l'aération. Excellent, très persistant, c'est un grand riesling tendu et tranchant qui se prolonge sur de jolis amers. (8 500 bouteilles)

16 /20 **Domaine Albert Schoech - Lieu-dit Dorfburg 2007** 🍷 **5,55 €**
Pascal Schoech. T 03 89 78 23 17
Place du Vieux Marché, 68770 Ammerschwihr. vin@schoech.fr

Soutenu par une bonne trame acide, ce vin droit offre une belle minéralité et de fines touches d'agrumes et de citronnelle. Excellent, du potentiel. (6 000 bouteilles)

 16 /20 **Domaine Jean-Paul Schaffhauser - Cuvée Particulière 2007** 🍷 **3,50 €**
Jean-Marc Schaffhauser. T 03 89 79 99 97
8 route du Vin, 68920 Wettolsheim. schaffhauser.jpaul@free.fr

Vin ample, du croquant, du fruit et du fond, matière droite et précise au style nerveux, la minéralité prend le dessus. Très prometteur, savoureux et persistant. (6 800 bouteilles)

 16 /20 **Domaine Pierre Adam - Tête de Cuvée 2006** 🍷 **6,50 €**
Rémy Adam. T 03 89 78 23 07
8 rue du Lieutenant Mourier, 68770 Ammerschwihr. www.domaine-adam.com

Matière ample et suave, au fruit riche et moelleux, mais de caractère sec. C'est un vin confortable, séduisant, consensuel. Belle finale précise, savoureuse, le tout dans un style abouti. (20 000 bouteilles)

 15,5 /20 **Domaine Kuehn - Baron de Schielé 2005** 🍷 **4,80 €**
Pascal Caller. T 03 89 78 23 16
3 Grand'Rue, 68770 Ammerschwihr. vin@kuehn.fr

Ce vin aux notes citronnées séduit par son attaque ample, croquante et mûre, et son excellent équilibre entre l'acidité et la générosité de sa texture. Structuré, assez puissant, c'est une bonne réussite. (12 000 bouteilles)

 **15** /20 **Domaine Allimant-Laugner - 2006** 🍷 **4,90 €**
Hubert Laugner. T 03 88 92 06 52
10 Grand-Rue, 67600 Orschwiller. alaugner@terre-net.fr

Attaque ferme, matière dense, encore un peu stricte, vin de caractère, très vif, assez nerveux. Prometteur car il a de la réserve, il est à déconseiller aux amateurs de vins flatteurs. (4 800 bouteilles)

 15 /20 **Domaine Burghart-Spettel - 2007** 🍷 **6,00 €**
Bertrand Burghart-Spettel. T 03 89 47 93 19
9 route du Vin, 68630 Mittelwihr. www.brughart-spettel.com

Voici un vin droit, très fin, tendu par une belle acidité et exprimant une sensation de minéralité sous-jacente. Finale tonique évoquant le citron vert. Joli style élégant. (5 000 bouteilles)

15 /20 **Domaine Jean-Louis Schoepfer - 2006** 🍷 **5,00 €**
Gilles Schoepfer. T 03 89 80 71 29
35 rue Herzog, 68920 Wettolsheim. jlschoepfer@libertysurf.fr

Un nez floral, empreint de caractère, annonce une bouche ample au fruit épicé. Complet, assez gourmand, c'est un vin solidement construit et persistant. Prêt à boire, il s'appréciera à table sur des poissons. (6 000 bouteilles)

 15 /20 **Domaine Marcel Freyburger - 2007** 🍷 **5,20 €**
Christophe Freyburger. T 03 89 78 25 72
13 Grand'Rue, 68770 Ammerschwihr. www.freybrurger.fr

Fin et tendu, dans un esprit acidulé à la finale délicate, ce vin offre une vraie élégance en dépit d'un soupçon d'amertume. (2 800 bouteilles)

Domaine Bernard Scherb - 2007
Georges Scherb.
3 rue Basse, 68420 Gueberschwihr.

14,5 /20

☐ 6,00 €
T 03 89 49 33 82
vins.scherb@orange.fr

Bouche nerveuse, très vive, construite autour d'une chair finement acidulée, typée pample-mousse. Assez simple, il se montre droit et recommandable. (8 000 bouteilles)

Domaine Bernard Schwach et Fils - Réserve 2006
Bernard Schwach.
25 rte Ste-Marie aux Mines, 68150 Ribeauvillé.

14,5 /20

☐ 7,00 €
T 03 89 73 72 18
www.domaine-schwach-bernard.com

Ce riesling bien sec, au caractère floral, offre une expression ample, au fruit épicé, expressif et savoureux. Assez gourmand, il est solidement construit et persistant. Il est prêt à boire, pour la table. (9 000 bouteilles)

Domaine Jacques Lindenlaub - Stierkopf 2005
Jacques Lindenlaub.
6 faubourg des Vosges, 67120 Dorlisheim.

14,5 /20

☐ 5,70 €
T 03 88 38 21 78
www.vins-lindenlaub.com

Riche et généreux, construit sur une matière solaire et ferme, ce vin offre une belle expression de fruit. Equilibré et persistant, il faudra mieux le boire jeune. (4 000 bouteilles)

Domaine Beck-Hartweg - Cuvée Particulière 2004
Yvette et Michel Beck-Hartweg.
5 rue Clémenceau, 67650 Dambach-la-Ville.

14 /20

☐ 6,40 €
T 03 88 92 40 20
www.vins-beck-hartweg.chez.alice.fr

Épanoui sur des notes de fruits jaunes et d'épices, son évolution lui a apporté du gras et de l'allonge. Sans être très complexe, il séduit par sa franchise. (2 400 bouteilles)

Domaine Jean-Claude Koehler et Fils - Cuvée Particulière 2006
Christian Koehler.
7 rue de Soultzmatt, 68250 Westhalten.

14 /20

☐ 4,70 €
T 03 89 47 01 23
www.vins-koehler.fr

D'engageantes notes florales, avec un léger miel, précèdent un fruit délié et souple. Dans un esprit assez simple mais franc, ce vin tient bien la route. (2 640 bouteilles)

ALSACE RIESLING GRAND CRU

*Ce grand cépage toujours sous-estimé dans la consommation mondiale, comparé au chardonnay ou au sauvignon, sait être un vrai cépage de terroir. Quand il est cultivé dans les règles de l'art, il retranscrit avec précision l'exposition et la quintessence des sols. En dégustation collégiale, la transition est aujourd'hui flagrante entre un simple riesling et un Grand cru. Ce dernier a plus de caractère, de longueur et de saveur en bouche. Donc, un bon conseil, au hasard d'un rayon, n'hésitez pas à prendre l'option Riesling Grand cru pour, souvent, à peine 3 € de plus. Les premiers 2007 s'avèrent remarquables, très purs et droits, avec une trame ciselée et un très grand potentiel d'évolution. 2005, très grande année, confirme la suprématie de ce cépage sur les grands terroirs alsaciens. **Une sélection établie à moins de 11 €.***

Cave Vinicole de Hunawihr - Rosacker S 2005
Georges Wespiser.
48 route de Ribeauvillé, 68150 Hunawihr.

16 /20

☐ 8,90 €
T 03 89 73 61 67
www.cave-hunawihr.com

Ce riesling au nez de fruit frais offre une grande fraîcheur, dans un style vigoureux, très tendu, d'une grande pureté et précision de saveurs. Sa longueur est subtile, il est empreint d'une réel raffinement. Il ne faut pas s'en priver. (20 000 bouteilles)

16/20 **Domaine Eblin-Fuchs - Rosacker 2006**
José-Henri Eblin.
75 route du Vin, 68340 Zellenberg.

🍷 9,90 €
T 03 89 47 91 14
www.eblin-fuchs.com

Ce vin présente un fruit suave, mûr et moelleux, une bouche ample, de beau volume, au caractère très épicé, citron vert, une excellente acidité qui tend le vin sur une finale saline, très intense et précise, qui rappelle le caillou. Bravo, c'est un très beau vin de garde ! Labellisé bio, certifié Ecocert. (2 400 bouteilles)

16/20 **Domaine Klee Frères - Kaefferkopf 2007**
Laurent Klee.
18 Grand'Rue, 68230 Katzenthal.

🍷 8,50 €
T 03 89 47 17 90
www.flee-freres.com

Tendu, tranchant, ce vin présente une superbe acidité et une trame qui se prolonge par un caractère citronné intense. Encore très jeune, il possède un grand potentiel et devra être mis en cave. (600 bouteilles)

16/20 **Domaine Philippe Sohler - Muenchberg 2007**
Philippe Sohler.
80 A route du Vin, 67680 Nothalten.

🍷 10,10 €
T 03 88 92 49 89
sohler.philippe@wanadoo.fr

Floral, parfumé, voici un vin très intense et croquant, avec une magnifique acidité tranchante qui laisse affleurer la minéralité, tout en soulignant un fruit pur et franc. Très complet, c'est un vin de grand potentiel. (2 000 bouteilles)

15,5/20 **Domaine André Rieffel - Zotzenberg 2005**
Lucas Rieffel.
11 rue Principale, 67140 Mittelbergheim.

🍷 10,00 €
T 03 88 08 95 48
andré rieffel@wanadoo.fr

S'il présente un peu de résiduel en attaque, ce vin séduit par ses notes d'agrumes et de citron confit. Il a pour lui la densité et le volume ainsi qu'une belle richesse de sève. Complet, carré, il est déjà prêt à boire. (2 500 bouteilles)

15,5/20 **Domaine David Ermel - Rosacker 2004**
David Ermel.
30 route de Ribeauvillé, 68150 Hunawihr.

🍷 8,90 €
T 03 89 73 61 71
www.davidermel.com

Son fruit rappelle le noyau de pêche. La bouche est croquante, charnue et svelte, d'une bonne tension et acidité sous-jacente. Le caractère fringant, acidulé, très tonique, signale un beau vin de gastronomie, en pleine forme. (4 000 bouteilles)

15,5/20 **Domaine Jean-Louis et Eric Kamm - Frankstein 2007**
Jean-Louis Kamm.
59 rue du Maréchal Foch, 67650 Dambach-La-Ville.

🍷 7,50 €
T 03 88 92 49 03
jl.kamm@orange.fr

Annoncé par un nez discret et un léger moelleux en attaque, ce vin offre du fond et de la profondeur, avec un caractère tonique inspiré et beaucoup de fraîcheur apportée par une importante trame acide. Excellent potentiel. (2 000 bouteilles)

15/20 **Domaine Ruhlmann-Schutz - Frankstein 2004**
A. Ruhlmann et J-Victor Schutz.
34 rue du Maréchal Foch, 67650 Dambach-la-ville.

🍷 10,50 €
T 03 88 92 41 86
www.ruhlmann-schutz.fr

Une note un peu brûlé-grillé au nez précède un ensemble riche et serré, à l'intensité minérale et au caractère volcanique, qui témoigne une expression un peu pétrolée mais noble. Très typé, c'est une réussite. (12 000 bouteilles)

14 Domaine Jean-Louis et Eric Kamm - **Frankstein** 2005
/20 Jean-Louis Kamm.
59 rue du Maréchal Foch, 67650 Dambach-La-Ville.

🍷 6,50 €
T 03 88 92 49 03
jl.kamm@orange.fr

Très joli fruit sur des notes citronnées, texture soyeuse en bouche, délicieuse fraîcheur et vivacité. Bonne nervosité en finale. Un excellent riesling, frais et délicat idéal à boire jeune et d'un super rapport qualité-prix.

ALSACE RIESLING VENDANGES TARDIVES

Souvent mal compris car moins généreux et exubérants que d'autres cépages en vendanges tardives, les rieslings récoltés en surmaturité peuvent atteindre des sommets de finesse et de complexité, mais ne supportent pas la médiocrité. **Une sélection établie à moins de 15 €.**

16 Domaine Vincent Stoeffler - 2004
/20 Vincent Stoeffler.
1 rue des Lièvres, 67140 Barr.

🍷 14,80 €
T 03 88 08 52 50
www.vins-stoeffler.com

Nez floral, de bonbon et de miel frais. La bouche est souple, le sucre bien intégré, de jolis amers en finale apportent un bon équilibre dans un style droit et franc, en finesse, sans esbroufe. Labellisé bio, certifié Ecocert. (2 000 bouteilles)

ALSACE SYLVANER

Il donne un vin frais, délicat, trop souvent banal par excès de rendement. On le choisira chez les producteurs d'élite qui lui apportent autant de soin qu'aux cépages « nobles ». Les sylvaners du Bas-Rhin sont, par nature, plus discrets que ceux du Haut-Rhin. Certains peuvent atteindre des sommets de finesse (terroir d'Andlau) ou de puissance (terroir de Barr). Les sylvaners en retirent souvent une distinction inconnue ailleurs. Il faut cependant les boire dans l'année afin de profiter de la fraîcheur de leur fruit et de leur nervosité, car l'âge ne les épanouit pas forcément. 2007 convient admirablement à ce cépage, avec un profil vif et énergique, très équilibré. 2006, année très difficile en Alsace, a donné quelques beaux sylvaners renouant avec un style précis et agréablement fruité. **Une sélection établie à moins de 5 €.**

15,5 Domaine Baumann - **Vieilles Vignes** 2007
/20 Jean-Michel Baumann.
8 avenue Méquillet, 68340 Riquewihr.

🍷 4,50 €
T 03 89 47 92 14
www.domaine-baumann.com

Bouche acidulée, tranchante, tendue, trame droite et vive. Style tonique, croquant ; voici un vin énergique qui réveille les papilles. Excellente cuvée qui rappelle tout l'intérêt de ce cépage. (9 600 bouteilles)

15,5 Domaine Louis Spitz et Fils - **Blienschwiller** 2005
/20 Marie-Claude et Dominique Spitz.
2 route des Vins, 67650 Blienschwiller.

🍷 4,00 €
T 03 88 92 61 20
vinspitzalsace@orange.fr

Joli nez complexe, l'évolution apporte du moelleux et une touche de fruits cuits, mirabelle, beau volume et longueur savoureuse. Un vin de caractère, de gastronomie, pour des fromages ou un poisson fumé. Excellent. Finale épicée avec une pointe d'alcool. (3 400 bouteilles)

15 Domaine François Schmitt - **Bollenberg** 2007
/20 Frédéric Schmitt.
19 rue de Soultzmatt, 68500 Orschwihr.

🍷 3,90 €
T 03 89 76 08 45
www.francoisschmitt.fr

Robe dorée, vin expressif aux arômes de fruits jaunes. La bouche offre du gras, une matière dense, assez riche, d'expression solaire. On aimerait un peu plus de tonus, mais la bouche est ample et savoureuse. (3 300 bouteilles)

15 /20 **Domaine Louis Scherb & Fils - Vieilles Vignes 2007**
Joseph Scherb et Agnès Burner.
1 route de Saint-Marc, 68420 Gueberschwihr.

🍷 4,30 €
T 03 89 49 30 83
louis.scherb@wanadoo.fr

Assez intense, de la matière, fruit franc et ferme. Ce vin offre une vraie structure, dans un style généreux et expressif, assez persistant. Bien construit, de la longueur. (1 900 bouteilles)

14 /20 **Domaine Daniel Ruff - La Grange 2007**
Daniel Ruff.
64 rue Principale, 67140 Heiligenstein.

🍷 4,00 €
T 03 88 08 10 81
ruffvigneron@wanadoo.fr

Si le nez est absent et que ce vin manque un peu de relief, il présente un style fruité et floral, assez droit, belle allonge épicée et agrumes, avec de la finesse. Certifié Tyflo. (5 000 bouteilles)

ALSACE SYLVANER GRAND CRU

*Le sylvaner, cépage offrant en général une expression aromatique assez simple, peut prendre, lorsqu'il est planté sur des grands terroirs, une intensité et une complexité qu'on lui connaît moins. Peu de Grands crus d'Alsace sont plantés de sylvaner, les vignerons privilégiant des cépages nobles comme le riesling ou le gewurztraminer. Ce vin provenant du Zotzenberg est une excellente affaire à boire dans les quatre ans. **Une sélection établie à moins de 9 €.***

 Domaine Armand Gilg et Fils - Zotzenberg 2006
Thierry Gilg.
2 rue Rotland, 67140 Mittelbergheim.

🍷 8,80 €
T 03 88 08 92 76
www.domaine-gilg.com

Construit en volume, il se distingue par une matière ample, riche et opulente, dans laquelle le sucre résiduel est présent, mais porté par la minéralité. Finale intense, sur les agrumes, très tendue. Un Vin de caractère. (10 000 bouteilles)

CRÉMANT D'ALSACE

*Ce vin effervescent est élaboré selon des techniques identiques à celles du champagne avec, pour base essentielle, du pinot blanc, plus rarement du pinot auxerrois et gris, du riesling et du chardonnay. C'est le premier crémant de France en volume. Il est généralement très séduisant et d'une grande franchise aromatique. Les Alsaciens maîtrisent avec professionnalisme cette vinification, souvent aléatoire dans bien d'autres régions comme la Bourgogne, par exemple. Les crémants sont meilleurs lorsqu'ils sont assemblés à d'autres cépages, à moins qu'en monocépage, ils proviennent de grands terroirs, ce qui est malheureusement trop rare. Le manque de complexité des terroirs dont ils proviennent doit alors être compensé par l'expression des cépages. Lorsque celle-ci provient de raisins mûrs, elle apporte une véritable finesse et une séduction formidable en bouche. Généralement, il est conseillé de les boire jeunes, en dehors de quelques cuvées pouvant s'épanouir avec deux à trois ans de garde. **Une sélection établie à moins de 8 €.***

 Domaine Eblin-Fuchs
José-Henri Eblin.
75 route du Vin, 68340 Zellenberg.

🍷 6,80 €
T 03 89 47 91 14
www.eblin-fuchs.com

Beau nez mûr et floral, bouche croquante, bulle fine et abondante, matière savoureuse. Un excellent crémant, très séduisant par son équilibre et sa finale finement briochée et noisetée. Labellisé bio, certifié Ecocert. (10 000 bouteilles)

 Domaine François Flesch & Fils - 2002
Jean-Luc Flesch.
20 rue du Stade, 68250 Pfaffenheim.

🍷 6,10 €
T 03 89 49 66 36
www.flesch.fr

Bulle fine et précise, bouche ample et complexe, assez élégante, vraie fraîcheur et richesse de saveurs, notes d'amande et de fruits secs. Excellent. (7 000 bouteilles)

15/20 **Cave de Pfaffenheim-Gueberschwihr**
Alex Henrich.
5 rue du Chai, 68250 Pfaffenheim.

🍷 **8,00 €**
T 03 89 78 08 08
www.pfaffenheim.com

Joli nez frais et floral, attaque citronnée, bulle fine, matière déliée, assez vive, belle fraîcheur et caractère digeste. Un crémant joyeux. (20 000 bouteilles)

15/20 **Domaine André Dussourt - 2005**
Paul Dussourt.
2 rue de Dambach, 67750 Scherwiller.

🍷 **7,20 €**
T 03 88 92 10 27
www.domainedussort.com

Un beau nez expressif sur l'amande et la noisette annonce une bouche à la texture crémeuse, fine et précise, dans un style net. Consensuel, complet, ce crémant est une réussite. (12 300 bouteilles)

15/20 **Domaine Fahrer-Ackermann - Coteaux du Haut Koenigsbourg**
Fahrer-Ackermann.
15 route du Vin, 67600 Orschwiller.

🍷 **7,30 €**
T 03 88 92 90 23
vincent.ackermann@wanadoo.fr

La bulle est intense, la matière légère et enlevée, avec de l'élan, une trame droite et précise, assez tranchante et pure en finale. Un crémant qui cherche son inspiration du côté des Blanc de Blancs champenois... (4 000 bouteilles)

15/20 **Domaine Jean-Louis Schoepfer**
Gilles Schoepfer.
35 rue Herzog, 68920 Wettolsheim.

🍷 **6,50 €**
T 03 89 80 71 29
jlschoepfer@libertysurf.fr

Charnu et dense, voilà un crémant au fruit mûr, marqué par la pêche et les fruits jaunes. Assez dense et profond, il peut trouver sa place à table. (7 000 bouteilles)

15/20 **Domaine René et Michel Koch - 2005**
René et Michel Koch.
5 rue de La Fontaine, 67680 Nothalten.

🍷 **6,80 €**
T 03 88 92 41 03
www.vin-koch.fr

Belle finesse de bulle, matière suave, assagie, lisse. De la fraîcheur et une touche citronnée. Digeste, désaltérant, assez élégant, ce vin se distingue par sa longueur en bouche. (5 000 bouteilles)

14,5/20 **Domaine Laurent Vogt - Chardonnay**
Laurent Vogt.
4 rue des Vignerons, 67120 Wolxheim.

🍷 **6,60 €**
T 03 88 38 81 28
www.domaine-vogt.com

Structuré, précis, il séduit par ses notes de petits fruits rouges, sa bulle fine, sa trame droite et ferme au style nerveux et alerte. Vin digeste et désaltérant, il égaiera un apéritif. (4 500 bouteilles)

14/20 **Domaine Rémy Ulmer - Pinot noir 2006**
Rémy Ulmer.
3 rue des Ciseaux, 67560 Rosheim.

🍷 **7,90 €**
T 03 88 50 45 62
domaineulmer@wanadoo.fr

Voici un original crémant de pinot à la bulle fine et à la robe rosée pâle. Sa bouche est droite et nette, il offre une finale épicée, c'est sans prétention, et cela fait mouche. (1 800 bouteilles)

BEAUJOLAIS

UN VIGNOBLE INITIATIQUE

Affirmer : « Le beaujolais, c'est dégueulasse », cela vous pose en connaisseur intransigeant. Comme il est toujours de bon ton de flinguer le dernier prix Goncourt ou le prochain film de Spielberg, le beaujolais subit l'outrage des stars. Car le beaujolais est une star. Avec le champagne et le bordeaux, c'est le vin le plus connu au monde. Cette notoriété, il la doit bien sûr au beaujolais nouveau qui a été la meilleure et la pire des aventures. La meilleure, pour l'expansion économique et la notoriété, la pire dans la dérive qualitative de ce breuvage gaulois et saisonnier qui, revers de la médaille, éloigne aujourd'hui les amateurs. Du pur jus de raisins à la fermentation toute fraîche, d'un délice brouillon intensément fruité, la grosse masse du beaujolais « nouveau » est devenue un vin stéréotypé, chaptalisé, bidouillé et sans âme. Négociants et caves coopératives portent une lourde responsabilité dans cette dérive, sanctionnée par la mauvaise humeur du marché. Pourtant, quelle merveilleuse idée que de fêter le vin nouveau. Ce breuvage des premiers frimas (troisième jeudi de novembre) est aussi un vin d'initiation. Combien d'étudiants ont fait leur première approche du vin lors d'une fête du Beaujolais et pourquoi pas jusqu'à la bacchanale ? Le gamay avec sa rondeur flatte les palais néophytes et leur imprime leurs premiers plaisirs. Puis vient le temps de découvrir les beaujolais plus sérieux, les vrais beaujolais et beaujolais-villages « qui ont fait leurs Pâques ». Et bien sûr, les dix crus de caractère, villages ou groupe de villages de la partie septentrionale de la région : Brouilly, Chénas, Chiroubles, Côte de Brouilly, Fleurie, Juliénas, Morgon, Moulin-à-Vent, Régnié et Saint-Amour. Dans tous les cas, le beaujolais offre les meilleurs rapports prix/plaisir de France, que ce soit en générique, Villages ou encore dans les crus. Le résultat vous étonnera.

LES DERNIERS MILLÉSIMES

2007 : 13,5/20

Année tendre et souple dans le Beaujolais en général qu'il soit étiqueté Villages ou crus. Année froide avec des épisodes de grêle au mois de juillet qui ont fragilisé la vendange. En crus, les meilleures réussites sont Moulin-à-Vent, Morgon et Côte de Brouilly. **Garde : 5 ans.**

2006 : 14,5/20

Année hétérogène avec le meilleur qui côtoie le médiocre. Les meilleurs sont à boire dès aujourd'hui. **Garde : dès maintenant et sur 5 ans.**

2005 : 16,5/20

Un grande année en Beaujolais avec des gamays juteux et pleins, des couleurs soutenues et des expressions complexes sur les grands terroirs. Les amateurs s'offriront les meilleurs en magnums. **Garde : dès maintenant et sur 10 ans.**

BEAUJOLAIS

*Le Beaujolais, c'est 10 300 hectares de vignes répartis pour l'essentiel dans la partie sud du vignoble, et trois cantons : Villefranche, Anse et le Bois d'Oingt. L'appellation est en majorité vinifiée en vin primeur et produit les deux tiers du Beaujolais Nouveau. Ce sont souvent de larges assemblages opérés par les négociants et coopératives, selon un mode de vinification semi-industriel qui uniformise les expressions. Parfois, on déniche dans cette vaste famille quelques gamays de terroir. Les 2006 ont globalement mal vieilli. Sauf rares exceptions, il faut le boire. 2007 est une année aussi délicate. Vous trouverez dans ce millésime en simple Beaujolais des vins simples, faciles d'accès, à partager sur un saucisson avec vos amis. Quelques pépites liquides se sont glissées dans cette sélection d'un véritable rapport prix/plaisir. **Une sélection établie à moins de 6 €.***

 Domaine J.G. Chasselay – Quatre Saisons 2007   🍷 4,90 €
Jean-Gilles et Christiane Chasselay.   T 04 78 47 93 73
/20 **157 chemin de la Roche, 69380 Chatillon d'Azergues.**   www.domaine.chasselay.com

Le jus de framboise de son corps se mêle au foin séché et aux arômes de terre brûlée typiques de la vallée d'Azergues en été. Le contact avec la bouche vous emmène à l'automne mais ne passera pas l'hiver. À boire avec un saucisson au beaujolais. (7 000 bouteilles)

 Château de l'Éclair – 2007   🍷 4,50 €
F. Jacquet.   T 04 74 68 76 27
/20 **905 rue du Château de l'Éclair, 69400 Liergues.**   sicarex@beaujolais.com

Rouge friand, nez typé de framboise, acidulé et croquant. Un fond de vin plutôt agréable qui en fera un bon compagnon de saucisson. (5 500 bouteilles)

 Château de l'Éclair – 2006   🍷 4,50 €
F. Jacquet.   T 04 74 68 76 27
/20 **905 rue du Château de l'Éclair, 69400 Liergues.**   sicarex@beaujolais.com

Un premier nez de fruit cuit à point et une attaque ronde et plaisante, peut-être sommes-nous en présence de la bouteille du bonheur ? (8 500 bouteilles)

 Côteaux de la Boty – 2007   🍷 4,00 €
Christophe Dumas.   T 04 72 54 64 83
/20 **3 allée des Perrières, 69380 Chatillon d'Azergues.**   m.dvigne@wanadoo.fr

Soutenu par un gaz tout en finesse, ce chardonnay s'exprime avec bonheur par une acidité mordante qui vous vivifie le palais et un prix qui n'agressera par votre porte-monnaie. (2 000 bouteilles)

 Domaine Savoye – 2007   🍷 4,75 €
Pierre Savoye.   T 04 74 04 21 92
/20 **Les Micouds, 69910 Villié-Morgon.**   pierre.savoye@wanadoo.fr

Rubis fin et brillant, arômes de fraise mara des bois, un peu sauvage. Le fruit est rond et enveloppe le palais comme un bonbon à la fraise. (5 000 bouteilles)

 Maison Georges Duboeuf – 2007   🍷 4,50 €
Georges et Frank Dubœuf.   T 03 85 33 34 20
/20 **La Gare, 71150 Romanèche-Thorins.**   www.duboeuf.com

Rubis puissant, arôme intense de cassis. Attaque ronde et fruitée. Honnête et classique, voilà une belle définition du Beaujolais. (30 000 bouteilles)

14 /20 **Château Portier - 2007**
Denis Chastel-Sauzet.
Le Moulin à vent, 71570 Romanèche-Thorins.

4,50 €
T 03 85 35 59 39
www.chastel-sauzet.com

Voilà un beaujolais qui est assis sur son tanin. Un peu dur dans sa jeunesse, il est prometteur. À suivre... (2 500 bouteilles)

13,5 /20 **Maison Coquard - Pierres Dorées 2007**
Christophe Coquard.
Hameau Le Boitier, 69620 Theizé-en-Beaujolais.

4,40 €
T 04 74 71 11 59
www.maison-coquard.com

Des barriques anciennes pour un raisin jeune. C'est original, c'est gourmand et se laisse partager autour d'une poêlée de châtaignes. (19 000 bouteilles)

13,5 /20 **Maison Coquard - Clochemerle 2007**
Christophe Coquard.
Hameau Le Boitier, 69620 Theizé-en-Beaujolais.

4,20 €
T 04 74 71 11 59
www.maison-coquard.com

Une robe violine légère à la bouche tendre et souple. Un vin de canaille pour discuter entre copains et copines. La cuvée ne s'appelle pas Clochemerle pour rien. (19 000 bouteilles)

13 /20 **Cave de Saint Laurent - Cuvée des Trois Clochers 2006**
Christian Alix.
Le Gonnet, 69620 Saint Laurent.

4,70 €
T 04 74 71 20 51
www.cavesaintlaurent.com

Un vrai nez de beaujolais à l'ancienne. Il peut se marier avec un saucisson au vin car il lui reste une jolie acidité pour vivre. (10 000 bouteilles)

13 /20 **Cave des Vignerons de Bully - Terra Vitis 2007**
Cave des vignerons de Bully.
La Martinière, 69210 Bully.

5,20 €
T 04 74 01 27 77
www.bullyenbeaujolais.com

Fruit croquant dans l'acidité, un peu de mordant et de fraîcheur dans le gamay. Sympa, l'esprit primeur en fait. (25 000 bouteilles)

13 /20 **Domaine de Charverron - Authentique 2006**
Didier Roudon.
Le Guillon, 69680 Letra.

5,10 €
T 04 74 71 38 98
rouchard@wanadoo.fr

Robe rubis sombre et concentrée. Ce vin, encore friand et vif, est prometteur. Son corps a la chance d'être puissant pour le millésime. (3 000 bouteilles)

BEAUJOLAIS BLANC

*Une production anecdotique (environ 175 hectares) est plantée de chardonnay (cépage unique) mais cette portion est en progression. Dans le nord, les meilleures terres à blanc ont été amputées en 1971 pour créer l'AOC Saint-Véran. Les terres argilo-calcaires (d'où la meilleure tenue des beaujolais du nord) conviennent mieux au chardonnay que les granits typiques du Beaujolais. Les vignerons, et en particulier la nouvelle génération, s'appliquent à refaire des blancs gourmands, fruités, à boire jeunes. 2007 est une grande année pour les chardonnays. La vinification s'est ajustée aux standards du voisin bourguignon Mâcon pour donner naissance à des blancs complets, structurés. Nous avons déniché les meilleurs aux prix les plus sages. **Une sélection établie à moins de 6,50 €.***

16 /20 **Château du Chatelard - Vieilles Vignes 2007**
Sylvain Rosier.
69220 Lancié.

6,00 €
T 04 74 04 12 99
www.vins-du-beaujolais.com/chateauduchatelard

Franc de collier, son goût a la fraîcheur du terroir, sa finesse, la dentelle des grands blancs avec une acidité tout en réserve. Le plaisir est là, authentique, profitez-en ! (7 000 bouteilles)

Domaine Matray - 2007
Lilian et Sandrine Matray.
Les Paquelets, 69840 Juliénas.

🍷 5,10 €
T 04 74 04 45 57
www.domainematray.com

Des arômes de coucou (vous savez, cette fleur jaune qui pousse en bordure des talus), du fruit et beaucoup de plaisir au final pour saisir le fruit en Beaujolais. Belle vinification et beau vin. (3 300 bouteilles)

 Domaine Olivier Depardon - Alexis 2007
Olivier Depardon.
La Bèche, 69910 Villié-Morgon.

🍷 5,00 €
T 04 74 69 15 89
depardon.olivier.morgon@wanadoo.fr

Cette cuvée Alexis possède les parfums froids et minéraux d'un chablis. Le grain du chardonnay devient gourmandise en bouche. Une grande expression de terroir ! (8 000 bouteilles)

 Domaine Tante Alice - 2007
Jean-Paul Peyrard.
La Pilonnière, 69220 Saint-Lager.

🍷 5,50 €
T 04 74 66 89 33
peyrard.jean-paul@wanadoo.fr

Sélectionné l'an dernier pour son brouilly 2005, c'est habillé de blanc que la famille Peyrard revient. Des arômes de citron pressé sur un fruit texturé et très croquant. Un plaisir rare par son fruit de pêche jaune mûre à point. Un vrai régal pour ouvrir un repas ! (2 000 bouteilles)

 Château de l'Éclair - 2007
F. Jacquet.
905 rue du Château de l'Éclair, 69400 Liergues.

🍷 5,50 €
T 04 74 68 76 27
sicarex@beaujolais.com

Nez de pêche blanche et d'abricot jeune. Le fruit est là, rempli de plaisir et de gras. Une belle vigne à coup sûr, une vinification qui mériterait un peu d'élevage en fût pour l'affiner. (6 500 bouteilles)

 Domaine de Fontalognier - 2007
Gilles et Nel Ducroux.
Fontalognier, 69430 Lantignié.

🍷 6,00 €
T 04 74 69 21 62
www.gillesducroux.eu

Un nez qui respire le calcaire sur une robe de Bourgogne tenue par son acidité. S'il a tout pour la garde, saurez-vous résister à sa nervosité croquante ? (1 800 bouteilles)

14 **Domaine de Rotisson - 2007**
Didier Pouget.
Route de Conzy, 69210 Saint Germain sur l'Abresle.

🍷 5,90 €
T 04 74 01 23 08
www.domaine-de-rotisson.com

Une robe dorée qui attire le soleil, un raisin mûr, un peu de bois, et voilà un beaujolais blanc qui plaira à tous vos convives par sa simplicité et par sa nature franche. (4 000 bouteilles)

BEAUJOLAIS-VILLAGES

*Si le simple beaujolais est produit au sud, les villages sont concentrés au nord de Villefranche-sur-Saône, sur un terroir majoritairement granitique, réparti sur trente-huit villages. Ils représentent 6 000 hectares et un quart de la production totale de la région (un tiers est commercialisé en « Beaujolais-Villages nouveau »). Plus tannique que le simple « beaujo », le Villages est aussi souvent plus riche en alcool (+ 0,5° minimum) et peut parfois se bonifier au même titre qu'un cru après deux, trois ans de bouteilles. On y fait souvent des découvertes à un rapport qualité/prix parfois exceptionnel. Côté millésime, autant les « Villages » 2006 emportaient la palme du plaisir l'an passé, autant les 2006 encore sur le marché déçoivent cette année par leur manque de structure et de fond. Pourtant, tout était là pour faire des vins agréables et vivants. Les 2007 sont comme l'année, moyens, à boire jeunes. **Une sélection établie à moins de 6,50 €.***

16/20 Domaine des Deux Vallons - 2007
Christian Chapeland.
Le Fagolet, 69640 Vaux en Beaujolais.

🍷 5,05 €
T 04 74 03 27 90
christian.chapeland@wanadoo.fr

On entre ici dans la catégorie des blancs gras et onctueux, de ceux qui savent vous séduire dès la première gorgée. À ce prix-là, c'est une vraie affaire. (1 400 bouteilles)

16/20 Domaine des Rosiers - 2006
Gérard Charvet.
69840 Chénas.

🍷 5,80 €
T 04 74 04 48 62
domaine.les.rosiers@wanadoo.fr

Une touche de beurre frais et de vanille fouettée, une attaque grasse et riche qui séduira tous les palais. Un vin de plaisir à partager dès maintenant, décidément Gérard Charvet est le jardinier du chardonnay. (3 800 bouteilles)

15/20 Domaine Daniel et Mylène Bulliat - 2007
Daniel Bulliat.
Chavannes, 69430 Beaujeu.

🍷 4,80 €
T 04 74 69 20 93
daniel.bulliat@wanadoo.fr

Le fruit est plein grâce aux cinquante printemps de la vigne. La bouche appelle les papilles avec ce qu'il faut d'acidité pour vieillir en joie. Technique oui, mais bien vinifié ! (5 000 bouteilles)

15/20 Domaine Louis Pardon et Fils - 2007
Eric Pardon.
La Chevalière, 69430 Beaujeu.

🍷 4,15 €
T 04 74 04 86 97
www.pardon.nom.fr

Une robe violine et un nez de prunelle sauvage, cela vous étonne ? Nous, cela nous plaît et cela vous surprendra ! (8 000 bouteilles)

14,5/20 Cave de Saint-Julien - 2007
Sacha Regourd.
Les Fournelles, 69640 Saint-Julien.

🍷 4,60 €
T 04 74 67 57 46
caves.stjulien@wanadoo.fr

Un nez très frais, très fruit. Une bouche croquante et exubérante avec ce qu'il faut d'acidité. (5 000 bouteilles)

14,5/20 Domaine des Terres Vivantes - La Lutine 2007
Marie et Ludovic Gros.
Charpenay, 69460 Blacé.

🍷 4,50 €
T 04 74 60 52 13
marie-ludovic.gros@wanadoo.fr

Texturé au doux parfum de pivoine, riche en tanins, mais il développe peu de fraîcheur de fruit à ce stade. Si vous savez être patients, le temps lui donnera raison. (4 000 bouteilles)

14/20 Domaine de Croifolie - 2007
Gérard Croset.
La Péreuse 69630 Salles Arbuissonnat.

🍷 4,20 €
T 04 74 67 58 30
www.crozet-beaujolais.com

Si sa robe est affriolante, son corps l'est tout autant. Reste une impression finale d'acidité qui, comme un défaut de jeunesse, le laissera vieillir sans souci. (6 000 bouteilles)

13,5/20 Domaine Berrod - 2007
M. Berrod.
Le Vivier, 69820 Fleurie.

🍷 4,30 €
T 04 74 69 83 83
www.domaineberrod.com

Un vin au fruit gouleyant et franc, son terroir sablonneux doit y être pour beaucoup. Le gamay y évolue en liberté et vous donne envie d'en profiter. (20 000 bouteilles)

13 /20 **Cave des Vignerons de Liergues - Cuvée Daniel Minot 2005**
Jean-Pierre Thomas.
168 rue du Beaujolais, 69400 Liergues.

🍷 4,50 €
T 04 74 65 86 00
www.cave-liergues.com

Cette cave est régulière dans sa sélection parcellaire et nous offre un croquant, gourmand par son fruit immédiat et tendre. C'est tout simplement bon ! (2 500 bouteilles)

13 /20 **Château de l'Éclair - 2005**
F. Jacquet.
905 rue du Château de l'Éclair, 69400 Liergues.

🍷 5,00 €
T 04 74 68 76 27
sicarex@beaujolais.com

Agréable et onctueux par son gras, bien que vinifié en grappes entières, ce vin offre un plaisir immédiat. Pourquoi pas en faire le compagnon d'une potée ? (5 500 bouteilles)

BROUILLY

*C'est l'appellation la plus étendue des crus avec 1 300 hectares de vignes et 400 vignerons sur six communes. Le terroir est essentiellement composé de schistes et de granit provenant de la Côte de Brouilly. C'est l'appellation, pour les amateurs, la plus populaire des crus du Beaujolais. Cela paraît normal avec une production annuelle supérieure à dix millions de bouteilles. Les meilleurs brouillys possèdent un charme aromatique et une expression de fruit superbe les rendant très accessibles en dégustation. Mais malheureusement, en dehors de quelques exceptions, ils ne tiennent pas en bouteille et se fanent très rapidement. Et ce n'est pas notre dégustation de 2007 qui nous fera changer d'avis. Rendez-vous manqué pour les amateurs que nous sommes car le niveau n'est pas en progrès cette année, il est même en baisse. Juste trois vins sortent du lot, comme des extra-terrestres issus de belles terres. **Une sélection établie à moins 7 €.***

15 /20 **Domaine du Comte de Monspey - 2007**
Stéphane et Sophie Gibert.
69220 Charentay.

🍷 7,00 €
T 04 74 66 83 55
domaine.monspey@free.fr

Son parfum est celui des roses oubliées, sa bouche a la fluidité d'un gamay cueilli à point. Reste un vin gourmand, à partager sur des travers de porc grillés. (35 000 bouteilles)

13,5 /20 **Domaine de La Motte - 2007**
Laurent Charrion.
La Grand'Raie, 69220 Saint-Lager.

🍷 5,55 €
T 04 74 66 81 68
earlcharrion@wanadoo.fr

Volumineux dès l'attaque, il ne laisse pas sans mâche. Sa constitution est celle des rois, mais il n'est pas encore couronné, dans un an peut-être. (2 500 bouteilles)

13 /20 **Cave des Vignerons de Bel-Air - Crépuscule 2007**
Marc Bertrand.
Route de Beaujeu, 69220 Saint-Jean-d'Ardières.

🍷 6,32 €
T 04 74 06 16 05
www.cave-belair.com

Cette cuvée Crépuscule ne sent pas la vendange tardive contrairement à son nom de baptême. Il y a du vin dans cette bouteille et une mâche qui le laissera vieillir tranquillement... trop rare chez les brouillys. (100 000 bouteilles)

CHÉNAS

Chénas est le plus petit cru du Beaujolais, avec seulement 280 hectares de vignes. Il est enclavé entre Moulin-à-Vent et Saint-Amour, et la plupart des propriétaires produisent les deux crus. On trouve ici 70 vignerons en cave particulière, avec un intérêt très limité de la part du négoce pour cette appellation. Les cours ne sont jamais très élevés et elle reste certainement l'une des plus intéressantes. Il manque cependant dans cette appellation une locomotive (comme le château des Jacques à Moulin-à-Vent), les propriétaires privilègiant leur production de Moulin-à-Vent à celle de Chénas. C'est dommage car ce cru mériterait davantage d'attention. Un très grand millésime s'offre à vos papilles en 2007. Dans l'immédiat, comme dans la durée, Chénas saura faire exploser vos sens par la variété de ses arômes et sa complexité oscillant entre la fraîcheur et la minéralité de son fruit, le tout à prix doux. **Une sélection établie à moins de 7 €.**

 16,5 /20
Domaine de Côtes Rémont - Cuvée Molina 2007
Noël Perrot.
En Rémont, 69840 Chénas.

🍷 5,00 €
T 04 74 04 44 33

Avec un nez fleuri de rose fanée, son fruit est tendu et vertical. Un enfant de la pierre et du gamay, voilà sa vérité. Une bouteille au grand potentiel et une belle affaire. (3 500 bouteilles)

 16,5 /20
Domaine de Trémont - Les Petites Pierres 2006
Daniel Bouchacourt.
Jean Loron Cidex 323, 71570 La Chapelle de Guinchay.   www.domaine-de-tremont.fr

🍷 7,00 €
T 03 85 36 77 49

Nez majestueux de fruits noirs (mûres, cassis), la saveur est constante, la sapidité pleine. Tout simplement, une bonne bouteille. (10 000 bouteilles)

 16 /20
Cave des Producteurs - 2007
Christian Dailly.
Château du Bois de la Salle, 69840 Juliénas.   www.cave-de-julienas.com

🍷 5,50 €
T 04 74 04 41 66

L'harmonie est au rendez-vous des promesses de l'été 2007, tension et équilibre règnent en maître avec une minéralité rare et précieuse comme le rubis qui le pare. (8 000 bouteilles)

 16 /20
Domaine de Bel-Air - Cuvée Aroma 2006
Jean-Marc Lafont.
Bel-Air, 69430 Lantigné.

🍷 6,50 €
T 04 74 04 82 08
dombelair@yahoo.fr

Le grain Chénas est présent, sa finesse de tanin et son fuit dense parlent pour lui. Une trouvaille à confirmer. (6 000 bouteilles)

 16 /20
Domaine de La Chèvre Bleue - Vieilles Vignes 2007
Michèle et Gérard Kinsella.
Les Deschamps, 69840 Chénas.

🍷 6,00 €
T 08 75 46 74 10
gerard@chevrebleue.com

L'appellation est là au rendez-vous. Le fruit est d'une grande finesse, la texture en est subtile et intense. Un vin de plaisir ! (6 000 bouteilles)

 16 /20
Domaine du Granit - 2006
Alfred Gino Bertolla.
La Rochelle, 69840 Chénas.

🍷 6,00 €
T 04 74 04 48 40

Un chénas qui concentre son fruit dès le nez. Le grain du bois est là, on sent le travail du vigneron. Une belle réussite ! (5 000 bouteilles)

 15,5 /20
Maison Coquard - 2007
Christophe Coquard.
Hameau Le Boitier, 69620 Theizé-en-Beaujolais.   www.maison-coquard.com

🍷 5,50 €
T 04 74 71 11 59

Arômes puissants de baies rouges. La spiritualité de la texture se marie avec une finesse minérale. Ce vin a besoin de garde.(20 000 bouteilles)

 15 /20
Domaine de Trémont - Desvignes 2006
Daniel Bouchacourt.
Jean Loron Cidex 323, 71570 La Chapelle de Guinchay.   www.domaine-de-tremont.fr

🍷 7,00 €
T 03 85 36 77 49

Ici, le fruit du gamay vous régale et c'est tant mieux (12 000 bouteilles)

Domaine des Rosiers - 2007
Gérard Charvet.
69840 Chénas.
🍷 **6,20 €**
T 04 74 04 48 62
domaine.les.rosiers@wanadoo.fr

Où le bois et le fruit font un mariage d'amour, voilà la réponse à l'appellation. Une grande cuvée en 2007 pour un producteur déjà reconnu. (10 000 bouteilles)

 Domaine Hubert Lapierre - Vieilles Vignes 2007
Hubert Lapierre.
Le Jandelin Cidex 324, 71570 La Chapelle-de-Guinchay.
🍷 **6,30 €**
T 03 85 36 74 89
www.domaine.lapierre.com

Au bois, froid et sans détour, le gamay respire par la bouche les saveurs de la complexité de sa terre. Extra ! (7 000 bouteilles)

Cave du Château de Chénas - Sélection de La Hante 2006
Pascal Descombes.
Les Michauds, 69840 Chénas.
🍷 **6,00 €**
T 04 74 04 48 19
cave.chenas@wanadoo.fr

Un arôme fumé, voué au nord de l'appellation, l'austérité du tanin en plus. De garde, c'est évident. (40 000 bouteilles)

 Château Bonnet - 2007
Pierre-Yves Perrachon.
71570 La Chapelle de Guinchay.
🍷 **6,50 €**
T 03 85 36 70 41
www.chateau-bonnet.fr

Terrien et un rien marqué par une pointe de vieux bois, il possède une puissance au naturel ! (20 000 bouteilles)

CHIROUBLES

*Les vignes (400 ha) sont étagées sur des coteaux en pentes raides. Exposées au sud, elle mûrissent parfois vite (les lieux-dits bien nommés Côte Rôtie ou Grille-Midi) ou difficilement quand elles sont vraiment en altitude (Javernand). Chiroubles est sur le millésime 2007, avec Chénas, le cru de référence du pays Beaujolais. La moyenne est haute, les vins sont déjà flatteurs mais bon nombre sauront se conserver. Les vinificateurs du cru doivent être félicités d'avoir su préserver les identités de leur climat. Profitez-en, ce sont des vins qui ne vous apporteront que du plaisir ! **Une sélection établie à moins de 7 €.**

 **Domaine Passot les Rampaux - 2007**
Bernard et Monique Passot.
Le Colombier, route de Fleurie, 69910 Villié-Morgon.
🍷 **6,30 €**
T 04 74 69 10 77
mbpassot@yahoo.fr

Vous allez craquer pour cette cerise que l'on semble croquer au sortir du panier ! Un bel ouvrage, bien vinifié dans le plus pur respect du fuit, la finale en plus. (4 300 bouteilles)

 Château Portier - 2006
Denis Chastel-Sauzet.
Le Moulin à vent, 71570 Romanèche-Thorins.
🍷 **7,00 €**
T 03 85 35 59 39
www.chastel-sauzet.com

Vous voilà immédiatement en contact avec la richesse du cru. Une matière dense qui se mâche et un fruit plein qui enrobe la bouche. Parfait pour accompagner un repas. (2 500 bouteilles)

 **Domaine Duthel - La Fontenelle 2006**
David Duthel.
Le Pérou, 69910 Villé-Morgon.
🍷 **6,20 €**
T 04 74 04 16 93
www.domaine-duthel.com

On aurait pu l'appeler « Cuvée Violette » cet enfant du gamay. Il connaît les bonnes manières et sait tenir une conversation. (8 000 bouteilles)

15
/20

Cave des Producteurs - Sélection de la Hante 2007
Christian Dailly.
Château du Bois de la Salle, 69840 Juliénas.

7,00 €
T 04 74 04 41 66
www.cave-de-julienas.com

La fraise se dispute à la framboise avec le même bonheur. Voilà un chiroubles qui séduira par son accès tendre et sa finale forte qui le fera se bonifier dans le temps. Un beau Vin, simplement. (28 500 bouteilles)

15
/20

Domaine de Pré-Nesme - 2007
André Dupré.
Le Moulin, 69115 Chiroubles.

5,95 €
T 04 74 69 11 18
andre.dupre@wanadoo.fr

Un gamay charmeur, on ne triche pas avec le raisin et cela se sent. Pour votre plus grand plaisir. (7 500 bouteilles)

15
/20

Domaine Gravallon-Lathuillière - 2007
Fernand Gravallon et Cédric Lathuillière.
Vermont, 69910 Villié-Morgon.

6,10 €
T 04 74 04 23 23
www.gravallon.fr

Tout de suite en contact avec la finesse du cru, ce vin est impeccable pour attaquer un sabodet et ses patates chaudes. (12 000 bouteilles)

15
/20

Domaine Paris - 2007
Christine et Gilles Paris.
69115 Chiroubles.

6,00 €
T 06 87 56 91 48
gilles.carlparis@orange.fr

Gras, presque graisseux tant il enveloppe le palais. Il se bonifiera toutefois avec le temps. Un bon placement. (5 000 bouteilles)

14,5
/20

Domaine de Fontriante - 2007
Jacky Passot.
69910 Villié-Morgon.

6,70 €
T 04 74 69 10 03
jacky.passot@wanadoo.fr

Un gamay dont le gras possède une saveur sucrée. C'est étonnant et c'est parfait pour faire découvrir ce cru aux novices. Une mention bien. (3 500 bouteilles)

CÔTE DE BROUILLY

La Côte de Brouilly et ses 320 hectares de vignes sont en AOC depuis 1938. Avant cette date, tous les domaines bénéficiaient de l'appellation Brouilly. D'ailleurs, la majorité des vignerons de cette appellation en produisent également. Cette séparation a créé, depuis, une compétition entre ces deux crus. Mais la Côte bénéficie d'un terroir plus racé que l'appellation Brouilly. Elle propose des vins plus charpentés, issus de terroirs de pierre bleue volcanique composée de granit. Un meilleur ensoleillement permet d'obtenir des matières plus riches et concentrées sur le versant sud. Le versant nord de la colline dit « La Glacière » a souvent permis au négoce beaunois, dans les années difficiles de pinot noir, de s'en servir comme vins améliorateurs. Quand ce cru fait ressortir la minéralité de son terroir comme en 2007, c'est un sérieux concurrent de Morgon. Quand il est fait avec beaucoup de technique, il devient basique et en fait descendre la notoriété. Notre sélection 2007 vous promet des vins authentiques. Quant aux 2006, après une année de bouteille en plus, les meilleurs n'ont rien perdu de leur vivacité d'origine. Ils se sont assouplis et ont gagné en délicatesse. Les autres se sont assoupis, voire sombrent dans une mortelle léthargie. **Une sélection établie à moins de 8 €.**

16,5
/20

Domaine du Crêt des Garanches - 2006
Sylvie Dufaitre-Genin.
69460 Odenas.

6,00 €
T 04 74 03 41 46
sylvie.dufaitre-genin@wanadoo.fr

Le bois se mêle aux roses anciennes tout en délicatesse. Sa bouche est forte en fruit qui vous enrobe le palais de douceur. Du plaisir pur jus ! (4 000 bouteilles)

16 **Maison Coquard - 2007**
Christophe Coquard.
/20 Hameau Le Boitier, 69620 Theizé-en-Beaujolais.

🍷 5,60 €
T 04 74 71 11 59
www.maison-coquard.com

Un coté salin touche la minéralité de ce côte travaillé avec subtilité. De la dentelle de gamay.
(15 000 bouteilles)

15 **Domaine Charmettant - 2007**
Jacques Charmettant.
/20 Place du 11 Novembre, 69480 Pommiers.

🍷 8,00 €
T 04 74 65 12 34
www.beaujolais-charmettant.com

Une jupe au rubis éclatant, un nez floral, et une bouche qui roule sur la griotte ; une vinification
soignée. (5 800 bouteilles)

15 **Domaine des Grandes Vignes - 2006**
Jean-Claude Nesme.
/20 Chavanne, 69430 Quincie en Beaujolais.

🍷 6,00 €
T 04 74 03 31 02
contac@ddvg.com

Concentration du cassis au nez sur un habit de velours. Une bouteille tout en fruit avec une solide
structure aux tanins ronds. (5 000 bouteilles)

14 **Cave des Vignerons de Bel-Air - Veillée 2007**
Marc Bertrand.
/20 Route de Beaujeu, 69220 Saint-Jean-d'Ardières.

🍷 6,32 €
T 04 74 06 16 05
www.cave-belair.com

Un bouquet de pivoine pour le nez, une touche de poivre noir au final, le tout dans une enveloppe
très soyeuse. (30 000 bouteilles)

14 **Château des Ravatys - 2001**
Axel Joubert.
/20 Les Ravatys, 69220 Saint-Lager.

🍷 6,20 €
T 04 74 66 80 35
www.chateaudesravatys.com

Ses reflets brique orangé lui vont bien et le cuir de son nez aussi. Sa bouche reste bien balancée
et il a vieilli harmonieusement. Voilà un beaujolais à boire, une affaire ! (40 000 bouteilles)

14 **Domaine de La Roche Saint-Martin - 2007**
Jean-Jacques Béréziat.
/20 Briante, 69220 Saint-Lager.

🍷 6,30 €
T 04 74 66 85 39

Robe et nez de griottes sauvages, sa bouche offre la même musique acidulée. Ecoutez-la raisonner
dans votre palais ! (7 000 bouteilles)

13,5 **Domaine Tavian - 2006**
Agnès et Franck Tavian.
/20 1130, route des Gilets, 69220 Saint-Lager.

🍷 6,20 €
T 04 74 69 02 26
franck.tavian@wanadoo.fr

Capiteux en arômes, mais moelleux en bouche, il n'entre pas dans les standards du cru mais
mérite votre attention par son originalité. (6 000 bouteilles)

COTEAUX DU LYONNAIS

*Au sud du vignoble du Beaujolais, dans la partie nord-ouest et sud-ouest de Lyon, vous pouvez
découvrir le vignoble des coteaux du Lyonnais. Plantée de gamay noir pour la production de rouges,
de chardonnay et d'aligoté pour celle des blancs, cette petite appellation produit des vins souples et
tendres, sur le fruit qui se retrouvent pour la grande majorité d'entre eux servis « au pot » dans les
bouchons lyonnais. Dans le même esprit que les simples beaujolais et beaujolais-villages, il faut les
boire jeunes sur leur souplesse. Aucun domaine ne s'impose véritablement comme leader de cette
appellation à la réputation très régionale, et la production demeure assez banale. **Une sélection
établie à moins de 5 €.***

Domaine du Clos Saint Marc - Tradition 2007
GAEC du Clos Saint Marc.
60 route des Fontaines, 69440 Taluyers.

3,90 €
T 04 78 48 26 78
www.clos-st-marc.com

Le vin est ici dans une pleine personnalité de gamay comme on le rencontre dans les crus du Beaujolais. La bouche est tout à fait juteuse et le fruit est gourmand. C'est un vin de soif par excellence. Il appelle la charcuterie, la planchette de fromage et les amis. (20 000 bouteilles)

Domaine du Clos Saint Marc - Doyennes 2006
GAEC du Clos Saint Marc.
60 route des Fontaines, 69440 Taluyers.

4,80 €
T 04 78 48 26 78
www.clos-st-marc.com

Élevage habile et luxueux pour cette cuvée qui ne manque pas d'allure. Le boisé résineux et mentholé retire cependant un peu du caractère jovial, typique du gamay. (10 000 bouteilles)

Domaine de la Petite Gallée - Vieilles Vignes 2006
Patric Thollet.
69390 Millery.

4,90 €
T 04 78 46 24 30
www.domainethollet.com

Vin à la structure tannique affirmée. Le fruit, discret aujourd'hui, ne s'exprime pas encore dans sa totalité. On pourra attendre une ou deux années afin d'apprécier au mieux cette cuvée. (12 000 bouteilles).

FLEURIE

*On dit en Beaujolais que Moulin-à-Vent est le roi et Fleurie la reine, pour son style plus féminin. La cave coopérative contrôle l'appellation pour 50 % des volumes. Néanmoins, il reste un grand nombre de caves particulières qui offrent des vins de superbe amplitude et vieillissant à merveille pour beaucoup d'entre eux. La qualité des vins du cru Fleurie reste linéaire dans la durée. Pas de révélation sur ces 2007 mais un niveau moyen égal au 2006, ce qui, au vu des vendanges, est une bonne nouvelle. Les 2006 présentés sont vraiment à leur meilleur, profitez maintenant du fruit qu'ils vous livrent pour vivre « l'émotion Beaujolais ». **Une sélection établie à moins de 8 €.***

 Domaine Louis Pardon et Fils - Cuvée Hugo 2006
Eric Pardon.
La Chevalière, 69430 Beaujeu.

6,85 €
T 04 74 04 86 97
www.pardon.nom.fr

Voilà une splendide cuvée qui va ravir vos papilles par son épaisseur empreint d'un grande finesse. On atteint ici un sommet de plaisir. (5 000 bouteilles)

Château de Raousset - 2007
SCEA Héritiers du Comte de Raousset.
Les Prés, 69115 Chiroubles.

7,80 €
T 04 74 69 16 19
www.scea-deraousset.fr

Ça sent la « terre fraîche » aurait clamé l'ogre du Petit Poucet ! Et en plus, son fruité est distingué et délicat. Une trouvaille ! (12 000 bouteilles)

 Domaine Gaidon - 2007
Christian Gaidon.
Champagne, 69820 Fleurie.

7,00 €
T 04 74 69 84 67
domaine.gaidon@wanadoo.fr

Sa belle robe se pare d'un fruit distingué et acidulé comme la griotte. Une bouteille de référence pour faire découvrir Fleurie aux novices. (10 000 bouteilles)

Maison Coquard - 2007
Christophe Coquard.
Hameau Le Boitier, 69620 Theizé-en-Beaujolais.

🍷 **7,40 €**
T 04 74 71 11 59
www.maison-coquard.com

Des arômes de fleurs (iris et lilas) avec un gras lui amènent un toucher de bouche très soyeux qui aura l'heur de vous plaire au moment de passer à table. (18 000 bouteilles)

Domaine Bergeron - 2007
Jean-François et Pierre Bergeron.
Les Sougerons, 69840 Ermeringer.

🍷 **7,20 €**
T 04 74 04 41 19
www.domaine-bergeron.com

Chatoyant rubis à votre œil, il se fait caresse au palais. Un séducteur qui ne conclut pas par une grande envolée tactile. Reste un fleurie charmant. (3 600 bouteilles)

Domaine de Bel-Air - La Madone 2006
Jean-Marc Lafont.
Bel-Air, 69430 Lantigné.

🍷 **7,30 €**
T 04 74 04 82 08
dombelair@yahoo.fr

Dans cette bouteille, ne cherchez pas de corpulence. Tout est en dentelle, la finale aussi. Ne mangez pas avec, prenez-la comme un repas à part entière ! (3 600 bouteilles)

Cave des Vignerons de Bel-Air - La Calèche 2007
Marc Bertrand.
Route de Beaujeu, 69220 Saint-Jean-d'Ardières.

🍷 **6,32 €**
T 04 74 06 16 05
www.cave-belair.com

Chair de « cœur de pigeon », une variété de cerise un peu acidulée, de celle qui vous laisse de bons souvenirs de pique-niques estivaux. (30 000 bouteilles)

Domaine de la Roche-Guillon - 2007
Bruno Coperet.
Roche-Guillon, 69820 Fleurie.

🍷 **7,50 €**
T 04 74 69 85 34
roche-guillon.coperet@wanadoo.fr

Le gaz soutient une cerise acidulée, cela donne un vin tonique, vivant, mais qui sera encore meilleur dans un an. (25 000 bouteilles)

JULIÉNAS

*Juliénas, c'est 600 hectares de vignes dont 50 % des vins partent au négoce qui soutient économiquement l'appellation. Le reste est vendu directement en caves particulières et une autre partie par le biais de la cave coopérative, avec environ 10 000 hectolitres par an. Les meilleurs juliénas ont le fruit et la fraîcheur propres aux beaujolais, mais aussi beaucoup de corps et un degré alcoolique assez élevé. Vin de dîner, charpenté, puissant (proche des moulins-à-vent et des morgons), plus robuste que la majorité des crus, il faut le déguster au moins un an après sa mise en bouteille. Juliénas a-t-il perdu son âme en 2007 ? La grande majorité des vins dégustés étaient gazeux, linéaires dans leur goût de levure avec parfois l'impression de déguster des beaujolais nouveaux ! Gageons que ce cru saura redonner un goût authentique à ses vins, il est encore temps. Dans le millésime 2006, on trouve des juliénas honnêtes qui tiennent leur rang mais dans lesquels le gamay reste standardisé par une thermovinification excessive. Ceux qui sont sélectionnés ci-dessous respirent le jus de raisin avant tout. **Une sélection établie à moins de 8 €.***

Producteurs du Cru Juliénas - Cellier de la Vieille Église 2006
Michel Tête.
Producteurs du Crus Juliénas, Cellier de la Vieille Eglise, Le Bourg, 69840 Juliénas.

🍷 **6,70 €**
T 04 74 04 42 98

Son nez vineux sent la pulpe du raisin, sa bouche est tendre et enrobe la langue... Un séducteur vêtu de dentelle de gamay ! (8 000 bouteilles)

Domaine Pascal Granger – Cuvée Spéciale 2007
Pascal Granger.
Les Poupets, 69840 Juliénas.

 6,90 €
T 04 74 04 44 79

Un nez typé, une texture suave et fine, issu d'une vinification technique mais pas technologique, un village honoré par son cru. (5 000 bouteilles)

Maison Georges Duboeuf – Sélection Georges Duboeuf 2006
Georges et Frank Dubœuf.
La Gare, 71150 Romanèche-Thorins.

6,21 €
T 03 85 33 34 20
www.duboeuf.com

Vineux, extrait au cœur du gamay, il est puissant mais il faut se montrer patient. Allez, encore deux ou trois ans ! (26 000 bouteilles)

14,5
/20

Domaine Bergeron – Réserve de Noëlle Fût de Chêne 2006
Jean-François et Pierre Bergeron.
Les Sougerons, 69840 Ermeringer.

7,60 €
T 04 74 04 41 19
www.domaine-bergeron.com

Un nez pulpeux qui respire le raisin frais, un ensemble plaisant et fin. Honnête, il tient son rang. (6 000 bouteilles)

14
/20

Château de Juliénas – Prestige 2006
François & Thierry Condemine.
69840 Juliénas.

7,50 €
T 04 74 04 49 98
www.chateaudejulienas.com

Vin épais et texturé, une année de bouteille lui aura permis d'affiner ses tanins. Ce juliénas gourmand est fait pour manger. (8 000 bouteilles)

Domaine Pascal Granger – 2007
Pascal Granger.
Les Poupets, 69840 Juliénas.

6,00 €
T 04 74 04 44 79

Frais et gouleyant dans le bon sens du terme, ce juliénas friand est à boire dès maintenant avec une salade beaujolaise. (30 000 bouteilles)

13,5
/20

Domaine Guy Voluet – Les Chers 2005
Guy Voluet.
Les Chers, 69840 Juliénas.

7,00 €
T 04 74 04 45 67
domaine.guyvoluet@free.fr

Ferme au premier contact avec le palais, il se montre complet et prêt à affronter les gibiers et les fromages à pâtes relevées. (3 000 bouteilles)

MORGON

*La particularité de ce cru, c'est son terroir. Essentiellement composé de schistes décomposés sur socle granitique, il confère aux vins une minéralité singulière associée aux arômes naturels et fruités du gamay. À tel point que les vignerons ont inventé le verbe « morgonner » pour définir l'originalité du bouquet de leurs vins. Quand les vins sont riches et aux tanins onctueux, ils possèdent un magnifique potentiel de vieillissement pouvant rivaliser avec les crus de la Côte d'Or sur dix, voire vingt ans. Morgon se distingue à nouveau en 2007 par la diversité et la qualité de ses vinificateurs qui auront su transcender une année délicate. La pierre granitique et les schistes du terroir sont particulièrement à leurs avantages. En 2006, le gamay se cherchait et les différences de terroirs et de vinifications se livrent bataille sans donner de vainqueur. Aujourd'hui, le pire côtoie le meilleur, certains mis en bouteille trop tôt ne s'en relèveront jamais, d'autres ont gagné en maturité et en fraîcheur pour notre plus grand bonheur. **Une sélection établie à moins de 8 €.***

17 /20 · **Cave Jean-Ernest Descombes – 2006**
Nicole Descombes-Savoye.
Les Micouds, 69910 Villié-Morgon.

🍷 **7,75 €**
T 04 74 04 21 92
www.morgonsavoye.com

Nez de roses anciennes pures et envoûtantes avec une pointe de violette, sa bouche en est gorgée aussi. C'est épais, presque sanguin. (5 000 bouteilles)

16,5 /20 · **Domaine des Mouilles – Les Versauds 2007**
Laurent Perrachon.
69840 Juliénas.

🍷 **6,00 €**
T 04 74 04 40 44
www.vinsperrachon.com

Entre terroir de schiste et de granit, le fumé froid répond au calcaire froid avec une tension qui étonne. Un grand corps de garde. (3 000 bouteilles)

16,5 /20 · **Domaine du Pressoir – Cuvée de Garde 2007**
Franck Brunel.
Le Bourg, 69115 Chiroubles.

🍷 **6,20 €**
T 04 74 04 23 12
dom.pressoir-fleurie@terre-net.fr

Racé et doté d'une grande finesse aromatique, sa trame est constante et tient la langue en haleine. Un très beau vin. (4 000 bouteilles)

16,5 /20 · **Domaine Patrick Bouland – Vieilles Vignes 2007**
Patrick Bouland.
77, montée des Rochauds, 69910 Villié-Morgon.

🍷 **6,00 €**
T 04 74 69 16 20
patrick.bouland@free.fr

Une douceur sucrée associée aux notes florales de la pivoine avec une pointe de menthol. Voilà qui saura ravir les cœurs des amateurs de Morgon. Ne pas l'attendre, le boire dès maintenant. (12 000 bouteilles)

16,5 /20 · **Maison Georges Duboeuf – 2006**
Georges et Frank Dubœuf.
La Gare, 71150 Romanèche-Thorins.

🍷 **6,21 €**
T 03 85 33 34 20
www.duboeuf.com

Un jus frais de gamay où le bois est finement associé au fruit et à la rondeur suave de la violette. Et quel volume pour finir ! Une grande bouteille. (25 000 bouteilles)

15,5 /20 · **Domaine de la Bonne Tonne – Côte du Py 2006**
Monique et Marcel Gillet.
Morgon, 69910 Villié-Morgon.

🍷 **6,50 €**
T 04 74 69 12 22
gillet.marcel@wanadoo.fr

Même si le bois le marque à ce stade, il faut reconnaître qu'il possède un beau fond de vin. Tant mieux, le temps est de son côté. (1 300 bouteilles)

15 /20 · **Domaine Flache-Sornay – 2006**
Vincent Flache.
Fondlong, BP 16, 69910 Villié-Morgon.

🍷 **7,00 €**
T 04 74 04 26 70

Rose et pivoine mêlent leurs fragrances jumelles. En bouche, on retrouve du plaisir avec du volume. Une bonne bouteille. (13 800 bouteilles)

15 /20 · **Domaine Passot-Collonges – Les Charmes 2007**
Bernard et Monique Passot.
Le Colombier, route de Fleurie, 69910 Villié-Morgon.

🍷 **6,30 €**
T 04 74 69 10 77
www.mbpassot.chezalice.fr

La gourmandise d'une cerise cueillie à point, un soyeux qui repart sur la pierre. Très Morgon, sa terre parle pour lui. (5 600 bouteilles)

15
/20

Domaine Patrick Bouland - Vieilles Vignes 2006
Patrick Bouland.
77, montée des Rochauds, 69910 Villié-Morgon.

🍷 6,10 €
T 04 74 69 16 20
patrick.bouland@free.fr

Si le nez est austère, sa bouche montre toute la puissance que possède Morgon quand il est travaillé avec soin. Une découverte à boire ou à conserver. (13 000 bouteilles)

14,5
/20

Domaine des Montillets - 2007
Aurélien Large.
La Côte du Py, 69910 Villié-Morgon.

🍷 5,90 €
T 04 74 69 00 31
aurelienlarge@hotmail.com

Voilà qui vous donne le moral, du jus de raisin frais et aromatique, de la douceur dans ce corps rouge sang. (12 000 bouteilles)

14
/20

Château de Raousset - 2006
SCEA Héritiers du Comte de Raousset.
Les Prés, 69115 Chiroubles.

🍷 6,40 €
T 04 74 69 16 19
www.scea-deraousset.fr

Souple et finement texturé, ce morgon est typé. Il est là et personne ne peut dire qu'il ne connaît pas son rang. (13 000 bouteilles)

14
/20

Domaine Henri Servage - 2006
Henri Servage.
Les Marcellins, 69910 Villié-Morgon.

🍷 5,40 €
T 04 74 69 14 80
domaine.henri.servage@servage.fr

Du charme et de la douceur, les femmes vous embrasseront de leur avoir fait découvrir ce parfum. Toutefois, il lui manque un peu de volume au final pour durer. (11 000 bouteilles)

MOULIN-À-VENT

Moulin-à-Vent fut le premier cru reconnu par l'INAO en 1924. Elle compte 300 vignerons qui vivent totalement de leur production. Mais cette appellation ne dort pas sur ses lauriers. Depuis peu, elle a décidé de mettre en avant l'extraordinaire richesse de ses terroirs. C'est ainsi que l'on a vu naître des cuvées de grande personnalité et méritant une vinification par « climats » comme on en trouve en Bourgogne. Car les vins de Moulin-à-Vent se rapprochent davantage de la personnalité d'un pinot noir que celle d'un gamay, plus encore quand il est vinifié en fûts et que l'on a la sagesse de l'ouvrir après quelques années de garde. Il se révèle alors à sa juste maturité et complexité et devient, dans ce cas, un grand vin de gastronomie. Et dans cette appellation reconnue comme la plus prestigieuse du Beaujolais, on arrive à trouver des vins merveilleux et pleins de potentiel à des prix raisonnables. Il aura fallu attendre un peu pour retrouver « MAV » à son meilleur : 2006 le prouve avec des gammes aromatiques variées allant des épices aux fleurs, en passant par les fruits rouges. Les vins se sont fait plus précis et ont gagné en finesse depuis l'an passé. Les années se suivent avec bonheur car même si quelques-uns ont cédé à la facilité, la grande majorité des 2007 présentés révèle toutes les saveurs franches du cru. **Une sélection établie à moins de 9 €.**

16
/20

Cave du Château de Chénas - Tradition 2006
Pascal Descombes.
Les Michauds, 69840 Chénas.

🍷 6,30 €
T 04 74 04 48 19
cave.chenas@wanadoo.fr

Un peu de fût, beaucoup de raisin et un élevage fin donnent un vin riche et sans aucune lourdeur. Et des baies roses pour un final exotique et poivré ! (40 000 bouteilles)

16
/20

Domaine Bergeron - 2007
Jean-François et Pierre Bergeron.
Les Sougerons, 69840 Ermeringer.

🍷 6,85 €
T 04 74 04 41 19
www.domaine-bergeron.com

Sa couleur est d'un rouge profond car le fruit est extrait d'une terre crayeuse. Délicieux actuellement, il saura aussi vieillir à l'ombre de votre cave. (3 000 bouteilles)

16 /20 **Domaine du Granit - Tradition** 2006
Alfred Gino Bertolla.
La Rochelle, 69840 Chénas.

🍷 7,80 €
T 04 74 04 48 40

Attention, dans cette bouteille, la cerise burlat a remplacé le raisin. Rarement un cru n'aura été aussi juteux et gorgé de fruit sans lourdeur. À boire sur sa jeunesse pour le plaisir. (10 000 bouteilles)

16 /20 **Maison Georges Duboeuf - Vieilles Vignes** 2006
Georges et Frank Dubœuf.
La Gare, 71150 Romanèche-Thorins.

🍷 6,21 €
T 03 85 33 34 20
www.duboeuf.com

Un fût habilement grillé domine les débats sans écraser le fruit, l'ensemble est fondant et sa finale poivrée vous fait saliver. Une belle cuvée d'une maison régulière dans la qualité de ses différents crus. (36 000 bouteilles)

15,5 /20 **Domaine Berrod - 2006**
M. Berrod.
Le Vivier, 69820 Fleurie.

🍷 7,10 €
T 04 74 69 83 83
www.domaineberrod.com

Riche et construit sur la roche mère, ce gamay roule sur votre langue pour votre bonheur. Un produit du terroir, authentique et racé. (15 000 bouteilles)

15,5 /20 **Domaine des Rosiers - 2007**
Gérard Charvet.
69840 Chénas.

🍷 7,00 €
T 04 74 04 48 62
domaine.les.rosiers@wanadoo.fr

Pivoine rose, souplesse du fruit, sa texture est celle de la chair fondante de la cerise. C'est sûr, vous fondrez devant autant de délicatesse ! (10 000 bouteilles)

15,5 /20 **Domaine Jacques Charlet - Champ de Cour** 2006
Xavier Barbet.
Ets Loron, RN6, 71570 La Chapelle de Guinchay.

🍷 9,00 €
T 03 85 36 82 41

La violette vous capte le nez et vous le redonne en bouche. Il impressionne par son côté floral authentique et laisse, malgré sa douceur, une grande longueur. Une découverte. (1 400 bouteilles)

15,5 /20 **Domaine Richard Rottiers - 2007**
Richard Rottiers.
La Samberinie, 71570 Romanèche-Thorins.

🍷 7,50 €
T 03 85 35 22 36
www.domainerichardrottiers.com

Le bois lui confère une note mentholée, la minéralité se fond sur le soyeux. On y trouve même du gras. Bref, il a tout ce qu'il faut pour vous plaire. (20 000 bouteilles)

15,5 /20 **Maison Loron et Fils - Au Bon Moulin** 2006
Xavier Barbet.
1846 RN6, 71570 Pontanevaux.

🍷 8,60 €
T 03 85 36 81 20
vinloron@loron.fr

Construit sur la mâche, il n'en demeure pas moins très équilibré même si sa nature lui a donné de quoi vieillir. Il se mariera dès aujourd'hui avec une tarte à l'époisse. (3 000 bouteilles)

15 /20 **Domaine de La Chèvre Bleue - 2006**
Michèle et Gérard Kinsella.
Les Deschamps, 69840 Chénas.

🍷 8,00 €
T 08 75 46 74 10
gerard@chevrebleue.com

Des parfums d'épices variées, une attaque souple et très fraise des bois. À coup sûr, un gamay qui dépaysera votre palais. (7 000 bouteilles)

15
/20

Domaine de La Chèvre Bleue - Réserve Philibert 2007
Michèle et Gérard Kinsella.
Les Deschamps, 69840 Chénas.

🍷 **8,00 €**
T 08 75 46 74 10
gerard@chevrebleue.com

Robe burlat de belle intensité. Nez de vieux foudre, attaque massive de tanin. Un moulin-à-vent taillé dans le roc ! (7 000 bouteilles)

15
/20

Domaine de La Motte - 2007
Laurent Charrion.
La Grand'Raie, 69220 Saint-Lager.

🍷 **6,65 €**
T 04 74 66 81 68
earlcharrion@wanadoo.fr

Même si son nez est réservé, sa bouche fluide revient sur le calcaire pour emporter la palme d'or de la fraîcheur. (4 500 bouteilles)

15
/20

Domaine Hubert Lapierre - Vieilles Vignes 2007
Hubert Lapierre.
Le Jandelin Cidex 324, 71570 La Chapelle-de-Guinchay.

🍷 **6,30 €**
T 03 85 36 74 89
www.domaine.lapierre.com

Rubis éclatant, son nez est fumé et sa bouche est comme cendrée. Le grain du gamay révèle un enfant né des terres volcaniques. (7 000 bouteilles)

15
/20

Domaine Sambin - 2003
Gérard Sambin.
Les Jacotins, Route de Fleurie, 71450 Romanèche-Thorins.

🍷 **7,40 €**
T 03 85 35 51 26
mgsambin@infonie.fr

Son parfum est typé, il possède encore de la fraîcheur mais n'est pas marqué par la canicule. Son nez de cuir délicatement tanné trouve un écho dans une bouche de confiture de pruneau. Buvez-le les yeux fermés et remontez le temps ! (6 200 bouteilles)

14,5
/20

Maison Coquard - 2006
Christophe Coquard.
Hameau Le Boitier, 69620 Theizé-en-Beaujolais.

🍷 **6,80 €**
T 04 74 71 11 59
www.maison-coquard.com

D'abord souple sur la cerise rouge, il se montre ensuite rocailleux et « morgonne » doucement. Agréable et stylé à la fois. (15 000 bouteilles)

14
/20

Château du Chatelard - Terre de Lumière 2007
Sylvain Rosier.
69220 Lancié.

🍷 **7,75 €**
T 04 74 04 12 99
www.vins-du-beaujolais.com/chateauduchatelard

La pierre se réveille nettement dès l'entrée en bouche et garde une longueur classique. Une vinification traditionnelle pour découvrir le cru. (10 000 boouteilles)

14
/20

Domaine du Moulin d'Eole - Les Thorins 2006
Philippe Guérin.
Le Bourg, 69840 Chénas.

🍷 **7,40 €**
T 04 74 04 46 88
moulindeole@wanadoo.fr

Masculin car musclé par le tanin, il ne manque pas de force. Il vous faudra encore attendre au mois une année avant de découvrir son côté féminin. (10 000 bouteilles)

RÉGNIÉ

Ce cru est le plus jeune du Beaujolais, le dernier des dix reconnus en 1988. Le plus méconnu aussi. Une partie de la production des 750 hectares du cru revendique encore l'appellation Beaujolais-Villages. De fait, les bonnes affaires ne manquent pas. D'une manière générale, le régnié se boit jeune, comme le brouilly et ce, dès sa mise en bouteille. Les régniés 2007 sont treize à table, et cela leur aura porté chance pour une fois. Enfin, dans un millésime délicat, ils trouveront un public de connaisseurs qui aiment les fins vins et aromatiques. La technique a apporté à cette année tout son bénéfice sans rien enlever. Quant aux 2006, un an de plus c'est... un an de plus, mais pas de mieux.

*Quelques exceptions à la règle qui nous font dire que cette appellation est en progrès. Messieurs les producteurs, ne relâchez pas la bride ! **Une sélection établie à moins de 7 €.***

16/20 **Domaine de Fontalognier - 2006**
Gilles et Nel Ducroux.
Fontalognier, 69430 Lantignié.
5,80 €
T 04 74 69 21 62
www.gillesducroux.eu

Rouge frais, nez de tilleul, bouche souple et fondue sur la longueur. Une belle interprétation du millésime. (6 000 bouteilles)

15/20 **Domaine Louis Pardon et Fils - 2006**
Éric Pardon.
La Chevalière, 69430 Beaujeu.
5,10 €
T 04 74 04 86 97
www.pardon.nom.fr

Arômes de pulpe de fraise sucrée. Sa bouche est tendre et emporte le palais par sa liquidité friande. Belle constitution. (6 000 bouteilles)

15/20 **Domaine Tante Alice - 2007**
Jean-Paul Peyrard.
La Pilonnière, 69220 Saint-Lager.
5,85 €
T 04 74 66 89 33
peyrard.jean-paul@wanadoo.fr

Un arôme sauvage, un fruit complet qui s'encombre de tanin avec surprise. Un régnié de garde et de puissance. (1 300 bouteilles)

15/20 **Maison Georges Duboeuf - 2007**
Georges et Frank Dubœuf.
La Gare, 71150 Romanèche-Thorins.
4,60 €
T 03 85 33 34 20
www.duboeuf.com

Compact de sa bouche à sa couleur cerise en passant par son nez explosif de fraise, voici un régnié de seigneur. (12 000 bouteilles)

14/20 **Domaine Chassagne - 2006**
Patrick Chassagne.
Les Bruyères, 69430 Lantignie.
6,40 €
T 04 74 04 82 11
domaine.chassagne@wanadoo.fr

Paré d'un rubis clair, il offre un nez de pruneau frais, mais pas cuit. Équilibré et savoureux. (6 000 bouteilles)

14/20 **Domaine de la Combe aux Loups - 2006**
David Méziat.
Le Bourg, 69115 Chiroubles.
6,25 €
T 04 74 04 24 02
www.meziat.com

Un nez de groseille porté par une maturité alcoolique sérieuse. On sent la concentration qui est bonne pour le vieillissement. (15 000 bouteilles)

14/20 **Domaine Passot - 2007**
Rémy Passot.
Les Près, 58115 Chiroubles.
5,10 €
T 04 74 69 16 19
remypassot@wanadoo.fr

Rond comme une cerise burlat dont il aura tiré la couleur et le jus, voici un vin complet et séducteur. Une découverte toute faite d'honnêteté. (7 000 bouteilles)

14/20 **Maison Loron et Fils - 2006**
Xavier Barbet.
1846 RN6, 71570 Pontanevaux.
6,90 €
T 03 85 36 81 20
vinloron@loron.fr

Texturé et fluide dans son tanin, il respire le vin vinifié avec plaisir. À boire maintenant sur un bœuf bourguignon. (12 000 bouteilles)

13,5 /20 **Domaine Passot les Rampaux – La Ronze** 2007
Bernard et Monique Passot.
Le Colombier, route de Fleurie, 69910 Villié-Morgon.

🍷 6,00 €
T 04 74 69 10 77
mbpassot@yahoo.fr

Moelleux et rond au nez comme en bouche, il est facile avec un fond certain pour la garde. (2 000 bouteilles)

SAINT-AMOUR

*Première appellation du nord du Beaujolais sur le département de la Saône-et-Loire comptant 317 hectares de vignes. Souvent associé au vin de la Saint-Valentin, son style est régulièrement friand, avec des notes de cassis et de framboise. Son nom n'est pas étranger à son succès assez surcoté. La vinification 2007 a arrondi les angles, mais a fait éclater ce qu'il reste de typicité de ce cru comme annoncé précédemment. Il serait temps que l'ensemble des vignerons qui produisent ce cru mette en place des conditions de récolte et de rendement qui permettront à un vin au nom si porteur d'enflammer le cœur des amateurs de gamay du monde entier. **Une sélection établie à moins de 8 €.***

16 /20 **Maison Coquard – 2007**
Christophe Coquard.
Hameau Le Boitier, 69620 Theizé-en-Beaujolais.

🍷 6,70 €
T 04 74 71 11 59
www.maison-coquard.com

Voilà un vin qui vous fera tomber amoureux du cru le plus romantique de la terre. Son fruité doux caresse soyeusement la langue. (15 000 bouteilles)

14,5 /20 **Domaine de Gry-Sablon – 2007**
Dominique Morel.
Les Chavannes, 69840 Emeringes.

🍷 6,90 €
T 04 74 04 45 35
gry-sablon@wanadoo.fr

Croquant et paré de son rubis naturel, son jus est une expression qui donne envie de lui faire connaître d'autres lèvres. (6 000 bouteilles)

14 /20 **Domaine Bergeron – 2007**
Jean-François et Pierre Bergeron.
Les Sougerons, 69840 Ermeringer.

🍷 7,60 €
T 04 74 04 41 19
www.domaine-bergeron.com

Le gaz est présent mais pas sans saveur. Il tient sur ses épaules les petits fruits rouges. C'est vivant comme une romance de printemps. (4 500 bouteilles)

14 /20 **Maison Georges Duboeuf – 2006**
Georges et Frank Dubœuf.
La Gare, 71150 Romanèche-Thorins.

🍷 5,47 €
T 03 85 33 34 20
www.duboeuf.com

Une caresse de velours à prendre tout de suite pour lui donner envie de rallumer le feu du Saint-Amour. (12 000 bouteilles)

Les meilleurs vins de France
à portée de main !

NOUVELLE ÉDITION 2009

OLIVIER POUSSIER
Meilleur sommelier
du monde 2000
ANTOINE GERBELLE
OLIVIER POELS

Les meilleurs vins de France 2009
★★★
LE GUIDE DE RÉFÉRENCE DE
LA REVUE DU VIN DE FRANCE
7520 VINS NOTÉS ET COMMENTÉS
1200 DOMAINES CLASSÉS

L'expertise de
LA REVUE DU
vin
DE FRANCE

"L'ouvrage de La Revue du vin de France est désormais plus qu'un guide, une bible"
Le Figaro

"Le guide de référence"
Les Echos

Une sélection sans équivalent !
Plus de 69 000 vins de domaines et de maisons sont dégustés chaque année par les experts de La Revue du vin de France, pour permettre la sélection des meilleurs d'entre eux.

25€
Frais de port offerts*

Prix de vente 25 € - 14ᵉ année - Format : 135 x 215 x 35 mm - 704 pages

BORDEAUX

TERRE DE BONNES AFFAIRES

Bordeaux, terre de contraste et de découvertes où des domaines inconnus côtoient les plus célèbres. Cette diversité, les Bordelais la cultivent depuis la nuit des temps avec leurs 57 appellations, trois couleurs (blanc, rouge, rosé et même clairet), des secs aux liquoreux, en passant par les moelleux. Ce qui est incompréhensible ailleurs prend ici une dimension accessible. Bordeaux s'appuie sur deux paramètres. D'une part la production d'importants volumes. Quand la Bourgogne déclare un million d'hectolitres, Bordeaux en produit presque dix fois plus. En tête de la production française, les vins de Bordeaux inondent le marché. Pas un amateur de vin, pas un restaurant, une grande surface ou un caviste dans le monde fait l'impasse sur Bordeaux. D'autre part, les Bordelais ont compris depuis longtemps le sens du mot communication. À travers leurs châteaux, lors des manifestations promotionnelles, sans jamais lâcher prise, ils tiennent le haut du pavé et occupent le terrain. Les amateurs n'y sont pas insensibles et malgré une concurrence agressive des pays du Nouveau Monde (Argentine, Chili, Afrique du Sud) sur les marchés internationaux, la France est le pays où l'on consomme encore des bordeaux comme un vin prestigieux. Cette année encore, ce vaste vignoble montre ses forces et ses faiblesses. Tantôt avec des vins manquant de maturité et marqués par la dilution, tantôt avec des cuvées splendides, remarquablement élevées et d'un rapport qualité/prix imbattable. À l'inverse de la Bourgogne, pour certains Premiers crus ou du Rhône avec Châteauneuf-du-Pape où nous sommes contraints de dépasser le seuil psychologique des 15 €, le Bordelais en-dessous de cette fourchette de prix demeure imbattable.

LES DERNIERS MILLÉSIMES
2007 : 13/20
Une année maussade dans le Bordelais. Entre les pluies de printemps sur la fleur (coulure) et un été froid, la vendange a été sauve (surtout les cabernets), par une arrière-saison baignée de soleil. Les vins restent fluides et tendres. C'est une très grande année dans les liquoreux. **Garde : 5 à 10 ans.**

2006 : 14,5/20
Année transitoire aux rendements généreux et une météo difficile. Les propriétaires consciencieux ont bien tiré leur épingle du jeu. Il fallait contrôler des rendements élevés pour que les raisins mûrissent. Quelques très belles réussites. **Garde : 5 à 10 ans.**

2005 : 17/20
C'est le premier grand millésime du XXIᵉ siècle ! Toutes les conditions étaient réunies pour sortir des grands vins. Soleil, chaleur tempérée, maturité lente, vendanges idéales. Les vins sont charnus, généreux, sans excès, équilibrés de façon générale. **Garde : 5 à 15 ans.**

BLAYE

*Cette appellation, créée en 1936, a été relancée en 2000. Une volonté commune de plusieurs producteurs de produire des vins en suivant un cahier des charges exigeant et rigoureux : importante densité de plantation, obligation d'élevage de dix-huit mois avant la mise en marché et un agrément de labellisation d'appellation après la mise en bouteilles. Aujourd'hui, peu de domaines se sont lancés dans cette appellation avec seulement 45 hectares (source CIVB) de vignes en production, préférant la plus souple AOC Premières Côtes de Blaye. **Une sélection établie à moins de 10 €.***

| **15,5** /20 | **Château Haut-Colombier** - 2005
Olivier et Emmanuel Chety.
2 La Maisonnette, 33390 Cars. | | 🍷 10,00 €
T 05 57 42 10 28
chateau.hautcolombier@wanadoo.fr |

Un très beau vin à la robe foncée et complet en bouche avec de la mâche. Moderne, plein et finement boisé, il exprime des arômes de fruits noirs avec des nuances toastées apportées par l'élevage. (12 000 bouteilles)

| **14,5** /20 | **Château Grillet-Beauséjour** - 2005
Franck Jullion.
Lieu-dit Beauséjour, 33390 Berson. | 🍷 8,40 €
T 05 57 64 39 98
www.grillet-beausejour.com |

Très coloré, puissant en attaque avec une matière de belle intensité en finale, ce vin complet est encore marqué par des tanins astringents. Il lui faut encore une bonne année de bouteille pour se fondre. (4 800 bouteilles)

| **14,5** /20 | **Château Montfollet** - Le Valentin 2006
Dominique Raimond.
9 Le Piquet, 33390 Cars. | 🍷 9,90 €
T 05 57 42 13 15
ch.raimond@lacavedeschateaux.com |

Bonne expression de fruit avec de la vivacité et de la longueur pour ce vin très complet et digeste, harmonieux et plaisant à boire dans sa jeunesse. (52 000 bouteilles)

BORDEAUX

*Les vins de cette appellation doivent impérativement être bus jeunes. C'est avant tout l'expression du fruit et la fraîcheur de leur jeunesse qui séduit. La garde les dessèche et ne les avantage pas. Qu'ils soient issus de propriétés ou de maisons de négoce, les meilleurs, très souvent à des prix abordables, constituent d'excellentes affaires pour une consommation quotidienne. 2005 a engendré des vins de très belle matière qui renouent avec une maturité de fruit superbe. Si vous les buvez dans l'année, vous vous régalerez de notes de fruits rouges et noirs et, pour beaucoup d'entre eux, rehaussés de boisé bien intégré et fondu. Les blancs 2007, comme en 2006, sont aussi de belles réussites avec des cuvées vives, mais sans l'aspect végétal du sauvignon. **Une sélection établie à moins de 6 €.***

| **16,5** /20 | **Château Belle Garde** - Fûts de Chêne 2006
Eric Duffau.
33420 Génissac. | 🍷 5,40 €
T 05 57 24 49 12
www.vignoblesericduffau.com |

Toujours au top, cette cuvée de Belle Garde est devenue l'une des références de l'appellation Bordeaux rouge. Richement coloré et dense avec une matière intense, ce vin se montre délicieusement boisé avec une très belle maturité de fruit en finale. Un vin séducteur et long en finale. (80 000 bouteilles)

| **16,5** /20 | **Château de Costis** - Cuvée Passion 2005
Laurent Mazeau.
33760 Targon. | 🍷 5,00 €
T 05 57 34 55 10
ducmaze@wanadoo.fr |

L'une des plus belles bouteilles de Bordeaux de la dégustation. Le vin se montre plein, de très belle intensité de matière avec des tanins ronds et suaves. Harmonieux et long sur le fruit, sans évolution, il sera délicieux à boire dans l'année. (9 000 bouteilles)

16,5 /20 **Château Les Arromans - Cuvée Prestige 2006**
Joël Duffau.
2 Les Arromans, 33420 Moulon.

 5,20 €
T 05 57 74 93 98
joel.duffau@aliceadsl.fr

Dans un style particulièrement bien vinifié et élevé, cette cuvée offre une matière concentrée et mûre avec un élevage de haut vol. Les tanins sont justement extraits et civilisés avec une bouche équilibrée et de grande longueur. Une très belle réussite dans la dégustation. (20 000 bouteilles)

16 /20 **Château de Bel - 2007**
Olivier Cazenave.
Malbatit, 33500 Arveyres.

 6,00 €
T 06 63 09 75 82
oliviercazenave@yahoo.fr

Ah, si tous les simples bordeaux étaient de ce niveau ! Ce vin est une parfaite alliance entre l'esprit fruité et croquant en attaque et le caractère minéral en finale. Une super bouteille vouée à une consommation rapide, de plaisir. (6 000 bouteilles)

16 /20 **Château Haut-Garriga - 2005**
Alain et Philippe Barreau.
Garriga, 33420 Grézillac.

 3,70 €
T 05 57 74 90 06
chateau.haut.garriga@wanadoo.fr

Du corps et de la longueur pour ce vin encore marqué par son bois, mais de bonne amplitude en finale. Du style, mais on peut le mettre en cave encore un an. (80 000 bouteilles)

15,5 /20 **Château Motte Maucourt - 2005**
Rémi Villeneuve.
2 au Canton, 33760 Saint-Genis-du-Bois.

 5,20 €
T 05 56 71 54 77
mottemaucourt@wanadoo.fr

Avec beaucoup de bois au nez et en bouche, ce vin offre un profil moderne et flatteur. Il se montre très séduisant en ce moment. (10 000 bouteilles)

15,5 /20 **Château Vallon des Brumes - 2005**
Pascal Boissonneau.
33190 Saint-Michel de Lapujade.

 4,50 €
T 05 56 61 72 14
vignobles@boissonneau.fr

Avec un bon volume de matière, du corps et de la structure dans les tanins, cette cuvée offre de la longueur dans un registre plein et de belle fraîcheur. Un vin ambitieux et réussi dans ce millésime. Labellisé bio, certifié Agrocert. (40 000 bouteilles)

15 /20 **Château de Gadras - 2005**
Julien Delpech.
4 Gadras, 33580 Saint-Vivien-de-Monségur.

 5,10 €
T 05 56 61 82 69
chateau-de-gadras@aliceadsl.fr

Beau vin complet et de belle matière avec des tanins un peu accrocheurs en finale, mais de la tenue et du style. Il faut que l'ensemble se fonde encore un an pour ce domaine reconnu pour la qualité de sa production. (55 000 bouteilles)

15 /20 **Château Font-Vidal - 2005**
Pascale et Jean-Dominique Poncet.
33890 Juillac.

 5,50 €
T 05 57 40 55 58
www.font-vidal.com

Belle matière en attaque, bon volume en bouche avec de la matière. Dans un style corpulent et dense. Un bon bordeaux, bien élaboré avec savoir-faire. (55 000 bouteilles)

15 /20 **Château Haut-Favereau - 2005**
M. Galineau.
Moulin de Favereau, 33790 Pellegrue.

 4,70 €
T 05 56 61 32 49
vignobles.galineau@wanadoo.fr

Beau vin coloré avec un fruit plein, intense et massif, et de la richesse de matière en finale. Beau style long et savoureux en bouche, d'un excellent rapport qualité/prix. (10 000 bouteilles)

15 /20 **Château Moulin de Mallet – 2005**
Serge et Julien Couderc.
33350 Pujols.

🍷 3,40 €
T 05 57 40 55 84
moulindemallet@hotmail.fr

Ce vin affiche une très belle structure avec des tanins fermes et une fine évolution aromatique tout en gardant une matière de bonne tenue en finale. De bon caractère, long et plaisant. (30 000 bouteilles)

15 /20 **Domaine Gabachot – 2005**
MM. Fernandez Père et Fils.
33450 Sauveterre-de-Guyenne.

🍷 3,50 €
T 05 56 71 51 24

Fine évolution sur des notes d'épices pour ce vin classique composé de cépage merlot et qui arrive à maturité de consommation. (100 000 bouteilles)

15 /20 **Font-Destiac – 2005**
Groupe Univitis.
Les Lèves, 33220 Sainte-Foy La Grande.

🍷 3,85 €
T 05 57 56 02 02
www.univitis.fr

Un rouge souple et fluide avec des tanins plaisants. Bonne expression en finale dans un style épicé et fruité. Un bon bordeaux classique, à boire dans sa jeunesse. (100 000 bouteilles)

14,5 /20 **Château de la Vieille Chapelle – 2006**
Frédéric & Fabienne Mallier.
4 Chapelle, 33240 Lugon et l'Ile du Carney.

🍷 6,00 €
T 05 57 84 48 65
www.chateau-de-la-vieille-chapelle.com

Bonne attaque en bouche avec de la matière et du corps pour ce bordeaux rouge. Les tanins sont encore un peu durs en finale, mais offrent beaucoup de tenue à l'ensemble. (14 000 bouteilles)

14,5 /20 **Château du Puch – La Tuilerie 2005**
ESAT Le Puch.
33540 Sauveterre de Guyenne.

🍷 5,50 €
T 05 56 71 51 15
esatlepuch@orange.fr

Malgré une légère touche de réduction au nez et en bouche, cette cuvée présente une matière pleine et une bonne tenue des tannins en finale. Un beau vin puissant et un rien rustique qui a besoin d'air avant le service. (10 000 bouteilles)

14 /20 **Château Baron La Rose – Vieilles Vignes 2005**
Maison Sovex Woltner.
Baron La Rose, 20 rue Ampère, 33565 Carbon blanc.

🍷 5,00 €
T 05 56 77 81 00
contact@sovex-woltner.com

Un très bon vin d'un style flatteur et tendrement boisé, à boire dans sa jeunesse. Cette cuvée de négoce est distribuée en grande distribution. (325 000 bouteilles)

14 /20 **Château Coutreau – 2005**
Alain et Philippe Barreau.
Garriga, 33420 Grézillac.

🍷 4,90 €
T 05 57 74 90 06
chateau-haut-garriga@wanadoo.fr

Joli vin bien mûr et coloré avec de la matière et un bois élégant. Bonne tenue et vigueur de la matière en finale. Du style avec de la fraîcheur et une fine acidité. (40 000 bouteilles)

14 /20 **Château Passe-Craby – 2005**
Vincent Boyé.
Lieu-dit Chiquet. BP 86, 33133 Galgon.

🍷 4,50 €
T 05 57 55 05 38
v.boyé@wanadoo.fr

Il présente une jolie maturité de fruit avec encore du croquant et de la fraîcheur en bouche. Bon style, de bonne longueur et très digeste, c'est un rouge à boire sur la fraîcheur de sa jeunesse. (50 000 bouteilles)

14 /20 Château Pey La Tour - 2007
Groupe CVBG.
35 route de Bordeaux, 33295 Blanquefort Cedex.

🍷 5,00 €
T 05 56 35 53 00
www.dourthe.com

Rond et avec de la sucrosité en finale, ce vin se montre très plaisant dans sa prime jeunesse pour l'expression de son fruit et son accessibilité gustative avec des tanins tout en rondeur. Un beau vin long et très fruité. (640 000 bouteilles)

13,5 /20 Château Joinin - 2006
Brigitte Mestre Guilhem.
33420 Rauzan.

🍷 4,60 €
T 05 57 24 72 95
chateau.pipeau@wanadoo.fr

Un délicieux vin de fruit, tendre et facile, à boire en ce moment pour la rondeur de ses tanins et son profil croquant et gourmand. (80 000 bouteilles)

13,5 /20 Les Vins de Pierre Montagnac - La Cour Pavillon 2007
Pierre Montagnac.
55 rue Ségalier, 33000 Bordeaux.

🍷 4,90 €
T 05 56 24 00 75
www.montagnac.com

Une cuvée de négoce au style tendre et agréablement fondu. Les tanins tout en souplesse sont ronds et délicats. Une bouteille qui accompagnera parfaitement votre quotidien. (120 000 bouteilles)

13 /20 Cave coopérative de Sauveterre - 2005
Françoise Rion.
33540 Sauveterre-de-Guyenne.

🍷 3,60 €
T 05 56 61 55 21
magasin@cellierdelabastide.com

Un vin simple sur le fruit offrant en bouche une bonne matière aux tanins souples, dans un style agréable à boire dans sa jeunesse, pour un prix canon. (100 000 bouteilles)

13 /20 Château Roques Mauriac - L'Avant Goût 2007
Vincent Levieux.
Château Lagnet, 33350 Doulezon.

🍷 5,65 €
T 05 57 40 51 84
www.les3chateaux.com

Bonne matière, du fruit et de la longueur avec de l'équilibre pour cette cuvée vouée à une consommation rapide et donnant l'« avant-goût » d'un vin de garde... Simple et facile à boire sur son fruit. (20 000 bouteilles)

BORDEAUX BLANC

Il est assez difficile de trouver une véritable personnalité dans les blancs de Bordeaux. Ils affichent en règle générale de la sous-maturité issue de sauvignon : un résultat peu plaisant avec des arômes sauvagement définis comme ceux de « pipi de chat ». À défaut, nous sommes pratiquement obligés de nous en contenter, ce style dominant largement la production. Cependant on peut, mais en cherchant bien, trouver des vins plus droits et plus « authentiques », sur le fruit, et dotés d'un semblant de minéralité. Ce sont dans tous les cas des vins de caractère naturel, simple et facile, à boire uniquement dans l'année, la garde ne leur apportant rien de plus. De jolis blancs fruités et de belle fraîcheur sur 2006. Les cuvées non boisées se montrent séduisantes et un effort est fait pour mettre en avant l'expression fruitée du sauvignon ou du sémillon. Dans certains cas, assemblés, cela donne des résultats très satisfaisants. **Une sélection établie à moins de 5 €.**

16 /20 Château Lamothe-Vincent - 2007
Fabien Vincent.
3 chemin Laurenceau, 33760 Montignac.

🍷 4,50 €
T 05 56 23 96 55
www.lamothe-vincent.com

Un excellent blanc de Bordeaux exprimant avec beaucoup de finesse des notes d'épices au nez comme en bouche. L'attaque est grasse avec beaucoup de caractère et d'ampleur en finale. Un bon classique qui ne déçoit pas. (106 000 bouteilles)

16 /20 **Château Thieuley - 2007**
Marie et Sylvie Courselle.
BP 8, 33670 La Sauve.

5,50 €
T 05 56 23 00 01
chateau.thieuleyàwanadoo.fr

Un grand classique de l'appellation, ce domaine est une valeur sûre, en particulier pour sa production de vins blancs secs. Toujours de belle matière, avec du gras et de l'amplitude en bouche, ce vin sans élevage en barriques est tout en longueur, au style vineux. (240 000 bouteilles)

15 /20 **Château Roques Mauriac - Classic 2007**
Vincent Levieux.
Château Lagnet, 33350 Doulezon.

5,65 €
T 05 57 40 51 84
www.les3chateaux.com

Belle couleur, nez fin et frais amenant une bouche vineuse. L'expression du fruit en finale avec une fine acidité confirme l'équilibre et le style de cette cuvée vinifiée avec soin et très joliment présentée. (20 000 bouteilles)

14,5 /20 **Château Ballan-Larquette - 2007**
Régis Chaigne.
33540 Saint-Laurent du Bois.

5,00 €
T 05 5676 46 02
regis@chaigne.fr

A part égale de sémillon et de sauvignon, ce blanc est marqué par du gras en attaque et une matière de bonne intensité en bouche. Long en finale, c'est un blanc de bonne tenue en bouche. (45 000 bouteilles)

14 /20 **Château Lamothe de Haux - 2007**
Famille Néel-Chombart.
33550 Haux.

5,95 €
T 05 57 34 53 00
info@chateau-lamothe.com

Avec un peu de CO_2 dans la bouteille, ce blanc, produit dans le secteur des Premières Côtes, se montre vif, frais et très désaltérant. À boire dans sa jeunesse. (280 000 bouteilles)

13,5 /20 **Beau Mayne - 2007**
Groupe CVBG.
35 rue de Bordeaux, 33295 Blanquefort Cedex.

5,20 €
T 05 56 35 53 00
contact@cvbg.com

Un bon sauvignon dans un registre tendre et facile avec du fruit et de l'acidité en finale. Beau Mayne demeure un vin de consommation courante et forme une bonne cuvée de négoce. (320 000 bouteilles)

13 /20 **Château du Courros**
J.O. Durand
33420 Saint-Vincent de Pertignas.

3,50 €
T 05 57 84 11 89

Un délicieux blanc de fruit aux notes de fleurs blanches au nez, amenant une bouche souple et fluide, désaltérante. Un bon blanc d'été à boire avec des huîtres. (12 000 bouteilles)

13 /20 **Château La Freynelle - 2007**
Véronique Barthe.
Peyrefus, 33420 Daignac.

5,00 €
T 05 57 84 55 90
www.vbarthe.com

Un vin facile à boire sous la tonnelle pour sa souplesse, sa fluidité et ses notes de fruits blancs croquants et frais. (80 000 bouteilles)

BORDEAUX SUPÉRIEUR

Cette appellation, dite « Supérieur », l'est par rapport aux simples « bordeaux rouge », véritable appellation générique du Bordelais. Peu de choses les séparent. Elles ont la même délimitation géographique, un encépagement identique, seuls les rendements à l'hectare (plus faibles de quelques hectolitres), et un élevage en barriques (dans la plupart des cas) les différencient. On trouve donc des vins souvent plus ambitieux et concentrés, mais malheureusement au détriment de l'expression naturelle du fruit. Ils possèdent, en revanche, un potentiel de garde plus important. 2005 est une excellente année dans cette appellation. 2006 est quant à lui un millésime plus souple et fruité que l'on pourra déguster jeune. **Une sélection établie à moins de 7 €.**

Château Beaufresque - 2005
16,5 /20
Henri Cramail.
La Coste de Papey, 33550 Sainte-Terre.
🍷 5,00 €
T 05 57 40 20 50
chateau.beaufresque@wanadoo.fr

Très belle matière avec une couleur dense et des notes de fruits noirs au nez et en bouche. De la longueur, beaucoup de rondeur dans les tanins. Beau style complet et long. Une réussite dans la dégustation. (30 000 bouteilles)

Château Bellevue-Peycharneau - 2005
16,5 /20
Stéphane Ornillon.
Rue de la Commanderie, 33220 Pineuilh.
🍷 6,00 €
T 06 82 47 44 50
www.bellevue-peycharneau.fr

Matière dense en attaque, belle charge de tanins et couleur soutenue. Un vin ambitieux avec une bouche pleine offrant de la maturité dans le fruit. Demande à se fondre avec deux à trois ans de bouteille. (46 000 bouteilles)

Château Haut Gay - 2005
16,5 /20
Guillaume de Tastes.
67 Quai des Chartrons, 33300 Bordeaux.
🍷 6,00 €
T 06 85 71 48 26
g.detastes@lestapis.com

Guillaume de Tastes, également propriétaire du Château Beaulieu Comtes de Tastes, s'est offert les services du célèbre conseiller Stéphane Derenoncourt. Cette petite propriété a connu très rapidement un grand succès grâce à des vins tout en fruit et en gourmandise, délicieux à boire dans leur jeunesse. C'est le cas de ce 2005, expressif sur des notes de fruits rouges et finement boisées. (40 000 bouteilles)

Château Haut Saint-Romain - 2005
16,5 /20
Alain Montion.
85 route de Cadillac, 33240 Saint-Romain La Virvée.
🍷 5,50 €
T 05 57 58 22 77
montion.alain@orange.fr

Beau vin ambitieux et plein avec une matière de belle concentration. Style plaisant avec de la longueur, de l'équilibre et une finale épanouie sur le fruit rouge. (20 000 bouteilles)

Domaine La Croix de Queynac - Tradition 2005
16,5 /20
Stéphane Gabard.
Le Carrefour, 33133 Galgon.
🍷 6,60 €
T 05 57 74 30 77
vignobles.gabard@laposte.net

Un vin super concentré, plein et dense avec une matière encore fortement marquée par son élevage, mais offrant une très belle amplitude de matière en finale. Beau caractère long et séduisant. (10 000 bouteilles)

Château la Caderie - Cuvée Authentique 2006
16 /20
François Landais.
33910 Saint-Martin-du-Bois.
🍷 6,50 €
T 05 57 49 41 32
chateau-la-caderie@wanadoo.fr

Une très belle cuvée avec beaucoup de charme et un élevage parfaitement dosé. Ce vin est une très belle illustration d'une extraction douce et d'une recherche d'équilibre entre le fruit et la fine oxydation apportée par la barrique. Labellisé bio, certifié Bourgeon Suisse. (56 000 bouteilles)

16 /20 ### Château Mousseyron - Cuvée Joris 2005
Jacques Larriaut.
33490 Saint-Pierre d'Aurillac.

 6,50 €
T 05 56 76 44 53
larriautjacques@wanadoo.fr

Beau vin très complet et dense avec une matière de belle intensité en bouche dans un registre concentré et long. Joliment boisé (16 mois d'élevage) il effectue en partie sa fermentation malolactique en barriques, ce qui renforce son aspect velouté. Une cuvée ambitieuse. (15 000 bouteilles)

16 /20 ### Domaine de Cornemps - Tradition 2005
Henri-Louis Fagard.
33570 Petit-Palais.

 5,20 €
T 05 57 69 73 19
vignobles.fagard@wanadoo.fr

Beau vin séduisant et de belle tenue en bouche avec une matière équilibrée, justement extraite et de belle longueur sur la fraîcheur, sans être écrasée par le bois. Beau style complet et long tout en équilibre. (100 000 bouteilles)

15,5 /20 ### Château Cilorn - 2005
François Linard.
Maison Neuve, 33570 Lussac.

 6,25 €
T 05 57 74 67 48
claymore@anavim.com

Beau vin moderne et finement élevé avec une attaque en bouche pleine et savoureuse sur des notes de fruits noirs. D'un style moderne et séducteur, il sera délicieux à boire dans les deux ans. Une bonne affaire. (14 400 bouteilles)

15,5 /20 ### Château Farizeau - 2005
André Moreau.
21 chemin de Farizeau, Lorient, 33670 Sadirac.

5,00 €
T 05 56 30 61 46
contact@chateau.farizeau.com

Du coffre et de l'ampleur de matière en attaque avec une bonne intensité de robe et des tanins encore fermes qui demandent une à deux années de garde. Belle fraîcheur et longueur. (7 500 bouteilles)

15,5 /20 ### Château Lamothe-Vincent - Héritage 2006
Fabien Vincent.
3 chemin Laurenceau, 33760 Montignac.

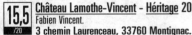 6,50 €
T 05 56 23 96 55
www.lamothe-vincent.com

Une cuvée toujours régulière et qui s'épanouie harmonieusement en bouteille. Ce 2006 se montre encore massif avec un boisé certes dominant dans les arômes, mais de belle tenue de matière en bouche. (53 000 bouteilles)

15 /20 ### Château de Bel - 2005
Olivier Cazenave.
Malbatit, 33500 Arveyres.

 7,00 €
T 06 63 09 75 82
oliviercazenave@yahoo.fr

Olivier Cazenave a vinifié dans ce millésime un vin de belle intensité de matière avec du fruit et de la longueur. Bonne tenue et esprit fondu en finale. Une matière agréable et assouplie par l'élevage. (12 000 bouteilles)

15 /20 ### Château de Goëllane - 2005
Pascal Denjean.
33460 Saint-Léon.

 5,00 €
T 05 56 23 47 81
contact@castel-freres.com

Très belle couleur et bouche marquée par de la vivacité et des tanins frais. La matière en bouche est séductrice et de bonne longueur. Un bon rouge de plaisir élaboré par la célèbre maison de négoce Castel. (350 000 bouteilles)

15 **Château des Arras - Prestige 2005**
/20
Claudine Rozier.
BP 18, 33240 Saint-Gervais.

🍷 6,50 €
T 05 57 43 00 35
www.chateaudesarras.com

Beau vin avec du corps et de l'intensité de fruit au nez et en bouche avec une matière de bonne allonge sur la fraîcheur. Il se boira dans sa jeunesse. (5 300 bouteilles)

 15 **Château La Commanderie de Queyret - 2005**
/20
Claude Comin.
33790 Saint-Antoine-du-Queyret.

🍷 7,00 €
T 05 56 61 31 98
www.vignobles.comin.com

Un bon classique de l'appellation, toujours bien vinifié. Dans ce millésime, il se distingue par une matière dense en bouche et du caractère apporté par une part de cabernet franc. Bon volume et ensemble structuré des tanins. (30 000 bouteilles)

 14,5 **Château Haut Nivelle - Prestige 2005**
/20
Patrick Le Pottier.
Favereau, 33660 St-Sauveur de Puynormand.

🍷 6,00 €
T 04 57 69 69 69
vignobles@lepottier.com

Dans un registre fondu avec des notes d'épices apportées par une fine évolution, cette cuvée est arrivée à maturité de consommation. On apprécie son profil nuancé et élégant. D'un très bon niveau, le 2006 est aussi une très belle réussite avec un fruit plus expressif à ce stade. (31 000 bouteilles)

 14,5 **Marquis d'Abeylie - 2005**
/20
Groupe Univitis.
Les Lèves, 33220 Sainte-Foy La Grande.

🍷 5,95 €
T 05 57 56 02 02
univitis@univitis.fr

Légèrement évoluée avec des notes de fruits rouges et d'épices classiques, cette bouteille se montre séduisante et aux tanins fondus en bouche. Bon esprit avec de la finesse. Délicieux à boire dans l'année. (500 000 bouteilles)

 14 **Domaine de la Grave - 2005**
/20
David Roche.
Perriche, 33750 Beychac et Cailleau.

🍷 6,10 €
T 05 56 72 41 28
vignobleroche@wanadoo.fr

Avec un boisé fondu, ce vin offre une bonne fraîcheur et une expression ample et généreuse sur des notes de fruits mûrs. Belle longueur et tanins arrondis par l'élevage. (50 000 bouteilles)

CADILLAC

*Peu connue et rarement revendiquée par les producteurs, cette petite appellation, qui fait face à Cérons sur la rive droite de la Garonne, s'étend sur 200 hectares. Cette enclave dans l'aire d'appellation Premières Côtes de Bordeaux produit sur des sols argileux-graveleux-calcaires des vins blancs moelleux, tendres et aromatiques. Ils sont très agréables dans leur prime jeunesse sur leur fruit éclatant. Des beaux vins avec des richesses assez étonnantes et une qualité dans les élevages en progrès. On peut y dénicher quelques belles découvertes. **Une sélection établie à moins de 10 €.***

 **15,5** **Château Langoiran - 2006**
/20
Nicolas Filou.
Le Pied du Château, 33550 Langoiran.

🍷 9,30 €
T 05 56 67 08 55
info@chateaulangoiran.com

Belle robe dorée et fine évolution aromatique au nez sur des notes d'épices douces et de poivre. Bonne harmonie en bouche avec un vin équilibré, sans lourdeur et à la liqueur légère d'un style très friand. (5 000 bouteilles)

14,5 /20 | **Château Peller-Laroque - 2005**
Rousselon et Fils.
33410 Laroque.

🍷 9,00 €
T 05 56 62 60 16

Avec des notes de fruits exotiques confits au nez, ce cadillac séduit par ses nuances aromatiques en bouche. L'ensemble est gras, de bonne liqueur avec du fruit en finale. Joli style complet. (6 000 bouteilles)

CANON-FRONSAC

*Cette toute petite appellation du Libournais est en fait une enclave au cœur de son appellation « jumelle » Fronsac. Le vignoble est au pied de la côte et s'étend sur un plateau. Les vins en comparaison à Fronsac font preuve de plus d'élégance et de finesse. Son terroir, plus calcaire, justifierait cette subtilité de style... **Une sélection établie à moins de 10 €.***

16 /20 | **Château Canon Saint-Michel - 2005**
Jean-Yves Millaire.
Lamarche, 33126 Fronsac.

🍷 10,00 €
T 06 08 33 81 11
www.vins-millaire.com

Jean-Yves Millaire est un fidèle de notre sélection. Cet excellent vigneron, soigneux et bon vinificateur, a produit un vin de bonne construction, structuré et généreusement boisé. Avec une bonne assise tannique, il se gardera sans difficulté. (26 000 bouteilles)

15 /20 | **Château Junayme - 2006**
François De Coninck.
3126 Fronsac.

🍷 6,10 €
T 05 57 51 29 17
fdeconinck@wanadoo.fr

À cheval sur deux appellations (Fronsac et Canon-Fronsac), cette propriété appartient à François de Coninck, également à la tête du château Canon (Canon-Fronsac). En pleine remise en route du vignoble, ce millésime marque le changement de style avec des vins plus mûrs et friands. Belle matière avec de la tenue en finale et un élevage de qualité. Bon vin complet, dense et bénéficiant d'un élevage stylisé. Le niveau a encore progressé. (46 000 bouteilles)

14 /20 | **Château Canon - 2006**
François De Coninck.
Châteu Junayme, 33126 Fronsac.

🍷 9,00 €
T 05 57 51 29 17
fdeconinck@wanadoo.fr

Voilà un excellent vin plein de fruit et de fraîcheur, tout en équilibre et de grande finesse de tanins. Son esprit croquant incite à le boire un peu frais dans sa jeunesse. Cette propriété reprise en mains par François de Coninck bénéficie d'un magnifique terroir. Les prochains millésimes sont à suivre de près ! (33 000 bouteilles)

14 /20 | **Château du Moulin - 2005**
Bénédicte et Grégoire Hubau.
Moulin Pey Labrie, 33126 Fronsac.

🍷 9,00 €
T 05 57 51 14 37
moulinpeylabrie@wanadoo.fr

Belle couleur amenant un nez séducteur avec un boisé flatteur. La bouche de bon volume avec de la longueur se démarque dans un style boisé et flatteur. (18 000 bouteilles)

CÔTES DE BORDEAUX SAINT-MACAIRE

*Cette appellation est certainement la moins connue du Bordelais. Entièrement vouée à la production de vins moelleux, elle se situe à une quarantaine de kilomètres au sud de Bordeaux, dans la continuité des appellations Premières Côtes et Sainte-Croix-du-Mont. Avec seulement 64 hectares de vignes en production, le volume reste très limité et bien peu de producteurs en produisent, préférant se consacrer à la vinification de vins blancs secs. Cette année, nous vous invitons à découvrir le domaine de Majoureau avec des vins élégants, frais, représentant parfaitement la fraîcheur et l'équilibre de bons moelleux. **Une sélection établie à moins de 8,50 €.***

15
/20
Château Majoureau - La Petite Dorée 2007
Mathieu et Bernard Delong.
1 Majoureau, 33490 Caudrot.

8,00 €
T 05 56 62 81 94
familledelong@hotmail.com

Encore sur la prise de bois, ce liquoreux présente un beau potentiel, une vinification et un élevage ambitieux. Belle attaque sur des notes fumées et bouche ample et généreuse. Une très belle bouteille que nous vous incitons à découvrir. (1 350 bouteilles de 50 cl)

14,5
/20
Château Majoureau - Cuvée Hyppos 2007
Mathieu et Bernard Delong.
1 Majoureau, 33490 Caudrot.

7,00 €
T 05 56 62 81 94
familledelong@hotmail.com

Jolie liqueur avec du gras et de la longueur en finale. Un liquoreux d'un genre riche et onctueux offrant une matière généreuse et enrobée, issue de 100 % sémillon. Excellent rapport qualité/prix. (1 500 bouteilles)

CÔTES DE BOURG

*Cette appellation s'est désolidarisée du projet dynamique de réunir sous une seule et même appellation l'ensemble des Côtes bordelaises (Castillon, Francs, Blaye, Premières de Bordeaux). Elle construit son image de « cru » dans le paysage bordelais. En gardant leur indépendance, les Côtes de Bourg préservent également leur style. Il faut dire que les derniers millésimes renouent avec un très bon niveau pour une poignée de vignerons ambitieux. La dernière grande réussite, le millésime 2005, a donné des vins pleins et charmeurs avec des tanins stylisés. 2006 est plus fluide et tendre. **Une sélection établie à moins de 8 €.***

17
/20
Château La Tuilière - 2005
Philippe Estournet.
33710 Saint-Ciers-de-Canesse.

6,50 €
T 05 57 64 80 90
info@chateau-la-tuiliere.com

Un vin qui ne déçoit jamais. Philippe Estournet vinifie avec beaucoup de talent et de savoir-faire ce domaine. Très concentré et puissant avec un boisé ample et généreux, ce vin d'un style moderne et généreux offre une grande amplitude de matière et beaucoup de longueur en finale. Il est doté de tanins qui permettront de le mettre en cave au moins cinq ans. (55 000 bouteilles)

16
/20
Château Labadie - 2005
Joël Dupuy.
1 Cagna, 33710 Mombrier.

8,00 €
T 05 57 64 23 84
vignoblesjdupuy@aol.com

Voilà un beau vin complet, dense, très mûr et richement boisé offrant de la longueur et beaucoup de style et d'éclat en finale. L'élevage très élégant apporte un supplément de complexité et de séduction à ce vin. Une belle réussite à ne pas rater. (100 000 bouteilles)

16
/20
Château Sauman - Émotion 2005
Véronique Braud.
33710 Villeneuve.

6,80 €
T 05 57 42 16 64
chateau.sauman@wanadoo.fr

Dans un registre plus mûr et fondu que le 2006, cette cuvée de malbec et de merlot offre dans ce millésime une très belle robe amenant une superbe intensité en bouche sur un fruit de très belle maturité avec des arômes de raisins secs. Bouche onctueuse, longueur sur le fruit pour ce beau vin complet et long. Une très belle réussite. (12 000 bouteilles)

Château du Relais de La Poste - Grande Cuvée 2007

Bruno Drode.
/20 33710 Teuillac.

🍷 6,00 €
T 05 57 64 37 95
brunodrode@hotmail.com

Encore marquée par son élevage, cette cuvée toute jeune se montre très colorée et concentrée. Les tanins tout en rondeur sont séducteurs et gras. Il est indispensable de laisser ce vin se reposer pour que le bois se fonde. (50 000 bouteilles)

Château du Relais de La Poste - Cuvée Malbec 2006

Bruno Drode.
/20 33710 Teuillac.

🍷 7,50 €
T 05 57 64 37 95
brunodrode@hotmail.com

Très bon fruit avec des tanins de belle élégance, cette cuvée 100 % malbec offre un style plaisant et long. Beau vin délicieux à boire dans sa jeunesse et singulier par son cépage. (6 500 bouteilles)

Château Coubet - 2005

Michel Migné.
/20 33710 Villeneuve.

🍷 5,00 €
T 05 57 64 91 04
coubet@orange.fr

Un excellent rapport qualité/prix pour ce vin d'un esprit classique, droit, sincère, aux notes minérales au nez et en bouche. Il offre une matière mûre et équilibrée et beaucoup de fraîcheur en finale. (5 000 bouteilles)

Château Haut-Mac - Cuvée Jean-Bernard 2005

Anne et Hugues Mallet.
/20 61 rue des Gombauds, 33710 Tauriac.

🍷 7,60 €
T 05 57 68 81 26
www.hautmaco.com

Toujours parmi les belles réussites de l'appellation, cette cuvée très classique se montre encore ferme et demande à se fondre. Dans ce millésime concentré et mûr, on trouve en bouche de la puissance, sans être marqué par son élevage. Beau potentiel de garde. (30 000 bouteilles)

Château Sauman - Émotion 2006

Véronique Braud.
/20 33710 Villeneuve.

🍷 7,00 €
T 05 57 42 16 64
chateau.sauman@wanadoo.fr

Voilà un assemblage original et singulier dans le Bordelais avec pour une moitié du malbec et pour l'autre du merlot. Vinifié à basse température afin de préserver l'expression fruitée et le moelleux des tanins, ce vin se montre très plaisant et gourmand. Il sera délicieux à boire dans les trois prochaines années. (4 000 bouteilles)

La Coulée de Bayon - 2006

Jean-Marc Delhaye.
/20 2 Le Bourg, 33710 Bayon.

🍷 8,00 €
T 05 57 64 81 74
jm.delhaye@orange.fr

Cette microcuvée, élaborée à partir de 60 ares de vignes, est aujourd'hui devenue un classique de l'appellation. Vinifié avec soin, c'est un vin séducteur issu de faibles rendements et longuement élevé en barriques (seize mois). Il se montre plaisant, équilibré, à l'élevage discret et offrant un beau fruité en finale. On peut le mettre en cave cinq ans. (2 400 bouteilles)

Château de Brulesécaille - 2005

Jacques Rodet.
/20 33710 Tauriac.

🍷 8,00 €
T 05 57 68 40 31
www.brulesecaille.com

La part importante de cabernet (30 % de sauvignon et 10 % de franc) dans l'assemblage et la partie graveleuse de son terroir donnent un vin corpulent et ample avec une matière riche et concentrée dans ce millésime. Il faut que les tanins se fondent sur deux à trois ans. (60 000 bouteilles)

14 /20 **Château Montaigut - 2007**
Stéphanie de Pardieu.
2 Nodeau, 33710 Saint-Ciers-de-Canesse.

4,70 €
T 05 57 64 92 49
www.chateau-montaigut.com

Un blanc très plaisant et remarquablement vinifié. Avec sa part importante de muscadelle, il affiche un fruité frais et très aromatique avec du moelleux en bouche. Délicieux à boire dans sa jeunesse. (9 000 bouteilles)

13 /20 **Château Le Paradis - Adonis 2006**
Annie et Didier Meneuvrier.
57 rue Valentin Bernard, 33710 Bourg-sur-Gironde.

6,00 €
T 05 57 94 03 94
meneuvrier.didier@orange.fr

Avec ses 90 % de merlot, cette cuvée offre un style souple, agréablement boisé sur une matière mûre. Il est à boire dans les deux ans sur sa tendresse et sa fluidité de tanins. (5 000 bouteilles)

12,5 /20 **Château de Rousselet - 2005**
Francis et Emmanuel Sou.
33710 Saint-Trojan.

5,67 €
T 06 87 29 53 73
chateau.de.rousselet@wanadoo.fr

Du fruit, de la fraîcheur, tanins tendres et souples. À boire impérativement dans sa jeunesse pour son croquant et sa fluidité. (26 000 bouteilles)

CÔTES DE CASTILLON

*Après deux années de disette de bonnes affaires dans cette appellation limitrophe de Saint-Émilion, notre dernière dégustation renoue avec un nombre conséquent d'échantillons et de bonnes surprises. Il faut dire que les vins de Castillon avaient connu une flambée des prix avec l'arrivée de propriétaires très ambitieux produisant des cuvées de haut vol, mais vendues à des prix proches des saint-émilions. La crise a mis de l'ordre et la hiérarchie des prix a repris ses droits. Pourvu que cela dure, car les côtes-de-castillon peuvent produire de très beaux vins de caractère. **Une sélection établie à moins de 8 €.***

16 /20 **Château La Roncheraie - Cuvée Sereine 2005**
Famille Toquereau.
Terrasson, 33350 Belvès-de-Castillon.

6,90 €
T 05 57 47 92 20
chateau.laroncheraie@wanadoo.fr

La robe est encore très foncée et sans trace d'évolution. Le nez s'exprime avec vigueur sur un fruit bien mûr, séduisant et d'une grande franchise aromatique. On apprécie la structure des tanins d'un genre moelleux en bouche, avec un profil minéral en finale. Très complet, ce vin s'inscrit parmi les très belles réussites de notre sélection. (25 000 bouteilles)

16 /20 **Domaine de Cauffour - Tradition 2005**
René Allard.
15 Cauffour, 33350 Saint-Genès de Castillon.

5,50 €
T 05 57 47 92 65

Magnifique couleur, dense et sombre aux reflets violets et brillants, cette cuvée offre une très belle expression de maturité au nez avec des notes de fruits noirs et d'épices. La bouche est complète, ample et généreuse pour ce vin très complet et dense. (6 000 bouteilles)

15,5 /20 **Château Cafol - Tradition 2005**
Jean-Marie Pulido.
33350 Saint-Magne de Castillon.

7,00 €
T 05 57 40 20 54
chateau.cafol@wanadoo.fr

Caractère plein et dense, relevé par un élevage ambitieux, la bouche se montre encore ferme, mais l'ensemble ne manque pas de densité et de longueur. Un beau vin riche et puissant au caractère ferme et généreux. (60 000 bouteilles)

Château Cantegrive - 2005
15/20
Pascal Doyard.
Terrasson, 33570 Puisseguin.

🍷 6,00 €
T 03 26 57 52 29
contact@chateau-cantegrive.com

Très belle matière avec du charnu et de la tenue en bouche pour ce vin plein et encore massif en attaque, mais qui possède un très joli potentiel de garde. Il est long, mûr et structuré ; cette bouteille 100 % merlot fait partie des belles réussites de l'appellation dans ce millésime. (30 000 bouteilles)

Château Côte Montpezat - Le Canon 2006
14,5/20
Dominique Bessineau.
8 Brousse, 33350 Belvès-de-Castillon.

🍷 6,50 €
T 05 57 56 05 55
www.cote-montpezat.com

Beau vin travaillé et luxueusement élevé en barriques. Les notes torréfiées apparaissent au nez avec une expression de fruits mûrs en finale. L'ensemble demande à s'affiner encore un an en bouteille pour cette cuvée tout en séduction d'un style moderne et flatteur. (70 000 bouteilles)

Château des Demoiselles - 2006
14,5/20
Philippe Ducourt.
18 route de Montignac, 33760 Ladaux.

🍷 5,95 €
T 05 57 34 54 00
ducourt@ducourt.com

Dans un style flatteur apporté par un boisé marqué (vin encore jeune), mais sans manquer de matière en finale ni d'équilibre, ce vin se montre de belle ampleur et moderne, bénéficiant d'une vinification ambitieuse. Un joli style harmonieux et de belle longueur. (150 000 bouteilles)

Château La Roncheraie - Cuvée Prestige 2005
14,5/20
Famille Toquereau.
Terrasson, 33350 Belvès-de-Castillon.

🍷 7,90 €
T 05 57 47 92 20
chateau.laroncheraie@wanadoo.fr

Avec des tanins encore astringents en finale et des notes légèrement réduites au nez et en bouche, ce vin qui ne manque pas de concentration demande un peu de temps de garde pour se fondre et s'épanouir. Un passage en carafe avant le service lui fera le plus grand bien. Une cuvée de beau potentiel. (10 000 bouteilles)

Château de Belcier - B de Belcier 2005
14/20
Frédéric Dubois.
33350 Les-Salles-de-Castillon.

🍷 7,75 €
T 05 57 40 67 58
gironde-et-gascogne@wanadoo.fr

Le second vin de cette importante propriété de Castillon se montre rustique en attaque sur des notes animales avec des tanins fermes. L'ensemble est de bonne tenue en finale et d'un caractère plein, massif et dense. (51 700 bouteilles)

Château de Saint-Philippe - Séduction 2005
14/20
Vignobles Bécheau.
26 le Bourg-Ouest, 33350 Saint-Philippe-d'Aiguilhe.

🍷 8,00 €
T 05 57 40 60 21
pbecheau@terre-net.fr

Belle cuvée au style flatteur et un rien commercial au nez et en bouche. La matière se montre fluide en finale pour ce vin qui plaira aux amateurs de style boisé. Attention au 2004 qui manque de définition et de noblesse dans l'élevage. (2 500 bouteilles)

13
/20

Château Manoir du Gravoux – 2006
Philippe Emile.
5 Les Gravoux, 33350 Saint-Genès de Castillon.

🍷 5,50 €
T 05 57 47 93 32
emileseverine@yahoo.fr

Un côtes-de-castillon floral au nez et en bouche avec de la fluidité et de la souplesse dans les tanins apportant une très agréable suavité en finale. Un vin délicieux à boire dans sa jeunesse, servi un peu frais. (70 000 bouteilles)

CÔTES DE FRANCS

Toute petite appellation la plus à l'est du vignoble bordelais, et peu connue des consommateurs, les Côtes de Francs produisent peu de vins, ce qui explique leur faible popularité. Les vins y sont classiques provenant de terres argileuses sans autres particularités. Rien ne sert de les laisser vieillir, ils se boivent dans les trois ans. **Une sélection établie à moins de 8 €.**

15,5
/20

Château Franc-Cardinal – 2006
Philip Holzberg.
2 Nardou, 33570 Tayac.

🍷 7,00 €
T 05 57 40 63 39
www.chateau-franc-cardinal.com

Très beau vin pour l'appellation avec une matière dense et concentrée, sans lourdeur et aux tanins moelleux. Élevage discret et équilibre général en finale dans un registre séduisant que l'on peut mettre en cave deux à trois ans. (50 000 bouteilles)

14,5
/20

Château Les Charmes-Godard – 2005
Nicolas Thienpont.
Lauriol, 33570 Saint-Cibard.

🍷 7,50 €
T 05 57 56 07 47
www.charmes-godard.com

Un bon classique de l'appellation vinifié par la famille Thienpont et le célèbre conseiller Stéphane Derenoncourt. Dans un registre toujours un rien rustique dans les tanins, ce vin séduit par son profil droit, classique tout en possédant une belle matière. Il vieillira avec grâce. (59 000 bouteilles)

14,5
/20

Château Nardou – 2006
Florent Dubard.
33570 Tayac.

🍷 7,50 €
T 05 57 40 69 60
fdubard@chateaunardou.com

Dans un esprit très classique sur des notes d'épices avec une matière équilibrée et aux tanins droits en finale. Une bonne bouteille, sans esbroufe, parfaite à boire dans les deux ans. (80 000 bouteilles)

14
/20

Château de Francs – 2006
Dominique Hébrard et Hubert de Boüard.
33570 Francs.

🍷 6,50 €
T 05 57 40 65 91

Propriété des saint-émilionais Hubert de Boüard (Château Angélus) et Dominique Hébrard (Château Bellefont-Belcier), le château de Francs produit des vins toujours très agréables. Dans ce millésime, la matière est souple avec du fruit et de la fraîcheur. Un bon style plaisant. (158 000 bouteilles)

13,5 **Château Moulin La Pitié - 2006**
Dominique Clerjaud.
/20 **6 Négrie, 33570 Saint-Cibard.**

🍷 5,50 €
T 05 57 40 62 38
dominique-clerjaud@wanadoo.fr

Un bon vin de fruit au nez et en attaque sur la tendresse et la gourmandise. Il forme une très bonne bouteille pour le quotidien, parfaite à boire dans l'année. (12 000 bouteilles)

ENTRE-DEUX-MERS

Les blancs de l'Entre-deux-Mers sont des vins décriés, et pour cause, la production de cette appellation s'est montrée tellement médiocre durant des années. Dans un esprit productiviste, les viticulteurs ne lésinaient pas sur des rendements plus que confortables freinant la maturité du sauvignon, cépage roi de l'appellation. Les vins aux arômes de « pipi de chat » étaient légions et l'aspect flottard et dilué était devenu leur marque de fabrique. C'est du passé ? Pas véritablement, mais il est bon de mettre en exergue la remise en question d'une nouvelle génération de viticulteurs plus proche de son terroir et de ses raisins. Une sélection établie à moins de 6 €.

15 **Château Haut-Garriga - 2007**
Alain et Philippe Barreau.
/20 **Garriga, 33420 Grézillac.**

🍷 3,50 €
T 05 57 74 90 06
chateau.haut.garriga@wanadoo.fr

À part égale de sauvignon et de sémillon, ce blanc se montre très parfumé sur des notes variétales classiques. La bouche est onctueuse et fine avec de la vinosité en finale. Bonne tenue et longueur. (15 000 bouteilles)

14,5 **Château La Mothe du Barry - Cuvée French Kiss 2007**
Joël Duffau.
/20 **2 Les Arromans, 33420 Moulon.**

🍷 3,85 €
T 05 57 74 93 98
joel.duffau@aliceadsl.fr

Voilà une belle expression du sauvignon. Sur des notes de fleurs blanches à l'acidité maîtrisée en bouche, cette bouteille forme une excellente affaire. Un délicieux vin de plaisir, à boire dans l'année. Il sera parfait pour l'apéritif. (33 000 bouteilles)

14 **Château Les Arromans - 2007**
Joël Duffau.
/20 **2 Les Arromans, 33420 Moulon.**

🍷 3,80 €
T 05 57 74 93 98
joel.duffau@aliceadsl.fr

Un délicieux vin blanc de Bordeaux plein de fruit et de fraîcheur. La matière est fluide, tendre et souple, mais l'ensemble se montre frais et désaltérant. Délicieux à boire avant la fin de l'année. (30 000 bouteilles)

14 **Château Lestrille - 2007**
Estelle Roumage.
/20 **33750 Saint-Germain-du-Puch.**

🍷 5,00 €
T 05 57 24 51 02
estelleroumage@lestrille.com

Belle maturité de fruit au nez et en bouche avec une matière grasse en finale. Les arômes classiques de sauvignon s'imposent au nez et en bouche dans des nuances d'agrumes. (24 000 bouteilles)

FRONSAC

Plutôt que d'acheter un mauvais saint-émilion que vous paierez au moins 13 €, repliez-vous vers Fronsac ou sa sœur jumelle Canon-Fronsac. Dans ces deux appellations, avec un budget inférieur à 10 € par bouteille, vous trouverez des vins superbes, tout aussi complexes qu'à Saint-Émilion ou à Lalande de Pomerol et qui vieillissent avec grâce et harmonie. N'ayez pas peur de l'inconnu et découvrez cette appellation du Libournais au terroir superbe, elle ne vous décevra pas ! Une sélection établie à moins de 9 €.

16,5 /20 Château de Carles - 2005
M. Droulers.
33141 Saillans.

🍷 9,00 €
T 05 57 84 32 03
chateaudecarles@free.fr

Depuis sa reprise en mains par le conseiller Jean-Luc Thunevin, cette propriété connue pour sa cuvée de prestige Haut-Carles a retrouvé un excellent niveau avec sa cuvée de base. Dans ce millésime très mûr et ample, la bouche se montre complète au boisé élégant dans un style digeste et classique. Une belle réussite. (65 000 bouteilles)

16 /20 Château La Brande - 2005
Vignobles Béraud.
33141 Saillans.

🍷 7,50 €
T 05 57 74 36 38
www.chateau-la-brande.fr

Beau vin très complet et long avec une matière de grande densité en finale. Un fruité superbe et tout en longueur en finale, ce vin est l'une des grandes réussites de la dégustation. Attendre deux ans que les tanins encore fermes se fondent. (30 000 bouteilles)

16 /20 Château Mayne-Vieil - Cuvée Aliénor 2005
Famille Séze.
33133 Galgon.

🍷 8,75 €
T 05 57 74 30 06
mayne-vieil@aol.com

Aujourd'hui dans une phase de fermeture, cette cuvée toujours très ambitieuse devrait retrouver l'expression intense de sa naissance après une année de garde. La matière est toujours présente en bouche avec des tanins fermes et denses. Bon potentiel de garde dans ce millésime. (20 000 bouteilles)

15 /20 Château Steval - 2005
Sébastien Gaucher.
Nardon, 33126 Saint-Michel-de-Fronsac.

🍷 7,47 €
T 05 57 24 90 24
s.gaucher@free.fr

Notes assez boisées, mais ce vin se montre ambitieux et de bonne tenue en bouche. Avec de la dureté dans les tanins à ce stade d'évolution, il ne manque pas de potentiel et de style. Ce cru habitué de notre guide progresse sûrement. (15 000 bouteilles)

14,5 /20 Château Junayme - 2006
François De Coninck.
3126 Fronsac.

🍷 4,80 €
T 05 57 51 29 17
fdeconinck@wanadoo.fr

Malgré une attaque encore marquée par l'élevage, ce vin a gardé une bouche fraîche avec une matière de bon aloi. Très plaisant avec un fruité expressif en finale, il sera délicieux à boire dans les deux ans. Bel esprit associant style traditionnel et moderne d'un rapport qualité/prix imbattable. (40 000 bouteilles)

14 /20 Château Haut-Peychez - 2006
Christian Ravat.
1 Peychez, 33216 Fronsac.

🍷 8,50 €
T 05 57 84 33 82
christian.ravat@wanadoo.fr

Déjà très remarqué dans notre dernière édition avec son millésime 2005, ce cru se distingue à nouveau avec un 2006 affichant une couleur dense amenant une matière pleine en attaque avec des tanins encore en relief. De bonne allonge, l'ensemble doit se fondre. (11 000 bouteilles)

13 **Château Vray Houchat - 2005**
Rémy Rousselot.
/20 **6 Signat, 33126 Saint-Aignan.**

🍷 7,00 €
T 05 57 24 95 16
vignoblesremyrousselot@wanadoo.fr

Très classique, avec une matière encore ferme en finale, ce vin se montre accessible et agréable à boire. (41 400 bouteilles)

GRAVES

Ce grand vignoble qui longe la Garonne sur la rive gauche, vers le sud de Bordeaux en direction de Langon, propose des vins de bonne intensité, issus de terroir essentiellement composés de graves et d'argiles. Le vignoble situé précisément entre le fleuve et le début de la forêt de pins des Landes est composé essentiellement de cabernet-sauvignon, avec une part importante de merlot et, dans une moindre mesure, de cabernet franc et de petit verdot pour les rouges, et de sémillon et de sauvignon pour les blancs. En rouge, 2005 a engendré des vins amples et généreux dans cette appellation trop souvent remarquée par des vins faibles en matière. En blanc, comme à Pessac-Léognan, 2006 et 2007 sont deux très agréables millésimes de fruits. Une sélection établie à moins de 9 €.

16 **Château des Graves - 2007**
Arnaud de Butler.
/20 **63 route de Courneau, 33640 Portets.**

♀ 9,00 €
T 05 56 67 18 64
chateau.des.graves@vignobles-seillon.com

Belle tenue en bouche avec une matière de bonne intensité pour ce vin finement élevé en barriques bourguignonnes, au caractère agréablement beurré, mais faisant une belle place au fruit en finale. (70 000 bouteilles)

16 **Vieux Château Gaubert - Benjamin 2006**
Dominique Haverlan.
/20 **35 rue du 8-mai-1945, 33640 Portets.**

♀ 7,80 €
T 05 56 67 18 63
dominique.haverlan@libertysurf.fr

Très belle matière et élevage de qualité sur cette cuvée au style très plaisant avec des notes empyreumatiques en bouche de bon volume et avec de la longueur en finale. Très agréable à boire dans l'année. (50 000 bouteilles)

15,5 **Château de Portets - 2005**
Marie-Hélène Théron.
/20 **33640 Portets.**

🍷 9,00 €
T 05 56 67 12 30
vignobles.theron@wanadoo.fr

Un vin ambitieux élevé à 100 % en fûts et avec des battonages réguliers des lies afin d'amplifier la rondeur et le gras des tanins. Ce vin est corpulent et très complet en bouche entre notes de fruits noirs et boisé élégant. Beau style moderne. (100 000 bouteilles)

15,5 **Château Vénus - 2007**
Bertrand Amart.
/20 **Médudon, 33210 Preignac.**

🍷 8,00 €
T 05 56 62 76 09
bertrandamart@hotmail.com

Bertrand Amart continue à faire progresser cette petite propriété de moins de 10 hectares consacrés à la production de graves rouges. Aujourd'hui, ce millésime se dévoile sur la prise de bois, mais le fruité est très présent en finale avec des tanins souples et fluides. Un vin moderne et très plaisant pour sa rondeur. (17 000 bouteilles)

15 **Château Calens - 2005**
Franck Artaud.
/20 **33640 Beautiran.**

🍷 8,00 €
T 05 56 67 05 48
fils.artaud@wanadoo.fr

Ce beau vin mûr avec des notes de fruits noirs amples, généreuses et expressives au nez comme en bouche se montre séducteur. Un bel ensemble complet et dense qui sera délicieux à boire dans les deux ans. (8 000 bouteilles)

Château de l'Omerta - 2005
Denis Roumegous.
5 rue de la Résistance, 33210 Preignac.

15/20

🍷 7,00 €
T 05 56 76 20 34
denis.roumegous@libertysurf.fr

Beau vin savoureux et complet avec une matière de belle intensité de corps. Ensemble charnu et dense, de belle allonge en finale. Un vin à boire tranquillement sur quatre à cinq ans. (30 000 bouteilles)

Château de Respide - 2007
Pierre Bonnet.
Le Pavillon de Boyrein, 33210 Roaillan.

15/20

🍷 6,50 €
T 05 56 63 24 24
vignoblebonnet@wanadoo.fr

Un bel assemblage de sémillon et de sauvignon ne manquant pas d'ampleur et de vinosité. Ce blanc se caractérise par des notes exotiques, privilégiant le fruit et la fraîcheur en bouche. Un vin vinifié avec justesse, sans esbroufe. (60 000 bouteilles)

Château Le Bonnat - 2006
Arnaud Lesgourgues.
Branda, 33240 Cadillac-en-Fronsadais.

15/20

🍷 7,50 €
T 05 57 94 09 20
c.puech@leda-sa.com

Avec un élevage et des notes de bois discrètes, ce vin offre un esprit classique, tendrement fruité en finale. Les 66 % de sémillon amplifient l'aspect fruité et gras en finale. (1 000 bouteilles)

Château Le Bourdillot - <u>Tentation</u> 2005
Patrice Haverlan.
11 rue de l'Hospital, 33640 Portets.

15/20

🍷 8,50 €
T 05 56 67 11 32
patrice.haverlan@worldonline.fr

Belle matière pleine avec de la longueur et du corps amenant une bouche de bon volume et éclatante en finale, bien que l'élevage soit encore présent. Cette cuvée richement boisée demande à se fondre, mais ne manque pas de potentiel. (50 000 bouteilles)

Dourthe - <u>Terroirs d'Exception Croix de Bouquets</u> 2007
Groupe CVBG.
35 rue de Bordeaux, 33290 Parempuyre.

15/20

🍷 8,90 €
T 05 56 35 53 00
www.dourthe.com

Un beau blanc de belle tenue avec du caractère et de la longueur, finement boisé et de bonne allonge en finale. Un classique à boire dans sa jeunesse. (40 000 bouteilles)

Château Magneau - Plaisir 2005
Jean-Louis et Bruno Ardurats.
12 chemin Maxime Ardurats, 33650 La Brède.

14,5/20

🍷 7,40 €
T 05 56 20 20 57
ardurats@chateau-magneau.com

Cette cuvée, finement et rapidement (trois mois en barriques) élevée, se montre de belle tenue en bouche avec des tanins encore fermes. De l'ampleur et de la puissance marquent la finale sur un profil charmeur. (6 000 bouteilles)

Dourthe - Terroir d'Exception Hautes Gravières 2006
Groupe CVBG.
35 rue de Bordeaux, 33290 Parempuyre.

14,5/20

🍷 9,00 €
T 05 56 35 53 00
www.dourthe.com

Avec un boisé soutenu, cette cuvée de négoce se place parmi les vins haut de gamme de ce négociant. La bouche ne manque pas de matière avec des tanins parfaitement domptés par leur élevage en barriques. (60 000 bouteilles)

14 /20 **Château des Graves** - 2006
Arnaud de Butler.
63 route de Courneau, 33640 Portets.

🍷 9,00 €
T 05 56 67 18 64
chateau.des.graves@vignobles-seillon.com

La bouche se montre fluide et tendre avec des notes classiques de fruits rouges et des tanins pleins de souplesse et de rondeur. Il est très agréable à boire dans sa jeunesse, sur son fruit et sa fraîcheur. (45 000 bouteilles)

14 /20 **Château Saint-Agrèves** - 2005
Earl Landry.
33720 Landiras.

🍷 8,00 €
T 05 56 62 50 85
saint.agreves@orange.fr

Un beau vin complet et de belle intensité en bouche offrant du volume et de la matière avec de la longueur. Un bon classique très plaisant. (45 000 bouteilles)

14 /20 **Château Sensey** - 2006
Pascal Guignard.
33210 Mazères.

🍷 5,50 €
T 05 56 76 14 23
contact@vignobles-guignard.com

Très boisé au nez et en bouche avec une matière dense et serrée en finale, ce vin moderne et flatteur demande à se fondre, mais offre du potentiel et de la matière. Les tanins doivent encore se fondre en bouteille. (100 000 bouteilles)

13,5 /20 **Château Le Bourdillot** - **Tentation** 2007
Patrice Haverlan.
11 rue de l'Hospital, 33640 Portets.

🍸 7,65 €
T 05 56 67 11 32
patrice.haverlan@worldonline.fr

Dans un registre empyreumatique avec des notes grillées dominantes au nez et en bouche, cette cuvée se montre plus maquillée en blanc qu'en rouge. Cependant, son profil flatteur et boisé peut plaire. (10 000 bouteilles)

13 /20 **Château de Sauvage** - 2006
Vincent Dubourg.
Manine, 33720 Landiras.

🍷 7,50 €
T 06 23 32 59 52
vin.dubourg@tele2.fr

Bien que des notes végétales apparaissent au premier nez, ce vin souple et désaltérant offre de la souplesse et beaucoup de fruit en finale. Il est taillé pour une consommation rapide, dans l'année. (8 000 bouteilles)

13 /20 **Château Piron** - 2007
Lionel Boyreau.
33650 Saint-Morillon.

🍸 5,50 €
T 05 56 20 22 94
muriel.boyreau@chateau-piron.com

C'est un délicieux blanc de fruit, vinifié et élevé en cuve, à boire dans l'année avec un plateau de fruits de mer. (20 000 bouteilles)

HAUT-MÉDOC

*Produits sur quinze communes du Médoc, de Saint-Seurin-de-Cadourne au nord, jusqu'à Blanquefort au sud, au voisinage des appellations communales (Margaux, Saint-Julien, Pauillac, Saint-Estèphe), les haut-médoc sont en général des vins denses, charnus et riches en tanins. La sélection est aisée tant cette appellation regorge de domaines de moyennes et grandes tailles. Tous présentent, dans leur style, des bouquets complexes, profonds et équilibrés. De plus, ils possèdent de bons potentiels de garde. **Une sélection établie à moins de 12 €.***

16,5 /20 **Château de Gironville - 2006**
Vincent Mulliez.
69 route de Louens, 33460 Macau.

🍷 12,00 €
T 05 57 88 19 79
sc.gironville@wanadoo.fr

Couleur dense, notes fumées et lardées au nez, bouche onctueuse avec des tanins de belle extraction. Un magnifique vin moderne, richement boisé, mais sans manquer de matière ni de longueur. Une très belle bouteille qui constitue l'un des coups de cœur de notre sélection. (60 000 bouteilles)

16 /20 **Château d'Aurilhac - 2005**
Erik Nieuwaal.
33180 Saint-Seurin-de-Cadourne.

🍷 12,00 €
T 05 56 59 35 32
erik-nieuwaal@wanadoo.fr

Beau vin affichant beaucoup de consistance et de corpulence en bouche avec un caractère boisé et généreux ainsi qu'une bonne structure de tanins. Un vin concentré, joliment boisé et de belle allonge, dans un style moderne et complet. (80 000 bouteilles)

16 /20 **Château Haut-Beyzac - Le Grand Vin 2004**
Éric Lallez.
Le Parc, 33180 Vertheuil.

🍷 12,00 €
T 05 57 32 65 15
www.chateau-ahut-beeyzac.com

Belle matière avec une couleur dense et des tanins serrés en bouche. Un boisé présent qui demande encore à se fondre pour cette bouteille présentant un beau potentiel et de l'ambition. Beau style moderne et plein en finale. (40 000 bouteilles)

15,5 /20 **Château Pomiès-Agassac - 2005**
Jean-Luc Zell.
15 rue du château d'Agassac, 33290 Ludon-Médoc.

🍷 11,15 €
T 05 57 88 15 47
contact@agassac.com

Jolies notes d'épices au nez et en bouche pour ce vin de belle matière, avec des tanins stylisés, et de belle longueur. Dans un genre classique, la seconde étiquette du château d'Agassac se montre fine et élégante. (60 000 bouteilles)

15,5 /20 **Château Reysson - 2005**
Groupe CVBG.
35 route de Bordeaux, 33295 Blanquefort Cedex.

🍷 8,00 €
T 05 56 35 53 00
contact@cvbg.com

Un très beau vin, puissant, avec de la mâche et de la tenue en bouche tout en gardant une bonne fraîcheur et longueur sur les épices en finale. Ce cru repris en mains par la maison de négoce Dourthe retrouve un excellent niveau. À suivre. (220 000 bouteilles)

15 /20 **Château d'Arcins - 2005**
Christiane Castel.
33460 Arcins.

🍷 8,10 €
T 05 56 58 91 29
contact@castel-freres.com

Robe de belle couleur, nez marqué par un fruité juste et plaisant, mais avec une légère réduction en fond. De belles notes d'épices en finale de bouche avec des tanins ronds et suaves. Un bon rapport qualité/prix pour une bouteille qui s'est affinée. (660 000 bouteilles)

15 /20 **Château Devise d'Ardilley - 2005**
Madeleine et Jacques Philippe.
33112 Saint-Laurent du Médoc.

🍷 11,00 €
T 05 57 75 14 26
devise.dardilley@terre-net.fr

Très parfumé sur des notes d'épices et de fruits rouges, la bouche est séduisante avec une matière de bon aloi et de la fraîcheur en finale. Avec un style élégant et charmeur, ce vin sera délicieux à boire dans les cinq ans. (50 000 bouteilles)

15 **Château du Retout - 2005**
/20
Hélène Soual Kopp.
33460 Cussac-Fort-Médoc.

9,50 €
T 05 56 58 91 08
www.chateau-du-retout.com

Avec une matière plus extraite et des tanins encore fermes, ce vin se place dans un style un peu rustique. Les tanins doivent se fondre avec un peu de garde. Encore vigoureux, il affiche une belle matière et de la longueur avec une expression mûre du raisin. (120 000 bouteilles)

14,5 **Château Caronne Sainte-Gemme - Les Viviers 2004**
/20
Jean et François Nony.
33112 Saint-Laurent-Médoc.

9,50 €
T 05 57 87 56 81
www.chateau-caronne-ste-gemme.com

Très beau vin complet avec des tanins arrivés à maturité. Cette bouteille est délicieuse à boire en ce moment avec de la matière et de la richesse. Il forme un bon classique. (12 000 bouteilles)

14,5 **Château du Moulin Rouge - 2006**
/20
Laurence Ribeiro.
18 rue Costes, 33460 Cussac-Fort-Médoc.

9,00 €
T 05 56 58 91 13
chateaudumoulinrouge@orange.fr

Belle attaque avec une matière séduisante sur des notes épicées au nez et en bouche, rehaussée par une fine acidité en finale et de la fraîcheur. C'est un bon vin au style plaisant, sans être très long, ni très consistant. Il sera délicieux à boire jeune. (92 000 bouteilles)

14 **Château Bel-Air - 2006**
/20
Jean-Louis Triaud.
Domaines Martin, 33250 Saint-Julien Beychevelle.

10,00 €
T 05 56 59 08 18
domainemartin@wanadoo.fr

Vinifié par l'équipe des châteaux Gloria et Saint-Pierre à Saint-Julien, ce haut-médoc offre une belle concentration en attaque avec une matière dense dont les tanins se montrent encore un rien astringents en finale. À attendre encore deux ans avant de le boire. (163 000 bouteilles)

13,5 **Château Larose Perganson - 2005**
/20
AGS Larose-Trintaudon.
Route de Pauillac, 33112 Saint-Laurent du Médoc.

12,00 €
T 05 56 59 41 72
info@trintaudon.fr

Dans un genre moderne et flatteur, avec une matière ronde et suave relevée par un boisé marqué et flatteur. Les amateurs de vins toastés apprécieront. (120 000 bouteilles)

LALANDE DE POMEROL

Lalande de Pomerol a bénéficié depuis une dizaine d'années de l'intérêt d'investisseurs souvent déjà propriétaires de grands crus sur les prestigieuses communes voisines de Pomerol et Saint-Émilion. Ces néo-propriétaires ont apporté un nouveau souffle à cette appellation en sommeil et ont permis de faire progresser un certain nombre de jeunes propriétaires, ce qui est une très bonne chose. Seul bémol, le prix des vins a suivi en conséquence. Désormais, avec moins de 10 €, il est très difficile de pouvoir trouver des vins dignes d'intérêt, les grandes cuvées étant vendues largement au-dessus, plus proches des 15 €. Une sélection établie à moins de 9 €.

14,5 **Château Les Chagniasses - 2005**
/20
Isabelle Fort.
Vignobles Carrère, 33910 Saint-Denis de Pile.

8,30 €
T 05 57 24 31 75
vignoble-carrere@wanadoo.fr

Belle couleur et nez légèrement boisé, la bouche se montre pleine et de bonne tenue, distinguée par de la maturité de fruit et de la matière. Ce vin offre un bon style complet et long, avec un potentiel de garde de deux à trois ans. (8 000 bouteilles)

14 **Château Maine Chaigneau - 2005**
/20 Serge Courty.
33500 Néac.

🍷 7,00 €
T 05 57 74 02 93
chateaumainechaigneau@wanadoo.fr

Bonne tenue et une matière plus intense en bouche pour ce lalande-de-pomerol. Sans être très fin en bouche avec des tanins présents en finale, ce vin se montre plein et corpulent avec de la longueur. (22 000 bouteilles)

14 **Château Tour de Marchesseau - 2004**
/20 Jean-Louis Trocard.
Les Jays, 33570 Les Artigues-de-Lussac.

🍷 9,00 €
T 05 57 55 57 90
bt@trocard.com

Très boisé et issu d'une vinification moderne, ce vin un rien flatteur et commercial offre de la tenue et du caractère en bouche. Il arrive à maturité de consommation et se boira parfaitement dans l'année. (30 000 bouteilles)

13 **Château La Croix Gachet - 2006**
/20 Charles Estager.
Château Fougeailles, 33500 Néac.

🍷 9,00 €
T 05 57 51 35 09
www.estager-vin.com

Belle couleur amenant une expression aromatique aux notes de fruits rouges et d'épices. La bouche offre de tendres tanins un rien durs en finale. Sans être très intense, ce vin est à boire un peu frais dans sa jeunesse. (17 000 bouteilles)

LISTRAC-MÉDOC

*Listrac est l'appellation la plus à l'ouest du Médoc, à l'orée de la forêt de pins. Elle produit des vins tendres et fruités, rarement d'une grande intensité. Cependant, dans les grands millésimes, on peut y faire de bonnes affaires, notamment avec des vins droits et faciles à boire dans l'année. **Une sélection établie à moins de 12 €.***

13,5 **Château Fourcas-Dupré - Hautes Terres 2006**
/20 Patrice Pagès.
Le Fourcas, 33480 Listrac-Médoc.

🍷 10,00 €
T 05 56 58 01 07
www.fourcasdupre.com

Un bon listrac d'un style tendre et facile avec une matière souple et des tanins fluides en finale. Ce second vin de cru bourgeois est parfait à boire dans sa jeunesse. (58 000 bouteilles)

13 **Château Lestage - 2004**
/20 Famille Chanfreau.
33480 Listrac-Médoc.

🍷 12,00 €
T 05 56 58 02 43
vignobles-chanfreau@wanadoo.fr

Bonne tenue en bouche avec de la concentration et de la tenue pour ce vin présentant une fine évolution et un style fondu qui arrive à maturité de consommation. À boire. (130 000 bouteilles)

LOUPIAC

*Petite sélection cette année dans cette appellation de la rive droite de la Garonne. Beaucoup de vins manquaient de fraîcheur et de fruit, et sont souvent alourdis par des bouches fortement marquées par le sucre, en particulier dans le millésime 2006, actuellement à la vente. **Une sélection établie à moins de 10 €.***

16 **Clos Jean - 2005**
/20 Lionel Bord.
33410 Loupiac.

🍷 10,00 €
T 05 56 62 99 83
closjean@vignoblesbord.com

Très belle liqueur et richesse en bouche avec du moelleux, du gras et une expression de fruits exotiques ample et vigoureuse. Beaucoup de longueur et de richesse en finale. Un très belle bouteille qui vieillira avec grâce et harmonie. (46 000 bouteilles)

15,5 **Clos Champon-Ségur - 2006**
/20 Bernard Reglat.
Château de La Mazerolle, 33410 Montprinblanc.

🍷 9,00 €
T 05 56 62 98 63

Robe d'un très bel or brillant et limpide. Expression flatteuse de la barrique au premier nez, mais laissant s'exprimer à l'aération des notes d'épices et de fruits confits. La bouche offre une belle liqueur et de la longueur. Un beau loupiac, très complet. (25 000 bouteilles)

LUSSAC SAINT-ÉMILION

*Lussac fait partie des appellations standard du Bordelais. Avec un terroir d'argile et de calcaire classique, elle offre une diversité de cuvées se distinguant par des nuances de vinifications et d'élevages. À moins de 10 €, on trouve sans difficulté de quoi se faire plaisir avec des vins de petite garde. **Une sélection établie à moins de 9 €.***

16 **Château La Grande Clotte - 2005**
/20 Famille Malaterre-Rolland.
33570 Lussac.

🍷 9,00 €
T 05 57 51 52 43
www.rollandcollection.com

Une très belle bouteille vinifiée par Michel Rolland. Un vin corpulent et dense qui affiche une grande maturité de fruit et un boisé discret. Long et dense, sans lourdeur et très équilibré, c'est une grande réussite dans l'appellation. (46 000 bouteilles)

14 **Château Lucas - Grand de Lucas 2004**
/20 Fédéric Vauthier.
4 Les Vignes de Normand, 33570 Lussac.

🍷 9,00 €
T 05 57 74 60 21
chateau.lucas.fred.vauthier@wanadoo.fr

Un vin affichant une jolie fraîcheur de fruit et de la gourmandise en bouche. La souplesse et la fluidité des tanins sont séduisantes et incitent à boire ce vin jeune sur son expression portée sur le fruit. (40 000 bouteilles)

13,5 **Château Chéreau - L'Égérie 2003**
/20 Max Silvestrini.
33570 Lussac.

🍷 8,85 €
T 05 57 74 50 76
vignobles.silvestrini@wanadoo.fr

Cette cuvée offre une bonne évolution aux parfums classiques de fruits compotés et d'épices douces caractéristiques de ce millésime solaire. Il est arrivé à maturité de consommation. À boire dans l'année. Le 2005 est une très belle réussite dans un genre encore très massif, mais avec beaucoup de potentiel (8,75 €). (15 000 bouteilles)

13 **Château La Claymore - L'Exception 2005**
/20 François Linard.
Maison Neuve, 33570 Lussac.

🍷 9,00 €
T 05 57 74 67 48
claymore@anavin.com

Cette cuvée offre du caractère et de la tenue avec des tanins encore austères et durs en finale. Légèrement extraits par rapport à la matière et à son potentiel, ce vin doit gagner en rondeur et en gras en bouteille. (7 000 bouteilles)

MÉDOC

*Les amateurs qui recherchent des vins de forte corpulence et de constitution tannique imposante trouveront leur bonheur dans cette vaste appellation. Le cabernet-sauvignon s'impose comme le cépage le plus cultivé, agrémenté de quelques pourcentages de merlot afin d'arrondir les tanins. Les affaires pullulent dans des petites propriétés peu connues, voire inconnues, avec des vins à moins de 11 €. Le caractère tranché de leur style et la diversité géographique du sud au nord de l'appellation offre donc un large choix d'excellentes affaires qui feront de superbes bouteilles du dimanche. **Une sélection établie à moins de 10 €.***

16,5 Château Fontaine de L'Aubier - 2005
Rémy Fauchey.
4 chemin des Vignes, 33340 Prignac-en-Médoc.

8,00 €
T 05 56 09 02 17
remy.faucher@wanadoo.fr

Superbe couleur dense et lumineuse et nez expressif sur des notes de fruits noirs, griotte et myrtille. Splendide matière avec une très belle trame tannique, concentrée et de grande longueur. Un beau vin, complet offrant un bon potentiel de garde. (50 000 bouteilles)

16 Château La Branne - 2006
Philippe Videau.
1 route de la Hargue, 33340 Bégadan.

7,50 €
T 05 56 41 55 24
labranne@wanadoo.fr

Dans un style très classique avec des tanins encore fermes, la matière se distingue par de l'allure et une grande longueur. Un vin complet et de belle amplitude en finale avec une juste finesse d'extraction dans les tanins. Dans ce millésime, il sera délicieux à boire dans les trois à quatre ans. Ce cru fait indiscutablement partie aujourd'hui des valeurs sûres de l'appellation. Labellisé agriculture raisonnée, certifié Agrocert. (21 000 bouteilles)

16 Château Saint-Hilaire - 2005
Adrien Uijttewaal.
13 route de La Rivière, 33340 Queyrac.

8,50 €
T 05 56 59 80 88
chateau.st.hilaire@wanadoo.fr

Concentré et dense avec un élevage marqué et flatteur, ce vin offre une belle maturité de fruit et de la concentration en finale. Son style est appuyé par son boisé qui incite à le mettre en cave deux ans pour que l'ensemble se fonde. (100 000 bouteilles)

15,5 Château La Clare - 2004
Jean Guyon.
3 route de Haut-Condissas, 33340 Bégadan.

9,72 €
T 05 56 41 58 59
www.rollandeby.com

Bonne tenue en bouche pour ce millésime qui offre une agréable évolution, mais avec encore de la vigueur. Les tanins sont fondus avec de fines notes épicées en finale. Joli vin complet et séducteur pour cette propriété en pleine rénovation depuis son rachat par Jean Guyon, également propriétaire du Château Rollan de By. (85 000 bouteilles)

15 Cave Saint-Brice - Grand Saint-Brice 2005
Didier Faugerolles.
10 rue de la Colonne, 33340 Saint-Yzans du Médoc.

6,50 €
T 05 56 09 05 05
saintbrice@wanadoo.fr

Élaboré par l'une des caves coopératives médocaines, ce beau vin se montre séducteur et généreusement boisé. Belle tenue en bouche avec des tanins moelleux et de l'amplitude de matière pour un vin moderne et de belle longueur. (22 000 bouteilles)

15 Château Haut-Balirac - Marginale 2006
Cédric Chamaison.
1 route de Lousteauneuf, 33340 Valeyrac.

6,00 €
T 06 86 82 01 99
cedric.chamaison@wanadoo.fr

Un vin de belle matière avec de la tenue et un élevage ambitieux au nez et en bouche. Il affiche des notes de fruits rouges, de fraise en finale. Equilibré, aux tanins veloutés, c'est long avec de la finesse. (10 000 bouteilles)

15 Château Labadie - 2006
Jérôme Bibey.
1 route de Chassereau, 33340 Bégadan.

8,40 €
T 05 56 41 55 58
gfabitey@free.fr

Beau vin complet associant concentration et caractère boisé, moderne et flatteur. Séduisant dans sa jeunesse, il évoluera avec élégance sur deux à trois ans. (150 000 bouteilles)

Château Noaillac - 2005
Xavier Pagès.
/20 **33590 Jau–Dignac-et-Loirac.**

🍷 9,50 €
T 05 56 09 52 20
www.noaillac.com

Un agréable vin fluide et tendre avec de la souplesse et de l'équilibre, sur le fruit, sans être écrasé par un boisé flatteur. Franc et direct, il est aujourd'hui prêt à boire. (200 000 bouteilles)

 Château du Breuilh - 2005
Denis Bergey.
/20 **14 route de Breuilh, 33340 Bégadan.**

🍷 6,80 €
T 05 56 41 56 45

Belle matière avec beaucoup de rondeur en bouche, typé merlot. Soyeux, avec un boisé parfumé sur des notes d'épices, ce vin se montre séducteur et aimable pour être bu maintenant. (20 000 bouteilles)

 Château Lousteauneuf - Le Petit Lousteau 2005
Bruno Segond.
/20 **2 route de Lousteauneuf, 33340 Valeyrac.**

🍷 8,50 €
T 05 56 41 52 11
www.chateau-lousteauneuf.com

Un bon classique, aux tanins droits et de bonne maturité à part égale de cabernet et de merlot. De la tenue en bouche avec des tanins un rien fermes en finale qui doivent encore se fondre en bouteille. (20 000 bouteilles)

 Château Pey de Pont - 2005
Henri Reich.
/20 **3 route du Port de Goulée, 33340 Civrac en Médoc.**

🍷 6,80 €
T 05 56 41 58 59
cht.pey-de-pont@wanadoo.fr

Du corps et de la charpente en bouche pour ce médoc traditionnel et de belle matière. Les tanins demandent à se fondre, mais sa rusticité n'est pas déplaisante. À boire avec une cuisine roborative. Très bon rapport qualité/prix, tout comme le 2004 (6,50 €) à parfaite maturité de consommation. (48 100 bouteilles)

MONTAGNE SAINT-ÉMILION

*En pleine forme, Montagne qui s'est séparée administrativement des autres satellites de Saint-Émilion, est une appellation qui propose une belle sélection de bonnes affaires. Un bon niveau de la production avec des vins flatteurs, souvent joliment arrondis par des élevages maîtrisés, parfois un rien appuyés, mais très plaisants à boire sur cinq ans. **Une sélection établie à moins de 10 €.***

 Château La Croix Bonneau - 2005
Éric Salmon.
/20 **Bonneau, 33570 Montagne.**

🍷 10,00 €
T 05 57 74 60 74

Un vin de bonne corpulence aux tanins justement extraits marquant la bouche avec de l'élégance et du style, finissant dans un registre fin. Il reste très digeste aux arômes de fruits mûrs. Une belle bouteille de caractère. (12 000 bouteilles)

Château La Papeterie - 2006
Charles Estager.
/20 **Château Fougeailles, 33500 Néac.**

🍷 9,00 €
T 05 57 51 35 09
www.estager-vin.com

Une très belle bouteille avec une matière riche et bien constituée, aux tanins présents et structurés en bouche. Belle allonge et tenue en finale pour ce vin mûr, complet et dense, à boire dans les deux ans. (20 400 bouteilles)

 15,5 /20 **Château Vieux Bonneau – 2005**
Franck Despagne.
3 Bonneau, 33570 Montagne.

🍷 8,30 €
T 05 57 74 60 72
vieuxbonneau@orange.fr

Ce cru dans ce millésime se distingue par un vin de très belle tenue. Coloré, aux notes de fruits confits, il ne cache pas sa puissance et sa concentration. Un vin riche très joliment abouti et de belle longueur, offrant du potentiel à la garde. (75 000 bouteilles)

 15 /20 **Château La Fauconnerie – 2006**
Bernardette Paret.
3 Champ de Tricot, 33570 Montagne.

🍷 6,60 €
T 05 57 74 65 47
sandrine-paret@orange.fr

Voilà un très beau vin moderne et remarquablement élevé en barriques. L'expression au nez va sur des notes fumées amenant une matière concentrée et ample, généreuse et très parfumée sur des notes d'épices en finale. Les amateurs de vins flatteurs l'associeront avec un aloyau de bœuf grillé aux sarments de vignes. (18 000 bouteilles)

 14,5 /20 **Château Grandchamp – 2005**
Gonzague Maurice.
Larue, 33570 Montagne.

🍷 8,00 €
T 06 61 77 77 33
gonzaguemaurice@hotmail.com

Gonzague Maurice a vinifié en 2005 son premier millésime après avoir acheté cette propriété la même année. Pour un coup d'essai, c'est une belle réussite. Le nez s'exprime sur des notes marquées par l'élevage en barriques, pour seulement 25 %. Avec une matière agréable et parfumée sur des notes de fruits mûrs en bouche, ce vin offre une bonne longueur avec une fine évolution. (18 000 bouteilles)

14 /20 **Château Côtes de Bonde – 2005**
Philippe Dignac.
Bonde, 33570 Montagne.

🍷 8,50 €
T 05 05 74 64 52
philippe.dignac@cegetel.net

Un vin élevé en cuves (sans barriques), tout en équilibre et en finesse avec un caractère de tanins souples et finement extraits. Ce vin possède de la fluidité et une belle expression de fruit en bouche. Il sera délicieux à boire dans l'année. (35 000 bouteilles)

 14 /20 **Château La Croix des Ducs – 2007**
Bruno Marchand.
Bonneau, 33570 Montagne.

🍷 6,50 €
T 05 57 74 69 23
bm@chateau-haut-bonneau.com

Encore dans sa prime jeunesse, ce vin élaboré par la même équipe que le château Haut-Bonneau est d'une très belle couleur et le nez est encore marqué par la barrique. La bouche offre cependant une matière intéressante. Un vin flatteur et bien enrobé par son élevage. Nous vous conseillons de l'attendre deux ans. (10 000 bouteilles)

 13 /20 **Château Berlière – 2005**
Michel Guillon.
Berlière, 33570 Montagne.

🍷 8,00 €
T 05 57 74 46 27
direction@elcupidon.com

Bon vin offrant une matière très classique avec de la fermeté dans les tanins et une agréable longueur, tout en gardant un équilibre digeste et fin. Du style et de l'expression. (15 000 bouteilles)

13	**Château Haut Bonneau - 2006**	🍷 9,00 €
/20	Bruno Marchand. **4 Bonneau, 33570 Montagne.**	**T** 05 57 74 69 23 **www.chateau-haut-bonneau.com**

Très bien élevé avec des barriques de grande qualité, ce domaine se distingue par une matière de très belle amplitude aromatique au nez et en bouche. Les tanins se montrent fins et élégants. Agréable matière, souple et de bonne longueur. Un classique, bien élaboré. (6 000 bouteilles)

MOULIS

*Voisine de l'appellation Listrac-Médoc, Moulis se distingue par des vins plus charpentés et structurés avec un meilleur potentiel de garde. Malheureusement, nous regrettons que les meilleurs vins se vendent à des prix de plus en plus élevés. **Une sélection établie à moins de 13 €.***

15	**Château Myon de L'Enclos - 2006**	🍷 12,00 €
/20	Bernard Lartigue. **Le Mayne-de-Lalande, 33480 Listrac-Médoc.**	**T** 05 56 58 27 63 **blartigue@terre-net.fr**

Encore des touches de réduction sur des notes animales au premier nez, mais la bouche est construite sur une matière ample et généreuse. Un vin de bon style complet qui demande deux ans de garde. (10 000 bouteilles)

14,5	**Château Lalaudey - 2006**	🍷 10,00 €
/20	Patrick Meynard. **Route de Pomeys, 33480 Moulis-en-Médoc.**	**T** 05 57 88 57 57 **lalaudey@chateau-lalaudey.fr**

Belle couleur et avec de la concentration tout en possédant des tanins moelleux. Un bon vin classique et élégamment boisé avec une expression épicée en finale et de la longueur. (12 000 bouteilles)

PESSAC-LÉOGNAN

*L'appellation Pessac-Léognan s'étend, malgré son nom, sur bien plus de deux communes. Certaines se situent dans l'agglomération bordelaise, comme Mérignac, Talence ou Villenave-d'Ornon. Les autres sont plus proches de la Garonne, comme Martillac ou Léognan qui possèdent la plus grande proportion du vignoble. 2007 et 2006 sont deux millésimes favorables aux vins blancs avec des expressions de fruits nettes et franches, sans excès de bois. On se régale à les boire dans leur jeunesse, mais certains s'épanouiront avec un peu d'âge. Inversement, les rouges 2006 sont décevants. Ils montrent le bas niveau de l'appellation dans ce millésime avec des vins maigres et marqués par des tanins astringents. **Une sélection établie à moins de 15 €.***

17	**Château Gazin-Rocquencourt - 2005**	🍷 14,90 €
/20	Alfred-Alexandre Bonnie. **74 avenue de Cestas, 33850 Léognan.**	**T** 05 56 64 75 08 **malartic-lagraviere@malartic-lagraviere.com**

Cette bouteille déjà retenue dans notre dernière édition confirme son excellent niveau. Avec un an de vieillissement supplémentaire, la matière offre toujours une belle tenue en bouche et des tanins fondus dans un style plaisant et ample. Un vin à boire dans l'année avec ses fines notes boisées en finale et ses tanins fondus. (40 000 bouteilles)

16	**Château Ferran - 2006**	🍷 12,00 €
/20	Philippe Lacoste. **15 route de Lartigue, 33650 Martillac.**	**T** 09 77 64 23 11 **ferra@chateauferran.com**

Avec beaucoup de gras et d'ampleur en attaque, ce vin forme un délicieux vin de Graves tout en séduction et en vinosité. Intense en finale, à l'acidité domptée, il est prêt pour la table. (24 000 bouteilles)

16 /20 Château Pontac Montplaisir - 2006

Alain et Jean Maufras.

20 rue Maurice-Utrillo, 33140 Villeneuve-d'Ornon.

🍷 13,00 €

T 05 56 87 08 21

contact@pontac-monplaisir.fr

Très mûr et plein de fruits sur des notes exotiques hyper séduisantes, ce vin se montre d'une très grande séduction au nez et en bouche. Belle allonge en finale avec du gras et de la matière. Un beau vin qui sera délicieux à table. (20 000 bouteilles)

15,5 /20 Château Bois Martin - 2007

Marie-José Perrin Leriche.

78 chemin du Sartre, 33850 Léognan.

🍷 11,00 €

T 05 56 64 08 78

chateaulesartre@wanadoo.fr

Avec beaucoup de rondeur en attaque et offrant une sensation de gras et de maturité marqués, ce vin de belle allonge en finale offre du moelleux et de la longueur. (17 000 bouteilles)

15 /20 Château Baulos-Charmes - 2005

Sean Matthys-Meynard.

655 rue Laroche, 33140 Cadaujac.

🍷 11,80 €

T 06 85 12 78 73

baulos-charmes@orange.fr

Avec de fines notes d'évolution dans des nuances épicées très classiques, ce vin civilisé aux tanins fondus est aujourd'hui à parfaite maturité de consommation. C'est stylisé, plaisant et équilibré. (9 500 bouteilles)

15 /20 Château La Garde - Les Terrasses de La Garde 2005

Groupe CVBG.

35 rue de Bordeaux, 33295 Blanquefort Cedex.

🍷 9,00 €

T 05 56 35 53 00

www.dourthe.com

Avec 60 % de cabernet-sauvignon, voilà un vin de belle tenue avec des tanins qui ont encore de la fermeté. Il commence à s'épanouir. On peut commencer à le boire dans l'année. (128 000 bouteilles)

15 /20 Château Pontet Caillou - 2006

Dominique Haverlan.

35 rue du 8 mai 1945, 33640 Portets.

🍷 12,50 €

T 05 56 67 18 63

dominique.haverlan@libertysurf.fr

Belle couleur, attaque en bouche marquée par du charnu, des tanins présents et une matière concentrée. Bonne tenue en finale avec l'aspect boisé encore présent, mais du style et de la longueur pour ce vin vinifié par Dominique Haverlan de Vieux Château Gaubert dans les Graves. (15 000 bouteilles)

14,5 /20 Château Gazin-Rocquencourt - 2006

Alfred-Alexandre Bonnie.

74 avenue de Cestas, 33850 Léognan.

🍷 14,90 €

T 05 56 64 75 08

malartic-lagraviere@malartic-lagraviere.com

La famille Bonnie continue à faire progresser cette propriété qu'elle a relancée avec beaucoup d'énergie. Encore marqué par des tanins fermes dans ce millésime, ce vin demande encore à se fondre en bouteille. Cependant, il offre moins de concentration que le délicieux 2005. (40 000 bouteilles)

14,5 /20 Château Le Sartre - 2006

Marie-Josée Perrin Leriche.

78 chemin Le Sartre, 33850 Léognan.

🍷 13,00 €

T 05 56 64 08 78

chateaulesartre@wanadoo.fr

Belle couleur et tenue en bouche avec une matière de bonne intensité. Registre plein et ample, mais encore marqué par son élevage. Il lui faut une petite année pour se fondre et s'équilibrer, il formera à ce moment-là un délicieux vin très classique. (57 000 bouteilles)

14 /20 **Château de Rochemorin - 2005**
André Lurton.
Château Bonnet, 33420 Grézillac.

🍷 **15,00 €**
T 05 57 25 58 58
andrelurton@andrelurton.com

Plus flatteur et moderne avec un boisé encore dominant au nez et en bouche sur des notes toastées, ce vin que l'on peut commencer à boire plaira aux amateurs de vins modernes et séducteurs. Un bon classique produit par la famille Lurton. (150 000 bouteilles)

14 /20 **Château La Garde - Les Terrasses de La Garde 2006**
Groupe CVBG.
35 rue de Bordeaux, 33295 Blanquefort Cedex.

🍷 **9,00 €**
T 05 56 35 53 00
www.dourthe.com

Bonne tenue en attaque avec des tanins encore fermes, mais de bonne concentration en bouche avec de la longueur. Ce second vin a nettement progressé dans les derniers millésimes. (100 000 bouteilles)

14 /20 **Château Le Sartre - 2007**
Marie-Josée Perrin Leriche.
78 chemin Le Sartre, 33850 Léognan.

🍷 **12,50 €**
T 05 56 64 08 78
chateaulesartre@wanadoo.fr

Voilà un bon sauvignon plein de fruit, digeste et facile avec des notes variétales, mais agréable à boire dans sa jeunesse. Sans être très complexe, mais technique, il se montre vif et nerveux en finale. (18 000 bouteilles)

13,5 /20 **Château Morelle - 2005**
Franck Artaud.
33640 Beautiran.

🍷 **12,00 €**
T 05 56 67 05 48
fils-artaud@wanadoo.fr

Belle couleur et notes boisées au nez et en bouche pour ce vin présentant de la tenue dans les tanins et de la longueur avec une intéressante intensité aromatique, dans un registre légèrement vanillé. On pourra le boire dans l'année. (11 000 bouteilles)

PREMIÈRES CÔTES DE BLAYE

*Importante appellation de la rive droite de l'estuaire de la Gironde et limitrophe dans sa partie sud aux Côtes de Bourg, les Premières Côtes de Blaye bénéficient d'une large palette de terroirs donnant des vins de caractère plus ou moins concentrés ou fluides selon qu'ils proviennent de sols alluvionnaires, calcaires ou encore d'argiles et de graves. Les derniers millésimes mettent en exergue un niveau qualitatif en nets progrès avec des vins alliant finesse d'extraction et charnus des tanins. Beaucoup d'efforts ont été effectués également sur les élevages amplifiant leur complexité. Tout cela en ayant préservé une politique de prix très abordable. **Une sélection établie à moins de 8 €.***

16 /20 **Château Cailleteau-Bergeron - 2006**
Marie-Pierre et Pierre-Charles Dartier.
24 Bergeron, 33390 Mazion.

🍷 **6,50 €**
T 05 57 42 11 10
cinfo@cailleteau-bergeron.com

Beau vin très complet avec une matière mûre et de belle allonge au boisé parfaitement intégré, avec de la complexité en finale. L'une des grandes réussites de la dégustation et de l'appellation dans cette fourchette de prix. (50 000 bouteilles)

16 /20 **Château Pinet La Roquette - Le Bouquet 2006**
Stéphane Nativel.
33390 Berson.

🍷 **6,90 €**
T 05 57 42 64 05
sv.nativel@wanadoo.fr

Très traditionnelle, cette cuvée est dans un registre aromatique classique sur des notes minérales et graphites. Sans manquer de matière, la bouche est élégante, aux tanins raffinés et justement extraits amenant une finale complexe. (8 000 bouteilles)

16 /20 Château Puynard - <u>Le Chêne</u> 2005
Aurélie et Nicolas Grégoire.
6 avenue de la Libération, 33390 Berson.

🍷 8,00 €
T 05 57 64 33 21
chateau.puynard@wanadoo.fr

Superbe bouteille avec une matière riche, dense, complexe et de grande longueur. Très charmeur avec un boisé expressif, ce vin se montre d'une très belle amplitude en finale et de grande longueur. Une réussite à découvrir. (25 000 bouteilles)

15,5 /20 Château des Tourtes - <u>Prestige</u> 2005
Emmanuelle Miller, Marie-Pierre et Éric Lallez.
30 Le Bourg, 33820 Saint-Caprais-de-Blaye.

🍷 7,50 €
T 05 57 32 65 15
www.chateau-des-tourtes.com

Toujours d'une grande matière avec de la richesse et de la puissance, ce domaine produit des vins concentrés, amples en finale et très complets. L'ensemble doit encore se fondre, mais offre un remarquable potentiel. (20 000 bouteilles)

15,5 /20 Château Haut-Colombier - 2007
Olivier et Emmanuel Chety.
2 La Maisonnette, 33390 Cars.

🍷 5,20 €
T 05 57 42 10 28
chateau.hautcolombier@wanadoo.fr

Avec des notes grillées qui apparaissent au nez, dès l'ouverture, ce vin élevé en barriques neuves se montre ample et ambitieux en bouche. Expression de fruit en finale et gras en bouche, ce millésime se comportera délicieusement à table. (6 000 bouteilles)

15,5 /20 Château Les Tours de Peyrat - <u>Vieilles Vignes</u> 2006
Christelle Saboua-Tanet.
9 Le Piquet, 33390 Cars.

🍷 7,00 €
T 05 57 42 13 15
ch.raimond@lacavedeschateaux.com

Cette cuvée bénéficiant partiellement de fermentation malolactique en barriques se distingue par un véritable moelleux dans les tanins et des notes de bois dignes d'un Grand cru. C'est un vin concentré et issu d'une vendange à parfaite maturité. Une grande bouteille que l'on peut commencer à boire, mais qui se gardera sans difficulté trois à cinq ans en cave. (40 000 bouteilles)

15 /20 Château Bellevue-Gazin - <u>Les Baronnets</u> 2005
Alain et Anne-Sophie Lancereau.
33390 Plassac.

🍷 7,50 €
T 05 57 42 02 00
aslancereau@aol.com

Dans un registre fin avec d'agréables notes d'épices, cette cuvée fluide et souple est arrivée à maturité de consommation pour être bue dans l'année. (11 000 bouteilles)

15 /20 Château Haut-Colombier - 2006
Olivier et Emmanuel Chety.
2 La Maisonnette, 33390 Cars.

🍷 5,40 €
T 05 57 42 10 28
chateau.hautcolombier@wanadoo.fr

Bon vin de fruit avec de la souplesse dans les tanins portés par une très agréable fraîcheur en finale et de bonne allonge. Un vin voué à une consommation rapide. (100 000 bouteilles)

15 /20 Château L'Escadre - <u>Grande Réserve</u> 2005
Jean-Marie, Sébastien et Nicolas Carreau.
33390 Cars.

🍷 6,70 €
T 05 57 42 36 57
info@vignobles-carreau.com

Épicée, concentrée et ample en bouche avec une matière puissante et marquée par des tanins denses et encore serrés, cette cuvée tout en richesse et au caractère généreux en finale se montre stylisée et élégante. (10 000 bouteilles)

15 /20 **Domaine des Graves d'Ardonneau - Cuvée Prestige 2006**
Christian Rey.
Ardonneau, 33620 Saint-Mauriens.

🍷 6,80 €
T 05 57 68 66 98
gravesdardonneau@wanadoo.fr

Belle matière dans un registre plus fluide et équilibré pour ce vin tout en fraîcheur en bouche et en vigueur en finale. À ce stade, le boisé est encore dominant, mais il devrait se fondre tranquillement sur les douze prochains mois. Une belle bouteille très classique, à mettre en cave. (35 000 bouteilles)

 14,5 /20 **Domaine des Graves d'Ardonneau - Cuvée Prestige 2007**
Christian Rey.
Ardonneau, 33620 Saint-Mauriens.

🍷 6,60 €
T 05 57 68 66 98
gravesdardonneau@wanadoo.fr

Très mûr, avec beaucoup de fruit, de rondeur et de gras en attaque avec de très belles notes exotiques et séduisantes pour ce vin plein de fruit et de fraîcheur. (5 500 bouteilles)

 **14** /20 **Château Berthenon - Cuvée Henri 2006**
Thérèse Ponz-Szymanski.
3 Le Barrail, 33390 Saint-Paul-de-Blaye.

🍷 6,40 €
T 05 57 42 52 24
www.chateauberthenon.com

Du bois et des notes toastées dominantes en bouche et au nez, mais de belle matière avec de la tenue et des tanins soyeux. Ce vin, dont le propriétaire annonce qu'il a vendangé de nuit, offre une finale pleine et de belle allonge dans un style flatteur et moderne. (10 000 bouteilles)

 14 /20 **Château Haut-Canteloup - 2007**
Sylvain Bordenave.
1 La Palanque, 33390 Fours.

🍷 6,30 €
T 05 57 42 87 12
chateau-hautcanteloup@wanadoo.fr

Un vin boisé, mais de belle intensité en bouche avec des arômes complexes et long entre vanille et fruits exotiques pour ce 100 % sauvignon au style mûr. (27 000 bouteilles)

 14 /20 **Château Segonzac - 2006**
Charlotte Herter.
39 Segonzac, 33390 Saint-Genès-de-Blaye.

🍷 7,00 €
T 05 57 42 18 16
segonzac@chateau-segonzac.com

Ce vin qui a besoin d'air (légères notes réductrices à l'ouverture) se distingue par une matière mûre en bouche, avec des tanins soyeux et une belle allonge en finale. Très classique, il sera délicieux à boire avec une cuisine traditionnelle. (30 000 bouteilles)

PREMIÈRES CÔTES DE BORDEAUX

*Les Premières Côtes de Bordeaux forment une étroite bande de cinq kilomètres de large et de soixante de long, sur la rive droite de la Garonne, de Bordeaux à Langon. Étendue sur trente-sept communes, les Premières Côtes de Bordeaux, à l'inverse des autres Côtes du Bordelais (Blaye, Bourg, Castillon et Francs), n'ont pas encore entamé le virage vers des vins plus modernes, de fruits, offrant de la couleur et une recherche de concentration. Les vins sont trop souvent fluides et marqués par des élevages commerciaux et racoleurs. **Une sélection établie à moins de 8 €.***

 15,5 /20 **Château Saint-Nicolas - 2006**
Chantal Larnaudie.
Lieu dit Le Videau, 33410 Cardan.

🍷 8,00 €
T 05 56 76 72 37
benitonv@free.fr

Plus boisé avec une matière de bonne intensité, ce vin offre de la concentration et de la longueur. Style affirmé en finale sur de belles notes d'épices. Un beau vin ambitieux. (30 000 bouteilles)

15 /20 Château Grimont - Cuvée Prestige 2005
Paul Yung.
33360 Quinsac.

🍷 6,80 €
T 05 56 20 86 18
info@gsma-yung.com

Belle matière pleine et dense avec une intensité de corps de belle maturité de fruit en finale. Joliment élevé avec de la fluidité en finale, ce vin offre un style très complet. (45 000 bouteilles)

15 /20 Château Laronde - 2007
Catherine Mancho-Yung.
4 chemin de Palette, 33410 Beguey.

🍷 4,00 €
T 05 56 62 69 25
catherine.mancho-yung@wanadoo.fr

Belle matière, avec de la densité et du corps. Bon volume et longueur, dans un style séduisant et gourmand. Encore très jeune, ce millésime se boira sur deux ans. En attendant, vous dégusterez le 2006 à parfaite maturité (4,10 €). (25 000 bouteilles)

15 /20 Château Prieuré-Canteloup - 2006
Xavier et Valérie Germe.
63 chemin du Loup, 33370 Yvrac.

🍷 6,50 €
T 05 56 31 58 61
xg4@wanadoo.fr

Un bon vin structuré marqué par une bonne tenue des tanins en bouche. De la matière et de la longueur donnant un style complet. Cette propriété est en nets progrès. (55 000 bouteilles)

14,5 /20 Château Brethous - 2005
François Verdier.
33360 Camblanes.

🍷 6,85 €
T 05 56 20 77 76
brethous@libertysurf.fr

Beau vin, bien élaboré, privilégiant l'expression du fruit au nez et en bouche. Sans lourdeur, avec une grande fraîcheur d'expression, dans un genre croquant, c'est une bouteille délicieuse à boire en ce moment. Un domaine à suivre, en passe de se convertir à la biodynamie. (50 000 bouteilles)

14,5 /20 Château Campet - 2006
Paul-Henri Poulange.
7 route de Camblanes, 33880 Saint-Caprais de Bordeaux.

🍷 7,80 €
T 05 56 21 34 05

Recherche de concentration pour ce vin qui affiche une belle matière en bouche. Registre plus charnu avec des tanins de bonne tenue en finale et l'ensemble ne manque pas de longueur. Un bon vin dans cette appellation. (20 000 bouteilles)

14,5 /20 Château du Juge - Cru Quinette 2005
Pierre Dupleich.
Route de Branne, 33410 Cadillac.

🍷 8,00 €
T 05 56 62 17 77
pierre.dupleich@wanadoo.fr

Vinifiée par l'équipe du château du Juge, cette cuvée offre une belle matière en attaque avec de la concentration et de la longueur. Les tanins se montrent encore marqués, mais ce vin offre du potentiel. Ils devraient se fondre sur deux à trois ans de bouteille. (12 000 bouteilles)

14 /20 Agape - 2006
Damien Briard et Sébastien Cazenave.
10 Clos des Graves, 33360 Quinsac.

🍷 6,50 €
T 05 56 39 80 69

Installé à Quinsac dans la partie proche de la ville de Bordeaux, Damien Briard et Sébastien Cazenave sont deux jeunes vignerons ambitieux et talentueux. Ils produisent trois vins, un clairet, un vin de table et cette cuvée au style friand et souple. On peut commencer à le boire. (8 400 bouteilles)

14 /20   **Château Haut La Pereyre - Cuvée Meste-Jean 2006**
Olivier Cailleux.
La Pereyre, 33760 Escoussans.

🍷 7,90 €
T 05 56 23 63 23
olivier.cailleux@wanadoo.fr

Avec 80 % de cabernet-sauvignon, cette cuvée offre une très bonne tenue en bouche, sans pour autant posséder beaucoup de corps. L'élevage se montre encore présent en finale. Un vin à boire dans sa jeunesse. (14 000 bouteilles)

14 /20   **Château La Gontrie - Moelleux 2006**
Jean-Louis Rives
13 chemin Fosse Ferrière, 33880 St-Caprais Bordeaux.

🍷 7,50 €
T 05 56 21 34 21
chateaulagontrie@hotmail.com

Bon fruit avec des notes boisées au nez et en bouche. Harmonieux, équilibré et sans lourdeur, relevé par une pointe d'acidité en finale. Parfait à boire jeune, sur son fruit et sa vivacité. (4 000 bouteilles)

14 /20   **Château Sissan - Grande Réserve 2005**
Jean Yung.
33360 Quinsac.

🍷 6,90 €
T 05 56 20 86 18
www.gsma.yung.com

Fortement arrondie par l'élevage, cette cuvée s'offre dans un registre luxueusement boisé. Bon style plaisant, très flatteur, séducteur, moderne et commercial. Cependant, il possède ce qu'il faut de matière pour se montrer intéressant. (35 000 bouteilles)

13,5 /20   **Château Champcenetz - 2005**
Jorgen Smidt.
33880 Baurech.

🍷 7,00 €
T 05 56 67 05 58
chateau-champcenetz@wanadoo.fr

Avec des tanins plus fermes en attaque et rustiques en finale, ce vin se montre charpenté et de bonne longueur. À boire avec une cuisine de terroir qui apportera du moelleux et de la rondeur à ce vin. (10 000 bouteilles)

13,5 /20   **Domaine du Grand Parc - Vieilles Vignes 2006**
Dominique Forget.
Chemin de La Gravette, 33883 Villenave d'Ornon Cedex.

🍷 6,50 €
T 05 56 30 77 61
forget@bordeaux.inra.fr

Cette propriété de l'INRA produit, depuis maintenant deux ans, un vin de belle facture, dans un style moderne. 2006 offre des tanins fondus avec d'agréables notes épicées au nez et en bouche, marqués par de la fluidité et du style en finale. Parfait à boire cet hiver. (25 000 bouteilles)

13 /20   **Château Sainte-Marie - Le Moulin 2006**
Famille Dupuch.
51 route de Bordeaux, 33760 Targon.

🍷 5,50 €
T 05 56 23 64 30
www.chateau-sainte-marie.com

Construit sur l'élevage, ce vin, issu d'une sélection parcellaire, se veut flatteur et séducteur avec une matière souple en finale. Pour les amateurs de vins légèrement boisés. (110 000 bouteilles)

PUISSEGUIN SAINT-ÉMILION

*Parmi les « satellites de Saint-Émilion », Puisseguin est une appellation de bon niveau. Les vins dans notre fourchette de prix se montrent en règle générale assez souples, fluides et faciles d'accès. Leur style fruité dans le millésime 2005 et 2006 est délicat et équilibré. Nous vous conseillons de les boire jeunes. **Une sélection établie à moins de 10 €.***

15 /20 **Château Chêne Vieux - 2005**
Famille Foucard.
33570 Puisseguin.

6,00 €
T 05 57 51 11 40
foucardetfils@orange.fr

Du style et de l'élégance avec un boisé équilibré et des tanins fins pour ce vin de bonne allonge en finale avec le fruit qui ressort. Beaucoup de finesse et de fraîcheur. (11 700 bouteilles)

14,5 /20 **Château Soleil - Promesses 2005**
Stéphane Von Neipperg.
Le Cros, 33570 Puisseguin.

9,00 €
T 05 57 74 63 46
info@chateausoleil.fr

Repris par une poignée d'investisseurs qui en ont confié la gestion à Stephan von Neipperg (château Canon La Gaffelière), cette propriété est en pleine renaissance. Ce second vin offre un superbe fruit sur des notes de cassis au nez et en bouche. Bonne fluidité des tanins, fraîcheur et croquant de fruit en finale. Délicieux à boire jeune. (9 000 bouteilles)

14,5 /20 **Château Vaisinerie - 2005**
Dominique et Bernard Bessede.
33570 Puisseguin.

8,50 €
T 05 57 24 61 43
chateau.vaisinerie@chateauenbordeaux.com

Dans un style très moderne et flatteur avec beaucoup de couleur et un boisé fumé et lardé, ce vin très aromatique est aujourd'hui très séduisant et long en finale. Une belle expression d'un vin élevé luxueusement. (64 000 bouteilles)

14 /20 **Château Guibeau - 2003**
Henri Bourlon.
33570 Puisseguin.

8,50 €
T 05 57 55 22 75
vignobles.henri.bourlon@wanadoo.fr

Jolie évolution pour ce millésime trop souvent marqué par des tanins secs. Dans ce cas, ils se montrent moelleux et ronds, la matière se présente longue et tout en fruit. Parfait à boire dans l'année pour des accords classiques. (150 000 bouteilles)

SAINT-ÉMILION

*Comme chaque année, Saint-Émilion ne faiblit pas en nombre d'échantillons présentés à notre dégustation. Avec plus de 200 bouteilles, cette appellation prestigieuse montre que l'ensemble de la production est hétérogène et, plus encore qu'ailleurs, il est bon de trier. Dans les meilleurs, on trouve des vins mûrs et finement boisés avec un style abouti, en particulier avec le millésime 2004 qui se présente sous son meilleur jour. 2005 demeure l'une des valeurs sûres des dernières années, aujourd'hui en bouteille. **Une sélection établie à moins de 12 €.***

15,5 /20 **Château Barberousse - 2005**
Stéphane Puyol.
33330 Saint-Émilion.

8,00 €
T 05 57 24 74 24
chateau-barberousse@wanadoo.fr

Belle densité de matière en attaque avec des tanins moelleux et arrondis par un élevage de qualité. Il offre de la longueur et du style ainsi qu'une belle profondeur de matière. Un vin de qualité, que l'on peut commencer à déguster, mais aussi à garder en cave encore deux ans. (30 000 bouteilles)

15,5 /20 **Château Graves de Rabion - Cuvée J.S. 2006**
Bernard Bouladou.
15 Le Bourg. 33330 Vignonet.

6,70 €
T 05 57 74 90 59
bouladou.bernard@wanadoo.fr

C'est l'une des meilleures affaires de notre sélection dans cette appellation. Avec beaucoup de rondeur et de gras dans les tanins, la bouche se montre de bonne tenue avec une expression de fruit mûr et un boisé discret. Un bon classique, très agréable pour un prix canon. (3 000 bouteilles)

15 /20 **Château Prince-Ferrandat - 2004**
Gilles et Marie-Christine Prince.
68 rue F. Roy, 33420 Branne.
🍷 **11,70 €**
T 05 57 84 64 14
vignobles-prince@wanadoo.fr

La robe est encore dense et le nez est de belle tenue aromatique. En bouche, on trouve un vin structuré, ample et de bonne concentration, sans trace d'évolution. Il offre de l'allonge dans un registre épicé et complexe. Il sera délicieux à boire dans l'année. Excellent 2005, à ne pas rater (11,90 €). (2 500 bouteilles)

14,5 /20 **Château Pavillon du Haut Rocher - 2005**
Jean de Monteil.
33330 Saint-Étienne de Lisse.
🍷 **10,80 €**
T 05 57 40 18 09
jean-de-monteil@wanadoo.fr

Beaucoup de fruit et de vigueur pour ce vin plein et très bien équilibré. Les tanins offrent de la fluidité en bouche dans un registre suave. Aspect coulant et facile pour cette bouteille que l'on peut commencer à boire. (11 600 bouteilles)

14 /20 **Château de La Cour - 2005**
Hugues Delacour.
33330 Vignonet.
🍷 **10,00 €**
T 05 57 84 64 85
chateau.de.la.cour@wanadoo.fr

Avec une belle matière en bouche, ce vin coloré aux notes aromatiques très classiques d'épices en finale offre en plus une fine évolution, avec des tanins présents et structurés qui apportent un supplément de force. (20 000 bouteilles)

14 /20 **Château La Fleur Morange - Mathilde 2007**
Jean-François Julien.
33330 Saint-Pey-d'Armens.
🍷 **12,00 €**
T 05 57 47 17 41
julienjf33@aol.com

Le second vin de cette micropropriété des bas de Saint-Émilion offre un très beau fruit et une couleur dense de belle fraîcheur et très gourmande. Délicieux à boire dans les deux ans. (10 000 bouteilles)

14 /20 **Château La Rose Monturon - 2005**
Myriam Dubès.
1 Les Places, 33330 Saint-Étienne de Lisse.
🍷 **10,00 €**
T 05 57 24 69 33
larosemonturon@wanadoo.fr

Ce vin se distingue dans la dégustation par une très belle couleur dense amenant une matière souple, équilibrée et offrant des tanins souples et ronds. Un vin à découvrir. Attention, peu de bouteilles produites. (2 200 bouteilles)

14 /20 **Clos Aemilian - 2004**
Marc Triffault.
33330 Saint-Laurent des Combes.
🍷 **10,00 €**
T 06 20 62 50 25
marc.triffault@orange.fr

Tannique avec une légère astringence en finale, ce vin marque la dureté du millésime. Mais d'un autre côté, il se démarque dans la dégustation par de la chair et de la matière en bouche. À mettre en cave deux à trois ans. (3 000 bouteilles)

13,5 /20 **Château Bezineau - 2004**
Emmanuel Faure.
33330 Saint-Emilion.
🍷 **9,35 €**
T 05 57 24 72 50

La robe est légèrement évoluée et le nez laisse apparaître des notes boisées dominantes, dans un registre toasté. La matière est souple en bouche avec un agréable fondu de tanins. Cela donne un vin à boire dans l'année. (8 000 bouteilles)

Château Grand Corbin-Despagne - Petit Corbin-Despagne 2005
13,5 /20
Famille Despagne.
33330 Saint-Émilion.

🍷 **11,50 €**
T 05 57 51 08 38
www.grand-corbin-despagne.com

Dans un registre très fruité avec de la tendresse dans les tanins et une sensation de velouté en finale, ce second vin de cru classé forme un bon saint-émilion à boire dans sa jeunesse. (30 000 bouteilles)

Château Lagarde Bellevue - 2005
13,5 /20
Richard Bouvier.
36 A rue de la Dordogne, 33330 Saint-Sulpice de Faleyrens.

🍷 **10,50 €**
T 05 57 24 68 83
so-vi-fa@wanadoo.fr

Bon vin classique, aux tanins un rien fermes en finale, mais l'ensemble offre de la matière. Un saint-émilion rustique, mais plaisant et bien vinifié. (10 600 bouteilles)

SAINT-ÉMILION GRAND CRU
Voir Saint-Émilion. **Une sélection établie à moins de 15 €.**

 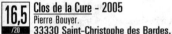

Clos de la Cure - 2005
16,5 /20
Pierre Bouyer.
33330 Saint-Christophe des Bardes.

🍷 **15,00 €**
T 05 57 24 77 18
milon-cure@wanadoo.fr

Une excellente bouteille avec une superbe matière et une grande longueur. Un vin savoureux, plein et de très belle intensité de fruit en finale, marqué par une grande longueur et de la maturité. À mettre en cave et à déguster dans cinq ans. (35 000 bouteilles)

Château Franc Pipeau - 2005
16 /20
Anne-Marie Bertrand.
33330 Saint-Hyppolyte.

🍷 **13,00 €**
T 05 57 24 73 94
vignobles.jbertrand@wanadoo.fr

Très belle couleur et grande expression de fruit en bouche avec un caractère plein et de belle concentration. Ce vin se dévoile avec une matière musclée et charnue en finale. (35 000 bouteilles)

Château Les Gravières - 2006
16 /20
Denis Barraud.
355 Port de Branne, 33330 Saint-Sulpice de Faleyrens.

🍷 **14,90 €**
T 05 57 84 54 73
denis.barraud@wanadoo.fr

Superbe couleur, nez séducteur et bouche de très belle ampleur avec un fruit généreux et frais en finale. De l'allonge et du style pour ce beau vin présentant du potentiel. (26 000 bouteilles)

Château Milon - 2005
16 /20
Pierre Bouyer.
33330 Saint-Christophe-des-Bardes.

🍷 **14,00 €**
T 05 57 24 77 18
milon-cure@infonie.fr

Dans un registre très classique avec une bouche tendue et des tanins fermes, ce vin offre une belle tenue en finale, sans excès d'élevage. Un bon vin très classique dont le style a gagné en finesse et en équilibre dans ce millésime. (15 000 bouteilles)

Château La Bonnelle - 2004
15 /20
O. Sulzer
La Bonnelle, 33330 Saint-Pey d'Armens.

🍷 **13,00 €**
T 05 57 47 15 12
vignobles.sulzer@wanadoo.fr

L'une des belles bouteilles de la dégustation. Ce vin offre une très belle matière et de la richesse de corps en bouche, aux tanins onctueux et d'une grande maturité de fruit avec un élevage présent sans être dominant. Un beau vin d'équilibre, très classique. (50 000 bouteilles)

Château Clos Saint-Émilion Philippe - 2006
Jean-Claude Philippe.
2 Lieu-dit Beychet, 33330 Saint-Émilion.

14,90 €
T 05 57 51 05 93
vignobles.philippe@wanadoo.fr

Assez rond avec de la matière et de la longueur dans un registre classique et de bonne intensité en bouche, ce cru de saint-émilion aux tanins aimables et souples sera agréable à boire dans les deux ans. (15 000 bouteilles)

Château Haut-Lavallade - 2004
Chagneau et Fils.
33330 Saint-Christophe des Bardes.

13,50 €
T 05 57 24 77 47
chagneau.sarl@wanadoo.fr

Belle couleur, sans évolution, avec une bouche encore ferme, mais de belle tenue en finale. Un vin présentant du caractère et de la longueur dans ce millésime. (28 000 bouteilles)

Château Juguet - 2003
Famille Landrodie.
33330 Saint-Pey d'Armens.

8,50 €
T 05 57 24 74 10
chateau.juguet@wanadoo.fr

Un très bon vin charnu en bouche avec une belle matière et de l'intensité de corps en finale. De la longueur et du style pour cette bouteille dans un millésime très mûr, à boire dans les deux ans. (69 000 bouteilles)

Château Lamartre - 2004
Union des Producteurs.
Haut-Gravet, 33330 Saint-Émilion.

11,90 €
T 05 57 24 70 71
contact@udpse.com

Vinifié par l'équipe de la cave coopérative de Saint-Émilion, ce cru offre une belle matière avec de l'équilibre et du style. Il forme dans ce millésime un bon vin complet, élégant et de belle densité en finale. (27 000 bouteilles)

Château Belregard-Figeac - 2001
Puyeo Frères.
15 avenue de Gourihat, 33500 Libourne.

12,00 €
T 05 57 51 71 12
contact@belregard-figeac.com

Un vin qui présente certes de l'évolution, mais qui offre un beau fondu d'ensemble et une expression aromatique secondaire. Parfait à boire dans l'année. (20 000 bouteilles)

Château Jean-Voisin - 2004
Xavier Chassagnoux.
33330 Saint-Emilion.

14,00 €
T 05 57 24 70 40

Boisé avec des tanins fermes, mais de l'ampleur et de la séduction en finale pour ce vin 100 % merlot. Un bon vin classique qui plaira aux amateurs de vins flatteurs. (13 000 bouteilles)

Château Mangot - 2002
Anne-Marie et Jean-Guy Todeschini.
33330 Saint-Etienne-de-Lisse.

13,50 €
T 05 57 40 18 23
www.chateaumangot.fr

Encore de la couleur et de la chair en attaque pour ce vin issu des terroirs de graves des bas de l'appellation. Avec des tanins fermes, à l'image de ce millésime, qui n'a pas atteint une maturité idéale, il se montre encore accrocheur. Il faut l'accompagner d'un plat qui comblera ce manque de moelleux, comme un pot-au-feu. (100 000 bouteilles)

13 **Château Vieille Tour La Rose - 2004**
Daniel Ybert.
La Rose, 33330 Saint-Émilion.

🍷 10,00 €
T 05 57 24 73 41
contact@vignoblesybert.fr

Issu d'un terroir léger de sable, cette bouteille laisse apparaître un bon vin sur le fruit avec des tanins légers et de bonne matière dans un registre souple et très agréable à boire jeune. (21 000 bouteilles)

SAINT-ESTÈPHE

Saint-Estèphe est l'une des appellations communales du Médoc la plus étendue avec Margaux. On y compte peu de crus classés, mais un large choix de crus bourgeois qui, pour la plupart, pratiquent des prix encore attractifs. En effet, il est possible de trouver quelques bonnes affaires mais pour combien de temps encore... Une sélection établie à moins de 15 €.

16 **Château Petit-Bocq - 2006**
Gaëtan Lagneaux.
3, rue de la Croix de Pez, BP 33, 33180 Saint-Estèphe.

🍷 14,00 €
T 05 56 59 35 69
www.chateau-petit-bocq.com

Un délicieux saint-estèphe très classique avec de fines notes graphites au nez et en bouche. Belle tenue et tanins de bonne expression tout en longueur sur la fraîcheur. Un beau vin d'équilibre et harmonieux. Le 2004 (15 €) est de belle facture avec des tanins plus fermes. (100 000 bouteilles)

15,5 **Château Moutinot - 2007**
Didier Marcellis.
5 rue Édouard Herriot, 33180 Saint-Estèphe.

🍷 12,00 €
T 05 56 59 38 83
château.serilhan@wanadoo.fr

Un excellent saint-estèphe vinifié par la même équipe que le maintenant célèbre château Sérilhan. Un vin construit sur des tanins charnus et bénéficiant d'un élevage court (6 mois). Son profil fruité est ainsi préservé. (30 000 bouteilles)

14 **Château L'Argilus du Roi - 2006**
José Bueno.
Rue du Brame Hame, 33180 Saint-Estèphe.

🍷 14,00 €
T 05 56 73 49 78
Largulis@chateaulargilusduroi.com

Contrairement au 2004 et au 2005, ce millésime s'impose par une structure tannique assez astringente et apportant de la dureté en finale. Cependant la finale est ample, puissante et concentrée. Un vin qui ne manque pas de potentiel, mais qui demande à se fondre. (25 000 bouteilles)

13,5 **Château de Côme - 2004**
Maurice Velge.
Château Clauzet, Leyssac, 33180 Saint-Estèphe.

🍷 13,00 €
T 05 56 59 34 16
www.chateau.clauzet.com

Dans un style souple et tendre aux tanins fondus avec une matière qui arrive à maturité de consommation, ce vin doit être bu dans les prochains mois. Il a encore gardé de la fraîcheur, profitons-en ! (30 000 bouteilles)

SAINTE-CROIX-DU-MONT

Cette appellation forme une enclave dans la longue ligne des Premières Côtes de Bordeaux, entre Loupiac et Verdelais. Elle bénéficie d'un terroir tout à fait singulier de calcaire de l'aire secondaire composé, entre autres, d'huîtres fossilisées. Avec des coteaux d'exposition sud, face au vignoble de Sauternes, le sémillon, le sauvignon et la muscadelle peuvent ainsi développer, dans les années favorables, la pourriture noble qui permettra d'élaborer de grands liquoreux. Cependant, l'appellation souffre comme à Loupiac d'hétérogénéité avec trop souvent des vins manquant de précision et d'équilibre, dûs à une mauvaise gestion du sucre. Une sélection établie à moins de 8 €.

15 /20 **Château Les Graves du Tich - 2006**
Jean Queyrens et Fils.
3, Le Grand Village, 33410 Donzac.

🍷 5,40 €
T 05 56 62 97 42
scjqueyrens@orange.fr

Belle matière avec une attaque pleine et un bel élevage qui apparaît au nez et en bouche. Malgré cette dominante grillée apportée par le bois, le vin dévoile une liqueur harmonieuse et équilibrée. Du style et de l'ambition pour ce liquoreux. (19 000 bouteilles)

14 /20 **Château Les Mailles - 2005**
Famille Larrieu.
33410 Sainte-Croix-du-Mont.

🍷 7,70 €
T 05 56 62 01 20
chateau.des.mailles@wanadoo.fr

Dans un esprit fruité et frais, avec une liqueur digeste et fluide, sans lourdeur. Davantage un moelleux qu'un liquoreux qui sera délicieux à boire dans sa jeunesse, sur ses notes de fruits exotiques (ananas, mangue et passion). Un grand classique de l'appellation. (8 000 bouteilles)

13,5 /20 **Château Lescure - 2004**
M. Gaborieau.
Route de Semens, 33490 Verdelais.

🍷 7,00 €
T 05 57 98 04 58
chateau.lescure@free.fr

Ce vin, élaboré par le centre d'aide par le travail (CAT) de Verdelais, offre de la liqueur et de la matière en attaque dans un registre tapissant et moelleux. Son petit manque d'acidité qui marque la finale incite à le boire jeune. (15 000 bouteilles)

SAUTERNES

*Cette appellation de liquoreux est reconnue dans le monde entier pour son terroir et sa faculté naturelle à développer la pourriture noble, connue sous le nom savant de botrytis cinerea. Ce champignon attaque le raisin et le concentre en sucre, ce qui donne un vin liquoreux. La récolte se fait par tries successives pour ne vendanger que les raisins atteints de pourriture noble. Le coût de production est donc très élevé et se répercute sur le prix de vente des bouteilles. Il est donc difficile de trouver des vins à moins de 15 €, notre prix plafond. Cependant quelques petits domaines proposent de bons rapports qualité/prix. **Une sélection établie à moins de 15 €.***

15,5 /20 **Domaine de Carbonnieu - 2007**
Alain Charrier.
33210 Bommes.

🍷 15,00 €
T 05 56 76 64 48

Robe d'un beau doré avec d'agréables notes exotiques au nez qui amènent une bouche pleine et savoureuse. Ensemble harmonieux, gras et ample avec de la richesse en finale. Un beau vin très complet et long. (15 000 bouteilles)

14 /20 **Château Partarrieu - Cuvée Le Mayne 2006**
Maison Cordier Mestrezat.
109 rue Achard, 33000 Bordeaux.

🍷 12,00 €
T 05 56 11 29 00
contact@cordier-wines.com

Très liquoreux et richement boisé, ce sauternes affiche une robe ocre, très évoluée. En bouche, il révèle une expression de liqueur noble, finement élevée. Assez évolué pour un 2006, mais il reste agréable à boire... sans tarder ! (15 200 bouteilles)

BOURGOGNE

BONNES AFFAIRES EN MÂCONNAIS, CHALONNAIS ET YONNE

Chaque année, la sélection des bourgognes est un défi. Avec l'aide de l'Interprofession, nous organisons un vaste appel d'échantillons, puis une dégustation de quatre jours. De Chablis au Macônnais, les vins défilent à un rythme intense. L'enjeu de cette dégustation est différent comparé à celles des autres grandes régions. La demande mondiale des vins de Bourgogne (toute petite région de production) a été, depuis trente ans, supérieure à l'offre. L'amateur doit donc s'acquitter d'un surcoût, une sorte de droit de péage imposé par le marché, avant de payer réellement la valeur d'un village ou d'un Premier cru. D'autre part, la production des appellations dites de base est d'un niveau qualitatif très moyen. Derrière des noms de rêve se cachent de vraies déceptions. La bonne affaire n'est pas vraiment une spécialité bourguignonne. Ce qui ne nous empêche pas, tous les ans, de partir à la recherche du bon petit bourgogne pas cher, avec toujours autant d'excitation et de plaisir ! Et comme chaque année, nous sommes réjouis de découvrir un brillant chardonnay à moins de 6 €, ou de s'emballer sur un éclatant bourgogne rouge de pinot noir tout en fruit. Certes, il faut dépasser les frontières de la fameuse Côte-d'Or où le moindre gevrey, nuits ou pommard dépassent largement les 15 €. Partir dans les extrémités géographiques du Nord au Sud, c'est le secret de notre sélection. L'Yonne, la Côte Chalonnaise, le Mâconnais, c'est là que l'on trouve les bons petits bourgognes. Même à Chablis, grand terroir souvent bafoué sur lequel nous ne ménageons pas nos critiques, nous faisons chaque année une moisson de grands chardonnays à des prix alléchants. Il faut dire que la conjoncture économique bouleverse l'ordre établi. Chahutés à l'export, les bourguignons sont de nouveau à la conquête du marché français. Profitez-en !

LES DERNIERS MILLÉSIMES

2007 : 13/20
Un millésime qui se caractérise par des rouges équilibrés et fruités de consommation rapide. Des vins blancs vifs et structurés, de constitution assez légère. **Garde : de 5 à 10 ans.**

2006 : 14,5/20
Une année de forte chaleur rafraîchie par des pluies durant les vendanges, ce qui a avantagé les blancs, plus précoces. Des rouges plus aléatoires avec une petite récolte de pinot noir avec un mauvais état sanitaire en fin de vendanges. **Garde : de maintenant à 5 ans.**

2005 : 17/20
Grande année comme partout en France. Vendange superbe et une qualité de raisin excellente (maturité et état sanitaire). Des vins concentrés et riches rehaussés par de splendides acidités. Ils sont délicieux jeunes, ce qui est très bon signe. **Garde : dès maintenant et sur 10 ans.**

ALOXE-CORTON

Aux portes de Beaune, les meilleurs terroirs de ce village légendaire sont dévolus aux Premiers et aux Grands crus (Corton, Corton Charlemagne). Ce qui laisse à penser que l'appellation Villages n'est donc pas aussi magique qu'on voudrait nous le laisser croire. Un rescapé dans notre dégustation cette année. **Une sélection établie à moins de 15 €.**

14,5 **Domaine Jean-Marc et Hugues Pavelot - 2006** 🍷 14,50 €
/20 Jean-Marc et Hugues Pavelot. T 03 80 21 55 21
1 chemin des Guettottes, 21420 Savigny-lès-Beaune. www.domainepavelot.com

Bouche délicate, souple, charnue, nous voilà loin de la dureté rustique à laquelle nous ont habitués nos dégustions dans ce village. Porté par un millésime flatteur, cet aloxe bien fait et généreux commence à se boire. En reconversion biologique, certifié Ecocert. (1 600 bouteilles)

AUXEY-DURESSES

Dans la périphérie de Meursault, ce cru produit des blancs et des rouges, avec un avantage pour ces derniers, surtout dans les coteaux du Val et des Duresses. **Une sélection établie à moins de 15 €.**

14,5 **Agnès et Sébastien Paquet - 2006** 🍷 12,50 €
/20 Agnès et Sébastien Paquet. T 03 80 26 07 41
Rue du Chalet, 21190 Meloisey. paquet.viti@wanadoo.fr

Aromatique, sur des notes de fruits noirs, cassis, qui conservent de la finesse. La bouche est également d'un style moderne avec cette volonté de conserver le plus intact possible le fruité fin du pinot. À découvrir. (7 000 bouteilles)

14 **Domaine Taupenot-Merme - 2006** 🍷 13,40 €
/20 Denise et Jean Taupenot. T 03 80 34 35 24
21220 Morey-Saint-Denis. domaine.taupenot-merme@wanadoo.fr

Bouche puissante, lardée, réglissée, avec une finale franche et carrée. Un solide pinot à boire sans se presser sur quatre, cinq ans. Un bon élève classique de l'appellation. (4 000 bouteilles)

13 **Domaine J-L Moissenet-Bonnard - Premier Cru Grands Champs 2006** 🍷 13,00 €
/20 Jean-Louis Moissenet. T 03 80 24 62 34
Rue des jardins, 21630 Pommard. jean-louis.domaine.moissenet-bonnard@wanadoo.fr

On retrouve là le style extrait, coloré, trapu et assez dur de certains Premiers crus jeunes d'Auxey. Il doit encore s'attendre. Comptez deux, trois ans. (2 000 bouteilles)

13 **Domaine Taupenot-Merme - 2006** 🍷 15,00 €
/20 Denise et Jean Taupenot. T 03 80 34 35 24
21220 Morey-Saint-Denis. domaine.taupenot-merme@wanadoo.fr

Son fruité sur les fleurs et les fruits blancs est net, franc, sans déviance rustique. La bouche de longueur moyenne possède de la tenue et va encore se déployer encore deux, trois ans. (2 100 bouteilles)

BEAUNE

Un vin qui devrait être aussi célèbre que Bordeaux puisqu'il porte le nom de la capitale de la Bourgogne viticole. C'est l'une des plus importantes appellations de la Côte-d'Or, largement sous l'emprise du négoce. On y produit huit fois plus de rouges que de blancs, dont la qualité et l'élégance des tanins sont reconnues. D'ailleurs, une grande partie du vignoble est classée en Premier cru. **Une sélection établie à moins de 15 €.**

13 /20 **Domaine Besancenot - Les Mariages** 2005
Famille Besancenot.
78 Faubourg St Nicolas, 21200 Beaune.

11,50 €
T 03 80 22 18 76
www.domaine-besancenot.com

La fermentation à froid décuple les arômes de cassis et fraise, au nez comme en bouche. Celle-ci est assez courte et ne dépasse pas cette frontière du fruit, ce qui est déjà bien. Un beaune efficace. (2 500 bouteilles)

BEAUNE PREMIER CRU

Cette appellation compte 42 climats classés en Premier cru. Assez méconnue comme Beaune, et pourtant très souvent d'une intensité et d'un velouté rares. Au nord de la commune, les vins sont le plus souvent intenses et puissants (Clos de Mouches, En Coucherias, Clos de la Féguine, Les Bressandes, les Perrières, etc) ; au sud, les vins sont souples et ronds (Clos des Ursules, Les Teurons, les Cent-Vignes). **Une sélection établie à moins de 15 €.**

14 /20 **Domaine Sébastien Magnien - Les Aigrots** 2006
Sébastien Magnien.
6 rue Pierre Joigneaux, 21190 Meursault.

15,00 €
T 03 80 21 28 57
seb.magnien@orange.fr

Le nez est fin, la bouche serrée mais veloutée, boisée sagement. Il mérite ses galons de Premier cru de par sa présence compacte en fin de bouche. Il est prêt à boire dès 2009. (4 800 bouteilles)

BOURGOGNE

Instituée en 1937, cette appellation est de loin la plus vaste de la région. Elle peut être revendiquée dans les départements de l'Yonne (54 communes), de la Côte-d'Or (91 communes) et de Saône-et-Loire (154 communes). Ses terrains sont variés selon les zones géographiques. Marnes et calcaires marneux, sols blanchâtres ou gris clair, profonds et peu caillouteux en Côte-d'Or. L'Yonne et la Côte-d'Or possèdent également des vignobles de coteaux épousant des pentes calcaires, parfois crayeuses (Tonnerrois) ou kimméridgiennes (Chablisien, Auxerrois). Le relief faillé du Chalonnais et du Mâconnais donne des sols où se mêlent calcaire, argile et marne, avec des nuances granitiques tout au sud de la Saône-et-Loire. Les blancs sont élaborés à partir du chardonnay (46 % de l'encépagement bourguignon), né en Bourgogne, donnant de jolies grappes dorées, petites et allongées. Ses grains sont petits et riches d'un jus blanc sucré. Le Bourgogne rouge est issu de pinot noir (36 % de l'encépagement) et un peu de cépage césar dans l'Yonne. Le pinot noir donne des grappes compactes d'un noir violacé dont les petits grains serrés contiennent un jus incolore et sucré. Il pousse sur des terroirs souvent proches des crus les plus réputés (à quelques dizaines ou centaines de mètres parfois) ; surtout quand ils proviennent de la Côte-d'Or. Il se situe sur le piémont des côtes, en milieu calcaire, nuancé d'argile et de marne, pierreux sinon rocheux. À l'appellation Bourgogne peut s'ajouter le nom d'une sous-région (Côte d'Auxerre, Côte chalonnaise, Hautes-Côtes de Nuits, Hautes-Côtes de Beaune, etc). La qualité des vins de l'appellation Bourgogne est aujourd'hui très contestée. On reproche à ces vins, dits de base, appelés aussi régionaux, de n'être pas au niveau de leur notoriété, ni surtout de leur prix. Ce constat, tous les producteurs bourguignons honnêtes le font aussi. Un vaste chantier de remise à niveau a été entrepris par l'ensemble de la profession, vignerons et négociants. En cherchant bien, on trouve de véritables pépites. Nous sommes fiers de faire découvrir au grand public quelques perles qui n'ont souvent rien à envier à certains crus stars. Les 2006, plus intéressants en rouge qu'en blanc, sont des vins riches en alcool, tendres en texture, faciles à boire ; nous conseillons de les apprécier jeunes. Il sont en opposition avec les 2007, grand millésime de blanc, plus acides, qui vieilliront bien. **Une sélection établie à moins de 7,50 €.**

15 /20 **Domaine Albert Boillot - 2006**
Raymond Boillot.
2 ruelle Saint Etienne, 21190 Volnay.

🍷 7,00 €
T 03 80 21 61 21
www.domaine-albert-boillot.com

Fermenté en fûts, dont un quart de neufs, c'est un simple chardonnay qui a de la personnalité dans ses notes grillées, fumées, très chics. Elles sont prolongées en bouche par une matière au boisé moderne, équilibré et gourmand. Comme il est assez puissant, servez-le sur des volailles. À boire. (2 100 bouteilles)

 14,5 /20 **Domaine Jean-Pierre Bony - 2006**
Fabienne Bony.
5 rue de Vosnes, 21700 Nuits-Saint-Georges.

🍷 6,50 €
T 03 80 61 16 02
fabiennebony@wanadoo.fr

La robe est dense et sombre. Les notes de bois chauffé et de cassis annoncent une forte extraction et un élevage assez poussé pour un simple bourgogne. Mais il le supporte car la bouche reste homogène avec un supplément de longueur, une persistance réglissée. Il évoluera bien sur trois à quatre ans. (4 000 bouteilles)

 14,5 /20 **Domaine Les Temps Perdus - Intemporel 2007**
Clotilde Davenne.
3 rue de Chantemerle, 89800 Préhy.

🍷 6,50 €
T 03 86 41 46 05
clotildedavenne@free.fr

Nous ne mentionnons plus Clodilde Davenne dans nos nouveaux talents, distinction accordée trois ans de suite par ce guide. Cette ancienne œnologue du domaine Jean-Marc Brocard est désormais une valeur sûre de l'Yonne et le prouve avec ce chardonnay mûr et frais, rond et précis qui se prolonge sur des notes acidulées agrumes et suaves de chèvrefeuille. Du travail bien fait. (13 000 bouteilles)

 14 /20 **Domaine Belleville - 2006**
Marc Dumont.
1 rue des Bordes, 71150 Rully.

🍷 7,50 €
T 03 85 91 06 00
contact@domaine-belleville.com

Un pinot du Chalonnais fruité, vif dans ses arômes de cerise montmorency. En bouche, il reste sur un style fin et nerveux, sans sécheresse. Sa finale est élégante et digeste. On commence à le boire. (2 870 bouteilles)

 14 /20 **Domaine Emmanuel Dampt - Tonnerre Chevalier d'Éon 2006**
Emmanuel Dampt.
3 route de Tonnerre, 89700 Collan.

🍷 6,00 €
T 03 86 54 49 52
www.dampt.com

Un bourgogne de l'Yonne coloré, mûr, qui gagne en chair et qui pinote joliment dans une partition aromatique très cerise. Sa finale un peu noix verte, végétale, typique des pinots du Nord, cohabite avec les fruits rouges, portée par une texture veloutée, justement travaillée en cuve. À boire sur deux ans. (5 600 bouteilles)

 14 /20 **Domaine Gabrielle Denis - Lachaume Blanche 2007**
Gabrielle Denis.
10 rue de Bleigny, 89290 Venoy.

🍷 5,00 €
T 03 86 40 33 88
denis.gabrielle@wanadoo.fr

Ce domaine récent se situe entre Auxerre et Chablis. Les vignes sont jeunes mais donnent un bien agréable chardonnay en 2007, qui charme par ses rondeurs et retient pour sa trame son grain de terroir en finale. À boire sur deux à trois ans. (6 000 bouteilles)

14 /20 **Domaine J-L Moissenet-Bonnard - 2006**
Jean-Louis Moissenet.
Rue des jardins, 21630 Pommard.   jean-louis.domaine.moissenet-bonnard@wanadoo.fr

🍷 7,50 €
T 03 80 24 62 34

La robe est aussi soutenue que ses arômes, dominés par le cassis, sont intenses. Velouté, fruité, il en impose jusqu'à sa fin de bouche encore sur les amers de l'élevage. Un style ferme et rustique qui aura de la tenue dans le temps et face à l'assiette. (3 200 bouteilles)

14 /20 **Domaine Marc Rougeot - Les Grandes Gouttes** 2006
Marc Rougeot.
La Monatine, 21190 Meusault.

🍷 7,18 €
T 03 80 21 69 06
domaine.rougeot@wanadoo.fr

De la persistance, de la rondeur et un peu de pesanteur également, dans sa finale. Une vinification traditionnelle toujours impeccablement maîtrisée. (21 000 bouteilles)

13,5 /20 **Domaine Alain Geoffroy - 2007**
Alain Geoffroy.
4 rue de l'Equerre, 89800 Beines.

🍷 4,80 €
T 03 86 42 43 76
www.chablis-geoffroy.com

Un vigneron de Chablis qui signe là un chardonnay complet, coulant, sur des saveurs d'agrumes et une originale pointe minérale qui nous rappelle qu'il vient de l'Yonne. Une belle affaire à boire jeune. (5 000 bouteilles)

13,5 /20 **Domaine François d'Allaines - 2006**
François d'Allaines.
La Corvée du Paquier, 71150 Demigny.

🍷 7,50 €
T 03 85 49 90 16
www.dallaines.com

L'archétype du bon pinot noir dans sa juste maturité, sa rondeur et souplesse de tanins, le charme de son fruité. Du plaisir direct. Il se boit dès maintenant. (8 000 bouteilles)

13,5 /20 **Domaine Sylvain Dussort - Les Coutures** 2006
Sylvain Dussort.
12 rue Charles Giraud, 21190 Meursault.

🍷 7,20 €
T 03 80 21 27 50
dussvins@aol.com

Un chardonnay de trente ans, vendangé à la main, qui résiste bien après deux ans de bouteilles. Il assortit une trame serrée, et un jus coulant, filant. Il faut le boire maintenant. (9 000 bouteilles)

13 /20 **Domaine Isabelle et Denis Pommier - 2006**
Isabelle et Denis Pommier.
31 rue de Poinchy, Poinchy, 89800 Chablis.

🍷 6,50 €
T 03 86 42 83 04
www.denis-pommier.com

Ces producteurs de Chablis bien connus de Poinchy soignent tout autant leur petit rouge avec une vendange manuelle en caissettes et une vinification en fût. Celle-ci domine l'expression aromatique avec des notes pâtissières vanillées tout en structurant la bouche. On commencera à le boire courant 2009 sur trois ans. (4 000 bouteilles)

13 /20 **Domaine Olivier Père et Fils - 2006**
Antoine et Hervé
5 rue Gaudin, 21590 Santenay.

🍷 6,90 €
T 03 80 20 61 35
domaineolivier@orange.fr

Il remplit sa mission de pinot simple bourgogne en livrant un vin au fruité encore alerte, avec un bouche nette, carrée, encore fruitée dans sa finale un peu marquée par les tanins de l'élevage en fût (14 mois). À boire sans se presser. (14 000 bouteilles)

Domaine Arnoux Père et Fils - 2006
Pascal Arnoux.
21200 Chorey-lès-Beaune.

🍷 7,50 €
T 03 80 22 57 98
arnoux.pereetfils@wanadoo.fr

On le repère à l'éclat de son fruit, expressif au nez, qui donne en bouche un vin lisse qui a conservé une bonne vivacité pour l'année. Il se termine simplement avec un brin de raideur dans les tanins. À boire sur deux ans. (3 000 bouteilles)

 Domaine Clothide et Pascal Vecten - 2006
Clothide et Pascal Vecten.
Chemin sous la Velle, 21150 Auxey-Duresses.

🍷 6,00 €
T 03 80 21 67 99
www.domaine.vecten.com

Une sélection de pinot d'une quarantaine d'années pour un vin rond, souple, coulant, sans aspérité ni grande densité. Il est déjà charmeur et se boira jeune dans l'éclat actuel de son fruit. (2 800 bouteilles)

BOURGOGNE ALIGOTÉ

Si le bourgogne blanc « normal » est issu du chardonnay, le bourgogne aligoté est issu du cépage blanc aligoté (6 % de l'encépagement bourguignon). C'est un vin généralement vif, printanier, qui peut prendre de l'étoffe quand il est issu de vieilles vignes. De sa vivacité dans l'Yonne à sa maturité en Côte chalonnaise, son style varie. Il devient « kir » lorsqu'il est associé à la crème de cassis. Il bénéficie de l'appellation Bourgogne depuis 1937, sauf à Bouzeron, en Côte chalonnaise, où il reçoit l'appellation communale Bouzeron. Le millésime 2006 a donné des aligotés charnus et riches en alcool, les 2007 sont tranchants et vifs. Une sélection établie à moins de 6,50 €.

 Domaine Marc Rougeot - En Velopot 2006
Marc Rougeot.
La Monatine, 21190 Meusault.

🍷 5,26 €
T 03 80 21 69 06
domaine.rougeot@wanadoo.fr

Remarquable texture, avec du grain, de la complexité gagnée par une vinification partielle en bois qui n'a pas alourdi le vin. Il termine très frais, en finesse et donne un rang d'honneur à l'aligoté. Il est prêt à boire. (12 000 bouteilles)

Caves Bailly Lapierre - 2007
Roger Delaloge.
Hameau de Bailly, 89530 Saint-Bris-Le-Vineux.

🍷 5,60 €
T 03 86 53 77 77
www.bailly-lapierre.fr

Mûr, juteux, de belle minéralité dans sa fin de bouche, voilà un aligoté qui s'identifie bien par les notes végétales du cépage et qui donne aussi à entendre son origine icaunaise. Parfait sur la charcuterie persillée. (40 000 bouteilles)

Domaine Ballorin et Fils - Le Hardi 2007
Gilles Ballorin.
5 rue d'Ahuy, 21120 Hauteville-lès-Dijon.

🍷 6,50 €
T 03 80 45 48 05
domaineballorinetf@free.fr

Les notes exotiques du nez annonce la bonne maturité de l'année. En bouche, c'est un aligoté frais et dense, qui conjugue acidité et maturité. Il se destine plus à la table qu'au kir et évolura bien sur trois ans. Labélisé bio, certifié Ecocert. (3 000 bouteilles)

Domaine Henri Naudin-Ferrand - Naturellement Perlant 2006
Claire Naudin.
Rue du Meix-Grenot, 21700 Magny-lès-Villers.

🍷 6,40 €
T 03 80 62 91 50
www.naudin-ferrand.com

Nez fin, floral, bouche coulante, subtile pour un aligoté. Il n'a pas été dégazé en fin de vinification ce qui explique le résiduel de gaz carbonique (ce qui évite de surdoser en souffre) qui pétille sur la langue, et rend sa finale bien sèche et encore vive. Très digeste. (1 310 bouteilles)

14,5 **Domaine Fichet - 2007**
/20 Pierre-Yves et Oliver Fichet.
Le Martoret, 71960 Igé.

5,00 €
T 03 85 33 30 46
www.domaine-fichet.com

Savoureux, rond, plein, doté d'un beau volume de bouche qui nous oriente tout d'abord vers un chardonnay aromatique et gras. Un délice près à boire jeune. (6 000 bouteilles)

14,5 **Domaine Le Meix de la Croix - 2007**
/20 Pierre Saint Arroman
Le Bourg, 71640 Saint Denis de Vaux.

5,00 €
T 03 85 44 34 33
www.saint-arroman.com

Vendangé à la main, cet aligoté s'exprime dans un format classique du cépage, serré, ferme, avec un grain végétal doux qui s'accordera avec les charcuteries persillées. (4 500 bouteilles)

14 **Domaine Henri et Vincent Joussier - 2007**
/20 Vincent Joussier.
Domaine de l'Evêché, 71640 St-Denis de Vaux.

4,60 €
T 03 85 44 30 43
www.domainedeleveche.com

Très ouvert, aromatique, c'est un aligoté du sud de la Bourgogne, mûr, rond, souple, exotique, bien généreux pour 2007. (3 500 bouteilles)

14 **Domaine Michel Andreotti - 2007**
/20 Bernard Michel.
Les Guignottes, 71390 Saint-Vallerin.

6,50 €
T 03 85 92 11 16
www.domaine-andreotti.fr

D'un style sec, franc, bien typé par les notes végétales mûres et florales. Digeste et carré. (4 600 bouteilles)

13,5 **Domaine du Château de Melin - 2006**
/20 Famille Derats.
21190 Auxey-Duresses.

5,00 €
T 03 80 21 21 19
www.chateaudemelin.com

Un aligoté entier, franc de goût avec des amers doux typiques. Il reste désaltérant, serré et tendu dans sa finale. (15 000 bouteilles)

13 **Cave des Vignerons de Mancey - 2007**
/20 André Dupuis.
Dulphey, 71240 Mancey.

6,00 €
T 03 85 51 00 83
www.cave-mancey.fr

Un blanc frais et coulant, bien fait, net dans ses saveurs. Il se destine à une consommation rapide et estivale. (30 000 bouteilles)

13 **Domaine Denis Père et Fils - 2007**
/20 Christophe et Roland Denis.
Chemin des Vignes-blanches, 21420 Pernand-Vergelesses.

5,50 €
T 03 80 21 50 91
www.domaine-denis.com

De vielles vignes vendangées à la main donnent un aligoté qui s'est patiné. Ce vin tendre reste vif et ferme dans sa finale. (3 000 bouteilles)

BOURGOGNE CHITRY

*Chitry-le-Fort, au sud-est d'Auxerre (Yonne), a reçu en 1993, le droit d'identifier ses vins au sein de l'appellation Bourgogne, sous le nom de Bourgogne Chitry. Elle compte un peu moins de 70 hectares et produit quelques rouges et rosés ainsi qu'une une majorité de blancs de chardonnay. Ils sont à boire frais et jeunes, sur cinq, six ans. **Une sélection établie à moins de 8 €.***

15 /20 **Domaine Olivier Morin - Vau du Puits 2006**
Olivier Morin.
2 chemin de Vaudu, 89530 Chitry.
 8,00 €
T 03 86 41 47 20
morin.chitry@wanadoo.fr

Actuellement le plus régulier des producteurs de la petite appellation Chitry, Olivier Morin reste sur la première marche avec son 2006. Qu'a t-il de plus ? De la saveur, un vrai goût mûr de pinot avec des notes de noix fraîche, soit une sensation de fraîcheur et non de verdeur. En clair, on vide la bouteille et on en redemande. À déguster dès aujourd'hui. (8 000 bouteilles)

14,5 /20 **Domaine Olivier Morin - 2007**
Olivier Morin.
2 chemin de Vaudu, 89530 Chitry.
8,00 €
T 03 86 41 47 20
morin.chitry@wanadoo.fr

Si le simple chitry blanc 2006 (13/20) est fin, coulant, sans raideur avec un trame juste, la cuvée Olympe 2006 (14/20, 8 €) gagne en richesse, en notes épicées, un peu mou en comparaison avec le saillant mais jamais agressif 2007. Idéal sur les fruits de mers. À boire, tout comme le toujours fringant et délceux 2005 (15/20). Il faut saisir les dernières bouteilles à un prix toujours abordable. (15 000 bouteilles)

14 /20 **Domaine Edmond Chalmeau et Fils - Vieilles Vignes Aimé 2006**
Edmond Chalmeau.
20 rue du Ruisseau, 89530 Chitry le Fort.
6,20 €
T 03 86 41 42 09
domaine.chalmeau@wanadoo.fr

Un chardonnay riche et boisé, volumineux en bouche que l'on ne situe pas de prime abord dans l'Yonne, mais plus au sud. Sa finale puissante se mariera avec les sauces crémées. À boire sur trois ans. (5 200 bouteilles)

13,5 /20 **Caves Bailly Lapierre - 2007**
Roger Delaloge.
Hameau de Bailly, 89530 Saint-Bris-Le-Vineux.
5,80 €
T 03 86 53 77 77
www.bailly-lapierre.fr

Dans un style beurré, doté d'un assez large volume de bouche et encore sur de fins amers. Il se boira sur trois ans, sur les crustacés cuits. (13 000 bouteilles)

13 /20 **Domaine Edmond Chalmeau et Fils - Les Trameures 2006**
Edmond Chalmeau.
20 rue du Ruisseau, 89530 Chitry le Fort.
 6,20 €
T 03 86 41 42 09
domaine.chalmeau@wanadoo.fr

Bonne coloration, plus de trame et de personnalité que la moyenne des rouges de Chitry. On sent un vrai tri et un élevage plus ambitieux (15 mois à 70 % en fûts). La finale est encore sur des tanins anguleux (noix verte). À boire fin 2009. Le simple chitry rouge du domaine (12/20, 5,40 €, 15 000 bouteilles) est rond, coulant, simplement fruité. (8 900 bouteilles)

BOURGOGNE CÔTE CHALONNAISE

L'appellation de Bourgogne régionale du département de la Saône-et-Loire s'étend sur 44 communes des cantons de Buxy, Chagny, Givry et Mont Saint-Vincent. Environ 470 hectares (chardonnay et pinot noir) y sont en production, aux trois quarts rouges. **Une sélection établie à moins de 7,50 €.**

14 /20 **Domaine Henri et Vincent Joussier - 2006**
Vincent Joussier.
Domaine de l'Evêché, 71640 St-Denis de Vaux.
5,60 €
T 03 85 44 30 43
www.domainedeleveche.com

Un bon cru de moyenne garde avec une matière concentrée, douce et tendue par des notes acidulées dans sa finale. (5 300 bouteilles)

14 /20 **Domaine Michel Goubard et Fils - 2005**
Michel Goubard.
71390 Saint-Désert.   6,50 €   T 03 85 47 91 06   earl.goubard@wanadoo.fr

Il exprime la forte maturité, la richesse de l'année dans une palette d'arômes épicés et confits. La bouche est moelleuse. Alors que beaucoup de simples pinots 2005 s'affaissent, lui conserve une fermeté en bouche bien agréable. À boire cet hiver. (20 000 bouteilles)

13,5 /20 **Domaine François d'Allaines - 2006**
François d'Allaines.
La Corvée du Paquier, 71150 Demigny.   7,50 €   T 03 85 49 90 16   www.dallaines.com

Souple, floral et épicé, avec un touché de bouche assez subtil inhabituel en Chalonnais. Un vrai travail de sélection et de vinification récompensé. Le tout est à boire et digeste. (15 000 bouteilles)

BOURGOGNE CÔTES D'AUXERRE

Le nom de Côtes d'Auxerre (prononcé Ausserre) peut être adjoint depuis 1993 à celui de Bourgogne pour les vins rouges, rosés et blancs produits à l'intérieur de l'aire délimitée (220 ha en production) des communes d'Auxerre et des environs : Augy, Vaux, Champs-sur-Yonne, Quenne, Vincelottes et Saint-Bris-le-Vineux ; Cette dernière possède sa propre appellation dédiée au blanc de sauvignon. Le niveau des chardonnays et les pinots noirs de ce secteur a bien progressé depuis dix ans, surtout en blanc, profitant du savoir-faire du Chablisien tout proche. Préférez les 2007 dans cette couleur, et les 2006 en rouge. Une sélection établie à moins de 7,50 €.

13,5 /20 **Domaine Les Temps Perdus - 2006**
Clotilde Davenne.
3 rue de Chantemerle, 89800 Préhy.   7,00 €   T 03 86 41 46 05   clotildedavenne@free.fr

On apprécie sa fermeté et sa précision aromatique qui en font un bourgogne construit qui restera pendant trois à quatre ans dans sa mission de rouge désaltérant. (3 000 bouteilles)

13 /20 **Domaine Anne et Arnaud Goisot - Cuvée du Manoir 2006**
Anne et Arnaud Goisot.
4 bis route des Champs, 89530 Saint-Bris-le-Vineux.   6,50 €   T 03 86 53 32 15   aa.goisot@wanadoo.fr

Un début de fermentation à froid connote immédiatement un nez très liqueur de cassis. La bouche possède du volume, de la matière, tout en restant simple en saveur. À boire sur trois ans. (6 000 bouteilles)

13 /20 **Domaine Saint Prix - 2006**
Jean-Louis et Jean-François Bersan.
20 rue du Docteur Tardieux, 89530 Saint-Bris.   6,50 €   T 03 86 53 33 73   bourgognes-bersan@wanadoo.fr

La famille Bersan donne une version solide et assez savoureuse du pinot noir d'Auxerre 2006. Un rouge ferme qu'il faut boire sur deux ans. (12 000 bouteilles)

12 /20 **Caves Bailly Lapierre - 2007**
Roger Delaloge.
Hameau de Bailly, 89530 Saint-Bris-Le-Vineux.   5,80 €   T 03 86 53 77 77   www.bailly-lapierre.fr

Ce n'est pas la cuvée la plus percutante de cette bonne cave de l'Yonne, mais un blanc facile dont le peu de fond incite à une consommation rapide. (26 000 bouteilles)

BOURGOGNE COULANGES-LA-VINEUSE

Bourgogne essentiellement rouge (pinot noir), frais, au franc goût de cerise, plus léger qu'Irancy, produit sur 1 250 ha, au sud d'Auxerre, sur les coteaux du village iconais de Coulanges-la-Vineuse et les communes de Migé, Mouffy, Jussy, Escolives-Sainte-Camille, Val-de-Mercy. Il faut les boire entre deux et six ans. 2006 est un millésime de maturité dans les rouges, prêt à boire, 2007 est plus vif. **Une sélection établie à moins de 7,50 €.**

---

 13 **Caves Bailly Lapierre - 2006**
/20 Roger Delaloge.
Hameau de Bailly, 89530 Saint-Bris-Le-Vineux.

🍷 6,30 €
T 03 86 53 77 77
www.bailly-lapierre.fr

Un pinot travaillé dans l'extraction de couleur et de matière qui souligne un vrai savoir-faire en vinification. Le tout est un rien sec, mais bien construit pour une cuvée qui, pour l'appellation, n'a rien de confidentiel. (13 000 bouteilles)

---

13 **Domaine du Clos du Roi - 2006**
/20 Magali Bernard.
17 rue Vildieu, 89580 Coulanges-la-Vineuse.

🍷 5,90 €
T 03 86 42 25 72
www.closduroi.com

Magali Bernard, la fille des anciens propriétaires, a repris depuis 2005 ce domaine de Coulange. Une entrée avec un 2006 réussi et signé par une bonne maturité du pinot, du fruit (qui n'est pas étouffé par son élevage en foudres et en fûts) et une juste persistance. On le boit déjà avec délice. Bon rapport qualité/prix. (10 000 bouteilles)

12,5 **Domaine Jean-Luc Houblin - 2006**
/20 Jean-Luc Houblin.
Passage des Vignes, 89580 Migé.

🍷 5,90 €
T 03 86 41 69 87
www.bourgognecoulanges.com

Un chardonnay élégant, limpide, facile à boire, certes un peu dilué en saveur mais retenu par de fines notes amères qui accompagnent bien les viandes blanches. (4 500 bouteilles)

BOURGOGNE ÉPINEUIL

*Épineuil est la patrie d'Alfred Grévin qui donna son nom au musée éponyme. Son vignoble de 86 hectares (80 de pinot noir, 6 de chardonnay) situés près de Tonnerre, à une vingtaine de kilomètres au nord-est de Chablis (Yonne). Ses rouges s'expriment avec de fins tanins, un goût de cerise acidulée, frais et veloutés dans les années de bonne maturité. À boire jeunes. **Une sélection établie à moins de 7 €.***

 14,5 **Domaine Eric Dampt - 2007**
/20 Eric Dampt.
16 rue de l'Ancien Presbytère, 89700 Collan.

🍷 6,30 €
T 03 86 55 36 28
www.dampt.com

Fruité éclatant au nez, bouche aux tanins doux, sans surextraction. Il est dominé dans ses saveurs par les fruits rouges acidulés, le clafoutis à la cerise de Montmorancy. En rouge et dans nos prix, ce domaine domine l'appelllation. (6 000 bouteilles)

---

 14 **Domaine Eric Dampt - 2006**
/20 Eric Dampt.
16 rue de l'Ancien Presbytère, 89700 Collan.

🍷 6,30 €
T 03 86 55 36 28
www.dampt.com

Un pinot noir planté à 9 000 pieds hectares qui livre un rouge coloré, d'un large volume qui porte clairement en bouche des saveurs de petits fruits noirs, (cassis, prunelle) avec une finale solide, tannique qui tiendra sans faillir trois à quatre ans. Du bon travail. (6 000 bouteilles)

12,5
/20

Domaine Emmanuel Dampt - Champs Freigé 2006
Emmanuel Dampt.
3 route de Tonnerre, 89700 Collan.

 6,80 €
T 03 86 54 49 52
www.dampt.com

Robe et nez de bigarreau, bouche solide, rustique, encore sur des amers mais avec de la persistance. Nous préférons l'attendre encore un an. (3 600 bouteilles)

BOURGOGNE GRAND ORDINAIRE

*Cette dénomination, instituée en Bourgogne depuis 1937, s'inspire d'une expression de jadis quand on parlait de « vins de grand ordinaire » pour la bouteille dominicale, ou de « vins d'ordinaire » pour tous les jours. L'appellation, dite « B.G.O » si vous voulez passer pour un pro, se produit dans toute l'aire délimitée de l'appellation Bourgogne. En réalité, sa production ne s'étend plus que sur 140 hectares. Les rouges et rosés proviennent du pinot noir, du gamay noir, du césar et/ou du tressot. Les blancs sont issus du chardonnay, de l'aligoté, du melon de Bourgogne et du sacy. C'est une appellation fourre-tout qui correspond en fait à un vin de pays pour une région qui n'en possède pas. Du fait de la variété des assemblages possibles, entre les cépages et les terroirs, ce vin n'a aucun style défini. **Une sélection établie à moins de 7 €.***

 13,5
/20

Domaine Mathias - 2007
Béatrice et Gilles Mathias.
rue Saint-Vincent, 71570 Chaintré.

🍷 6,00 €
T 03 85 27 00 50
www.domaine-mathias.fr

Un gamay souple, rond, sans aspérité, digeste, qui servi frais ressemble comme deux gouttes de vin rouge à un beaujolais. Vin estival. (3 000 bouteilles)

13
/20

Domaine Jean Chartron - Le Jaja de Jean 2006
Famille Chartron.
Grande-Rue, 21190 Puligny-Montrachet.

🍷 6,50 €
T 03 80 21 99 19
www.jeanchartron.com

Bouche souple, facile, tendre, sans fond mais vin simplement bon. L'équivalent d'un bon vin de pays dans une autre région. (1 500 bouteilles)

BOURGOGNE HAUTES-CÔTES DE BEAUNE

*En Bourgogne, les Hautes-Côtes désignent l'arrière-pays qui surplombe des villages prestigieux. Née officiellement en 1961, l'appellation s'étend en Côte-d'Or, sur 12 communes des Hautes Côtes et sur les hauteurs de 10 communes de la Côte de Beaune. En Saône-et-Loire, elle s'étend sur 4 communes des Hautes-Côtes ainsi que sur les hauteurs de 3 communes de la Côte de Beaune. La ligne de partage entre les Hautes-Côtes de Beaune et de Nuits passe à Magny-lès-Villers. La production couvre 680 hectares de blancs, contre 112 ha de rouges. Ce sont souvent des terres plus froides, avec des maturités de raisins délicates. Ce qui explique de meilleurs résultats en blanc. Grand pourvoyeur d'aligoté et de petits fruits destinés aux liquoristes régionaux, ce terroir a connu de grands bouleversements ces trente dernières années. Certains secteurs rivalisent avec de nobles terroirs de la Côte. Il se produit plus de Hautes-Côtes de Beaune que de Hautes-Côtes de Nuits. **Une sélection établie à moins de 9 €.***

 15
/20

Domaine Cornu-Camus - 2006
Pierre Cornu.
2 rue Varlot, 21420 Echevronne.

 6,40 €
T 03 80 21 57 23
cornu.camus@voila.fr

Avec un nez de cerise noire bien mûre, une bouche vineuse, veloutée, charnue, sans sécheresse ni notes végétales, on retrouve, cette année ? ce domaine souvent distingué dans ce guide à son meilleur. Un modeste et brillant pinot de Bourgogne. (6 000 bouteilles)

14,5 /20 **Domaine Henri Naudin-Ferrand - 2006**
Claire Naudin.
1 rue du Meix-Grenot, 21700 Magny-lès-Villers.
♀ 9,00 €
T 03 80 62 91 50
www.naudin-ferrand.com

Un assemblage de chardonnay (80 %) et de pinot blanc pour un vin sec, ferme, droit, marqué par des notes oxydatives fines (peu de soufre apparemment à la mise), et qui gagne en netteté et en digestibilité en finale. On commence à le boire. (12 301 bouteilles)

14 /20 **Château de Santenay - Clos Philippe le Hardi Monopole 2006**
Gérard Fagnoni.
1 rue du Château, 21590 Santenay.
♀ 8,80 €
T 03 80 20 61 87
www.chateau-de-santenay.com

Une chair franche et nette, chardonnay dans tout son éclat, sans note d'évolution. Il tire sa fraîcheur d'un élevage très soigné. Remarquable au vu du volume. (93 000 bouteilles)

14 /20 **Domaine Charles François et Fils - Les Vignes de Deffend 2006**
Pascal Charles.
Rue de Pichot, 21190 Nantoux.
♀ 7,50 €
T 03 80 26 02 87
charles.francois@terre-net.fr

La fermentation alcoolique en fût marque le vin par ses arômes vanillés et son charnu plein en bouche. Sa générosité le rend facile d'abord jeune, on en profitera. À boire. (5 000 bouteilles)

14 /20 **Domaine Gilbert et Philippe Germain - Vieilles Vignes 2006**
Philippe Germain.
Nantoux, 21190 Meursault.
♀ 6,50 €
T 03 80 26 05 63
www.philippe-germain.com

Une expression ferme et droite d'un pinot qui ne connaît pas l'enrobage des vinifications modernes et qui n'en est pas moins savoureux surtout dans sa finale persistante. Du style et du caractère. (16 000 bouteilles)

14 /20 **Domaine Henri Naudin-Ferrand - Fût de Chêne 2006**
Claire Naudin.
Rue du Meix-Grenot, 21700 Magny-lès-Villers.
♀ 8,70 €
T 03 80 62 91 50
www.naudin-ferrand.com

L'élevage sous bois (20 % de fûs neufs) marque encore les arômes et les tanins en fin de bouche. Ce qui n'empêche pas de savourer une matière mûre, généreuse, d'excellente persistance par des notes épicées. Retrouvons-le après deux ans de cave. (7 500 bouteilles)

14 /20 **Domaine R. Dubois et Fils - Les Monts Battois 2006**
Béatrice et Raphaël Dubois.
Route de Nuits-Saint-Georges, 21700 Prémeaux-Prissey.
♀ 7,50 €
T 03 80 62 30 61
www.domaine-dubois.com

La touche de complexité grillée due à la réduction sur lies en barrique le distingue. Sa bouche est droite, équilibrée, coulante, bien faite, on regrette juste un surdosage de soufre qui assèche la finale. (5 000 bouteilles)

14 /20 **Domaine Sébastien Magnien - Clos de la Perrière 2006**
Sébastien Magnien.
6 rue Pierre Joigneaux, 21190 Meursault.
♀ 8,50 €
T 03 80 21 28 57
seb.magnien@orange.fr

Voilà une belle cuvée vineuse, expressive, portée par des tanins doux, une chair de fruits mûrs et d'épices apportée par un élevage soigné qui élève la bouche. À boire entre 2009 et 2012. (1 800 bouteilles)

13 /20 **Domaine Michel Prunier et Fille - 2006**
Michel Prunier.
Route de Beaune, 21190 Auxey-Duresses.
♀ 7,00 €
T 03 80 21 21 05
domainemicheprunier-fille@wanadoo.fr

Expressif, déjà ouvert sur des notes de fruits noirs compotés à l'eau-de-vie (confiture de vieux garçon). La bouche est patinée, sans dureté. À boire sans attendre. (1 700 bouteilles)

12,5 /20 **Domaine Glantenet Père et Fils - 2006**
Glantenet Père et Fils.
Rue de l'Aye, 21700 Magny-les-Villers.

7,50 €
T 03 80 62 91 61
www.glantenet.com

Typique des pinots noirs en macération préférentielle à froid avec une puissante note de cassis dominante. Sa bouche est un peu gazeuse (résidu de gaz carbonique), vive, de bonne persistance. Il devrait bien évoluer sur deux à trois ans. Finale encore sévère. (3 200 bouteilles)

BOURGOGNE HAUTES-CÔTES DE NUITS

C'est l'appellation de Hautes-Côtes (au dessus de la Côte de Nuits, à l'ouest de Nuits-Saint-Georges) la plus rare et la plus recherchée. L'appellation s'étend sur 558 ha en rouge et 116 ha en blanc, en altitude (300 m, 400 m) et 18 communes. À boire entre deux et huit ans. Il faut rafler les derniers excellents 2005. Une sélection établie à moins de 9 €.

13,5 /20 **Domaine Cornu-Camus - 2006**
Pierre Cornu.
2 rue Varlot, 21420 Echevronne.

6,80 €
T 03 80 21 57 23
cornu.camus@voila.fr

La premier nez est très cassis, expression unilatérale que l'on retrouve en bouche dans une matière solide, ferme, qui termine des notes acidulées assez simples. À boire sur trois à quatre ans. (3 900 bouteilles)

13 /20 **Domaine Henri et Gilles Remoriquet - 2006**
Gilles Remoriquet.
25 rue de Charmois, 21700 Nuits-Saint-Georges.

9,00 €
T 03 80 61 08 17
www.domaine-remoriquet.fr

Le fruit est déjà patiné mais il reste franc. Un peu sec dans ses tanins, il possède en revanche un supplément de persistance « à l'ancienne » dans une fin de bouche qui le fait tenir sur cinq ans. (10 000 bouteilles)

12,5 /20 **Domaine François Gerbet - Vieilles Vignes 2006**
Marie-Andrée et Chantal Gerbet.
Place de l'Église, 21700 Vosne-Romanée.

8,90 €
T 03 80 61 07 85
vins.gerbet@wanadoo.fr

Souple, coulant, il ne possède par un grand fond mais séduit dès aujourd'hui sur un mélange de saveurs, notes de fruits noirs et d'humus. Il est prêt à boire. (13 000 bouteilles)

BOURGOGNE PASSETOUTGRAIN

Parfois orthographiée Passe-Tout-Grains, cette appellation est dédiée aux rouges élaborés dans toute la Bourgogne, à partir de l'assemblage de raisins (et non de vins) de gamay et de pinot noir. Ce dernier doit représenter au moins un tiers de l'assemblage. Environ 700 ha sont consacrés à ce vin d'entrée de gamme. Choisi au hasard d'un rayon de grande surface, le passetougrain est souvent creux et insipide. Mais quand il est fait dans les règles de l'art, c'est un régal de fruit. Il ne gagne pas à vieillir. Une sélection établie à moins de 7 €.

15,5 /20 **Domaine Jean-Pierre Bony - 2006**
Fabienne Bony.
5 rue de Vosnes, 21700 Nuits-Saint-Georges.

5,50 €
T 03 80 61 16 02
fabiennebony@wanadoo.fr

Coloré, intense, épicé, un style exubérant marqué par les macérations préférentielles à froid et qui fait toujours recette, particulièrement sur les petites appellations comme ce passetougrain. Fruité généreux et aux tanins solides, on en redemande. (1 000 bouteilles)

14,5
/20
Domaine Taupenot-Merme - 2006
Denise et Jean Taupenot.
21220 Morey-Saint-Denis.
🍷 5,50 €
T 03 80 34 35 24
domaine.taupenot-merme@wanadoo.fr

Robe sombre brillante, nez discret et profond qui annonce une bouche dense, avec du grain d'élevage. Il ne possède pas la puissance en saveur des grands bourgognes mais offre cependant une vraie matière. À ce prix, aucune hésitation... (7 000 bouteilles)

13,5
/20
Champy - 2007
Pierre Meurgey et Pierre Beuchet.
5 rue du Grenier-à-Sel, 21202 Beaune.
🍷 6,50 €
T 03 80 25 09 99
www.champy.com

On l'apprécie pour la fraîcheur due à la jeunesse du millésime mais également pour le mordant naturel de l'année qui est ici respecté. Vin de comptoir et de plats canailles. (2 100 bouteilles)

13,5
/20
Domaine Thierry Mortet - 2006
Thierry Mortet.
16, place des Marronniers, 21220 Gevrey-Chambertin.
🍷 6,00 €
T 03 80 51 85 07
www.domainethierrymortet.fr

Un tiers pinot noir pour deux tiers de gamay, élevé dix mois en fûts, ce 2006 reste très jeune, coloré dans sa robe, solide et charnu en bouche. Il a du fond et s'appréciera sur deux ans. (2 000 bouteilles)

13
/20
Domaine de Naisse - 2007
Guy Béranger.
1 chemin de Naisse, 71870 Laizé.
🍷 5,30 €
T 03 85 36 91 79
domainedenaisse@yahoo.fr

Le fruité acidulé du gamay domine l'assemblage d'un rouge souple, mûr, attendri par son élevage en barrique. À boire. (4 000 bouteilles)

13
/20
Domaine Henri et Gilles Remoriquet - 2006
Gilles Remoriquet.
25 rue de Charmois, 21700 Nuits-Saint-Georges.
🍷 6,00 €
T 03 80 61 08 17
www.domaine-remoriquet.fr

Moins fruité et flatteur que les passetougrains 2007, on l'apprécie pour sa tenue de bouche, son supplément de saveur qui convient dès cet hiver sur les terrines. (2 200 bouteilles)

12,5
/20
Domaine Joudelat - 2003
Lucien Joudelat.
10 chemin des Fossés, 89290 Irancy.
🍷 4,50 €
T 03 86 42 31 46

Signé d'un producteur d'Irancy (Yonne), cet assemblage de pinot noir et de gamay de cinq ans affiche de la couleur, de la matière, des tanins encore solides. Le tout est rustique, avec des amers de noix en fin de bouche, mais tiendra bien à table cet hiver. À boire sans tarder. (4 500 bouteilles)

BOURGOGNE TONNERRE

Dédié uniquement au blanc, cette jeune appellation (2006) doit beaucoup à Henri Nallet qui fut ministre de l'agriculture (1985/1986) et maire de cette commune. Ses vins, issus de vignes complémentaires de la zone d'Épineuil, le cru voisin, ressemblent parfois à s'y méprendre au petits chablis. **Une sélection établie à moins de 7,50 €.**

14
/20
Domaine de Marsoif - 2006
Raphaël Masson.
12 rue du grand Courlin, 89700 Serrigny.
🍷 6,00 €
T 06 11 74 24 79
www.marsoif.com

On retrouve dans son premier nez l'attirante pointe de noisette grillée des chardonnays bien mûrs. La bouche confirme une texture mûre, souple, déliée, sans aspérité, qui se boit jeune. Plaisir ici et maintenant. (6 500 bouteilles)

13,5 | **Domaine Emmanuel Dampt – Chevalier d'Éon 2006** | ♀ 7,50 €
/20 | Emmanuel Dampt.
| 3 route de Tonnerre, 89700 Collan. | T 03 86 54 49 52
| | www.dampt.com

Dans la foulée des réussites de cette cuvée en rouge, ce chardonnay acidulé, encore mordant et assez vif pour l'année dans sa finale. Il évoluera bien sur cinq ans. Le 2007 (14/20, 6 €, 4 700 bouteilles), miel et pêche au nez est de la même bonne veine. (6 600 bouteilles)

BOURGOGNE VÉZELAY

Marc Meneau, le grand cuisinier de l'Auberge de L'Espérance (Saint-Père sous Vézelay) a beaucoup fait pour redorer le blason de ce petit vignoble (environ 70 ha) du sud de l'Yonne. Il est planté en chardonnay aux alentours de ce splendide village en colline et de son abbaye (point de départ de la route de Saint-Jacques de Compostelle) et sur les communes de Asquins, Saint-Père et Tharoiseau. Des blancs plus charnus que les chablis qui évoquent davantage chez les meilleurs les chardonnays de Saint Romain ou de Saint Aubin en Côte-d'Or. Une sélection établie à moins de 8 €.

15 | **Domaine Pascal Brûlé – Symphonie 2006** | ♀ 7,60 €
/20 | Pascal Brûlé.
| 2 rue de Vezeau, 89270 Sacy. | T 03 86 81 66 73
| | brulepascal@wanadoo.fr

Ce vigneron installé à Sacy (où est né le polygraphe Rétif de la Bretonne) dispose par ailleurs d'un gîte. Il nous a régalés avec ce chardonnay aux notes miellées d'acacia, à la bouche en chair et en saveurs. Il a du fond et se boit avec délice. À boire sur trois à quatre ans. (2 500 bouteilles)

14 | **Domaine Camu Frères – 2007** | ♀ 7,00 €
/20 | Camu Frères.
| Le Clos, 89450 Vézelay. | T 03 86 32 35 66
| | domaine.camu-freres@laposte.net

Vinifié par le président de la trop méconnue appellation Vézelay, voilà un chardonnay équilibré. Il cultive le style rond et plein du cru qui se parachève dans une finale nette. En l'imaginant accompagné d'une douzaine d'escargots, la salive nous monte à la bouche. (12 000 bouteilles)

BOUZERON

Bouzeron est un village à l'entrée nord de la Côte chalonnaise. Reconnu AOC depuis 1998, son vignoble (communes de Bouzeron et Chassey-le-Camp) d'un peu moins de 50 hectares, a la particularité de ne produire que du vin blanc à partir du cépage aligoté. D'un naturel très sec et assez acide, l'aligoté prend des rondeurs, de la chair à Bouzeron. Une sélection établie à moins de 7,50 €.

15 | **Domaine Chanzy – 2007** | ♀ 7,10 €
/20 | Daniel Chanzy.
| 1 rue de la Fontaine, 71150 Bouzeron. | T 03 85 87 23 69
| | www.chanzy.com

Or pâle, frais et aromatique avec une grande tension. Typé et franc, collier de fruité. Il filera l'accord parfait avec un jambon persillé de Bourgogne. (45 000 bouteilles)

CHABLIS

Le terroir chablisien compte environ 3 700 hectares de vignes réparties en quatre appellations de blanc chardonnay : Petit Chablis (360 ha), Chablis Premier cru (717 ha), Chablis Grand cru (7 climats sur 100 ha) et, bien sûr, Chablis. Cette dernière s'étend sur dix-neuf communes et compte environ 2 330 hectares en production. Les sols caillouteux, marneux et calcaires fossilisés (kimméridgien), et le climat (avec souvent de violentes gelées de printemps) sont plus proches de la Champagne de la Côte-d'Or. En vingt ans, le vignoble a connu une forte expansion. Les vignes sont assez jeunes en non-culture (désherbées chimiquement) et vendangées à la machine. Contrairement au reste de la Bourgogne, les propriétés dépassent souvent les 10 hectares. Celles installées dans les villages périphériques n'élaborent que du Chablis et du Petit Chablis. Les autres disposent aussi de Premiers, voire de Grands crus. Fixés à 50 hl/ha, les rendements atteignent fréquemment, par dérogation, 60 hl/ha. Les chablis sont bien faits, techniquement irréprochables, mais souvent standard dans leur expression : celle d'un chardonnay légèrement parfumé, frais et honnêtement fruité. Des vins que l'on sent surtout vinifiés à la hâte pour répondre rapidement à la très forte demande des marchés. Les chablis 2006 sont riches en alcool, gras et avec peu acidité, et parfois franchement mollassons, à boire jeunes. En contraste, les 2007 possèdent de solides acidités. Des vins qui demandent du temps dans l'élevage et dans leur consommation. **Une sélection établie à moins de 9 €.**

Domaine Alain Gautheron - Vieilles Vignes 2006
Alain Gautheron.
18 rue des Prégirots, 89800 Fleys.

🍷 9,00 €
T 03 86 42 44 34
www.chablis-gautheron.com

Un tiers de cette sélection de chardonnay de cinquante-cinq ans est élevé en fûts, ce qui apporte une finesse vanillée et un soupçon de complexité à un jus généreux dans l'expression d'un fruit mûr. Un très bon compromis entre la finesse du chardonnay et la richesse de l'année. À boire sur trois à quatre ans. (8 000 bouteilles)

Caves Duplessis - 2006
Lilian Duplessis.
5 quai de Reugny, 89800 Chablis.

🍷 7,00 €
T 03 86 42 10 35
cavesduplessis@wanadoo.fr

Conjonction des notes minérales et végétales attendue dans un chablis pour un blanc avec du grain (pur cuve inox), plus persistant et équilibré que la moyenne des 2006. Un bon classique. (4 000 bouteilles)

Domaine Corinne et Jean-Pierre Grossot - Grossot 2005
Corinne et Jean-Pierre Grossot.
4 route de Mont-de-Milieu, 89800 Fleys.

🍷 8,80 €
T 03 86 42 44 64

Impeccable tenue pour un 2005, 100 % cuve, frais, net, toujours bien fait et doté d'un supplément de saveurs. Une adresse fidèle et régulière. À boire. (800 bouteilles)

Domaine de Chantemerle - 2006
Francis Boudin.
3 place des Cotâts, 89800 La Chapelle-Vaupelteigne.

🍷 7,00 €
T 03 86 42 18 95
www.chablis-boudin.com

On le retient pour sa bouche charnue, son équilibre entre la rondeur de la texture et l'expression de notes minérales mûres. À boire sans se presser. (60 000 bouteilles)

Domaine Les Temps Perdus - 2007
Clotilde Davenne.
3 rue de Chantemerle, 89800 Préhy.

🍷 9,00 €
T 03 86 41 46 05
clotildedavenne@free.fr

Il retient par un supplément de tenue et de saveurs minérales dans sa finale alors que son entrée de bouche se la joue discrète et coulante. Un vrai style. (6 000 bouteilles)

Domaine Nathalie et Gilles Fèvre - 2007
Nathalie et Gilles Fèvre.
Route de Chablis, 89800 Fontenay-près-Chablis.

🍷 8,00 €
T 03 86 18 94 47
www.nathalieetgillesfevre.com

Il capte par sa finesse aromatique, son grain en bouche serré, sa trame générale qui exprime fraîcheur et juste maturité. D'une parfaite digestibilité. À boire sur trois ans. (7 000 bouteilles)

14 /20 Domaine Vincent Dampt - 2007
Vincent Dampt.
19 rue de Champlain, 89800 Milly.

♀ 8,50 €
T 03 86 18 96 75
vincent.dampt@tele2.fr

Un format sec, ferme, marqué pas la bonne acidité du millésime, celle qui se marie si bien avec les huîtres et les fruits de mer. Vin carré et bien fait. (15 000 bouteilles)

13,5 /20 Domaine Garnier et Fils - 2007
Xavier et Jérôme Garnier.
Chemin de Méré, 89144 Ligny-le-Chatel.

♀ 9,00 €
T 03 86 47 42 12
www.chablis-garnier.com

Fin, délicat, de petite concentration en milieu de bouche, ce chardonnay se rattrape par ses saveurs fruitées qui tiennent dans une finale digeste. (24 000 bouteilles)

13 /20 Domaine Christophe et Fils - Vieilles Vignes 2006
Sébastien Christophe.
Ferme des carrières à Fyé, 89800 Chablis.

♀ 8,00 €
T 03 86 55 23 10
domaine.christophe@wanadoo.fr

Bien typé chardonnay, fin, droit et doté d'une solide acidité pour l'année. On l'attendra encore un an. (40 000 bouteilles)

13 /20 Domaine des Chaumes - 2006
Romain Poullet.
6 rue du Temple, 89800 Maligny.

♀ 7,50 €
T 03 88 98 21 83
domainedeschaumes@wanadoo.fr

Dans l'esprit de maturité du millésime, un chablis rond, souple, moderne dans son fruité direct, pas ennuyeux en bouche grâce à sa signature minérale. Facile et prêt à boire jeune. (2 000 bouteilles)

13 /20 Domaine Sylvain Mosnier - 2006
Sylvain Mosnier.
36 Route nationale, 89800 Beines.

♀ 8,50 €
T 03 86 42 43 96
sylvain.mosnier@libertysurf.fr

De la mâche, de la persistance mais également le « poids » d'un millésime riche. Servir bien frais sur des poissons cuisinés plus que sur des fruits de mer crus. (8 000 bouteilles)

12 /20 Domaine de Vauroux - 2006
Olivier Tricon.
Route d'Avallon, 89800 Chablis.

♀ 8,00 €
T 03 86 42 10 37
www.domaine-de-vauroux.com

Les notes grillées et vanillées du chardonnay sont au rendez-vous dans un vin franc et simple. À boire jeune. (20 000 bouteilles)

CHABLIS PREMIER CRU

Il se produit sur la commune de Chablis et celles de Beine, La Chapelle-Vaupelteigne, Chichée, Courgis, Fleys, Fontenay-Près-Chablis, Fyé,, Maligny, Milly, Poinchy. On démontre 40 climats classés en Premier cru, dont 17 principaux. Les producteurs ont le droit de remplacer le nom de certains Premiers crus par celui du cru voisin. Souvent les plus typés et les plus homogènes sont sur la rive droite du Serein : Montée de Tonnerre, Mont de Milieu, Fourchaume. Sur la rive gauche : Beauroy, Côte de Léchet, Vaillons, Montmains, Forêt, Butteaux. Les rendements sont les mêmes qu'en appellation Chablis. Normalement, les Premiers crus ont plus de complexité dans la maturité et l'expression minérale que les chablis et mettent davantage de temps à s'ouvrir (trois à dix ans). En réalité, ils sont aussi élaborés en vue d'une consommation rapide, et laissent trop peu exprimer leur terroir. Les prix sont encore très abordables comparés à ceux de la Côte de Beaune. Les 2005 sont délicieux dès aujourd'hui du fait de leur maturité et de leur fraîcheur conservées. Les 2006 sont plus tendres mais les meilleurs ont conservé de la tenue, à boire sur sept, dix ans. Quant aux 2007, ils feront de grandes bouteilles classiques de garde. À réserver. Les chablis nous ont encore donné la *preuve qu'ils sont les étalons de la minéralité pour tous les chardonnays du monde. **Une sélection établie à moins de 13 €.***

15,5 /20 **Domaine Corinne et Jean-Pierre Grossot - Les Fourneaux 2006**
Corinne et Jean-Pierre Grossot.
4 route de Mont-de-Milieu, 89800 Fleys.

🍷 12,60 €
T 03 86 42 44 64

La délicatesse du toucher de bouche se ressent à la première gorgée. On devine un soin dans le pressurage qui n'extrait aucun amer comme encore trop souvent dans le cru. La bouche est tendre, encore un peu lactée, franche et directe. On commence à le boire. (10 000 bouteilles)

15,5 /20 **Domaine de Chantemerle - L'Homme Mort 2006**
Francis Boudin.
3 place des Cotâts, 89800 La Chapelle-Vaupelteigne.

🍷 12,00 €
T 03 86 42 18 95
www.chablis-boudin.com

Ce chablis produit dans le secteur des Fourchaumes est rond, tendre, épicé, franc et pas écrasé par le bois (pur cuve). Il n'est pas d'un très grand volume de bouche cette année mais possède de la tenue. Il va se déployer encore sur la minéralité d'ici trois à quatre ans. (1 800 bouteilles)

15 /20 **Caves Duplessis - Montmains 2004**
Lilian Duplessis.
5 quai de Reugny, 89800 Chablis.

🍷 11,00 €
T 03 86 42 10 35
cavesduplessis@wanadoo.fr

Un concentré de notes citronnées, mûres et sucrées, qui évoquent le limoncello italien. La bouche est fine (c'est le cru), tramée fin, arrivée dans une phase de complexité idéale pour servir à table sur les crustacés. (2 000 bouteilles)

15 /20 **Domaine Corinne et Jean-Pierre Grossot - Côte de Troëmes 2006**
Corinne et Jean-Pierre Grossot.
4 route de Mont-de-Milieu, 89800 Fleys.

🍷 11,90 €
T 03 86 42 44 64

Des notes fumées de réduction au nez. Une bouche droite, ferme qui se prolonge avec une vraie identité minérale dans un secteur (Beauroy) dont les vins des autres caves manquent souvent. (1 000 bouteilles)

14,5 /20 **Domaine de Chantemerle - Fourchaume 2006**
Francis Boudin.
3 place des Cotâts, 89800 La Chapelle-Vaupelteigne.

🍷 10,00 €
T 03 86 42 18 95
www.chablis-boudin.com

Réputé pour son Homme Mort (voir supra), la famille Boudin produit également ce Fourchaume dans un style fin, moins dans la maturité et davantage sur la fraîcheur. Aujourd'hui, à boire jeune, c'est le plus appétant. Sur le temps, l'Homme Mort lui passera devant. (40 000 bouteilles)

14 /20 **Caves Jean et Sébastien Dauvissat - Vaillons 2005**
Sébastien Dauvissat.
3 rue de Chichée, 89800 Chablis.

🍷 12,00 €
T 03 86 42 14 62
jean.dauvissat@wanadoo.fr

Rond, souple, simple dans ses saveurs d'entrée de bouche, délicat dans la texture, il termine juste, avec une note minérale crayeuse comme on les aime dans un Premier cru. À boire maintenant. (7 000 bouteilles)

13,5 /20 **Domaine Alain Gautheron - Les Fourneaux 2006**
Alain Gautheron.
18 rue des Prégirots, 89800 Fleys.

🍷 11,00 €
T 03 86 42 44 34
www.chablis-gautheron.com

Sa texture est un peu détendue en entrée de bouche mais exprime la rondeur tendre de l'année. Il termine avec une finale franche et fruité. À boire jeune. (10 000 bouteilles)

13,5 /20 **Domaine Alain Geoffroy - Beauroy 2006**
Alain Geoffroy.
4 rue de l'Equerre, 89800 Beines.

11,20 €
T 03 86 42 43 76
www.chablis-geoffroy.com

On retrouve tout la souplesse et les belles rondeurs naturelles et du millésime et du cru. Typique du style rond et douceureux de ce domaine. Il est prêt à boire. (15 000 bouteilles)

13,5 /20 **Domaine George - Beauregards 2006**
Michel George.
10 rue du Four Banal, 89800 Courgis.

10,00 €
T 03 86 41 40 06
www.domaine-george.com

C'est le troisième millésime mis en bouteille par ses anciens coopérateurs de Courgis. Le vin n'est pas hyper concentré mais son style fin, savoureux, reste clair et très agréable aujourd'hui. À boire. (1 770 bouteilles)

13 /20 **Domaine Daniel Dampt et Jean Defaix - Côte de Léchet 2006**
Daniel Dampt, Jean Defaix.
1 rue des Violettes, 89800 Milly.

12,00 €
T 03 86 42 47 23
www.dampt-defaix.com

Toute la richesse et l'ampleur de l'année pour un chablis, un peu « too much » mais qui tiendra son rôle à table sur les plats crémeux et automnaux. À boire. (13 000 bouteilles)

13 /20 **Domaine de la Motte - Vau Ligneau 2006**
Bernard Michaut.
35 Grande-Rue, 89800 Beines.

11,50 €
T 03 86 42 43 71
www.chablis-michaut.com

On le retient pour sa franchise florale au nez et son supplément de grain, la bonne restitution des notes crayeuses en finale. (30 000 bouteilles)

13 /20 **Domaine Jean Collet et Fils - Montmains 2006**
Gilles Collet.
15 avenue de la Liberté, 89800 Chablis.

12,00 €
T 03 86 42 11 93
www.domaine.collet.fr

Un domaine réputé pour la richesse de ses chablis servie ici par un millésime de maturité. Résultat, le plus puissant des Montmains de la dégustation, doté d'une chair qui en impose dans sa finale épicée. Le vaillons (13/20, 12 €, 30 000 bouteilles) s'exprime également dans l'opulence qui séduira les amateurs de chardonnay plus sudiste. (25 000 bouteilles)

13 /20 **Domaine Millet - Vaucoupin 2007**
Baudoin Millet.
Ferme de Marcault, 89700 Tonnerre.

11,00 €
T 03 86 75 92 56
www.chablis.millet.com

Il charme dès aujourd'hui par son fruité doux, sa maturité, qui s'exprime dans un jus fin, coulant et facile. Tendre pour un 2007. (6 000 bouteilles)

12,5 /20 **Domaine Christophe et Fils - Montée de Tonnerre 2006**
Sébastien Christophe.
Ferme des carrières à Fyé, 89800 Chablis.

12,00 €
T 03 86 55 23 10
domaine.christophe@wanadoo.fr

Il offre de la matière sans apporter de profondeur minérale. Il est plaisant dès aujourd'hui dans l'expression de la maturité simple du chardonnay. Finale épicée et digeste. (2 500 bouteilles)

12,5 /20 **Domaine Oudin - Vaucoupin 2006**
Jean-Claude Oudin.
5 rue du Pont, 89800 Chichée.

12,40 €
T 03 86 42 44 24
domaine.oudin@wanadoo.fr

Profil effilé, fin en texture, dans l'esprit du cru avec toutefois un peu de dilution des saveurs. La finale est franche, il tient en bouche. À boire sur cinq à six ans. (3 600 bouteilles)

12
/20

Domaine Vrignaud - Mont de Milieu 2006
Guillaume Vrignaud.
10 rue de Beauvoir, 89800 Fontenay- près-Chablis.

🍷 12,00 €
T 03 86 42 15 69
guillaume.vrignaud@wanadoo.fr

Arômes de citron et tilleul, bouche fine, mûre, coulante, peu complexe, déjà séduisante dans l'expression de la maturité du chardonnay. (2 200 bouteilles)

CHASSAGNE-MONTRACHET

Chassagne-Montrachet prolonge le vignoble de Puligny-Montrachet vers le sud, à cheval sur la Côte-d'Or et la Saône-et-Loire. L'appellation possède de grands terroirs qui se distinguent dans les blancs recherchés (aucun vin de cette couleur présent dans notre dégustation à moins de 17 €) et des rouges puissants et frais, encore méconnus. C'est dans ce vivier que l'on fait de bonnes affaires, surtout dans le splendide millésime 2005. Une sélection établie à moins de 15 €.

15,5
/20

Domaine Bruno Colin - Vieilles Vignes 2006
Bruno Colin.
3 impasse des Crêts, 21190 Chassagne-Montrachet.

🍷 13,00 €
T 03 80 21 93 79
domainebrunocolin@wanadoo.fr

On aime les chassagnes rouges pour cette alchimie entre la fermeté, qui peut aller jusqu'à la rusticité, et le finesse qui s'exprime dans une persistance fraîche du fruité en bouche. Tout est en place ici, dans une cuvée qui possède un supplément de fermeté dans sa finale mûre. Il le fera bien évoluer jusqu'en 2014. (7 500 bouteilles)

15
/20

Domaine Marc Colin et Fils - Vieilles Vignes 2006
Marc, Damien, Joseph et Caroline Colin.
Gamay, 21190 Saint-Aubin.

🍷 14,00 €
T 03 80 21 30 43
domaine-colinmarc@club-internet.fr

On chasse ici dans catégorie des vrais bourgognes de terroir, avec un supplément de complexité. Ce chassagne vous laisse en mémoire une impression d'équilibre fin et frais dans une bouche structurée. Il est déjà appréciable. (7 200 bouteilles)

CHOREY-LÈS-BEAUNE

Aux abords de Beaune, ces vignes de plaine donnent essentiellement des rouges charnus et fruités, d'un style proche des savignys. Beaucoup de vignerons compensent le manque de notoriété de leur appellation par des efforts soutenus dans l'élaboration de leurs vins. Une sélection établie à moins de 13 €.

14
/20

Domaine Arnoux Père et Fils - 2005
Pascal Arnoux.
21200 Chorey-lès-Beaune.

🍷 12,00 €
T 03 80 22 57 98
arnoux.pereetfils@wanadoo.fr

Aromatiquement, il fait ressortir le côté acidulé des 2005, conjonction des hauts niveaux d'alcool et d'acidité du millésime. Sa bouche est riche, puissante, terrienne et encore très fruits rouges acidulés dans sa finale. À boire sans urgence sur trois à quatre ans. (10 000 bouteilles)

CÔTE DE BEAUNE

ne pas confondre avec Côte de Beaune-Villages, Côte de Beaune est produit sur la commune de Beaune (ils sont d'ailleurs proches des vins de cette AOC, avec un style un peu plus ferme), sur les hauts de la montagne de Beaune, sur le balcon et juste au-dessus des Premiers crus. À 300 mètres d'altitude, où sont cultivés une vingtaine d'hectares de pinot noir (rouge) et une douzaine des chardonnays (blancs). Une sélection établie à moins de 12 €.

14,5 /20 | **Domaine Chantal Lescure - Le Clos des Topes Bizot 2006**
Aymeric Machard de Gramont.
34 A rue Thurot, 21700 Nuits-Saint-Georges. | 11,50 €
T 03 80 61 16 79
www.domaine-lescure.com

Un régulier et très bon pinot primé dans ce guide depuis plusieurs éditions. On reconnaît sa texture veloutée, portée en bouche cette année par un grain frais apporté par un apport partiel (un quart) de vendange entières. Un classique des bonnes affaires de Bourgogne qui ne déçoit pas. Labélisé bio, certifié Qualité France. (15 000 bouteilles)

CÔTE DE BEAUNE-VILLAGES

Sans délimitation précise, c'est une appellation de repli pour les vins rouges d'appellation communale de douze communes de la Côte-d'Or et deux de Saône-et-Loire. Une appellation fourre-tout qu'il ne faut pas négliger car elle permet à quelques maisons d'élaborer de beaux assemblages. Une sélection établie à moins de 14 €.

15,5 /20 | **Champy - 2006**
Pierre Meurgey et Pierre Beuchet.
5 rue du Grenier-à-Sel, 21202 Beaune. | 13,30 €
T 03 80 25 09 99
www.champy.com

Suave, vanillé, il offre une belle prise de bois (20 % de fûts neufs) sans lourdeur ni rusticité au service d'un jus velouté, gourmand et « juteux » qui illustre bien l'esprit des vins beaunois. À boire sur cinq ans. (9 000 bouteilles)

CÔTE DE NUITS-VILLAGES

Appellation assez méconnue, pourtant dotée de bons terroirs, entre autres sur les communes de Prémeaux, de Prissey et de Comblanchien. Une sélection établie à moins de 13 €.

16 /20 | **Domaine Jean Petitot & Fils - Les Vignottes 2005**
Hervé et Nathalie Petitot.
26 Place de la mairie, 21700 Corgoloin. | 12,00 €
T 03 80 62 98 21
www.domainepetitot.com

Un très beau pinot franc, en chair, terrien et gourmand. Au delà du charme de son volume suave, il reste frais, tendu par des tanins de bonne garde. À boire ou à garder sur trois à quatre ans, du bonheur assuré. La cuvée Les Monts de Boncourt 2005 (13,5/20, 9,50 €, 9 000 bouteilles) est plus en finesse mais toujours avec une trame serrée très personnelle. (3 200 bouteilles)

13 /20 | **Domaine Chevalier Père et Fils - 2005**
Claude Chevalier.
Buisson, 21550 Ladoix-Serrigny. | 13,00 €
T 03 80 26 46 30
www.domaine-chevalier.com

On retrouve l'expression de haute maturité du millésime dans une bouche en volume, aux saveurs confites et épicées par le bois. Charmeur, il se boit déjà avec plaisir. (6 000 bouteilles)

CRÉMANT DE BOURGOGNE

La qualité est assez homogène bien que légèrement inférieure à celle des crémants d'Alsace. Les meilleurs se rencontrent soit dans l'Yonne, soit en Côte chalonnaise qui perpétue une longue tradition de champagnisation. Les vins sont généralement issus de l'assemblage de pinot noir, chardonnay et aligoté. Une sélection établie à moins de 8.50 €.

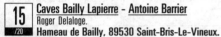

 15,5 /20 **Caves Bailly Lapierre - Exception Nature**
Roger Delaloge.
Hameau de Bailly, 89530 Saint-Bris-Le-Vineux.

🍷 8,50 €
T 03 86 53 77 77
www.bailly-lapierre.fr

Sélection de raisins issus de l'agriculture biologique. Vin de réserve pour un crémant de repas, dont la chair savoureuse, la rondeur et la souplesse de bulles s'adapteront aux poissons et aux viandes blanches. Un travail soigné. (40 000 bouteilles)

 15,5 /20 **Maison Louis Picamelot - Brut**
Philippe Chautard.
12 place de la Croix blanche, 71150 Rully.

🍷 6,50 €
T 03 85 87 13 60
www.louispicamelot.com

Avec une majorité de pinot noir, c'est un crémant à la bulle fine, aux notes grillées de gratin de fruits dont le bon volume de bouche ne freine pas l'élégance finale. Révèle un vrai sens de l'élaboration. (80 000 bouteilles)

 15 /20 **Caves Bailly Lapierre - Antoine Barrier**
Roger Delaloge.
Hameau de Bailly, 89530 Saint-Bris-Le-Vineux.

🍷 5,00 €
T 03 86 53 77 77
www.bailly-lapierre.fr

C'est un crémant expressif, au notes de fleur de vigne, mordant en attaque en bouche avec une touche iodée, un petit goût de coquille d'huître en finale. Typé chablisien, de la personnalité, de la longueur sans dureté. (400 000 bouteilles)

 15 /20 **Caves Bailly Lapierre - Pur Chardonnay 2005**
Roger Delaloge.
Hameau de Bailly, 89530 Saint-Bris-Le-Vineux.

🍷 8,00 €
T 03 86 53 77 77
www.bailly-lapierre.fr

On retient sa complexité aromatique dominée par les nuances miellées et grillées du chardonnay. La bouche est claire, bien équilibrée, un rien trop trop dosée à notre goût mais la facture d'ensemble est de très bonne qualité. Excellent effervescent d'apéritif et de repas aux fruits de mer. (150 000 bouteilles)

 15 /20 **Caves Bailly Lapierre - Blanc de Blancs**
Roger Delaloge.
Hameau de Bailly, 89530 Saint-Bris-Le-Vineux.

🍷 7,50 €
T 03 86 53 77 77
www.bailly-lapierre.fr

Que de progrès parcourus par cette cave de l'Yonne dans l'élaboration de crémants qui, rappelons-le, demande des investissements techniques que n'ont pas toujours les vignerons indépendants. Les amateurs de chardonnay seront conquis par ce blanc de Blancs complet, qui offre du terroir par sa persistance en bouche, et le côté fin et pointu d'un chardonnay citronné et désaltérant. Parfait pour les grandes réceptions de type mariage ou communion. Pour le même usage mais dans un style plus ample et vineux, plus adapté à table, le blanc de Noirs Brut (14/20, 7,50 €, 500 000 bouteilles) est tout aussi recommandable. (100 000 bouteilles)

15 /20 **Domaine de l'Abbaye du Petit Quincy**
Dominique Gruhier.
Rue du Clos de Quincy, 89700 Epineuil.

🍷 6,90 €
T 03 86 55 32 51
www.bourgognevin.com

Nez fin, citronné, bulles fines qui s'expriment dans une bouche plus délicate que la moyenne des crémants de l'Yonne. Cet assemblage pinot et chardonnay est précis, franc et frais, et reste fin de bout en bout. (15 000 bouteilles)

 15 /20 **Domaine Vitteau-Alberti - Blanc de Blancs Brut**
Gérard Vitteau.
20 rue du Pont-d'Arrot, 71150 Rully.

🍷 7,30 €
T 03 85 87 23 97
www.vitteau-alberti.fr

Sur une base de 2005, cet assemblage à 80 % de chardonnay est un effervescent riche, mûr, légèrement suave, qui réconcilie maturité et fraîcheur. (40 000 bouteilles)

14,5 Caves Bailly Lapierre - Réserve Brut
/20 Roger Delaloge.
Hameau de Bailly, 89530 Saint-Bris-Le-Vineux.

🍷 6,90 €
T 03 86 53 77 77
www.bailly-lapierre.fr

La cave de Saint-Bris le Vineux est désormais un grand producteur de crémant bourguignon de qualité. La gamme s'étoffe avec ce crémant au style varié. Celui-ci, assemblage d'aligoté, de gamay, de pinot noir et de chardonnay, est vif, citronné, désaltérant, idéal pour les apéritifs dînatoires. (400 000 bouteilles)

14,5 Caves Bailly Lapierre - Expert Club
/20 Roger Delaloge.
Hameau de Bailly, 89530 Saint-Bris-Le-Vineux.

🍷 5,00 €
T 03 86 53 77 77
www.bailly-lapierre.fr

Un assemblage de chardonnay de plusieurs millésimes donne un effervescent à la bulle plus fine que la moyenne qui exprime justement le côté crémeux du crémant porté par un fruité savoureux. (200 000 bouteilles)

14 Domaine Les Temps Perdus
/20 Clotilde Davenne.
3 rue de Chantemerle, 89800 Préhy.

🍷 8,00 €
T 03 86 41 46 05
clotildedavenne@free.fr

Clothilde Davenne associe ici deux cépages, chardonnay (1/3) et pinot noir, et deux terroirs, l'un près de Chablis, l'autre du côté d'Epineuil, plus au nord vers la Champagne. Le résultat est un crémant mûr, miel frais et acacia dans ses arômes dotés d'un fruité généreux en bouche. De la personnalité comme sa vinificatrice. (17 000 bouteilles)

14 Domaine Vitteaut-Alberti - Brut
/20 Gérard Vitteaut.
20 rue du Pont-d'Arrot, 71150 Rully.

🍷 6,70 €
T 03 85 87 23 97
www.vitteaut-alberti.fr

On trouve ici du pinot noir, du chardonnay et de l'aligoté, trois cépages dans un crémant entier, charnu, puissant (base 2005), au goût de raisin rouge dominant. Adapté à la table et aux apéritifs dînatoires. (100 000 bouteilles)

14 Maison Louis Picamelot - Blanc de Blancs Jeanne Thomas
/20 Philippe Chautard.
12 place de la Croix blanche, 71150 Rully.

🍷 8,50 €
T 03 85 87 13 60
www.louispicamelot.com

Un chardonnay (93 %) aux notes fraîches et acidulées, très franc et bien sec en bouche. L'apéritif parfait qui laisse une bouche légère. (16 000 bouteilles)

13 Domaine Gouffier
/20 Jérôme Gouffier.
11 Grande-Rue, 71150 Fontaines.

🍷 7,50 €
T 03 85 91 49 66
www.domainegouffier.com

De la personnalité, dans un style mûr, charnu, avec une finale douce. Un bulle consensuelle, grand public. Pour l'apéritifs et les desserts. (5 000 bouteilles)

13 Domaine Sylvain Bouhelier - Tradition
/20 Sylvain Bouhelier.
Place de l'église Saint-Martin, 21400 Chaumont-le-Bois.

🍷 6,60 €
T 03 80 81 95 97
www.bouhelier-vigneron.com

Cet assemblage de pinot noir (60 %) et de chardonnay (40 %) vieilli dix-huit mois sur lattes, livre un effervecent entier, solide et sincère qui sera à l'aise à table. (10 000 bouteilles)

13 **Domaine Verret** 　 7,50 €
Bruno Verret. T 03 86 53 31 81
/20 7 route de Champs, 89530 Saint-Bris-le-Vineux. domaineverret.com

Un assemblage de pinot noir, chardonnay, aligoté et sacy, élevé cinq ans sur lattes. Il a conservé une bulle intense, une excellente fraîcheur, plus acidulé que fruité, ce qui le rend particulièrement désaltérant. Pour l'apéritif. (5 000 bouteilles)

12,5 **Domaine Jean Girard - Chardonnay** 　 7,20 €
Jean Girard. T 03 80 93 76 47
/20 33 rue Tanneguy d'Harcourt, 21570 Belan. jean.girard929@orange.fr

Fruité, à l'effervescente légèrement sucrée, simple en saveur, franc de goût, sa finale nette « dessoife. » Pour les banquets apéritifs. (5 300 bouteilles)

12,5 **Simonnet-Febvre** 　 7,95 €
Louis Latour. T 03 86 98 99 00
/20 30 route de Saint-Bris, 89530 Chitry. www.simonnet-febvre.fr

La bulle est un peu grosse, la matière bien présente en bouche, on y décèle comme un élevage partiel sous bois par des notes grillées qui lui donnent de l'appétence. (25 000 bouteilles)

GEVREY-CHAMBERTIN

*Terre de grands crus, Gevrey-Chambertin impose à sa production Villages des prix toujours très élevés pour une qualité variable. Solides et puissants, ses pinots vieillissent fort bien. **Une sélection établie à moins de 14 €.***

14 **Domaine Rémi Jeanniard - Vieilles Vignes 2006** 　 14,00 €
Rémi Jeanniard. T 03 80 58 52 42
/20 20 place du Monument, 21220 Morey Saint-Denis. remijeanniard@orange.fr

La macération préfermentaire, ses arômes dominants de cassis et de mûres lui donnent un côté gourmand moderne. La bouche est moins stéréotypée, plus Gevrey, serrée, encore ferme, tenue pour évoluer sagement sur cinq à sept ans. (1 400 bouteilles)

GIVRY PREMIER CRU

*Le vin bourguignon préféré d'Henri IV, comme le rabattent les plaquettes publicitaires, n'est pas dans une grande forme. Beaucoup de vins rigides et souvent secs en tanins, et seulement une poignée de vignerons leaders. Sur les 219 hectares de rouge, 98 sont en Premier cru et 11 sur les 44 hectares de blancs. Cette appellation comporte 28 climats classés en Premier cru. Leur style est souvent plus aromatique et mûr qu'en simples Villages. **Une sélection établie à moins de 14 €.***

16,5 **Domaine Vincent Lumpp - Clos Jus 2006**  　 13,00 €
Baptiste Lumpp. T 03 85 44 52 00
/20 45 rue de Jambles, 71640 Givry. www.domaine-lumpp.fr

Voilà une superbe bouteille de fondu et de richesse associés à un boisé maîtrisé. Un vrai Premier cru, un terroir bien valorisé avec une vinification traditionnelle. Neveu de l'un des vinificateurs les plus reconnus de la Côte chalonnaise, son domaine ne cesse de progresser dans le respect du terroir plus que dans un style. (3 000 bouteilles)

15 **Cave des Vignerons de Buxy - Clos Marceaux 2005** 　 9,50 €
Rémy Marlin. T 03 85 92 03 03
/20 Les Vignes de la Croix, 71390 Buxy. accueil@vigneronsdebuxy.fr

Vin d'une finesse rare tout en étant typé et sans dilution : une vraie découverte. Un Premier cru classique du millésime dans une cuvée à l'excellent rapport qualité/prix. (20 000 bouteilles)

15 **Domaine Didier Erker - Les Bois Chevaux 2006**
/20 Didier Erker.
7 bis boulevard Saint-Martin, 71640 Givry.

11,00 €
T 03 85 44 39 62
www.givry.net

Un fruit plein et vivant. Croquant et juteux, peut-être pour vous le givry-villages du bonheur !
(5 000 bouteilles)

14 **Domaine Mouton - Les Grand Prétans 2006**
/20 Laurent Mouton.
6 rue de l'Orcène, Poncey, 71640 Givry.

13,50 €
T 03 85 44 37 99
domaine-mouton@vin-givry.com

Fin, salin en bouche, il respire la terre chaude et ocre. Bien balancé par un élevage en fûts. C'est
un Premier à suivre. (1 500 bouteilles)

14 **Domaine Ragot - La Grande Berge 2006**
/20 Nicolas Ragot.
4 rue de l'Ecole, 71640 Givry.

12,50 €
T 03 85 44 35 67
www.domaine-ragot.com

Elégance du boisé, finesse du tanin et ampleur d'une vinification où le fût est habilement équilibré.
Il mérite d'être attendu encore un an pour s'épanouir. (8 500 bouteilles)

13 **Domaine Didier Erker - Les Grands Prétans 2006**
/20 Didier Erker.
7 bis boulevard Saint-Martin, 71640 Givry.

10,00 €
T 03 85 44 39 62
www.givry.net

Un nez puissant et à l'alcool ferme. Peu de finesse pour un givry Premier cru, mais constitué
pour la garde. (5 000 bouteilles)

IRANCY

*On est ici dans l'Yonne (patrie du Chablis), à la limite nord de la maturité des raisins rouges. Hormis
quelques cuvées du secteur du village d'Irancy, les rouges de la région manquent souvent de robe et
de corps. Ce village a d'ailleurs décroché récemment l'appellation communale, accomplissement
suprême dans l'univers de l'AOC. Les prix sont assez élevés, emportés par l'enthousiasme d'un public
francilien voisin.* **Une sélection établie à moins de 9 €.**

15 **Domaine Renaud - 2006**
/20 David Renaud.
11 chemin des Fossés, 89290 Irancy.

7,80 €
T 03 86 42 27 39
renaud.irancy@orange.fr

Nous avons été un peu à la peine dans notre dégustation d'Irancy 2006. Cet assemblage de pinot
noir et de césar est arrivée à point nommée : charnu, tenant en bouche, plus savoureux que la
moyenne, son fruité est précis bien qu'il « animalise » légèrement. Ne boudons pas notre plaisir,
la bouteille se boit bien. Le domaine a été repris par David Renaud en 2005. (25 000 bouteilles)

13 **Domaine Saint Prix - 2006**
/20 Jean-Louis et Jean-François Bersan.
20 rue du Docteur Tardieux, 89530 Saint-Bris.

8,00 €
T 03 86 53 33 73
bourgognes-bersan@wanadoo.fr

Une robe qui se tient, des arômes de cerises compotés et une pointe d'animalité. En bouche, il
est structuré mais pas d'une grande complexité, tenant sur le fruité du pinot et sur une pointe
de boisée. (12 000 bouteilles)

12,5 **Caves Bienvenu - 2006**
/20 Serge Bienvenu.
Rue Soufflot, 89290 Irancy.

9,00 €
T 03 86 42 22 51

Robe claire, nez finement sucré, bouche coulante, digeste, garnie de tanins fins. Ce pinot est
certes un peu dilué mais se boit sans mal. Servir assez frais et jeune. (50 000 bouteilles)

12
/20

Caves Bailly Lapierre - 2006
Roger Delaloge.
Hameau de Bailly, 89530 Saint-Bris-Le-Vineux.

🍷 8,00 €
T 03 86 53 77 77
www.bailly-lapierre.fr

On retrouve la patte Bailly-Lapierre dans un rouge bien calibré, ferme et net. Mais nous sommes à Irancy et il nous est en droit d'attendre un peu plus de saveur, de profondeur de la part d'un raisin de ce cru. À boire sur deux ans. (70 000 bouteilles)

MÂCON

Si la majorité des mâcons (le Mâconnais est le premier producteur de blancs de Bourgogne) sont aux vins blancs ce que les beaujolais sont aux rouges – des vins frais, souples, fruités, destinés à une consommation rapide – on déniche aussi des vins plus typés par leur terroir, comme seule la Bourgogne sait en offrir. Côté rouge, issus souvent de gamay, ils sont d'une qualité assez faible, avec des vins dilués. Le niveau de la dégustation des 2006 et 2007 remonte celui de nos dégustation passées, mais il reste du chemin à parcourir. Une sélection établie à moins de 7 €.

 14,5
/20

Domaine Fichet - Igé Château London 2006
Pierre-Yves et Oliver Fichet.
Le Martoret, 71960 Igé.

🍷 7,00 €
T 03 85 33 30 46
www.domaine-fichet.com

Un cuvée qui n'a rien de confidentiel et qui sort tous les ans à l'aveugle dans nos sélections. Ce n'est pas de la chance, c'est le résultat du travail de qualité des frères Fichet qui livrent ici un chardonnay gras, dense, qui tient par son élevage sur lies sans avoir perdu de fraîcheur en finale. Il est déjà bon. (40 000 bouteilles)

 14
/20

Domaine Corinne et Thierry Drouin - Vergisson Les Bruyères 2006
Thierry et Corinne Drouin.
Le Grand Pré, 71960 Vergisson.

🍷 6,00 €
T 03 85 35 84 36
www.domaine.drouin.com

Du fruit, de la tenue, charnue, fait avec soin, voilà un mâcon rouge (gamay) dont la matière généreuse emporte tous les suffrages. Il se boit avec gourmandise. (2 500 bouteilles)

 13
/20

Domaine de la Pierre des Dames -
Villages Serrières Le Bois Saint 2006
Jean-Michel Aubinel.
Mouhy, 71960 Prissé.

🍷 6,10 €
T 03 85 20 21 43
jm.aubinel@wanadoo.fr

Le nez se distingue par des notes acidulées, vanillées et grillées de l'élevage. Elles prennent le pas sur le fruit du gamay tout en donnant du volume à une bouche suave. La fraîcheur de température de service lui redonnera de la tonicité. (3 900 bouteilles)

MÂCON-VILLAGES

Uniquement les vins blancs (chardonnay) issus de 26 communes (récoltés sur 1 800 hectares) ont droit de porter la mention « Villages » avec ou non leur nom : Azé, Bray, Burgy, Bussières, Chaintré, Chardonnay, Charnay-lès-Mâcon, Cruzille, Davayé, Fuissé, Igé, Loché, Lugny, Mancey, Milly-Lamartine, Montbellet, Péronne, Pierreclos, Prissé, La Roche-Vineuse, Saint-Gengoux-le-National, Solutré-Pouilly, Uchizy, Vergisson, Verzé et Vinzelles. Rondeur et suavité les caractérisent, comparés aux simples mâcons. Le niveau des 2005 est remarquable. Une sélection établie à moins de 7 €.

15 /20 **Clos Gaillard - Solutré-Pouilly 2007**
Gérard Favre.
71960 Solutré-Pouilly.

🍷 **6,50 €**
T 06 16 46 31 08
gerardfavre@orange.fr

Une bouche charnue, mûre, vanillée et acidulée, nourrie par un élevage sur lies de qualité. Il offre le côté charnu des chardonnays du Mâconnais et un grain frais qui le fera bien évoluer sur trois ans. (5 000 bouteilles)

14,5 /20 **Domaine Fichet - La Crepillionne 2007**
Pierre-Yves et Oliver Fichet.
Le Martoret, 71960 Igé.

🍷 **5,50 €**
T 03 85 33 30 46
www.domaine-fichet.com

Toujours d'un remarquable rapport qualité/prix ce chardonnay rond, travaillé, doux et souple reprend de la tension dans une finale fraîche sans note végétale. Un classique de l'équilibre en Mâconnais. (25 000 bouteilles)

14,5 /20 **Domaine Gaillard - 2007**
Roger et Véronique Gaillard.
Les Plantés, 71960 Davayé.

🍷 **5,30 €**
T 03 85 35 83 31
domaine.gaillard@orange.fr

Il se distingue du lot des mâcons blancs 2007 par un supplément de maturité, donc de saveurs, qui en fait un chardonnay charmeur et de fière longueur. À boire et à garder deux à trois ans. (2 700 bouteilles)

14 /20 **Domaine Catherine et Didier Tripoz - Prestige des Tournons 2006**
Didier Tripoz.
450 Chemin des Tournons, 71850 Charnay-les-Mâcon.

🍷 **6,80 €**
T 03 85 34 14 52
didier.tripoz@wanadoo.fr

De la chair, du crémeux en entrée de bouche, il se poursuit avec une fine minéralité et une finale franche et peu complexe. Saluons une vinification de qualité. (5 000 bouteilles)

13,5 /20 **Domaine Catherine et Didier Tripoz - 2007**
Didier Tripoz.
450 Chemin des Tournons, 71850 Charnay-les-Mâcon.

🍷 **6,00 €**
T 03 85 34 14 52
didier.tripoz@wanadoo.fr

Il a de la présence, une maturité qui le distingue en dégustation à l'aveugle, mais il termine un peu lâche et pommadé en final. Il manque un rien de naturel. (35 000 bouteilles)

13 /20 **Domaine Corsin - 2007**
Famille Corsin.
Les Plantes, 71960 Davayé.

🍷 **6,65 €**
T 03 85 35 83 69
jjcorsin@domaine-corsin.com

Net carré, bien fait, dans l'expression digeste et vive de l'année. La finale est un peu dure du fait d'un sulfitage généreux. (10 800 bouteilles)

13 /20 **Domaine des Membrets - Vergisson 2007**
Denis Barraud.
Les Membrets, 71960 Vergisson.

🍷 **6,50 €**
T 06 03 65 77 62
barraud-denis@orange.fr

Il était encore marqué par des goûts de lies, de réduction. Il possède de la densité, un style ferme, droit, étiré, qui va joliment veillir sur quatre, cinq ans. (2 200 bouteilles)

MARANGES

Les amateurs rusés de Bourgogne se replient aujourd'hui judicieusement sur les petits crus « péri-phériques » de la Côte-d'Or, dont la jeune appellation Maranges (230 hectares de vignoble, AOC depuis 1989), située sur trois communes (Cheilly, Sampigny et Dezize), aux portes méridionales de la Côte de Beaune. On y compte une poignée de bonnes caves qui travaillent, de mieux en mieux, *des rouges solides et commencent à s'imposer avec des blancs à la texture rustique. **Une sélection établie à moins de 12 €.***

 15 /20 | **Domaine Lucien Muzard et Fils - 2006**
Claude et Hervé Muzard.
11 bis rue de la Cour-Verreuil, 21590 Santenay. | 🍷 **11,90 €**
T 03 80 20 61 85
www.domainemuzard.com

Une remarquable maturité dans ce maranges velouté, qui tient en bouche en offrant un supplément de saveurs. Un style plutôt macho et charnu pour cuisine roborative. (3 200 bouteilles)

 14 /20 | **Château de la Crée - En Goty 2006**
M. Ryhiner.
11 rue Gaudin, 21590 Santenay. | 🍷 **12,00 €**
T 03 80 20 63 36
www.la-cree.com

De la chair, de la maturité, le tout enrobé par un élevage en fût dominateur bien maîtrisé ; voilà un Maranges qui fait l'objet de beaucoup de soin. À boire dans sa générosité du moment. 2004 (13/20, 11 , 2 200 bouteilles), le premier millésime de la reprise de ce domaine tient encore bien la dégustation, dans un style frais, ferme, tramée par des tanins sans dureté. Il se destine à la cuisine automnale ou hivernale. (1 800 bouteilles)

 14 /20 | **Domaine Demangeot - 2006**
Maryline et Jean-Luc Demangeot.
Rue de Santenay, 21340 Change. | 🍷 **12,00 €**
T 03 85 91 11 10
www.demangeot.fr

Un joli pinot, friand, tendre, d'une chair satisfaisante en bouche (un tiers de fût neuf lui donne du volume sans l'assécher), de longueur moyenne, bien équilibré. Il termine juste et se boira facilement, sur quatre, cinq ans. (3 300 bouteilles)

MARANGES PREMIER CRU

*Sur une production de rouges de 157 hectares, presque la moitié est en Premier cru, avec des climats (lieux-dits). L'appellation comporte 7 climats classés en Premier cru, dont les réputés Fussière et le Clos Rousseot. Les 2005 sont très tanniques, donc à attendre. **Une sélection à moins de 13 €.***

 15,5 /20 | **Domaine Maurice Charleux - Le Clos des Rois 2006**
Vincent Charleux.
1 Petite Rue, 71150 Dezize-les-Maranges. | 🍷 **10,00 €**
T 03 85 91 15 15
domaine.charleux@wanadoo.fr

Solide, entier, tout en exprimant sans lourdeur une excellente maturité des raisins, il offre l'avantage d'être immédiatement appréciable et de tenir sans peine cinq ans de garde. Un des meilleurs vins du cru à un prix juste. (1 800 bouteilles)

15 /20 | **Domaine Maurice Charleux - Les Clos Roussots 2006**
Vincent Charleux.
1 Petite Rue, 71150 Dezize-les-Maranges. | 🍷 **10,00 €**
T 03 85 91 15 15
domaine.charleux@wanadoo.fr

Comparé au Clos des Rois (voir supra) ce Clos Roussots est plus souple, plus ouvert, plus fin aussi dans ses tanins (seulement un quart de fûts neufs), tout en partageant un même souci de maturité et de densité. À boire plus jeune. (4 500 bouteilles)

 14 /20 | **Domaine Bernard Regnaudot - Clos des Loyères 2006**
Bernard Regnaudot.
Route de Nolay, 71150 Dezize-les-Maranges. | 🍷 **10,00 €**
T 03 85 91 14 90
bernard.regnaudot@orange.fr

Les Loyères est un cru minéral, qui donne des vins plus fermes qu'enveloppés. Celui-ci est extrait en élégance et douceur. Sa fin de bouche est tendre, on commencera à le boire. (1 500 bouteilles)

14 **/20** **Maison Antonin Rodet - Clos Roussot Château de Mercey 2006**
Xavier Dufouleur (président).
Grande Rue, 71640 Mercurey.

🍷 **12,80 €**
T 03 85 98 12 12
www.rodet.com

On retrouve bien les caractéristiques fermes, la solidité en tanins des maranges avec une bouche de bonne tenue portée par un boisé (30 % de fût neufs) appelée à se polir d'ici deux, trois ans. Un bon classique. (13 500 bouteilles)

MARSANNAY

*Ancien vignoble de la côte de Dijon, le vignoble de Marsannay a longtemps alimenté en petits vins de consommation courante la capitale bourguignonne. Dans les années 30, lors de la grande vague de reconnaissance des appellations d'origine contrôlée, Marsannay fut mis à l'écart. Progressivement, les vignerons ont replanté les coteaux en pinot et chardonnay, et c'est très justement que l'AOC (tricolore) leur fut accordée en 1987. De son passé de vin de soif, Marsannay a conservé une particularité : l'élaboration d'un rosé de pinot noir, rose pâle orangé, vineux et tendre. Le niveau actuel de l'appellation est excellent et encore abordable. **Une sélection établie à moins de 12 €.***

14,5 **/20** **Domaine Ballorin et Fils - Les Echezots 2006**
Gilles Ballorin.
5 rue d'Ahuy, 21120 Hauteville-lès-Dijon.

🍷 **12,00 €**
T 03 80 45 48 05
domaineballorinetf@free.fr

Une texture fraîche, vivante et entière, tenue par une finale ferme et structurante qui le décale parmi les 2006. Le boisé (20 % de fûts neufs) se fond déjà. À mettre de côté encore un an, ce sera une bouteille remarquable à partir de l'hiver 2009. Labélisé bio, certifié Ecocert. (2 600 bouteilles)

14 **/20** **Closerie des Alisiers - Stéphane Brocard - Vieilles Vignes 2006**
Stéphane Brocard.
60B. avenue du 14 Juillet, 21300 Chenove.

🍷 **12,00 €**
T 03 80 52 07 71
s.brocard@orange.fr

Un pinot de chair, en rondeur et velours, sans lourdeur d'alcool ou rigidité des tanins. Il est pourtant bien structuré et évoluera sans souci sur quatre à cinq ans. Une nouvelle réussite pour cette jeune maison de négoce. (3 000 bouteilles)

13 **/20** **Maison Louis Latour - 2005**
Louis-Fabrice Latour.
18 rue des Tonneliers, 21200 Beaune.

🍷 **11,80 €**
T 03 80 24 81 00
www.louislatour.com

Une cuvée qui n'a rien de confidentiel et qui permet d'approcher Marsannay dans un format de vin solide. La tannicité ferme des 2005 le rend persistant et le dédie à une cuisine de viandes rôties plutôt en sauce. (80 000 bouteilles)

MERCUREY

*Le cru le plus connu et le plus vaste de la Côte chalonnaise est aussi le plus hétérogène. Il se décline en rouge et en blanc. Il n'est pas rare de rencontrer de simples villages supérieurs à certains Premiers crus qui n'en ont que le nom. **Une sélection établie à moins de 13 €.***

16 **/20** **Château de Santenay - 2006**
Gérard Fagnoni.
1 rue du Château, 21590 Santenay.

🍷 **11,80 €**
T 03 80 20 61 87
www.chateau-de-santenay.com

Un gras gourmand qui révèle une vinification fine et respectueuse du terroir. Une cuvée de plaisir qui pourra se faire attendre jusqu'au Noël prochain. (29 000 bouteilles)

15 Domaine Belleville - 2006
/20
Marc Dumont.
1 rue des Bordes, 71150 Rully.
🍷 13,00 €
T 03 85 91 06 00
contact@domaine-belleville.com

Une passerelle vers la tension avec une belle fraîcheur et une touche boisée très agréable. Une bouteille qui lorgne du côté de Saint-Aubin. Vinifiée par Pascal Clément qui aura fait un carton presque plein avec sa sélection dans le guide cette année. (3 300 bouteilles)

14,5 Château d'Etroyes - Le Clos des Corvées 2006
/20
Maurice Protheau et Fils.
Domaine Maurice Protheau, 71640 Mercurey.
🍷 10,60 €
T 03 85 45 10 84
domaine-protheau-mercurey.fr

Le fumé d'un élevage 100 % en fûts apporte encore plus de délicatesse à sa bouche de cerise, tactile et soyeuse. Représentatif du millésime. (20 000 bouteilles)

14,5 Domaine Belleville - Les Perrières 2006
/20
Marc Dumont.
1 rue des Bordes, 71150 Rully.
🍷 13,00 €
T 03 85 91 06 00
contact@domaine-belleville.com

Rouge vif aux reflets nets. D'abord épais, il se fait soyeux et finit avec un volume qui le rend prêt à boire avec un époisses jeune. Une belle bouteille signée Pascal Clément qui affine encore les terroirs de la Côte chalonnaise avec brio. (3 535 bouteilles)

14 Domaine Gouffier - Clos de la Charmée 2005
/20
Jérôme Gouffier.
11 Grande-Rue, 71150 Fontaines.
🍷 11,00 €
T 03 85 91 49 66
www.domainegouffier.com

Typé et équilibré, il tient un fond de vin riche et dense sur le noyau de cerise et souple dans le tanin. Vraiment très typé Mercurey. (3 000 bouteilles)

13,5 Château d'Etroyes - Les Ormeaux 2006
/20
Maurice Protheau et Fils.
Domaine Maurice Protheau, 71640 Mercurey.
🍷 11,00 €
T 03 85 45 10 84
domaine-protheau-mercurey.fr

Son profil est clair comme l'eau qui irrigue ces « Ormeaux » : le fruit avant tout, mais ce fruit de chardonnay où l'on croque la pierre du terroir ! Martine Protheau signe là une cuvée racée. (10 000 bouteilles)

13,5 Maison Louis Latour - 2006
/20
Louis-Fabrice Latour.
18 rue des Tonneliers, 21200 Beaune.
🍷 12,80 €
T 03 80 24 81 00
www.louislatour.com

Il a gardé la rondeur des fruits rouges frais et un volume surprenant pour un Villages. Une vinification ajustée sur un calibre de Côte de Beaune. (12 000 bouteilles)

MERCUREY PREMIER CRU

*Cette appellation comporte 32 climats classés en Premier cru, qui couvrent 154 hectares de pinot sur les 580 de l'aire Mercurey et 16 hectares de chardonnay sur 75 en production. Le niveau est hétérogène avec souvent des vins asséchants en tanins. N'achetez pas les yeux fermés les 2005, souvent mordants et vifs. **Une sélection établie à moins de 16 €.***

15,5 Domaine Gouffier - Clos l'Evêque 2005
/20
Jérôme Gouffier.
11 Grande-Rue, 71150 Fontaines.
🍷 15,00 €
T 03 85 91 49 66
www.domainegouffier.com

Un tanin riche, concentré en fruits rouges. L'ensemble est « très pinot » et agréable à boire dès maintenant sur un bœuf bourguignon. (1 500 bouteilles)

14 /20 **Château de Mercey - En Sazenay** 2006
Xavier Dufouleur.
Maison Antonin Rodet, Grande Rue, 71640 Mercurey.

🍷 15,50 €
T 03 85 98 12 12
www.rodet.com

D'un équilibre friand, il possède un soyeux et un tanin rectiligne comme une colonne vertébrale où la chair est remplacée par la fraise. À point pour l'hiver 2008/2009. (4 700 bouteilles)

MONTAGNY PREMIER CRU

Ultime cru de la Côte chalonnaise, entièrement dédié au blanc sur 300 hectres (dont 199 en Premier cru). Les meilleurs, tous Premier cru (51 climats) sont un bon compromis entre la rondeur mâconnaise et la profondeur de blancs de la Côte de Beaune. **Une sélection établie à moins de 13 €.**

13,5 /20 **Domaine Michel Andreotti - 2006**
Bernard Michel.
Les Guignottes, 71390 Saint-Vallerin.

🍷 8,80 €
T 03 85 92 11 16
www.domaine-andreotti.fr

Il est né avec le jaune du beurre frais. Il en a aussi le gras par son fruit aérien. Une cuvée de bon rapport prix/plaisir qui saura vous plaire à l'heure de l'apéritif. (3 600 bouteilles)

13 /20 **Domaine Delorme - 2005**
Anne et Jean-François Delorme.
12 rue Saint-Laurent, 71150 Rully.

🍷 10,90 €
T 03 85 87 04 88
www.domaineanneetjeanfrancoisdelorme.com

Volumineux et doucement miellé par son nez. Typé et éclairé par son fruit, il est à point. Ne lui en demandez pas plus, profitez-en maintenant ! (2 500 bouteilles)

13 /20 **Maison Louis Latour - 2005**
Louis-Fabrice Latour.
18 rue des Tonneliers, 21200 Beaune.

🍷 13,00 €
T 03 80 24 81 00
www.louislatour.com

Le gaz tient encore après deux ans de bouteille et met en valeur les arômes floraux du chardonnay. Une cuvée pour le plaisir. (37 000 bouteilles)

MONTHÉLIE

Entre Volnay, Meursault et Auxey-Duresse, c'est le village le moins connu du secteur. On y fait d'agréables découvertes, notamment dans des rouges (la production très majoritaire) aux tanins fins, mais à la bouche non dénuée de corps. **Une sélection établie à moins de 14 €.**

15 /20 **Domaine Marc Rougeot - Les Toisières** 2006
Marc Rougeot.
La Monatine, 21190 Meusault.

🍷 13,75 €
T 03 80 21 69 06
domaine.rougeot@wanadoo.fr

Une matière souple, déliée, dont la subtilité du toucher de bouche évoque davantage certains saint-romain. Comme souvent dans ce domaine réputé, les vins possèdent un supplément de saveurs en finale. À Boire. (2 400 bouteilles)

14 /20 — **Domaine Clothide et Pascal Vecten - Sous Roche 2006**
Clothide et Pascal Vecten.
Chemin sous la Velle, 21150 Auxey-Duresses.

🍷 11,00 €
T 03 80 21 67 99
www.domaine.vecten.com

Vif, serré, il donne une expression pierreuse, minérale du monthélie que l'on souhaiterait voir évoluer encore un paire d'années en bouteilles. De bonne garde. (1 200 bouteilles)

MONTHÉLIE PREMIER CRU

Cette appellation (dite « Month'lie ») comporte 15 climats classés en Premier cru sur seulement 26 hectares de pinot et 1,60 hectare de chardonnay sur une appellation Monthélie qui couvre 122 hectares. Les rouges sont typés Côte de Beaune par leur velouté, mais assez fermes en tanins. **Une sélection établie à moins de 15 €.**

13 /20 — **Domaine François d'Allaines - Les Vignes Rondes 2005**
François d'Allaines.
La Corvée du Paquier, 71150 Demigny.

🍷 14,00 €
T 03 85 49 90 16
www.dallaines.com

Comme beaucoup de 2005 rouges dégustés courant 2008, il s'est refermé et offre une texture serrée, ferme, recroquevillée dans une expression végétale de ses tanins. Laissons-le s'affiner. À déguster en 2010. (1 500 bouteilles)

MOREY-SAINT-DENIS

Entre Gevrey-Chambertin et Chambolle-Musigny, le nom de ce village est moins médiatisé, mais il produit également des rouges d'une grande profondeur et d'une excellente garde. Morey compte une centaine d'hectares avec des Premiers et des Grands crus constitués de clos prestigieux : clos de Tart, clos Saint-Denis, clos de la Roche. Un seul domaine (mais de confiance) a passé notre sélection. **Une sélection établie à moins de 17 €.**

14,5 /20 — **Domaine Rémi Jeanniard - Vieilles Vignes 2006**
Rémi Jeanniard.
20 place du Monument, 21220 Morey Saint-Denis.

🍷 13,00 €
T 03 80 58 52 42
remijeanniard@orange.fr

L'attaque est puissante, la matière riche en alcool, d'un volume sphérique en bouche, progressif en saveur (encore très cassis du fait d'une macération préfermentaire) comme attendu dans ce village. Cette sélection de vignes de cinquante-cinq ans est une bonne approche du Morey à un prix rare. On commencera à le servir sur des viandes rôties dès cet hiver, et sur quatre à cinq ans. (3 000 bouteilles)

NUITS-SAINT-GEORGES

Très cotée pour une simple appellation Villages, c'est un vrai parcours du combattant de dénicher un nuits-saint-georges de qualité abordable. Un rescapé dans notre dégustation cette année. **Une sélection établie à moins de 17 €.**

14 /20 **Closerie des Alisiers - Stéphane Brocard – La Cour des Miracles 2005** 🍷 16,00 €
Stéphane Brocard.
60B. avenue du 14 Juillet, 21300 Chenove. **T** 03 80 52 07 71
s.brocard@orange.fr

Premier miracle, trouver encore un nuits-saint-georges à moins de 17 €. Second miracle, il s'agit d'un vrai vin de qualité coloré, solide, typé Nuits, au nez épicé de cumin, à la bouche suave, entière, ferme qui évoluera bien sur cinq à six ans. (2 500 bouteilles)

PERNAND-VERGELESSES

Tout proche de Beaune, ce village, qui produit des rouges et des blancs, encaissé au pied de la montagne de Corton, est trop prisé pour nous offrir beaucoup d'échantillons à petits prix. Nous avons quand même fait de jolies découvertes. **Une sélection établie à moins de 14 €.**

14,5 /20 **Domaine Lise et Luc Pavelot - Premier Cru En Caradeux 2006** 🍷 13,00 €
Lise et Luc Pavelot.
Rue du Paulant, 21420 Pernand-Vergelesses. **T** 03 80 26 13 65
earl.pavelot@cerb.cernet.fr

Tramé, savoureux, finement sucré par l'élevage (30 % de fût neufs), il reste frais, d'intensité moyenne en finale. On commencera à le boire en 2010. Plus serré aujourd'hui, mais de meilleur garde, le Premier cru rouge Les Fichots 2006 (14,5/20) est aussi recommandable. En reconversion biologique, certifié Ecocert. (3 900 bouteilles)

PETIT CHABLIS

Moins complexe que le chablis, produit à partir de plus gros rendements dans tout le Chablisien (650 ha en production) sur des terres plus riches, ce blanc de chardonnay profite de la renommée du Chablis. Sauf chez quelques producteurs soigneux, la majorité des vins n'a qu'un intérêt limité. Mais nous avons, encore une fois cette année, déniché des blancs d'une grande finesse, avec la juste minéralité et vivacité attendue. **Une sélection établie à moins de 6,50 €.**

13 /20 **Domaine Eric Dampt - Vieilles Vignes 2007** 🍷 6,60 €
Eric Dampt.
16 rue de l'Ancien Presbytère, 89700 Collan. **T** 03 86 55 36 28
www.dampt.com

Acidulé, coulant, vif et digeste, il jongle entre la saveur citronnée et une finale moelleuse, plus dense que la moyenne. (8 600 bouteilles)

12 /20 **Domaine Denis Strotzik - 2007** 🍷 5,90 €
Denis Strotzik.
9 avenue J. Jaurès, 89800 Chablis. **T** 03 86 42 19 19
denis.strotzik@orange.fr

Issu d'un plantier (nom que l'on donne aux très jeunes vignes) de trois ans, c'est un chardonnay mordant, très vif, citronné, avec un grain typé Chablis qui le dédie naturellement aux plateaux de fruit de mer. (500 bouteilles)

POMMARD

Bon ou médiocre, le pommard possède une telle notoriété qu'il se vend bien et cher. Un pinot noir qui se décline sur 315 hectares en Villages et en Premier cru (pas de Grand cru), suivi ou non du climat (nom de parcelle). De réputation robuste et tannique, il peut aussi être sec, austère et sans charme, surtout dans les premiers prix. Nous avons remonté le prix minimum de notre sélection cette année pour rapporter trois vins de qualité. **Une sélection établie à moins de 14 €.**

14 /20

Domaine Gilbert et Philippe Germain - 2006
Philippe Germain.
Nantoux, 21190 Meursault.

🍷 13,00 €
T 03 80 26 05 63
www.philippe-germain.com

Sans tanins secs, c'est un pommard savoureux, en demi-corps fin, équilibré dans sa finale. Il ne demande pas à être attendu. On commencera à l'apprécier dès cet hiver. (6 000 bouteilles)

POUILLY-FUISSÉ

750 hectares de chardonnay en production sur les communes de Fuissé, Solutré-Pouilly, Vergisson et Chaintré. Ce cru star du Mâconnais a fait sa révolution ces quinze dernières années. Une nouvelle génération élabore des blancs plus profonds et minéraux, tout en conservant le côté rond et charmeur de ce secteur précoce. **Une sélection établie à moins de 15 €.**

16 /20

Domaine La Soufrandise - Vieilles Vignes 2006
Françoise et Nicolas Melin.
71960 Fuissé.

🍷 14,00 €
T 03 85 35 64 04
www.soufrandise.fr

Ces chardonnays de cinquante-cinq ans, vinifiés à 40 % en fûts, se distinguent par leur jus à la texture crémeuse, douce, veloutée, typée par des notes exotiques d'une grande finesse. La classe à maturité. (18 000 bouteilles)

15,5 /20
Domaine Jean-Jacques Vincent et Fils - Marie-Antoinette 2006
M. Vincent.
71960 Fuissé.

🍷 13,50 €
T 03 85 35 61 44
www.chateau-fuissé.fr

Nez fin, subtilement grillé, velouté, moderne dans la franchise de ses saveurs, relevées par une fine acidité. Un remarquable travail d'assemblage pour arriver à cette tenue sur ses volumes. Prix départ cave franco pour 24 bouteilles. (60 000 bouteilles)

15,5 /20
Domaine Marcel Couturier - Les Scellés 2006
Marcel Couturier.
Les Pelées, 71960 Fuissé.

🍷 11,90 €
T 06 23 97 23 21
domainemarcelcouturier@orange.fr

« L'essentiel est sans cesse menacé par l'insignifiant » nous apprend Réne Char cité sur la contre-étiquette. En voilà en tout cas un pouilly qui n'est pas insignifiant avec cette combinaison de volume et de fraîcheur préservée, sa texture fine, précise, qui s'ouvre généreusement en finale. On s'en régale déjà.(1 000 bouteilles)

15 /20
Domaine Delorme et Fils - Vieilles Vignes 2005
Michel Delorme.
Le Bourg, 71960 Vergisson.

🍷 12,00 €
T 03 85 35 84 50
www.pouillyfuisse-delorme.com

Sans lourdeur, il tient en bouche et développe des saveurs déjà épanouies dans le régistre frais, net, carré, du millésime. À boire et à garder sur cinq ans. (5 000 bouteilles)

15 /20
Domaine Nadine Ferrand - Prestige 2006
Nadine Ferrand.
71960 Solutré Pouilly.

🍷 15,00 €
T 06 09 05 19 74
www.ferrand-pouilly-fuissé.com

Un style très mûr, à la limite du confit, conjonction de l'effet terroir et de la richesse de l'année et qui reste pourtant tendre, précis, racé, généreusement digeste. On commence à la boire. Mais on peut patienter avec la cuvée Lise Maries 2006 (14/20, 12,80 €), finement beurrée. (6 000 bouteilles)

14,5 **Domaine Cheveau - Les Vieilles Vignes 2006**
Nicolas Cheveau.
/20 **Hameau de Pouilly, 71960 Solutré.**

🍷 14,00 €
T 03 85 35 81 50
www.vins-cheveau.com

Une vinification en fût, dont un tiers de neuf, offre un palette d'arômes taostés puissante que l'on retrouve dans une bouche riche, aromatisée, charnue. Le fuissé puissant et évident. (6 000 bouteilles)

14 **Domaine Fichet - La Châtière 2007**
Pierre-Yves et Oliver Fichet.
/20 **Le Martoret, 71960 Igé.**

🍷 14,50 €
T 03 85 33 30 46
www.domaine-fichet.com

Droit et sec, doté d'une matière aux saveurs effilées et élégantes. Il souligne une vinification précise. On commencera à le boire fin 2009. (3 480 bouteilles)

RULLY

Vignoble peu connu de la Côte chalonnaise (on le confond souvent avec Reuilly, appellation du Cher), qui regorge de jeunes vignerons talentueux. Ils éprouvent d'énormes difficultés à faire reconnaître, sans nom prestigieux, leurs rouges et leurs blancs d'un style généreux. Les meilleurs terroirs classés en Premiers crus commencent à faire parler d'eux. Les prix sont encore très sages.
Une sélection établie à moins de 13 €.

16 **Domaine Belleville - Les Chauchoux 2006**
Marc Dumont.
/20 **1 rue des Bordes, 71150 Rully.**

🍷 13,00 €
T 03 85 91 06 00
contact@domaine-belleville.com

Un superbe nez de fraise mûre, complet et équilibré. Une bouteille de plaisir, à croquer dans son fruit. Décidément, un carton plein dans la sélection de ce domaine. (6 000 bouteilles)

16 **Domaine Claudie Jobard - Montagne La Folie 2006**
Claudie Jobard.
/20 **Route de Beaune, 71150 Demigny.**

🍷 9,10 €
T 03 85 49 46 81
www.domaineclaudiejobard.fr

Un chardonnay plein de fraîcheur. Une gourmandise faite d'un fruit net et vivant. Une cuvée qui respire la Côte chalonnaise et un prix doux. Bon signe : cette jeune vinificatrice confirme en blanc comme en rouge. (10 000 bouteilles)

16 **Domaine Jean Chartron - Montmorin 2006**
Famille Chartron.
/20 **Grande-Rue, 21190 Puligny-Montrachet.**

🍷 13,00 €
T 03 80 21 99 19
www.jeanchartron.com

Un parfum de fleurs de lilas blancs mêlées à la noisette du fût. Un gras qui part sur un volume ample et texturé. Très beau. (15 000 bouteilles)

15,5 **Domaine de L'Ecette - Les Cailloux 2005**
Vincent Daux.
/20 **21 rue de Geley, 71150 Rully.**

🍷 10,50 €
T 03 85 91 21 52
daux.vincent@wanadoo.fr

Explosivité du fruit, doté d'une texture finement beurrée qui vous séduira par sa nature croquante et explosive d'ananas frais. Régalez-vous maintenant ! (12 000 bouteilles)

15 **Domaine Belleville - La Perche 2006**
Marc Dumont.
/20 **1 rue des Bordes, 71150 Rully.**

🍷 13,00 €
T 03 85 91 06 00
contact@domaine-belleville.com

D'un or blanc, d'une rondeur finement vanillée. Sa bouche séduira tous les palais. Un vin à goûter pour le plaisir. (9 400 bouteilles)

15 **/20**
Domaine François d'Allaines - Les Saint-Jacques 2006
François d'Allaines.
La Corvée du Paquier, 71150 Demigny.
🍷 `13,00 €`
T 03 85 49 90 16
www.dallaines.com

Sous son or pâle lingot, vous trouverez un gras ample et suave, une fraîcheur de fruit qui envoûte. Une cuvée racée. (6 000 bouteilles)

14,5 **/20**
Domaine Claudie Jobard - La Chaume 2006
Claudie Jobard.
Route de Beaune, 71150 Demigny.
🍷 `9,00 €`
T 03 85 49 46 81
www.domaineclaudiejobard.fr

Rubis léger sur une pointe de gaz qui le tient sur le fruit. Léger, facile d'accès, on passe à table avec une caille au jus : délicieux ! À boire et à garder un peu. Les rullys de cette jeune vinificatrice sont au-dessus de la moyenne en rouge comme en blanc. (10 000 bouteilles)

14,5 **/20**
Domaine de L'Ecette - Maizères 2006
Vincent Daux.
21 rue de Geley, 71150 Rully.
🍷 `10,00 €`
T 03 85 91 21 52
daux.vincent@wanadoo.fr

Sous son or brillant, les parfums hésitent entre la vanille et la crème fouettée. Ouvert et expressif, il possède un acidulé croquant qui vous fera fondre de plaisir. À accompagner d'une mousseline de brochet. (10 000 bouteilles)

14,5 **/20**
Domaine Ninot - La Barre 2006
Erell Ninot.
2 rue de Chagny, 71150 Rully.
🍷 `9,00 €`
T 03 85 87 07 79
ninot.domaine@wanadoo.fr

Un fruit plein de cerise griotte sur une acidité affriolante. Issu d'un terroir de blancs, il séduira les amateurs de Rully rouge aux accents minéraux. (8 000 bouteilles)

14 **/20**
Château de Rully - 2005
Xavier Dufouleur.
Antonin Rodet, Grande rue, 71640 Mercurey.
🍷 `13,00 €`
T 03 85 98 12 12
www.rodet.com

Un bel élevage, entre bois et fruit, que le chardonnay a mérité. Cela vous donne un rully qui vous séduira par sa rondeur. (75 400 bouteilles)

13,5 **/20**
Château d'Etroyes - Les Fromanges 2006
Maurice Protheau et Fils.
Domaine Maurice Protheau, 71640 Mercurey.
🍷 `9,20 €`
T 03 85 45 10 84
domaine-protheau-mercurey.fr

Acidulée et tonique sur ses notes d'agrumes. Sa texture est typée par un noble calcaire. Une bouteille idéale pour attacher l'apéritif avec la ficelle d'un saucisson. (15 000 bouteilles)

13 **/20**
Cave des Vignerons de Buxy - Les Saint-Jacques 2006
Rémy Marlin.
Les Vignes de la Croix, 71390 Buxy.
🍷 `8,40 €`
T 03 85 92 03 03
accueil@vigneronsdebuxy.fr

Minéral pur, de sa robe blanche au fruité doux, une belle construction sur la pierre froide, il affiche sans complexe son terroir. (37 000 bouteilles)

RULLY PREMIER CRU

*Cette appellation (prononcer « Ruilly ») comporte 23 climats classés en Premier cru, avec une production plus importante en blanc, à l'image de l'appellation Villages (chardonnay : 217 hectares, pinot noir : 122 hectares). Son style est sur des fruits blancs mûrs et légèrement acidulés, expressif, ample en bouche, à boire entre deux et sept ans. **Une sélection à moins de 14,50 €.***

16 /20 **Maison Louis Picamelot - <u>Clos du Chaîgne</u> 2006**
Philippe Chautard.
12 place de la Croix blanche, 71150 Rully.

🍷 13,50 €
T 03 85 87 13 60
www.louispicamelot.com

Le bois habille d'une tenue de soirée en dentelles cette cuvée aux accents de Puligny par son acidité. Ne passez pas à côté, vous le regretteriez ! 7 000 bouteilles)

 15,5 /20 **Domaine Belleville - <u>Chapitre</u> 2006**
Marc Dumont.
1 rue des Bordes, 71150 Rully.

🍷 14,00 €
T 03 85 91 06 00
contact@domaine-belleville.com

La robe d'or s'ouvre sur des parfums complexes, exotiques de mangue et de fruit de la passion. Sa bouche se tient par un volume très expressif. Une belle cuvée issue d'un terroir typé. (2 000 bouteilles)

15,5 /20 **Domaine François d'Allaines - <u>La Fosse</u> 2006**
François d'Allaines.
La Corvée du Paquier, 71150 Demigny.

🍷 14,50 €
T 03 85 49 90 16
www.dallaines.com

Une pointe de poivre banc sur un fruit plein et très pamplemousse. La texture est riche et de garde. Un Premier cru qui tient son rang, les épaules bien droites. (1 500 bouteilles)

 15 /20 **Domaine Delorme - 2003**
Anne et Jean-François Delorme.
12 rue Saint-Laurent, 71150 Rully.

🍷 12,00 €
T 03 85 87 04 88
www.domaineanneetjeanfrancoisdelorme.com

Un pinot qui respire la cerise mûre et croquante à souhait. À croquer sans limite, une bouteille qui a survécu au millésime. Une affaire. (5 000 bouteilles)

 14 /20 **Domaine Belleville - <u>La Fosse</u> 2006**
Marc Dumont.
1 rue des Bordes, 71150 Rully.

🍷 14,00 €
T 03 85 91 06 00
contact@domaine-belleville.com

Sa robe blanche n'empêche pas un nez doucement fleuri de lilas blanc. Une matière tonique sur un beau fond de vin qui vieillira sans complexe. De garde, s'il vous plaît. (2 100 bouteilles)

SAINT-AUBIN

Saint-Aubin est un petit cru à dominante de chardonnay de bonne notoriété et assez cher. La proximité du village de Chassagne n'y est pas étrangère. Il sert souvent de complément de gamme chez les vignerons. **Une sélection établie à moins de 14 €.**

 **14,5** /20 **Domaine Marc Colin et Fils - 2006**
Marc, Damien, Joseph et Caroline Colin.
Gamay, 21190 Saint-Aubin.

🍷 9,00 €
T 03 80 21 30 43
domaine-colinmarc@club-internet.fr

Fin, élégant, structuré par les tanins confits du pinot mur. Il est à la fois gourmand et tient en bouche. Du très bon travail. En espérant qu'il reste quelques bouteilles à disposition. Achat prioritaire. (7 200 bouteilles)

13,5 **Château de Santenay - En Vesvau 2006**
/20 Gérard Fagnoni.
1 rue du Château, 21590 Santenay.

🍷 13,00 €
T 03 80 20 61 87
www.chateau-de-santenay.com

Cette cuvée n'a rien de confidentiel et donne un bon aperçu du terroir de Saint-Aubin dans un vin carré, techniquement maîtrisé, de bonne équilibre. À boire assez jeune. (22 300 bouteilles)

SAINT-BRIS

Ex-sauvignon de Saint-Bris (Yonne), désormais baptisé Saint-Bris, AOC depuis 2003, est un îlot historique (environ 100 hectares) de cépage sauvignon (le même que celui avec lequel on élabore les sancerres et les bordeaux blancs) au royaume du chardonnay. Très parfumé, il peut dans certains cas être vraiment excellent et rivaliser avec les bons sauvignons de Loire. 2006 offre des sauvignons très riches en alcool, amples, peu acides, qu'il faut boire jeunes. Une sélection établie à moins de 6 €.

15 **Domaine Les Temps Perdus - 2006**
/20 Clotilde Davenne.
3 rue de Chantemerle, 89800 Préhy.

🍷 6,00 €
T 03 86 41 46 05
clotildedavenne@free.fr

On salut sa fraîcheur préservée, son équilibre digeste qui en fait un très bon apéritif comme un sauvignon de repas car il tient en bouche sur des notes et une persistance mentholée. (18 000 bouteilles)

14 **Cave de la Tourelle - 2005**
/20 Julien Esclavy.
27 rue de Gouaix, 89530 Saint-Bris-le-Vineux.

🍷 4,80 €
T 03 86 53 32 56
www.cave-de-la-tourelle.com

De concentration moyenne, il exprime une bonne maturité du sauvignon dans une bouche savoureuse, mentholée et végétale, qui termine avec finesse. Une cuvée fort digeste pour les poissons au citron confit. À boire. (5 000 bouteilles)

14 **Domaine Yann Gilson - 2005**
/20 Yann Gilson.
Chemin des Près de Goix, 89530 St Bris Le Vineux.

🍷 5,20 €
T 06 98 45 55 22

Le sauvignon de l'Yonne se distingue de celui du Centre par des notes de basilic caractéristiques au vieillissement comme dans cette cuvée. Elle a fait sa fermentation malolactique, ce qui accentue le volume et le gras en bouche, signes de son originalité. Servir frais.(12 000 bouteilles)

13,5 **Domaine Sorin de France - 2006**
/20 Jean-Michel Sorin.
11 bis rue de Paris, 89530 Saint-Bris Le Vineux.

🍷 4,30 €
T 03 86 53 32 99
domainesorindefrance@wanadoo.fr

L'élevage sur lies imprime à ce sauvignon de Saint-Bris un format confit, pâtissier, suave, plus complexe que la moyenne dans son expression aromatique. (28 000 bouteilles)

13,5 **Maison J. Moreau et Fils - 2007**
/20 Pascale Brès.
Route d'Auxerre, 89800 Chablis.

🍷 4,83 €
T 03 86 42 88 00
www.jmoreau-fils.com

Plus acide que la moyenne (car sans fermentation malolactique), c'est un sauvignon aromatique, vif, aux notes citriques, qui claque bien au palais. Idéal pour accompagner le crustacées. La vinification est précise. (50 600 bouteilles)

SAINT-ROMAIN

Entre les Hautes-Côtes et la Côte de Beaune, Saint-Romain est un adorable village niché dans une combe située au-dessus de Mersault. Ses vins (blancs pour la plupart) attirent de plus en plus *d'amateurs. Sans la race des pulignys ou l'energie des mersaults, les saint-romain blancs livrent dans leur jeunesse un bouquet assez puissant, sur des arômes de noisettes grillées et un peu miellées, avec une bonne vivacité en bouche et un grain minéral qui s'adoucit après deux à quatre ans de bouteille. Le village ne compte pas de Premier cru, mais des lieux-dits réputés (Sous le Velle, Sous Roche, Sous le Château, Jarrons). **Une sélection établie à moins de 15 €.**

15,5 **Domaine Christophe Buisson - Sous le Château 2006** 🍷 `15,00 €`
/20 Christophe Buisson. **T** 03 80 21 63 92
   Rue de la Tartebouille, 21190 Saint-Romain. domainechristophebuisson@wanadoo.fr

Il brille par sa densité, son moelleux en bouche, dans une combinaison réussie de maturité et de fraîcheur minérale. Ample, généreux, frais, une grande réussite du millésime, tous bourgognes blancs confondus. (6 000 bouteilles)

15,5 **Domaine Christophe Buisson - Sous le Château 2006** 🍷 `15,00 €`
/20 Christophe Buisson. **T** 03 80 21 63 92
   Rue de la Tartebouille, 21190 Saint-Romain. domainechristophebuisson@wanadoo.fr

Toujours au rendez-vous, toujours aussi bon, Christophe Buisson s'adapte avec intelligence aux millésimes pour restituer, comme dans ce 2006, la chair, la finesse veloutée et la persistance de saveurs des vrais pinots noirs On commencera à le boire et on en profitera sur quatre, cinq ans. (2 000 bouteilles)

---

15 **Domaine Billard Père et Fils - La Perrière 2006** 🍷 `10,00 €`
/20 Jérôme Billard **T** 03 80 21 87 94
   21340 La Rochepot billardetfils@wanadoo.fr

Elégant, stylé, porté par un bel équilibre, c'est tout ce que l'on attend d'un saint-romain : qu'il vous en donne beaucoup sans ostentation, grâce à la préservation d'un fruité frais et accompli. Un achat classique prioritaire. (5 000 bouteilles)

14,5 **Domaine Marc Rougeot - La Combe Bazin 2006** 🍷 `13,75 €`
/20 Marc Rougeot. **T** 03 80 21 69 06
   La Monatine, 21190 Meusault. domaine.rougeot@wanadoo.fr

Il n'a pas la densité et la concentration du Sous le Château de Christophe Buisson, mais il offre un bon équilibre et une gourmande appétence. À boire. (5 000 bouteilles)

13,5 **Domaine François d'Allaines - 2006** 🍷 `13,00 €`
/20 François d'Allaines. **T** 03 85 49 90 16
   La Corvée du Paquier, 71150 Demigny. www.dallaines.com

Il est vinifié avec précision, sans domination de l'élevage, dans un style en retrait, sec, serré, qui évoluera bien sur trois à quatre ans. (3 000 bouteilles)

---

12 **Domaine du Château de Melin - Sous le Château 2006** 🍷 `8,00 €`
/20 Famille Derats. **T** 03 80 21 21 19
   21190 Auxey-Duresses. www.chateaudemelin.com

Dans un style plus lardé que le fumé, sa bouche est assez rustique. Il faut le boire assez jeune. (8 000 bouteilles)

SAINT-VÉRAN

*Appellation intermédiaire du Mâconnais (qualitativement entre les pouilly-fuissé et les mâcon-villages), les saint-véran, toujours blancs, font de plus en plus d'émules. Rarement trop boisés, ils ont souvent un nez de fleurs blanches, un fruité franc en bouche, une matière légère et digeste, qui en font d'excellents vins secs d'apéritif ou de début de repas. **Une sélection établie à moins de 10 €.**

15,5 /20 **Domaine de Poncetys - Les Cras 2006**
Vincent Darmuzey.
Lycée viticole de Davayé, 71960 Davayé.

♀ 9,50 €
T 03 85 33 56 20
www.macon-davaye.com

Un secteur réputé pour faire mûrir généreusement le chardonnay et lui donner des atouts exotiques de mangue que l'on retrouve dans cette cuvée ronde, très charnue, riche, mais sans ostentation. À boire et à mettre de côté trois, quatre ans. Il évoluera bien. (2 700 bouteilles)

15 /20 **Domaine de Poncetys - Terroir 2006**
Vincent Darmuzey.
Lycée viticole de Davayé, 71960 Davayé.

♀ 7,50 €
T 03 85 33 56 20
www.macon-davaye.com

Fin, fruité, alléchant par sa juste maturité, c'est encore une fois un travail sérieux auquel nous a habitués ce domaine désormais incontournable en Mâconnais. Il se boit dès aujourd'hui et fera patienter la cuvée des Cras. (12 500 bouteilles)

15 /20 **Domaine Delorme et Fils - 2006**
Michel Delorme.
Le Bourg, 71960 Vergisson.

♀ 8,50 €
T 03 85 35 84 50
www.pouillyfuisse-delorme.com

Une matière ouverte, en volume, nette, qui offre du gras, avec une pointe d'oxydation qui affirme sa finale. À boire. (2 100 bouteilles)

15 /20 **Domaine Jean-Jacques Vincent et Fils - 2006**
M. Vincent.
71960 Fuissé.

♀ 9,50 €
T 03 85 35 61 44
www.chateau-fuissé.fr

On salue sa finesse aromatique, le souci de conserver de l'élégance et de la nuance dans un année assez riche. En bouche, sa texture est généreuse mais reste tendue, un atout face aux cuisines de caractère de type asiatique. Prix départ cave franco pour 24 bouteilles. (16 000 bouteilles)

14,5 /20 **Domaine des Valanges - Les Cras 2006**
Michel Paquet.
71960 Davayé.

♀ 10,00 €
T 03 85 35 85 03
domaine-des-valanges@wanadoo.fr

Un riche volume (13,5 °) qui a pris encore des formes avec l'élevage sous bois (40 %). On croque dès 2009 dans ce vin mature et franc. (10 000 bouteilles)

14 /20 **Domaine des Membrets - 2007**
Denis Barraud.
Les Membrets, 71960 Vergisson.

♀ 8,00 €
T 06 03 65 77 62
barraud-denis@orange.fr

Un bon niveau de cave en 2007 dans ce domaine du Mâconnais qui a réussi également ses mâcons et ses crus dont ce saint-véran fin, net, digeste, sur le floral et les fruits blancs. (4 200 bouteilles)

13 /20 **Domaine des Valanges - 2007**
Michel Paquet.
71960 Davayé.

♀ 8,00 €
T 03 85 35 85 03
domaine-des-valanges@wanadoo.fr

Frais, droit, classique, sans posséder un grand fond, il est agréable aujourd'hui dans la fraîcheur de son fruit. 2007 est un très bon millésime dans le cru. (40 000 bouteilles)

SANTENAY

Au sud de la Côte de Beaune, à la limite du département de Saône-et-Loire, ce village a beaucoup progressé ces quinze dernières années. Les rouges rustiques du passé se sont affinés, et les blancs peuvent acquérir une grande complexité, avec un grain toujours plus marqué, comparé aux voisins de Chassagne-Montrachet. **Une sélection établie à moins de 13 €.**

15 **Château de la Crée - En Foulot 2006**
/20 M. Ryhiner.
11 rue Gaudin, 21590 Santenay.

🍷 13,00 €
T 03 80 20 63 36
www.la-cree.com

On retrouve la puissance terrienne de Santenay, sa rusticité suave, dans un vin d'excellente densité et qui possède également une rare fraîcheur qui s'exprime dans une finale mentholée qui a du souffle. C'est bon et c'est très bien fait. Bravo ! À boire sur quatre ans. (3 000 bouteilles)

15 **Domaine Maurice Charleux - 2006**
/20 Vincent Charleux.
1 Petite Rue, 71150 Dezize-les-Maranges.

🍷 10,00 €
T 03 85 91 15 15
domaine.charleux@wanadoo.fr

Du volume, de la puissance, un rien de rusticité, pour un jus de chardonnay qui a conservé un bonne acidité après élevage (20 % de fûts neufs). Un beau santenay de longueur moyenne que nous mettons au-dessus des meursaults premier prix vendu à 8 plus cher... (2 000 bouteilles)

14,5 **Domaine Bruno Colin - Vieilles Vignes 2006**
/20 Bruno Colin.
3 impasse des Crêts, 21190 Chassagne-Montrachet.

🍷 13,00 €
T 03 80 21 93 79
domainebrunocolin@wanadoo.fr

Une texture mûre, solide mais assez fine, qui a conservé de la fraîcheur qui s'illustre dans une finale droite et digeste. Moins concentré, moins « masculin » que le Vieilles Vignes des frères Muzard, il n'en est pas moins persistant. On apprécie les deux écoles, ce dernier étant plus en accord avec une cuisine contemporaine. (4 200 bouteilles)

14,5 **Domaine Lucien Muzard et Fils - Vieilles Vignes 2006**
/20 Claude et Hervé Muzard.
11 bis rue de la Cour-Verreuil, 21590 Santenay.

🍷 12,90 €
T 03 80 20 61 85
www.domainemuzard.com

On retrouve le style généreux et solide des frères Muzard dans un santenay sanguin et terrien. Vin d'automne et d'hiver qui se livre déjà facilement et n'a pas été trop extrait. Du plaisir dès cette année. (12 000 bouteilles)

SAVIGNY-LÈS-BEAUNE
*Comme pour Pernand-Vergelesses, la proximité de Beaune (et d'Aloxe-Corton) a bien fait grimper les prix de ce village dont les vins sont rarement à la hauteur de sa réputation. Les meilleurs, rouges, associent finesse et maturité. **Une sélection établie à moins de 14 €.***

13,5 **Domaine Jean-Michel Giboulot - Aux Grands Liards 2006**
/20 Jean-Michel Giboulot.
27 rue du Général Leclerc, 21420 Savigny-lès-Beaune.

🍷 12,50 €
T 03 80 21 52 30
jean-michel@wanadoo.fr

Un des rares savignys que nous avons trouvé digne, tenant sur un bon fruité, une matière polie, une chair ferme et simple. À boire sur cinq ans. (2 000 bouteilles)

VIRÉ-CLESSÉ
*Cette jeune appellation créée en 1999 consacre la production de deux communes du Mâconnais voisines (Viré et Clessé, sur 360 hectares), exclusive en blanc de chardonnay. D'un style assez puissant, et mûr dans ses arômes (coing), ce blanc de chardonnay conserve une réelle franchise crayeuse en bouche. À boire entre deux et six ans. Les années de grande maturité, on y produit des vendanges tardives, des vins de passerillage, appelés « levrouté ». **Une sélection établie à moins de 9 €.***

14,5 **Domaine Creusserome - 2007**
/20 Stéphane Guillemin.
Les Prés de Cray, 71260 Clessé.

🍷 6,70 €
T 03 85 23 03 22
guilleminstephane@orange.fr

Déjà repéré l'an passé, voilà un jeune vigneron qui donne une authentique et généreuse identité au chardonnay de Clessé. Son 2007 est mûr, très typique par son gras et ses notes exotiques fines. On commence à la boire au printemps 2009. (4 000 bouteilles)

13 **Domaine de Roally - 2005**
/20 Gautier Thevenet.
Quintaine Cidex 654, 71260 Clessé.

🍷 9,00 €
T 03 85 36 94 03
contact@bongran.com

La bouche s'est patinée avec des notes suaves d'amande, une bouche riche, d'un volume correct, qui termine sur des notes encore bien fruitées. À boire. (20 000 bouteilles)

12,5 **Cave Coopérative de Viré - Cuvée Spéciale 2007**
/20 M. Frontoni.
Cave de Viré, en Vercheron, 71260 Viré.

🍷 6,50 €
T 03 85 32 25 50
www.cavedevire-bourgogne.com

Un chardonnay acidulé et exotique dans ses arômes et qui reste simple et primaire dans ses saveurs. (90 000 bouteilles)

VOLNAY

A moins de 16 €, nous avons eu une trentaine d'échantillons de Volnay. De bons volnays, c'est une autre histoire. Le sélectionné le mérite amplement. **Une sélection établie à moins de 16 €.**

14 **Domaine Chantal Lescure - Les Jeunes Famines 2006**
/20 Aymeric Machard de Gramont.
34 A rue Thurot, 21700 Nuits-Saint-Georges.

🍷 15,50 €
T 03 80 61 16 79
www.domaine-lescure.com

Une bouche moelleuse, très mûre, sur des saveurs de fruits noirs confits et de tabac (notes boisées). Ce style de volnay au velouté tendre s'apprécie jeune, mais évoluera sans faille dix ans. Labélisé bio, certifié Qualité France. (1 800 bouteilles)

13 **Domaine Clothide et Pascal Vecten - Les Ez Blanches 2006**
/20 Clothide et Pascal Vecten.
Chemin sous la Velle, 21150 Auxey-Duresses.

🍷 15,00 €
T 03 80 21 67 99
www.domaine.vecten.com

L'élevage en fûts (un quart neuf) domine fortement encore une matière veloutée, assez fine d'expression, mais un rien sec dans sa finale. Il se fondera d'ici 2010. (1 800 bouteilles)

CHAMPAGNE

LA FIN DES ILLUSIONS

En plaçant la barre à 15 € pour les bruts sans année et à 17 € pour les champagnes millé-simés et de prestige, toutes les maisons de négoce connues sont éliminées d'office. Reste une belle série d'excellents rapports qualité/prix élaborés par des vignerons de la vallée de la Marne, de la montagne de Reims, de la Côte des Blancs et de l'Aube. Ces champagnes de vignerons sont reconnaissables grâce aux deux petites initiales inscrites en bas de chaque étiquette : "RM", pour récoltant-manipulant, "CM", pour coopérative manipu-lante et, très rarement, "SR", pour société de récoltants. Les grandes marques mentionnent "NM" : négociant-manipulant. Un récoltant-manipulant est un vigneron qui travaille ses propres vignes et élabore lui-même son champagne. Ils sont près de 5 000 répartis sur les 30 000 hectares de vigne de l'appellation. Une force considérable dans la région. 89 % des vignes appartiennent aux vignerons, contre seulement 11 % aux grandes marques, qui s'approvisionnent en raisins auprès d'eux, souvent à prix d'or. On oppose souvent vins de négoce et vins de vigneron. À tort, car si l'on apprécie un champagne de grande marque, c'est avant tout pour le pouvoir rassurant de son nom et pour son goût « maison » que l'on doit à l'assemblage des raisins achetés partout dans l'appellation à des millésimes différents (vins de réserve). Le champagne d'un petit propriétaire sera le plus juste reflet du terroir de ses quelques hectares. Notre sélection au cœur de la Champagne vigneronne réserve des rencontres contrastées : du petit vigneron qui cultive deux hectares et élabore son champagne sans en maîtriser toujours la régularité, au domaine confirmé dont la structure évoque les plus sérieuses et reconnues maisons de négoce, il existe ainsi tout un éventail de styles et de goûts de champagne. Notons que les vignerons champenois exportent peu et vendent majoritairement en direct aux particuliers français.

LES DERNIERS MILLÉSIMES

2004 : 16/20
De belles réussites en blanc de Blancs (pur chardonnay) et en pinot meunier, les deux grands cépages de l'année. D'un style aimable et friand. **Garde : 5 ans.**

2003 : 14/20
Qualités et défauts des 2003 tiennent en ces mots : richesse aromatique, bons degrés alcooliques, concentration, mais faible, très faible acidité avec un parfait état sanitaire de la vendange. C'est une année moyenne, de garde moyenne. **Garde : 5 ans.**

2002 : 17/20
Un millésime exceptionnel pour le chardonnay lié à un mois de septembre beau et chaud. Les pinots sont puissants, riches et généreux lorsque les rendements étaient corrects. **Garde : 5 à 15 ans.**

CHAMPAGNE BRUT SANS ANNÉE

*Contrairement aux autres vins d'AOC, le champagne n'est pas nécessairement millésimé. Mieux, le champagne brut sans année constitue plus des deux tiers de la production champenoise. Il s'agit d'un assemblage de vins provenant souvent des récoltes de deux, voire de trois années successives. Historiquement, c'est un moyen pour les négociants et vignerons de se prémunir des fortes variations climatiques d'une année à l'autre et de pouvoir, ainsi, offrir une production de base régulière. Cela permet aussi aux vignerons de jouer sur des cuvées récentes qui apportent de la fraîcheur avec des vins plus vieux arrivés à maturité et qui arrondiront l'assemblage. Rappelons que 70 % de la Champagne est plantée de raisins noirs : pinot noir et pinot meunier. La mention Blanc de Blancs signifie que le champagne n'est élaboré qu'avec des raisins blancs de chardonnay et les Blanc de Noirs avec des raisins rouges à 100 %. **Une sélection établie à moins de 15 €.**

 Dourdon-Vieillard - Grande Réserve
Famille Dourdon.
7 rue du Château, 51480 Reuil.

🍷 **14,20 €**
T 03 26 58 06 38
dourdonvieillard@aol.com

Nez acidulé d'agrume qui, à l'air, prend un accent grillé subtil de moka. Bouche charnue et fraîche, qui termine assez court mais bien nette et claire. D'une vraie désaltérance. 60 % chardonnay, 20 % pinot meunier et 10 % pinot noir, secteur vallée de la Marne.

 Thevenet-Delouvin - Prestige
Xavier Thevenet.
28 rue Bruslard, 51700 Passy-Grigny.

🍷 **14,00 €**
T 03 26 52 91 64
www.champagne-thevenet-delouvin.fr

Notes pâtissière fines, bouche crémeuse, avec de la tenue et du fruit. Plus de saveurs que la moyenne et en écho du palais, de fines notes acidulées mûres. Vin franc de goût et frais. Bulles sages. 50 % chardonnay, 30 % pinot meunier et 20 % pinot noir. (4 000 bouteilles)

 Jean Velut - Tradition
Denis Velut.
9 rue du Moulin, 10300 Montgueux.

🍷 **12,20 €**
T 03 25 74 83 31
champ-velut@wanadoo.fr

Notes de levure vanillée, bouche briochée, riche, une peu pesante. Bien typée par le grillé du chardonnay (80 %) et portée sans rigueur par un bulle crémeuse. Bien fait, net et mûr. Toujours une des meilleurs adresses de la côte des Bar, secteur de Montgueux. (18 000 bouteilles)

 Seleque
Patricia et Richard Seleque.
38 rue du Général de Gaulle, 51530 Pierry.

🍷 **14,50 €**
T 03 26 54 02 55
richard.seleque@wanadoo.fr

Un champagne à maturité, marqué par ses vins de réserve (un quart). Sans oxydation, juste de la patine qui exprime un vrai travail d'assemblage avec des amers structurants. Bien fait pour la table. 70 % chardonnay, 20 % pinot meunier et 10 % pinot noir. Raisins issus des secteurs de la vallée de la Marne et de la côte des blancs. (14 500 bouteilles)

 Alfred Tritant - Prestige
Dominique Weber.
23 rue de Tours, 51150 Bouzy.

🍷 **14,50 €**
T 03 26 57 01 16
champagne-tritant@wanadoo.fr

Robe jaune doré, évoluée. Joli nez de quatre-quarts aux fruits confits, bouche souple, acidulée, un peu jeune (base 2004). 33 % chardonnay, et 67 % pinot noir, secteurs montagne de Reims. (4 600 bouteilles)

14,5 /20 Champagne Séverin-Doublet - Tradition

Lucette Séverin.
10 rue Falloises, 51130 Vertus.

🍷 13,50 €
T 03 26 52 10 57
contact@champagne-severin-doublet.com

Premier nez de réduction, de métal froid, qui sert une bouche compacte, structurée, marquée par les fruits blancs, dotée d'une maturité fraîche. Champagne mature, dans sa plénitude. 80 % chardonnay et 20 % pinot noir sur une base de 2004. (30 000 bouteilles)

14,5 /20 Guy Larmandier - Premier Cru

François Larmandier.
30 rue du Général Kœnig, 51130 Vertus.

🍷 13,70 €
T 03 26 52 12 41
www.champagne-larmandier-guy.fr

Nez d'agrumes qui évolue vers l'anis. En bouche, il se fait doux mais pas pesant, doté d'une effervescence sans agressivité. Sa grande qualité est cette bulle calme. En saveur, il termine assez discrètement. 90 % chardonnay et 10 % pinot noir. (30 000 bouteilles)

14 /20 Bereche & Fils - Réserve

Jean-Pierre et Raphaël Bereche.
Le Craon de Ludes, 51500 Ludes.

🍷 14,30 €
T 03 26 61 13 28
www.champagne-bereche-et-fils.com

Vin dominé par le fruit confit du pinot, entre des notes acidulées et un grain terrien assez puissant qui lui donne de la mâche. De repas et d'apéritif. 25 % chardonnay, 25 % pinot meunier et 20 % pinot noir, secteur montagne de Reims. 30 % de vin de réserve.(3 000 bouteilles)

14 /20 G. Tribaut - Cuvée de Réserve

Vincent Tribaut.
88 rue d'Eguisheim, 51160 Hautvillers.

🍷 14,20 €
T 03 26 59 40 57
www.champagne.g.tribaut.com

Des notes de maturité, du gras, du volume, une texture suave mais vin peu dosé, juste la signature d'un raisin mûr (base 2002 et 2003). Il prend du galon par la sensation sphérique qu'il exprime en bouche. De la tenue et du fond. 40 % chardonnay, 30 % pinot meunier et 30 % pinot noir, secteur vallée de la Marne.

14 /20 Hénin-Delouvin - Tradition

Jacky Hénin.
22 quai du Port, 51160 Ay.

🍷 12,60 €
T 03 26 54 01 81
champagne-henin-delouvin@hexanet.fr

Jaune très pâle, nez sur le citron vert, acidulé, mono-expressif, qui contraste avec une bouche riche qui n'est pas dûe au dosage, car cette maturité s'exprime en entrée de bouche. Peut convenir sur le repas et même les desserts. 40 % chardonnay et 60 % pinot noir sur une base de 2004 et 2005. (9 000 bouteilles)

14 /20 Henri David-Heucq & Fils - Cuvée de Réserve

Henri David-Heucq.
Route de Romery, 51480 Fleury-la-Rivière.

🍷 12,40 €
T 03 26 58 47 19
champ.davidheucq@wanadoo.fr

Robe jaune doré, nez de panier de fruits blancs mûrs (typé pinot meunier : 80 %), bouche mûre et acidulée, expressive, mais assez simple. Il termine avec franchise, signe d'un juste dosage. (50 000 bouteilles)

14 /20 Pascal Hénin - Tradition Premier Cru

Pascal Hénin.
22 rue Jules Lobet, 51160 Ay.

🍷 12,60 €
T 03 26 54 61 50
champagne.henin.pascal@hexanet.fr

Délicat en arôme (jus frais d'agrumes). La bouche est fine et coulante. Elle joue sur le côté cristalin, épuré, un côté très chardonnay. Purement apéritif. 40 % chardonnay et 60 % pinot noir sur une base de 2004 et 2005. (8 000 bouteilles)

13,5 **Bernard Tornay - Grand Cru**
Bernard Tornay.
/20 Rue du Haut petit Chemin, 51150 Bouzy.

🍷 14,00 €
T 03 26 57 08 58
www.champagne-tornay.fr

Nez grillé et fruits blancs en compote (typé pinot noir). La bouche manque de finesse, mais gagne en minéralité et fait saliver dans sa finale. Même s'il n'est pas d'une parfaite précision, il a du caractère. 40 % chardonnay, et 60 % pinot noir, secteur montagne de Reims. (32 000 bouteilles)

13,5 **Dany Fèvre - Cuvée Isabelle**
Evelyne et Dany Fèvre.
/20 8 rue Benoît, 10110 Ville-sur-Arce.

🍷 14,20 €
T 03 25 38 76 63
champagne.fevre@wanadoo.fr

Nez de cuir frais. Bouche acidulée, mordante, très jeune, mie de pain et fruit blanc (brugnon). Finale ferme sur des notes crayeuses. 50 % chardonnay, 50 % pinot meunier, secteur côte des Bar. (1 000 bouteilles)

13 **Champagne R. Dumont et Fils**
R. Dumont et Fils.
/20 Rue de Champagne, 10200 Champignol-lez-Mondeville.

🍷 11,80 €
T 03 25 27 45 95
rdumontetfils@wanadoo.fr

Robe pâle et teintée de reflet saumon. Nez de cerise, très typé noir de l'Aube. Sa bouche est solide avec des tanins, une belle longueur et un fruité de pinot intense. Très bien fait, un champagne de table pour poissons épicés.

13 **Couvent-Parent - Tradition**
EARL de la Boissy.
/20 13 route de Courcelles, 02850 Trelou-sur-Marne.

🍷 12,40 €
T 03 23 70 29 05
couvent.parent@wanadoo.fr

Robe teintée de rosé, nez fortement réducteur, chargé. Sa bouche est entière, vineuse, typé pinot meunier (45 %) et groseille. Un champagne rustique qui tient en bouche. Il raconte son terroir. (2 000 bouteilles)

13 **Guy Cadel - Grande Réserve**
Philippe Thiebault.
/20 Rue Jean-Jaurès, 51530 Mardeuil.

🍷 13,90 €
T 03 26 55 24 59
www.champagne-guy-cadel.com

Citronnée, simple d'arôme, la bouche est fraîche, facile, apéritive, finement gourmande. Agréable et sans ennui. 70 % chardonnay, 30 % pinot meunier et 20 % pinot noir, secteurs de la vallée de la Marne et de la côte des Blancs. (20 000 bouteilles)

13 **Jean-Pierre Legret**
Alain Legret.
/20 6 rue Bannay, 51270 Talus Saint Prix.

🍷 12,40 €
T 03 26 52 81 41
alain-legret@wanadoo.fr

Nez expressif, finement citron et pamplemousse, bulles douces, texture crémeuse dans laquelle le dosage accompagne une finale fraîche. De la tenue pour l'apéritif. 20 % chardonnay, 40 % pinot meunier et 40 % pinot noir. (30 000 bouteilles)

12,5 **Edmond Bourdelat - Sélection**
Bruno et Sandrine Bourdelat.
/20 13 rue du Château, 51530 Brugny.

🍷 14,10 €
T 03 26 59 95 25
www.champagne-bourdelat-edmond.fr

Robe jaune soutenu, blé mur, nez puissant, marqué par les notes d'évolution des vins de réserve (25 %) et du pinot meunier (35 %). Finale assez ferme, tendue, massive et sèche. Pour la table. (4 000 bouteilles)

12,5 **Froment-Griffon - Sélection**
/20 EARL Froment-Griffon.
9 rue du Franc Mousset, 51500 Sermiers.

☐ 14,90 €
T 03 26 97 61 62
champagne.froment-griffon@wanadoo.fr

Une base de 2003 avec 40 % chardonnay et 40 % pinot noir, du secteur montagne de Reims. Nez de fruit blanc frais, pétulant. Bouche douce, bulle assez grosse, texture tendre, toujours jeune, coulante. Un apéritif passe-partout. (4 000 bouteilles)

12,5 **Pascal Redon - Tradition**
/20 Pascal Redon.
2 rue de la Mairie, 51380 Trepail.

☐ 13,30 €
T 03 26 57 06 02
champagne.redon@wanadoo.fr

Nez de pâte d'amande, accompagné de nuances grillées, de citron confit, avec une pointe d'oxydation. La bouche est douce, sans acidité, limite en fraîcheur. À boire rapidement. (30 000 bouteilles)

CHAMPAGNE EXTRA BRUT

*Les Champenois baptisent Brut des champagnes de type assez sucré ; on dit « dosés » dans le jargon. Cette adjonction légale de sucre (jusqu'à 15 g/litre) gomme la nature acide du champagne. Cela permet aussi de masquer un déficit de maturité et de goût qui est la conséquence directe d'une viticulture trop productiviste. Parallèlement, la « niche », comme disent les services marketing, des cuvées peu ou non dosées progresse sous l'intitulé d'Extra-Brut, c'est-à-dire dosé à moins de 6 g/l. Ces champagnes séduisent un public féminin, sur le mode des boissons « light », moins calorique. Plus sérieusement, c'est une expression franche, sans fard, du goût de terroir champenois. Celui-ci se distingue par une élégance fraîche et une minéralité crayeuse, avec une vraie persistance de saveurs, comme dans tous les grands vins blancs. **Une sélection établie à moins de 15 €.***

14 **Benoît Lahaye**
/20 Benoît Lahaye.
33 rue Jeanne d'Arc, 51150 Bouzy.

☐ 14,00 €
T 03 26 57 03 05
lahaye-benoit@wanadoo.fr

Nez de gratin d'agrumes et fruits exotiques (typé pinot noir 85 %), bouche riche, réglissée et avec des notes de gâteau à la menthe. Bouche charnue, il est dédié à la table. (3 000 bouteilles)

14 **Voirin-Jumel - Grand Cru**
/20 Patrick Voirin.
55 rue de la Libération, 51530 Cramant.

☐ 14,80 €
T 03 26 57 55 82
www.champagne-voirin-jumel.com

Un pur chardonnay à la robe claire, au nez citronné et sucré, ouvert et bien mûr (marqué par les vins de réserve 2003). En bouche, il est souple, frais et désaltérant. (30 000 bouteilles)

12,5 **Julien Chopin - Carte Noire**
/20 Julien Chopin.
1 rue Gaston Poittevin, 51 530 Monthelon.

☐ 13,00 €
T 03 26 59 70 46

Nez fermé, bouche aux notes oxydatives, suaves (typé pinot meunier). À maturité. (2 000 bouteilles)

CHAMPAGNE MILLÉSIMÉ

*Logiquement seules les meilleures années sont millésimées en Champagne, en raison des caprices de la météo dans cette région septentrionale. En réalité, les millésimés étant vendus plus cher, il est tentant pour les vignerons d'alimenter leur stock systématiquement. Nous l'avons encore vérifié cette année puisque des producteurs nous ont présenté de lamentables 2001. On trouve actuellement à la vente quelques 1996 (excellente année), des 1997 (millésime suave qu'il faut commencer à boire), des 1998 (bon millésime qui évolue assez vite), des 1999 (très bonne année solide) et des 2000 (vaut surtout pour sa symbolique, millésime moyen). **Une sélection établie à moins de 17,50 €.***

14,5 /20 — Gérard et Olivier Belin - 2002 — 15,50 €
Famille Belin. T 03 23 70 88 43
30 Aulnois, 02400 Essomes-sur-Marne. champagne-belin@wanadoo.fr

On est séduit par sa palette d'agrumes grillés. Sa bouche est vive et tient avec fermeté et maturité. 20 % de chardonnay, 70 % de pinot meunier, 10 % pinot noir, secteur vallée de la Marne. (2 500 bouteilles)

14 /20 — Louis Nicaise - Louis par Laure 2002 — 17,50 €
Régis Nicaise. T 03 26 59 40 21
11 place de la République, 51160 Hautvilliers. champagnelouisnicaise@hotmail.fr

Avec une pointe d'évolution dans ses arômes, la bulle est crémeuse, la texture douce, facile. Un peu creux en finale avec une rétro nasale citron confit. Agréable et bien fait. 80 % chardonnay et 20 % pinot noir, secteur vallée de la Marne. (10 500 bouteilles)

13,5 /20 — Jean Velut - 1999 — 15,20 €
Denis Velut. T 03 25 74 83 31
9 rue du Moulin, 10300 Montgueux. champ-velut@wanadoo.fr

Bien que possédant de la vinosité, il est encore citronné. La bouche est tendue, acidulée, jeune, avec une bulle active et crémeuse. 100 % chardonnay, secteur côte des Bar. (2 000 bouteilles)

13 /20 — Denis Salomon - 2002 — 15,80 €
Denis Salomon. T 03 26 58 05 77
5 rue Principale, 51700 Vandières. www.champagne-salomon.com

Nez floral, coulant, pas très puissant, un peu dilué même, mais il tient avec l'acidité, dans une finale serrée, traçante. 50 % chardonnay et 50 % pinot meunier, secteur vallée de la Marne. (5 600 bouteilles)

13 /20 — Didier Doué - 2002 — 17,00 €
Didier Doué. T 03 25 79 44 33
3 voie des Vignes, 10300 Montgueux. doue.didier@wanadoo.fr

La bulle est calme, la texture ronde, souple ; c'est le plus tendre de la série des 2002, avec la signature calme et coulante du chardonnay de Montgueux (Aube). (4 700 bouteilles)

13 /20 — Henri David-Heucq & Fils - 2002 — 15,80 €
Henri David-Heucq. T 03 26 58 47 19
Route de Romery, 51480 Fleury-la-Rivière. champ.davidheucq@wanadoo.fr

La bulle est fine et active. Le nez, passé une forte réduction, se fait acidulé, fruité, assez simple. Il termine très citronné. 60 % chardonnay et 40 % pinot noir, secteur vallée de la Marne. (3 000 boueilles)

CHAMPAGNE ROSÉ

*Le rosé est aussi une couleur très en vogue en Champagne. À l'origine, ces cuvées étaient élaborées pour l'essentiel dans les grands villages historiques du pinot noir de la vallée de la Marne : Ambonay, Aÿ, Bouzy, Cumières, Mareuil, etc. Aujourd'hui, toutes les maisons et surtout la vaste famille des récoltants manipulants (les vignerons qui élaborent seuls leur champagne) de Marne et de l'Aube produisent du rosé. Rappelons que la réglementation des AOC autorise uniquement la Champagne à produire du vin rosé en additionnant du rouge pour teinter le jus blanc. Ce qui donne rarement les meilleurs rosés de la région. L'autre méthode, celle de la saignée de cuve de raisin noir, est aussi utilisée, comme partout ailleurs. **Une sélection établie à moins de 15 €.***

14 /20 Benoît Lahaye
Benoît Lahaye.
33 rue Jeanne d'Arc, 51150 Bouzy.

🍷 14,50 €
T 03 26 57 03 05
lahaye-benoit@wanadoo.fr

Le seul rosé de macération à la robe framboise, qui pinote intensément au nez (fraise Mara des bois). La bouche aux saveurs de kirsch est portée par la matière et les tanins d'un rouge. Il termine simplement. 100 % pinot noir, secteur de la montagne de Reims sud. (4 000 bouteilles)

13 /20 Beauchamp & Fils - Carte Rubis
Michel et Jules Beauchamps.
11 rue des Vignes, 51390 Janvry.

🍷 14,70 €
T 03 26 03 54 63
www.champagne-beauchamp.com

Robe saumon soutenu, nez de fruits acidulés. Bouche portée vers la grenadine, avec une finale finement tannique. 50 % chardonnay, 50 % pinot meunier, secteur vallée de la Marne.

13 /20 Champagne R. Dumont et Fils
R. Dumont et Fils.
Rue de Champagne, 10200 Champignol-lez-Mondeville.

🍷 14,20 €
T 03 25 27 45 95
rdumontetfils@wanadoo.fr

Robe grenadine, nez de bonbon acidulé, la bouche terroite et pinote fort avec un goût de noix et d'humus typique de l'Aube. Ne plaira pas à tous. Se mariera avec une viande blanche aux airelles. 100 % pinot noir, secteur de la Côte des Bar. (N. C.)

12,5 /20 Edwige François
EARL Val des Hais.
68 avenue Fernad Drouet, 02310 Charly sur Marne.

🍷 14,00 €
T 03 23 82 11 26
francois.remiot@free.fr

Son fruité confit provient de vin de réserve avec des notes suaves de confiture à la cerise. À maturité et à servir bien frais. 10 % chardonnay, 90 % pinot meunier, secteur vallée de la Marne. (2 000 bouteilles)

12,5 /20 Jean Michel
Jean Michel.
15 rue Jean-Jaurès, 51530 Moussy.

🍷 13,80 €
T 03 26 54 03 33
champagnejeanmichel@yahoo.fr

Robe framboise soutenue. Nez de framboise écrasée. Bouche vineuse, intense, puissante, sur le grain tannique et rustique du pinot plus que sur de longues saveurs. Pas d'une grande légèreté. 40 % chardonnay, 30 % pinot meunier et 30 % pinot noir, secteur vallée de la Marne. (5 000 bouteilles)

12,5 /20 Jean Velut
Denis Velut.
9 rue du Moulin, 10300 Montgueux.

🍷 13,70 €
T 03 25 74 83 31
champ-velut@wanadoo.fr

Robe grenadine soutenue. Bouche simple, courte, finement savoureuse, sur le cassis et la fraise au sucre. Un goût de pinot franc. 100 % pinot noir, secteur de la côte des Bar. (3 000 bouteilles)

12,5 /20 Jean-Pierre Legret
Alain Legret.
6 rue Bannay, 51270 Talus Saint Prix.

🍷 13,20 €
T 03 26 52 81 41
alain-legret@wanadoo.fr

Il « pinote » avec ses saveurs de fruits rouges simples et finement sucrés. Correct. 30 % chardonnay, 40 % pinot meunier et 30 % pinot noir, secteur vallée de la Marne. (7 000 bouteilles)

12 /20 | **Pascal Hénin - Premier Cru**
Pascal Hénin.
22 rue Jules Lobet, 51160 Ay.

🍷 **14,60 €**
T 03 26 54 61 50
champagne.henin.pascal@hexanet.fr

Note de framboise intense, bouche très sirop de grenadine, explosif, sucré à la limite du déséquilibre. Il impressionne et manque de fraîcheur. 10 % chardonnay et 90 % pinot noir, secteur montagne de Reims sud. (500 bouteilles)

CHAMPAGNE SANS ANNÉE BLANC DE BLANCS

La notion de Blanc de blancs, qui n'est pas spécialement liée à la champagne, signifie que le vin est issu exclusivement de raisins blancs. En l'occurence ici, du chardonnay. Comme cette mention est très à la mode, une majorité de vignerons se sont mis à en produire, sans avoir le terroir adéquat. Rappelons que le secteur historique des grands chardonnays se situe toujours dans la Côte des Blancs. **Une sélection établie à moins de 16,50 €.**

14,5 /20 | **P. Lancelot-Royer - Cuvée des Chevaliers**
Sylvie Lancelot.
540 rue du Général de Gaulle, 51530 Cramant.

🍷 **16,00 €**
T 03 26 57 51 41
champagne.lancelot.royer@cder.fr

Pointe viandox qui évolue sur des notes pâtissières peu sucrées, type cake au citron. La bouche est assez savoureuse, onctueuse, avec de la tenue, dans ses notes vanillées fines. (15 000 bouteilles)

14,5 /20 | **Petit-Camusat - Brut 100 % Pinot Blanc**
Frédéric Petit-Camusat.
14 rue de l'Église, 10360 Noe-les-Mallets.

🍷 **13,30 €**
T 03 25 29 72 81

Robe jaune blé mûr, nez plus ample que pour un chardonnay, avec des rondeurs, des notes de miel et de chicorée. En bouche, il muscate, exotise sur la mangue. Signes de bonne maturité et point de nougat en finale. Ce champagne original peut déconcerter, à servir a l'aveugle aux « connaisseurs ». (10 000 bouteilles)

14 /20 | **Éric Isselee - Grand Cru**
Éric Isselee.
350 rue des Grappes d'Or, 51530 Cramant.

🍷 **14,00 €**
T 03 26 57 54 96
www.campagne-eric-isselee.com

Robe très pale, bouche tendue. Bien typé chardonnay, frais, sec, avec de légers amers en fin de bouche qui s'estomperont. Une base de 2004 qui va évoluer lentement. Pour l'apéritif et les plateaux de coquillages.

14 /20 | **René Rutat - Grande Réserve**
Michel Rutat.
27 avenue du Général de Gaulle, 51130 Vertus.

🍷 **14,80 €**
T 03 26 52 14 79
champagne-rutat@terre-net.fr

Le nez est frais, net, franc, sans être très expressif. En bouche, il joue sur cette retenue, mais tient la finale qui est marqué en rétro-olfaction.

13,5 /20 | **F. Vauversin - Grand Cru**
Bruno Vauversin.
9 bis rue de Flavigny, 51190 Oger.

🍷 **14,90 €**
T 03 26 57 51 01
www.champagne-vauversin.fr

Très mousseux, nez sucré et mûr. Avec de la rondeur dès l'entrée de bouche, de la chair et des saveurs de pêches blanches. Finale douce et honnête. (10 000 bouteilles)

13,5 **Jean-Pierre Legret - Cuvée Spéciale**
/20 Alain Legret.
6 rue Bannay, 51270 Talus Saint Prix.

♀ **13,00 €**
T 03 26 52 81 41
alain-legret@wanadoo.fr

Robe doré soutenu, nez de cake au beurre, pâte à tarte vanillée. L'ensemble est assez évolué mais pas oxydatif (base 2000 et 2001). En bouche, il reste dans cet esprit patiné mais conserve de la fraîcheur dans ses notes de fruits acidulés et de brioche. (5 500 bouteilles)

13,5 **Sadi Malot - Cuvée de Réserve**
/20 Franck Malot.
35 rue Pasteur, 51380 Villers-Marmery.

♀ **12,70 €**
T 03 26 97 90 48
sadi-malot@wanadoo.fr

Nez de beurre noisette, sur une couverture lactée, bouche d'agrume nette, classique, franche. Il termine sur des notes de citron peu acide mais peu sucré aussi. (20 000 bouteilles)

13 **Jacques Copinet - Cuvée Sélection**
/20 Jacques Copinet.
11 rue de l'Ormeau, 51260 Montgenost.

♀ **16,10 €**
T 03 26 80 49 14
www.champagne-copinet.com

Un champagne rond, tendre, assez fortement dosé mais acceptable. Il n'est pas d'une grande minéralité mais explore l'aspect fruité du chardonnay (brugnon et pêche), avec douceur en bouche.

12 **Franck Bonville - Sélection**
/20 Franck Bonville.
9 rue Pasteur, 51190 Avize.

♀ **14,90 €**
T 03 26 57 52 30
www.champagne-franck-bonville.com

Jaune soutenu, nez crémeux, un peu rustique, citronné, sec et ferme dans la finale. Secteur côte des Blancs.

CHAMPAGNE SANS ANNÉE BLANC DE NOIRS

*Les vignerons ont développé cette mention qui signifie que le champagne a été élaboré uniquement avec des raisins noirs. La Champagne étant un vignoble planté au deux tiers de ces raisins (pinot noir et pinot meunier), il s'agit en fait souvent pour eux de créer une cuvée supplémentaire pour étoffer leur gamme. Les Blancs de noirs ont historiquement une légitimité dans les crus réputés pour leur pinot, notamment sur la Montagne de Reims, dans la Vallée de la Marne et dans l'Aube. **Une sélection à moins de 15 €.***

15 **Michel Arnould et Fils - Tradition Grand Cru**
/20 Michel Arnould et Fils.
28 rue de Mailly, 51360 Verzenay.

♀ **13,50 €**
T 03 26 49 40 06
www.champagne-michel-arnould.com

À Verzenay, au nord de la montagne de Reims, sont produits des pinots noirs de grande race, d'exposition nord, donc un peu plus acides qu'en bord de Marne. Ce 100 % pinot noir séduit par sa chair et sa vinosité avec du fond et de la forme. Précis dans son fruité, pas surdosé, le croquant du pinot éclate en bouche. Bel apéritif fruité. (35 000 bouteilles)

14 **René Jolly**
/20 Pierre-Eric Jolly.
10 Rue de la Gare, 10110 Landreville.

♀ **14,00 €**
T 03 25 38 50 91
contact@jollychamp.com

La maturité est poussée, le volume monte en bouche sur des saveurs de cédrat, il illustre bien la richesse du pinot noir (100 %) de la côte des Bar. Ce fort caractère le dédie à la table. (20 000 bouteilles)

13 /20 **J. Charpentier - Brut Réserve**
Jacky Charpentier.
88 rue de Reuil, 51700 Villers-sur-Chatillon.

14,30 €
T 03 26 58 05 78
www.jcharpentier.fr

Nez très fruité, dans un style acidulé, jeune, vineux. Bouche dosée, un rien rustique, mais bien fait dans le style « prime ». 20 % pinot meunier, 80 % pinot noir. (16 000 bouteilles)

12,5 /20 **Laurent Lequart**
Famille Lequart.
17 rue Bruslard, 51700 Passy Grigny.

14,50 €
T 03 26 58 97 48
laurent.lequart@wanadoo.fr

Robe bronze, évoluée, patinée. Nez sans oxydation, compact, pâte d'amande, beurré, du style. Bulles fines, saveurs de pomme cuite, mais reste ferme. Évolué et rustique en finale. 100 % pinot meunier, secteur vallée de la Marne.

COMMENT SÉLECTIONNE-T-ON LES VINS DANS CE GUIDE ?

Pour présélectionner les vins, nous faisons appel aux syndicats et interprofessions des producteurs qui organisent, à notre demande, des dégustations à l'aveugle (étiquette cachée), réunissant les vins de tous les vignerons désireux de nous soumettre un ou plusieurs échantillons de leur production. Il est impératif que le vin présenté soit encore à la vente au domaine au minimum jusqu'à la fin de l'année 2008. Mais surtout, les propriétaires sont contraints de présenter des vins dont le prix ne dépasse pas une limite que nous fixons au préalable pour chaque appellation. Il correspond au prix en dessous duquel nous considérons que l'acheteur fait une bonne affaire. Il est mentionné à la fin de l'introduction de chaque appellation.

JURA

AVEC OU SANS OXYDATION ?

Les dirigeants du syndicat ont pris la décision de différencier les vins blancs dits "typés" autrement dit élevés sous forme oxydative, et ceux dits "floraux" qui sont régulièrement ouillés (opération manuelle consistant à remplir la barrique entièrement pour éviter le contact du vin avec l'air et donc l'oxydation), mais il est encore difficile de savoir exactement quel style de vin on va trouver dans une bouteille de vin blanc du Jura. Beaucoup de producteurs tardent à jouer la transparence. Espérons que cette distinction sera rapidement effective sur les étiquettes afin de clarifier l'offre déjà éclectique du Jura. Les derniers millésimes ont vu éclore de nouveaux vignerons talentueux très actifs dans la promotion des vins du Jura en France et dans une moindre mesure à l'étranger. Si le chardonnay et le pinot noir sont toujours des valeurs sûres, on privilégiera néanmoins les cépages autochtones comme le trousseau en rouge et le savagnin en blanc. Ces cépages donnent des vins originaux typés de cette belle région et vendus à des prix abordables. Sans oublier les "spécialités" de la région comme les vins jaunes, les vins de paille et le macvin. Voilà un vignoble affichant une diversité extraordinaire et sachant produire des vins pour tous les goûts et toutes les bourses...

LES DERNIERS MILLÉSIMES

2007 : 16/20
Le Jura réalise un millésime de grande finesse et d'équilibre. Les rouges (Côtes du Jura, Arbois et Trousseau) se garderont plus longtemps que les 2005. En blanc, privilégiez les savagnins. **Garde : 5 à 10 ans.**

2006 : 14/20
Une année de contraste perturbée par des dérèglements climatiques (août maussade et pluies éparses en septembre) et des rendements élevés. Une année tendre et souple de faible intensité. **Garde : dès maintenant et sur 5 ans.**

2005 : 16,5/20
Une grande année qui évoque la grande réussite de 1999. Comme partout en France dans ce millésime, on se régale de vins mûrs et riches en blanc comme en rouge. **Garde : 5 à 10 ans.**

ARBOIS

C'est à Arbois que l'on trouve quelques-uns des meilleurs chardonnays du Jura. Les vins sont bien marqués par leur terroir et bénéficient d'un bon rapport qualité/prix. Les amateurs qui conservent ces vins sont surpris par leur potentiel de garde, en particulier pour le cépage savagnin. Une nouvelle génération de vignerons s'attache à offrir des chardonnays aromatiques, au fruit croquant et charnu et élevés avec soin, capables de surprendre bien des aficionados de la Bourgogne. **Une sélection établie à moins de 8 €.**

16,5 /20 — **Domaine Ligier Père et Fils - Chardonnay 2006**
Hervé Ligier.
56 rue de Pupillin, 39600 Arbois.

🍷 7,50 €
T 03 84 66 28 06
ligier@netcourrier.com

Très beau nez, finement grillé, légères notes de réduction sur lies fines. Style bourguignon, bouche élancée, trame svelte, élégance et finesse aromatique. Vin droit, précis, tendu, superbe finale inspirée. Magnifique. (6 000 bouteilles)

15,5 /20 — **Domaine de la Pinte - Poulsard 2005**
Philippe Chatillon.
39600 Arbois.

🍷 8,00 €
T 03 84 66 06 47
www.lapinte.fr

Un poulsard de haute volée, au beau nez expressif, déjà automnal (feuilles mortes). La bouche est ample et généreuse, présente du moelleux et un fruit superbe. Vin riche, savoureux, tiendra sur des plats forts en goût. Bravo ! Labellisé bio, certifié Ecocert. (6 000 bouteilles)

15,5 /20 — **Domaine Rémi Treuvey - Trousseau Les Corvées 2006**
Rémi Treuvey.
20 Petite Rue, 39600 Villette-les-Arbois.

🍷 7,00 €
T 03 84 66 14 51
www.domaine-treuvey.fr

Robe soutenue, nez réservé. La bouche est charnue et ample, de beau volume, soutenue par une excellente acidité. Construit en profondeur, c'est un vin complet, structuré, de très beau niveau, capable de bien évoluer sur six à huit ans. (3 300 bouteilles)

15 /20 — **Caveau des Byards - 2005**
Michel Monnoyeur.
Cave des Byards, Route de Voiteur, 39210 Le Vernois.

🍷 6,60 €
T 03 84 25 33 52
www.caveau-des-byards.fr

Assemblage de pinot noir et de poulsard. Beau nez parfumé et floral, bouche à la chair épicée, veloutée et intense. L'ensemble est long, savoureux et mûr, soutenu par une excellente acidité. C'est séduisant, élégant et complet. Superbe dès maintenant. (4 000 bouteilles)

14 /20 — **Domaine de l'Octavin - Commandatore 2007**
Alice Bouvot et Charles Dagand.
1 rue de la Faïencerie, 39600 Arbois.

🍷 7,50 €
T 03 84 66 27 39
www.octavin.fr

Etonnante cuvée de trousseau vinifiée en blanc. Très droit, tendu, élancé, ce vin original possède une acidité marquée, très acidulée, qui rappelle certains muscadets. L'ensemble est assez fin, désaltérant et digeste. Une rareté. Labellisé bio, certifié Ecocert. (700 bouteilles)

13,5 /20 — **Domaine de l'Octavin - Poulsard Dorabelle 2006**
Alice Bouvot et Charles Dagand.
1 rue de la Faïencerie, 39600 Arbois.

🍷 7,50 €
T 03 84 66 27 39
www.octavin.fr

Ce vin se distingue pour sa finesse aromatique. Son profil assez charnu, précis, nerveux, ne masque pas des tanins fermes en finale. Solide et franc, il pourra s'assagir. Labellisé bio, certifié Ecocert. (1 000 bouteilles)

13
/20

Domaine Rémi Treuvey - Chardonnay Le Louis 2006
Rémi Treuvey.
20 Petite Rue, 39600 Villette-les-Arbois.

7,00 €
T 03 84 66 14 51
www.domaine-treuvey.fr

Souple, facile d'accès, ce vin au fruit moelleux et épicé, séduit par son allonge minérale sur des notes de craie. Il sait rester tendre, dans un style précoce et consensuel. (2 300 bouteilles)

ARBOIS-PUPILLIN

Voir Arbois. Cette appellation se différencie de l'Arbois par le seul fait que Pupillin n'intègre pas le cépage trousseau. **Une sélection établie à moins de 8 €.**

14
/20

Cellier Saint-Benoît - Trousseau 2006
Denis Benoît.
Rue du Chardonnay, 39600 Pupillin.

7,50 €
T 03 84 66 06 07
www.celliersaintbenoit.com

Notes florales, roses. Après une attaque ample et élancée, la bouche se dévoile dans une trame fluide, déliée et de belle fraîcheur, dans un style assez tendre et précoce. Les tanins sont fins, la finale précise, rafraîchissante. Très équilibré, c'est un vin enjoué et facile d'accès. Dommage qu'il y en ait si peu... (700 bouteilles)

CÔTES DU JURA

Les Côtes du Jura offrent une palette de vins généreuse et variée. Des blancs secs de chardonnay à ceux de savagnin, au style oxydé ou fruité en passant par une production de rouges issus de cépages autochtones (trousseau et poulsard) mais aussi de pinot noir. Les meilleurs secteurs de l'appellation sont Poligny, Voiteur ou Arlay. Blancs comme rouges sont de véritables découvertes, et des incitations aux accords mets et vins. **Une sélection établie à moins de 8 €.**

16
/20

Domaine Philippe Butin - Trousseau 2006
Philippe Butin.
21 rue de La Combe, 39210 Lavigny.

8,00 €
T 03 84 25 36 26
www.pagesperso-orange.fr/philippe.butin/

Marqué par des notes florales, aubépine, c'est un vin assez fin, de belle fraîcheur aromatique. Il surprend par sa sève et sa structure ferme, mais libère une matière veloutée et élégante, de belle persistance. Une réussite qui parlera aux amoureux des terroirs jurassiens. (2 000 bouteilles)

15
/20

Domaine Buronfosse - Chardonnay Le Pré du Bief 2006
Peggy et Pascal Buronfosse.
La Combe, 39190 Rotalier.

6,00 €
T 03 84 25 05 09
buronfossepjp@orange.fr

Complexe, le nez évoque la craie. Matière dense, charnue, généreuse, bien typée, avec une pointe de curry et une allonge épicée. C'est un vin harmonieux, d'excellente facture. Certifié Ecocert première année de conversion. (1 260 bouteilles)

14,5
/20

Domaine Philippe Butin - Poulsard 2006
Philippe Butin.
21 rue de La Combe, 39210 Lavigny.

7,00 €
T 03 84 25 36 26
www.pagesperso-orange.fr/philippe.butin/

Vin parfumé et floral, aux notes de roses. Un très joli fruit croquant et frais annonce une trame au profil svelte, aux tanins très fins, de belle élégance, qui gagne en volume et en profondeur à l'aération. Délicieux et équilibré. (2 500 bouteilles)

14 /20 **Domaine Grand - Trousseau 2007**
Lothain Grand.
139 rue du Savagnin, 39230 Passenans.

🍷 8,00 €
T 03 84 85 28 88
www.domaine-grand.com

Très joli nez de petits fruits rouges. Bouche pleine de fraîcheur, acidulée, croquante, soyeuse, construite sur un bon équilibre et des tanins policés. Vin très prometteur, d'accès précoce, qui ne craindra pas une viande rouge. (5 000 bouteilles)

---

13 /20 **Domaine Baud Père et Fils - Chardonnay 2003**
Baud Père et Fils.
222 route de Voiteur, 39210 Le Vernois.

🍷 6,80 €
T 03 84 25 31 41
www.domainebaud.com

Beau nez frais, sur la poire. Charnue et ample, la matière se présente dense, serrée, dans une expression solaire, épicée, à la personnalité affirmée. Ce vin présente beaucoup de caractère, et de la persistance. (15 000 bouteilles)

CRÉMANT DU JURA

La production de vins effervescents dans le Jura est une vieille tradition. Le plus connu d'entre eux reste le fameux vin fou d'Henri Maire, un succès commercial indiscutable. Cependant, il n'est pas le seul producteur, et nombre de petites exploitations produisent quelques crémants fameux à des prix imbattables. **Une sélection établie à moins de 8 €.**

15,5 /20 **Domaine Rémi Treuvey**
Rémi Treuvey.
20 Petite Rue, 39600 Villette-les-Arbois.

🍷 6,50 €
T 03 84 66 14 51
www.domaine-treuvey.fr

Le nez se fait épicé, floral et séduisant. La bulle est franche, la bouche ample, charnue, expressive. Assez dense et persistant, ce crémant rosé témoigne d'un style qui se développe, ici très réussi, avec une finale nette à la fraîcheur mentholée. Excellent. (2 000 bouteilles)

---

15 /20 **Fruitière Vinicole d'Arbois - Brut**
Samuel Bourgeois.
2 rue des Fossés, 39600 Arbois.

🍷 6,60 €
T 03 84 66 11 67
contact@chateau-bethanie.com

Net, assez franc, ce crémant offre une bouche savoureuse, droite et tonique, de beau volume, à la finale nette et précise. Simple et désaltérant, il ne faut pas s'en priver. (100 000 bouteilles)

---

14 /20 **Domaine Grand - Brut Prestige**
Lothain Grand.
139 rue du Savagnin, 39230 Passenans.

🍷 7,20 €
T 03 84 85 28 88
www.domaine-grand.com

Issu exclusivement de chardonnay, ce crémant séduit par sa bouche citronnée et charnue. Ample et crémeux, il offre volume et intensité, dans un style complet et assez structuré. (50 000 bouteilles)

L'ÉTOILE

Toute petite appellation du sud du Jura ne comptant que 70 hectares de vignes produisant uniquement des blancs pour la plupart vinifiés en mousseux. La particularité de l'Étoile est d'offrir des arômes d'une grande subtilité, évoluant avec grâce, en particulier ses fameux vins jaunes. **Une sélection établie à moins de 8 €.**

15,5 **Domaine Philippe Vandelle - Tradition 2005**
/20 Bernard et Philippe Vandelle.
186 rue Bouillod, 39570 l'Étoile.

🍷 6,10 €
T 03 84 86 49 57
www.vinsphilippevandelle.com

D'abord discret, assez tendu, ce vin complet, ferme et droit, se présente avec sérieux, avec un caractère typé et une belle allonge sur la fraîcheur. Une vraie expression de terroir. (6 000 bouteilles)

14,5 **Domaine Philippe Vandelle - Vieilles Vignes 2004**
/20 Bernard et Philippe Vandelle.
186 rue Bouillod, 39570 l'Étoile.

🍷 7,20 €
T 03 84 86 49 57
www.vinsphilippevandelle.com

Cet assemblage de chardonnay et de savagnin présente un très beau nez complexe, curry, brou de noix, tout empreint d'une fraîcheur crayeuse. L'ensemble est fin, tendu, d'un grand équilibre. Finale nette et sapide. (12 000 bouteilles)

14 **Château de l'Étoile - 2005**
/20 Georges Vandelle.
39570 L'Etoile.

🍷 6,00 €
T 03 84 47 33 07
info@château-etoile.com

Issu des fameuses marnes bleues de l'appellation, ce vin se présente très typé jaune, avec ses arômes de noix et de curry. La bouche est croquante, épicée, très vive, et assez savoureuse. Pour un comté affiné. (20 000 bouteilles)

MACVIN DU JURA

*Cette liqueur apéritive est une spécialité du Jura. Le macvin est préparé avec du jus de raisin du cépage savagnin cuit et réduit jusqu'à plus du tiers de son volume. Après macération avec différents aromates, on le complète avec un bon tiers de vieux marc de Franche-Comté. Il doit ensuite vieillir six ans en fûts pour se fondre en un tout merveilleusement homogène. **Une sélection établie à moins de 15 €.***

15 **Domaine Geneletti**
/20 David Geneletti.
Rue Saint-Jean, 39210 Château-Chalon.

🍷 13,50 €
T 03 84 44 95 06
www.domaine-geneletti.net

Voici une expression très mûre, robuste, torréfiée et très intense, qui se prolonge sur des touches fumées. Personnalité affirmée, qui paraîtra excessive pour certains. (3 000 bouteilles)

15 **Domaine Rolet Père et Fils**
/20 Pierre, Bernard, Guy et Éliane Rolet.
Route de Dole, BP 67, 39602 Arbois.

🍷 14,00 €
T 03 84 66 00 05
www.rolet-arbois.com

Vin intense, à la texture crémeuse, gourmande, qui libère un fruit épicé, à la sucrosité marquée mais bien intégrée. Un classique du genre. (10 000 bouteilles)

14 **Domaine Désiré Petit & Fils**
/20 Gérard Petit.
Rue du Ploussard, 39600 Pupillin.

🍷 12,50 €
T 03 84 66 01 20
domaine-desire-petit@wanadoo.fr

Opulent, très généreux, ce macvin offre une bouche compacte, ferme, de bon équilibre. (8 000 bouteilles)

Notes

SAVOIE

LA RENAISSANCE DES ROUGES

La Savoie consomme l'essentiel de sa production dans les stations de sport d'hiver. Les vins rouges s'identifient facilement par leurs cépages (pinot, gamay et mondeuse), les blancs sont originaux, issus de cépages régionaux, difficiles à identifier. Voici quelques points de repère. Majoritaire, la jacquère apparaît sous l'appellation « Vin de Savoie » suivie parfois d'une mention communale (Abymes, Apremont, Cruet…). Le bergeron, cultivé sur les éboulis calcaires de Chignin, bénéficie d'une AOC (chignin-bergeron) jalousement préservée par les vignerons. L'altesse peut être le cépage unique de l'AOC roussette (obligatoire pour les crus Marestel, Monthoux, Monterminod et Frangy) ou associée à d'autres cépages (mondeuse blanche et chardonnay) dans une proportion pouvant atteindre 50 %. Le chasselas est limité aux rives du Léman (crus Ripaille, Marin, Marignan et Crépy). Le gringet, apparenté au traminer, donne des vins tranquilles et effervescents à Ayze. Tout comme la molette (crus de Seyssel et de Corbonod). Pour ceux qui aiment voir chanter le nom des cépages, citons les anecdotiques prin, gouais, verdan, verpellin, pointu, miesler (en blanc) et persan, douce noire, étraire, corbesse, hibou, guy, peloursin, crussin, joubertin, rogetaz, balochin, rogin, durif (en rouge) qui persistent sur les treilles familiales… Sous l'influence de vignerons ambitieux, les vins de Savoie ont franchi ces dernières années une étape qualitative importante de leur histoire et les meilleurs d'entre eux jouent la carte du fruit et de la fraîcheur grâce à une meilleure approche de la maturité du raisin, en particulier dans les rouges. Les vins de Savoie bénéficient toujours d'un rapport qualité/prix non négligeable.

LES DERNIERS MILLÉSIMES

2007 : 15/20

Une belle année sauvée des eaux par un magnifique mois de septembre. 2007 est plus mûr que 2006, moins chaud que 2006 et moins acide que 2004. On note cependant une légère dilution dans les rouges, malgré des rendements en baisse. **Garde : 2 ans pour les blancs. Les rouges sont à boire dans l'année.**

2006 : 13/20

L'été fût maussade et le mois de septembre a permis de rattraper plus ou moins le retard de maturité. Une année légère, souple et tendre, sans grande tenue. **Garde : à boire.**

ROUSSETTE DE SAVOIE

Trois zones constituent le vignoble de Roussette. Tout d'abord, le secteur de Frangy, non loin d'Annecy, ensuite le long du lac du Bourget, sur les collines au pied de la dent du chat (Marestel et Monthoux) et enfin au nord-est immédiat de Chambéry (Monterminod). C'est le cépage altesse qui domine l'ensemble du vignoble et qui rentre à 100 % dans l'élaboration du vin si l'on revendique un cru (Frangy, Marestel, Monthoux et Monterminod). Ce sont des vins délicieux à boire dans leur prime jeunesse et qui de façon exceptionnelle, dans les très grandes années, peuvent gagner à vieillir cinq ans. **Une sélection établie à moins de 8 €.**

16 /20 | **Domaine Guy Justin – Cuvée Gabrielle 2005** | 🍷 6,50 €
Guy Justin.
La Trouvière, 73170 Yenne. | T 04 79 36 81 61

Ce vin est issu d'une vendange semi-tardive et porte beau ses 8 grammes de sucres résiduels. Robe dorée, nez de mirabelle et d'épices, bouche charnue, intense et épanouie, très expressive. Voici un très beau vin savoureux, complet et épicé, qui sera idéal à table sur une cuisine riche et inventive. (4 000 bouteilles)

---

15 /20 | **Domaine André et Michel Quénard – 2007** | 🍷 6,00 €
André et Michel Quénard. | T 04 79 28 12 75
Torméry, 73800 Chignin. | am.quenard@wanadoo.fr

Très aromatique, cette roussette aux reflets rosés rappelle le litchi, la peau de pêche. Bouche intense, sapide, finement épicée, dans un style svelte, au fruit fin, croquant et velouté. Excellent vin, grand caractère et avenir. (2 500 bouteilles)

---

15 /20 | **Domaine Guy Justin – Altesse Marestel 2006** | 🍷 7,50 €
Guy Justin.
La Trouvière, 73170 Yenne. | T 04 79 36 81 61

Floral, gourmand, ce vin séduit par son superbe fruit mûr et précis, qui évoque la tarte aux prunes (mirabelle). D'une grande fraîcheur, il donne l'impression de croquer dans un fruit mûr. Délicieux, épicé, très prometteur car il pourra bien évoluer. Bravo ! (2 400 bouteilles)

---

15 /20 | **Le P'Tiou Vigneron – Altesse de Beauregard 2006** | 🍷 5,45 €
Jean-François Maréchal. | T 06 03 25 41 96
Coteaux des Belettes, 73190 Apremont. | www.marechal-apremont.com

Doté d'une belle fraîcheur et d'un caractère avenant, ce vin présente un fruit juteux et sain évoquant l'abricot et la pêche, d'une belle générosité et fraîcheur de caractère. Équilibré, gourmand, c'est un vin capable de se garder trois à quatre ans. (2 000 bouteilles)

VIN DE SAVOIE

Appellation générique de Savoie produisant essentiellement blancs et rouges et, de façon plus confidentielle, quelques rosés. En blanc, plusieurs styles sortent du lot. L'un à base de chasselas, légèrement perlé : le Ripaille, ensuite les vins issus de roussanne : le Chignin et, enfin, ceux qui sont vinifiés à base de jacquère sous le nom d'Apremont et d'Abymes. Les rouges, vinifiés à partir de gamay, sont des vins francs et directs à boire jeunes sur leur fruit. Plus denses et marqués par une séduisante rusticité, les vins du cépage mondeuse sont plus corpulents et peuvent se garder de cinq à sept ans les meilleures années. **Une sélection établie à moins de 8 €.**

17
/20
Domaine Charles Trosset - Arbin Mondeuse Confidentiel 2006
Louis et Joseph Trosset.
Les Fils de Charles Trosset, Chemin des Moulins, 73800 Arbin.

🍷 8,50 €
T 04 79 84 30 99

Superbe nez floral, épices et fruits noirs (mûres, cassis et myrtilles), matière dense, ferme, veloutée, élevage ambitieux qui affine le grain et police des tanins imposants. Profond et plein, voilà un grand vin moderne et précis, qu'il faudra savoir attendre quatre à cinq ans minimum pour le marier à un beau gibier. (8 000 bouteilles)

16
/20
Domaine Charles Trosset - Mondeuse Prestige des Arpents 2007
Louis et Joseph Trosset.
Les Fils de Charles Trosset, Chemin des Moulins, 73800 Arbin.

🍷 8,00 €
T 04 79 84 30 99

Riche d'arômes de fruits rouges et de violette, ce vin souple, mûr et épicé, doté d'une belle intensité de fruit, s'exprime dans un style suave et policé, moderne mais sans rien d'apprêté. Les tanins sont ronds et savoureux. Très persistant, élancé, raffiné. Bravo ! (10 000 bouteilles)

15,5
/20
Château de La Violette - Gamay 2007
Charles-Henri Gayet.
La Violette, 73800 Les Marches.

🍷 5,30 €
T 04 79 28 13 30

Très franc, fruité et gourmand, ce vin libère une belle expression sur le fruit, très sincère et avenante. De caractère friand et désaltérant, c'est un très beau vin à boire à la régalade. (10 000 bouteilles)

15
/20
Domaine Daniel Perrin - Mondeuse Les Jumeaux 2007
Daniel Perrin.
35 impasse du Manoir, 73800 Arbin.

🍷 7,40 €
T 04 79 65 22 14

Bouche charnue, mûre, de la sève, belle matière veloutée, tanins fins, de la fraîcheur. Ensemble complet et équilibré, du potentiel, de la franchise. On aime ce style sincère et sans prétention. (8 000 bouteilles)

14,5
/20
Maison Adrien Vacher - Apremont La Sasson 2006
Adrien Vacher.
73800 Saint-André-les-Marches.

🍷 4,31 €
T 04 79 28 11 48
vacher.adrien@wanadoo.fr

Joli nez mûr, minéral, finement grillé, amandes. Charnu, savoureux, ample, ce vin possède une certaine richesse pour la jacquère, et cette constitution généreuse lui va bien. Sérieux, solide, pour la table. (10 000 bouteilles)

14
/20
Barlet Raymond et Fils - Gamay 2007
Raymond Barlet et Fils.
La Cave du Prieure, 73170 Jongieux.

🍷 5,00 €
T 04 79 44 02 22
www.caveduprieure.com

Coloré et mûr, ce vin présente un fruit charnu et plein, croquant, dans un style vif et équilibré mais empreint de fraîcheur. Il présente une vraie structure tannique et trouvera sa place à table. Idéal dans deux ans. (20 000 bouteilles)

14
/20
Domaine Charles Gonnet - Chignin Bergeron 2007
Charles-Humbert Gonnet.
Chef-Lieu, 73800 Chignin.

🍷 7,00 €
T 04 79 28 09 89
charles.gonnet@wanadoo.fr

Dans un style qui met le fruit en avant, assez franc, ce vin s'avère savoureux et facile. Son fruit croquant évoque la pêche mûre, la bouche est intense, exubérante, ronde et avenante. (10 000 bouteilles)

14 /20 **Domaine de l'Idylle - Arbin Mondeuse 2007**
Philipe et François Tiollier.
73800 Cruet.

6,70 €
T 04 79 84 30 58
tiollet.idylle@wanadoo.fr

Nez expressif de petits fruits rouges. De caractère vif, intense et fruité, c'est un vin tonique, net et précis, digeste mais qui manque d'un rien de maturité en finale. Demande deux ans pour s'harmoniser pleinement. (15 000 bouteilles)

13,5 /20 **Domaine André et Michel Quénard - Chignin Jacquère VV 2007**
André et Michel Quénard.
Torméry, 73800 Chignin.

5,50 €
T 04 79 28 12 75
am.quenard@wanadoo.fr

Construite sur le volume, cette cuvée issue de vieilles vignes possède une matière ample, savoureuse, au fruit mûr équilibré par une jolie trame acide, et une belle allonge. Très recommandable. (15 000 bouteilles)

13 /20 **Domaine de Rouzan - Gamay 2007**
Denis Fortin.
152 chemin de la Mairie, 73190 Saint-Badolph.

4,50 €
T 04 79 28 25 58
denis.fortin@wanadoo.fr

Souple, un peu évolué, c'est un joli gamay de soif, tendre, léger et fruité, soutenu par une bonne acidité. Une pointe d'amertume en finale n'enlève en rien à son intérêt. (6 000 bouteilles)

13 /20 **Sylvain Ravier - Abymes Jacquère 2007**
Sylvain Ravier.
Route des Couarts, 73800 Myans.

3,80 €
T 04 79 28 17 75
vinsdesavoie@wanadoo.fr

De caractère floral, ce vin expressif et mûr offre un fruit charnu et croquant, de bonne fraîcheur. Ensemble satisfaisant, avec du corps mais peu d'alcool. (10 000 bouteilles)

13 /20 **Sylvain Ravier - Apremont 2007**
Sylvain Ravier.
Route des Couarts, 73800 Myans.

4,60 €
T 04 79 28 17 75
vinsdesavoie@wanadoo.fr

Un peu diffus, le nez n'est pas encore bien en place. La bouche est grasse et mûre, sur une expression ample et charnue de fruits blancs. Un peu flatteur, c'est un bon vin abouti. (2 000 bouteilles)

NOUVEAUX TALENTS – VINS DÉCOUVERTES

Cette distinction met à l'honneur de jeunes domaines, des propriétés récemment reprises ou en forte progression que nous jugeons comme les espoirs de leur région. Soyez les premiers à les découvrir !

LANGUEDOC

MISEZ SUR LA VARIÉTÉ

Il n'est pas facile de faire son marché à petits prix dans une région mouvante où tous les mois s'installent de nouveaux producteurs. De nouvelles cuvées naissent à chaque millésime. L'écart entre vin d'appellation d'origine contrôlée et vin de pays ne se situe donc pas nécessairement sur le plan de la qualité, mais souvent de la nouveauté. Sans oublier que la base des vignerons et des coopératives continuent à pratiquer des tarifs angéliques, tandis que d'autres s'envolent. L'élite de la région a connu un succès rapide : les vins sont bons, les acheteurs étrangers n'ont pas de réticences à accepter de payer cher une bouteille « venue du Midi » et la région compte suffisamment de professionnels pour les distribuer les vins. Pour le reste de la production, la situation est plus complexe avec une importante variation des prix avec des vins allant de 12 € à 15 € pour lesquels nous ne voyons pas de différence avec ceux ne dépassant pas 7 € ! Pour les vins plus communs qui peuvent constituer une bonne bouteille de tous les jours, c'est le terroir qui parle : certaines zones possèdent un potentiel évident et peuvent engendrer des vins de caractère. Nous compléterons notre quête de bonnes affaires en rappelant deux évidences. Tout d'abord, il convient de se méfier des cuvées de prestige. Les producteurs, vignerons où caves coopératives ont pris l'habitude d'en produire. Ces cuvées correspondent souvent à des vins surboisés, surextraits, lourds et souvent déséquilibrés et vieillissant mal. Payer ces cuvées 2 €, 3 €, voire 5 € plus cher que le reste de la gamme, est un non-sens. D'autant plus que des vins plus modestes possèdent un équilibre juste, un fruit plus franc et une fraîcheur plus manifeste. Pour le reste, soit il s'agit d'un vin correct, mais en tout état de cause surévalué par rapport au reste de la gamme, soit il s'agit effectivement d'une merveille, mais, dans ce cas, son prix comme sa disponibilité n'entrent pas dans le cadre de notre quête tarifaire… Enfin, il ne faut surtout pas négliger les vins de pays.

LES DERNIERS MILLÉSIMES

2007 : 16,5/20

Une grande année en rouge avec des vins complets, denses et corpulents, maturité phénolique idéale. Les meilleurs blancs sont intenses, purs et harmonieux. **Garde : 5 à 10 ans.**

2006 : 14/20

Des rouges expressifs, frais et aromatiques. Bine équilibrés chez les meilleurs, mais pouvant aussi manquer de fond chez certains. **Garde : de maintenant et sur 5 ans.**

2005 : 15,5/20

Des rouges aromatiques offrant une belle expression de fruit avec de l'acidité. Un beau millésime aux tanins ronds et sans lourdeur. **Garde : de maintenant et sur dix ans.**

BLANQUETTE DE LIMOUX

*Parmi les quatre appellations blanches de Limoux, vignoble de 1 230 hectares au sud de Carcassonne, la plus ancienne (1938) et la plus célèbre est Blanquette de Limoux, vin blanc effervescent issu du cépage mauzac. Elle se décline en méthode traditionnelle (deuxième fermentation en bouteille, comme pour le champagne) et en méthode ancestrale (fermentation spontanée en bouteille, sucrée avec moins de 7° d'alcool). Ce dernier est un vin idéal pour accompagner les desserts à base de frangipane, de nougat ou simplement des crêpes. Son fruité abricoté et son faible degré en font un vin tendance pour les jeunes générations. **Une sélection établie à moins de 7,50 €.***

---

 16 /20

Domaine Rosier - 2005
Michel Rosier.
ZI de Flassian, rue Farman, 11300 Limoux.

♀ 4,50 €
T 04 68 31 48 38
domaine-rosier@wanadoo.fr

Très belle bouteille avec certes de l'évolution et de la matière en bouche, mais belle densité de corps et bulle civilisée. Jolie style ample et généreux. Longueur pour ce crémant vineux qui se comportera à merveille à table et pourra se substituer à un champagne. (10 0000 bouteilles)

---

 15 /20

Domaine de Martinolles - Méthode Ancestrale
Famille Vergnes.
Vignobles Vergnes, 11250 Saint-Hilaire.

♀ 7,00 €
T 04 68 69 41 93
info@martinolles.com

Vive et fine avec une matière ample et grasse, cette méthode offre de la longueur et du fruit en finale. Belle réussite en gardant un aspect joliment équilibré et frais avec un sucre qui reste sur la réserve. Bel équilibre général. (30 000 bouteilles)

---

 15 /20

Domaine J. Laurens - Le Moulin
Jacques Calvel.
11300 La Digne d'Aval.

♀ 7,00 €
T 04 68 31 54 54
domaine.jlaurens@wanadoo.fr

Belle finesse et fruité net et franc au nez et en bouche avec des notes de fleurs blanches et crayeuses en finale. Une blanquette de joli style à la bulle fine et élégante. (35 000 bouteilles)

---

15 /20

Domaine Rosier - Cuvée Jean-Philippe 2006
Michel Rosier.
ZI de Flassian, rue Farman, 11300 Limoux.

♀ 4,50 €
T 04 68 31 48 38
domaine-rosier@wanadoo.fr

Fin et élégant en bouche avec une matière équilibrée et une effervescence très crémeuse et fine. Il lui faut une année de garde pour qu'il prenne des arômes plus affirmés, finement oxydatif. (50 000 bouteilles)

14,5 /20

Domaine Alain Cavaillès - Micromegas 2006
Alain Cavaillès.
Chemin d'Alon, 11300 Magrie.

♀ 6,40 €
T 04 68 31 11 01
cavailles.alain@wnadoo.fr

Bonne expression sur des notes vanillées avec un profil brioché et pâtisserie pour cette cuvée 100 % mauzac, vinifiée en barriques. Bonne acidité en bouche et en finale avec une expression élégante d'une fine évolution aromatique. (1 500 bouteilles)

14 /20
Domaine Lacube - Méthode Ancestrale 2007
Famille Lacube.
La Bardette, 11250 Pomas.
6,20 €
T 04 68 69 45 04

Belles notes de pommes apportées par le mauzac et fraîcheur en finale, dans un registre fruité et savoureux. Une bonne bouteille de méthode ancestrale, traditionnelle, franche et directe. (10 000 bouteilles).

CABARDÈS

*Sur les derniers contreforts de la montagne Noire, à l'ouest de Carcassonne, les vignes de Cabardès (330 hectares) connaissent l'ensoleillement du Midi et une pluviométrie plus proche du Sud-Ouest aquitain (700 mm d'eau par an, contre 480 mm à Narbonne). Cette double influence se retrouve dans une large panoplie de cépages bordelais (merlot, cabernet, malbec) ou méditerranéens (syrah, grenache). On y trouve des rouges ambitieux et de petites cuvées à boire au quotidien, à prix doux. De très jolis 2007 et 2006 pleins de fruit et de fraîcheur, qui seront à boire dans les deux ans. 2005 et 2004 (millésimes plus contrastés) arrivent à maturité de consommation. **Une sélection établie à moins de 7,50 €.***

16 /20
Domaine de Cazaban - Demoiselle Claire 2007
Clément Mengus.
Chemin des Eclauzes, 11600 Villegailhenc.
7,50 €
T 06 62 43 57 70
clement.mengus@orange.fr

Couleur noire au disque violet, nez sur des notes de prunes, de violette, de poivre frais super mûr. Délicieuse bouche de grand fruit portée par une dominante de syrah à très juste maturité. Elevé essentiellement en cuves et en barriques de 225 et 500 litres, le bois reste très discret. Un délicieux vin de fruit pour un domaine à découvrir absolument. (5 000 bouteilles)

16 /20
Prieuré Font Juvenal - Fontaine de Jouvance 2004
Georges et Colette Casadessus.
2 La Prade, 11800 Floure.
7,20 €
T 04 68 79 15 55

Très belle couleur encore dense. Nez et bouche dotés d'un très bel élevage. On découvre de complexes notes de poivre, de violette et de fruits noirs au nez et en bouche avec une matière civilisée et élégante. Un beau vin, vinifié avec soin et savoir-faire. (9 280 bouteilles)

15,5 /20
Château de Pennautier - La Croix Caunettes 2007
Nicolas de Lorgeril.
Vignobles Lorgeril, BP 4, 11610 Pennautier.
4,95 €
T 04 68 72 65 29
www.vignobles.lorgeril.com

Coloré et dense en couleurs, cette cuvée de belle expression de maturité va sur des arômes de fruits noirs et de cerise agrémentés de touches d'épices. Bouche très complète avec une matière concentrée et mûre. Beau volume en finale avec de la longueur. Délicieux vin pour une consommation rapide. Labellisé bio, certifié Qualité France. (30 000 bouteilles)

15 /20
Château Salitis - Cuvée Premium 2005
Anne et Frédéric Maurel.
11600 Conques-sur-Orbiel.
7,00 €
T 04 68 77 16 10
salitis@orange.fr

Dans un registre très méditerranéen, avec une matière marquée par des notes de garrigue, de fruits confits et de figues. Belle concentration en bouche avec de la corpulence et des tanins encore vigoureux. Un vin de style languedocien. (65 000 bouteilles)

CABARDÈS

LANGUEDOC

154

14,5 **Château Salitis - Cuvée Constance** 2004
Anne et Frédéric Maurel.
11600 Conques-sur-Orbiel.

 6,00 €
T 04 68 77 16 10
salitis@orange.fr

Sans manquer de matière, ce 2004 affiche une évolution séduisante avec des légères notes de sous-bois, de mousseron. Belle expression de matière en bouche avec des tanins encore présents, mais sans sécheresse. Se dégustera très bien dans les deux ans. (15 000 bouteilles)

14 **Château Pech Rosié - 2006**
Jean-Marc de Crozals.
11170 Montolieu.

6,50 €
T 04 68 78 10 51
jm.decrozals@free.fr

Un vin coloré et charpenté avec de l'ampleur en bouche. Les tanins sont un rien fermes en finale donnant une note de rusticité en finale. Mais l'ensemble possède du coffre et de l'allonge. Pour accompagner du gibier ou une viande grasse (mouton ou porc). (10 000 bouteilles)

 14 **Domaine de La Mijeanne - 2006**
Anne Sol.
11620 Villemoustaussou.

6,00 €
T 04 68 25 89 16
xol-la-mijeanne@wanadoo.fr

De la couleur et des notes aromatiques au nez et en bouche marquées par des côtés foxés. Un rien rustique, mais avec de la matière, il possède du charme et de la vigueur en finale. Il est indispensable de la passer en carafe une bonne heure avant le service. (3 000 bouteilles)

 **13,5** **Domaine Loupia - 2006**
Nathalie et Philippe Pons.
Les Albarels, 11610 Pennautier.

4,60 €
T 04 68 24 91 77
domaineloupia@wanadoo.fr

De la fraîcheur et de l'équilibre en bouche avec une belle matière et du fruit en finale. Dans un style fondu et soyeux pour ce domaine converti au bio depuis 1974. Labellisé bio, certifié Ecocert. (5 000 bouteilles)

 13 **Domaine de Cabrol - Requieu** 2005
Claude Carayol.
D 118, 11600 Aragon.

5,00 €
T 04 68 77 19 06
www.domainedecabrol.fr

Avec des vignes jeunes (10 ans), Claude Carayrol vinifie cette petite cuvée qui dans ce millésime sera parfaite à boire durant l'hiver. Elle affiche une évolution classique avec des notes d'épices au nez et en bouche. Les tanins sont agréablement fondus et la finale, sans être très longue, est expressive. (30 000 bouteilles)

CORBIÈRES

*La plus vaste appellation du Languedoc (14 160 hectares et 94 % de rouges) se situe au centre d'un quadrilatère compris entre Carcassonne, Narbonne, Perpignan et Quillan. C'est une succession de climats et de paysages très variés, qui conjuguent bords de mer, plaines et montagnes, avec bien sûr une géologie complexe (schiste, calcaire, grès, marne). Par manque d'homogénéité du terroir, mais aussi du fait du retard dans le réencépagement (c'est ici que l'on trouve le plus de carignan, et pas que des vieilles vignes qualitatives) et du peu de vignerons d'élite, comparé par exemple aux Coteaux du Languedoc, le goût des vins de Corbières n'est pas facile à cerner. Les meilleurs rouges de garde se situent près de Lézignan, sur le terroir de Boutenac. Ils jouent sur une charpente et un fruité naturel plus soutenu. Dans les vignobles d'altitude ou à l'ouest de l'appellation, les raisins rouges mûrissent plus difficilement mais gagnent en fraîcheur et en finesse. On y produit de bons blancs et rosés. Les rouges du littoral sont tendres, en souplesse, avec une charpente alcoolique solide. On trouve des vins délicieux sur 2007 avec une expression de fruit intense, sans pour autant manquer de matière et de chair. Dans notre fourchette de prix, on pourra mettre en cave deux à trois ans d'excellentes cuvées. 2006, dans un registre également très fruité, est plus tendre et devra être bu plus jeune, idéalement dans l'année. **Une sélection établie à moins de 6 €.***

16 Domaine du Grand Arc - Réserve 2006
/20 Bruno Schenck.
Le Devez, 11350 Cucugnan.

5,80 €
T 04 68 45 01 03
www.grand-arc.com

Très beau vin parfumé au nez sur des notes d'épices et de fruits noirs. Superbe attaque en bouche avec une grande vinosité et de la longueur. C'est riche, très complet et avec des tanins moelleux. Beau style ambitieux qui montre que l'on peut produire des grands vins en Corbières. (12 000 bouteilles)

15 Château Prieuré Borde-Rouge - Rubellis 2006
/20 Famille Carrere.
Route de Saint-Pierre, 11220 Lagrasse.

5,50 €
T 06 34 40 59 20
contact@borde-rouge.com

À Lagrasse, ce domaine repris en mains en 2005 par la famille Carrere, produit toute une série de vins remarquablement vinifiés, dans un style plein, fruité et moderne. Cette cuvée présente un excellent rapport qualité/prix avec du charnu en bouche, une matière très séduisante et beaucoup de charme. À découvrir absolument. (40 000 bouteilles)

14,5 Château La Domèque - 2007
/20 Frédérique et Patrick Roger.
La Domèque, 11200 Lézignan.

5,00 €
T 06 12 52 46 49
frederique@roger-vignobles.com

Dans un registre encore réduit par son élevage, ce vin présente beaucoup de potentiel avec un bouche pleine et de belle matière, du gras et de la richesse en finale. Belle allonge, il se détache des autres blancs par sa complexité et sa vinosité. (18 000 bouteilles)

14,5 Domaine du Cerbier - Indiana 2004
/20 Carol Bloch.
BP2, 5 portail de La Trinité, 11200 Fabrezan.

5,50 €
T 04 68 43 55 31
domaineducerbier@free.fr

Dans un style évolué et plein avec une matière de belle intensité en attaque, cette cuvée se montre corpulente avec des tanins présents, mais sans sécheresse. Très agréable évolution au nez et en bouche sur les épices. Un très joli vin élaboré par une femme, Carol Bloch. (7 000 bouteilles)

14,5 Domaine du Grand Arc - Veillée d'Equinoxe 2007
/20 Bruno Schenck.
Le Devez, 11350 Cucugnan.

5,00 €
T 04 68 45 01 03
www.grand-arc.com

Avec beaucoup de gras et d'ampleur, cette cuvée offre une matière joliment parfumée au nez et en bouche dans un registre exotique. Belle longueur parfumée avec des touches d'épices. Un excellent blanc de roussanne, maccabeu et grenache. (10 000 bouteilles)

14,5 Les Vignerons de Leucate - Quintilius 2007
/20 Joël Castany.
3 avenue Francis Vols, 11370 Leucate.

4,20 €
T 04 68 40 01 31
cave-leucate@wanadoo.fr

Délicieux vin de fruit avec des notes de fruits rouges et noirs au nez et en bouche. C'est savoureux en finale avec des tanins civilisés, sans aucune rusticité. Un délicieux vin de tous les jours dont les raisins sont issus d'une zone tardive, plantée de syrah. (7 300 bouteilles)

14 Château de Sérame - Réserve du Château 2006
/20 Dourthe, 35 rue de Bordeaux, 33290 Parempuyre.

,00 €
T 05 56 35 53 00
www.dourthe.com

De la souplesse et de la fermeté dans les tanins en finale. Expressif sur des notes sudistes en bouche, on doit commencer à le boire. (160 000 bouteilles)

14 /20 **Château Fontarèche - <u>Tradition</u> 2006**
Arnaud de Lamy.
Fontarèche-Canet d'Aude, 11200 Canet.

🍷 4,40 €
T 04 68 27 10 01
www.fontareche.fr

Voilà une belle expression d'un corbières classique. Cette cuvée associe une matière charnue à la fraîcheur d'un fruité croquant et savoureux. Encore vigoureux et sans trace d'évolution, il offre un bon potentiel de garde (jusqu'à quatre ans). Complet et long, on peut aussi commencer à le boire. (100 000 bouteilles)

14 /20 **Domaine de Longueroche - <u>Château Bertrand</u> 2005**
Roger Bertrand.
Rue de l'Ancienne Poste, 11200 Saint-André-de-Roquelongue.
🍷 5,40 €
T 04 68 41 48 26
www.rogerbertrand.fr

Dans un registre légèrement animal au nez et en bouche, mais avec une matière de belle intensité, ce vin certes rustique, offre un joli style plein et long avec des notes d'épices et de garrigue. À boire. (6 000 bouteilles)

 14 /20 **Domaine du Grand Arc - <u>Nature d'Orée</u> 2007**
Bruno Schenck.
Le Devez, 11350 Cucugnan.
🍷 4,60 €
T 04 68 45 01 03
www.grand-arc.com

Derrière un profil encore réducteur, cette bouteille offre de la matière et de la corpulence avec une attaque certes rustique en bouche, mais avec de la mâche et du corps. C'est un bon modèle de corbières classique issu de zones tardives à maturité plus lente qui demande à s'affiner avec un peu de temps en bouteille. (10 000 bouteilles)

14 /20 **Domaine Sainte Paule - <u>Fûts de Chêne</u> 2005**
Gérard Bertrand.
Château L'Hospitalet, 11100 Narbonne.
🍷 5,00 €
T 04 68 45 36 00
r.planas@gerard-bertrand.com

Ce domaine, vinifié par l'équipe du négociant Gérard Bertrand, offre une matière avec de la mâche et de la concentration en bouche. Avec une fine évolution sur les épices et les petits fruits rouges à l'eau-de-vie, cette cuvée est prête à boire. Labellisé bio, certifié Terra Vitis. (100 000 bouteilles)

13,5 /20 **Cave des Vignerons de Camplong - <u>Peyres Nobles</u> 2007**
Philippe Taudou.
Avenue de la Promenade, 11200 Camplong-d'Aude.
🍷 4,50 €
T 04 68 43 60 86
www.camplong.com

Un rosé d'excellente facture, vineux, légèrement tannique, sans déséquilibre d'alcool. À boire sur les viandes au barbecue. Son alter ego rouge (12/20, 4,50) est un peu moins savoureux. (160 000 bouteilles)

13,5 /20 **Château Beauregard-Mirouze - <u>Tradition</u> 2007**
Nicolas Mirouze.
11200 Bizanet.
🍷 6,00 €
T 04 68 45 19 35
info@beauregard-mirouze.com

Un corbières musclé offrant une belle maturité de fruits dans les arômes, mais également une structure de tanins imposante. Il lui faut un peu de temps pour s'affiner et que l'ensemble se fonde. Bon potentiel sur deux à trois ans. (40 000 bouteilles)

 13,5 /20 **Château Cambriel - <u>Grande Réserve</u> 2005**
Lydie, Christophe et André Cambriel.
65 avenue Saint-Marc, 11200 Ornaisons
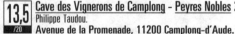
🍷 6,00 €
T 04 68 27 43 08
christophe.cambriel@wanadoo.fr

Complètement sur des notes de garrigue et de cassis très mûr au nez et en bouche avec des notes de bois finement évoluées. Une bouche aux tanins moelleux et une finale aux arômes séducteurs. Beau style long et plaisant. (2 000 bouteilles)

13,5 | **Château du Vieux Parc - Tradition** 2007
/20 | Louis et Claudine Panis.
Avenue des Vignerons, 11200 Conilhac-Corbières.

🍷 5,00 €
T 04 68 27 47 44
louis.panis@wanadoo.fr

Bon fruit au nez et en bouche avec une matière de bonne tenue dans un registre fleurs et fruits blancs. Bonne fraîcheur et longueur. Très plaisant et équilibré. Un vin qui se boira facilement. Certifié bio, Labellisé Vitealys. (6 000 bouteilles)

13 | **Château Fontarèche - Vieilles Vignes** 2007
/20 | Arnaud de Lamy.
Fontarèche-Canet d'Aude, 11200 Canet.

🍷 5,70 €
T 04 68 27 10 01
www.fontareche.fr

Dans un registre légèrement boisé avec une expression assez fraîche du fruit. Bel équilibre, sans lourdeur et d'un style plutôt plaisant. Bonne tenue avec une longueur moyenne, mais il sera délicieux à boire dans sa jeunesse. (30 000 bouteilles)

13 | **Château La Domèque - Tradition** 2006
/20 | Frédérique et Patrick Roger.
La Domèque, 11200 Lézignan.

🍷 3,50 €
T 06 12 52 46 49
frederique@roger-vignobles.com

Bonne couleur et expression tendre sur les épices. Agréable et fine évolution dans un registre épices douces. Un vin très accessible en goût, qui peut se boire sans problème sur l'année. (30 000 bouteilles)

13 | **Domaine de Longueroche - Tradition** 2005
/20 | Roger Bertrand.
Rue de l'Ancienne Poste, 11200 Saint-André-de-Roquelongue.

🍷 5,40 €
T 04 68 41 48 26
www.rogerbertrand.fr

Belle intensité de robe, sans évolution et nez se partageant entre arôme légèrement boisé et caractère de fruit intense. Belle harmonie de matière en bouche et tanins offrant de la suavité. Joli style plaisant, net et franc. (10 000 bouteilles)

13 | **Domaine des Oliviéres - 2007**
/20 | Daniel Lallemand.
11220 Talairan.

🍷 2,90 €
T 04 68 11 51 51

Avec un boisé encore marqué apportant un registre épicé et toasté au nez et en bouche, cette cuvée se montre plus commerciale. Un vin qu'il faut boire dans sa jeunesse, pour son moelleux de tanins et son aspect très séducteur et boisé. (59 000 bouteilles)

12,5 | **Château Brugayrole - 2005**
/20 | Michel Raynaud.
6 chemin de la Source, 11200 Montseret

🍷 5,00 €
T 04 68 43 36 62
domstmichel@aol.com

Dans un registre épicé et séduisant en bouche avec une matière de belle expression, avec un rien rustique dans l'extraction des tanins. Mais agréable matière pour ce vin à boire dans l'année et à passer en carafe avant le service, l'air lui fera du bien. (24 000 bouteilles)

12,5 | **Château Fédane - 2005**
/20 | Philippe Vergnes.
7 rue de la Coopérative, 11200 Névian.

🍷 5,50 €
T 04 68 93 60 62
coop.nevian@wanadoo.Fr

Une bonne cuvée élaborée par une poignée de coopérateurs de Névian. Belle matière avec du caractère et de la densité en bouche montrant des notes d'évolution, mais offrant de l'équilibre. On peut, on doit commencer à le boire. (5 000 bouteilles)

12,5 **Domaine La Lause - Marie de Sobzansac 2006** 🍷 4,90 €
/20 Famille Cavervière. T 04 68 78 73 11
20 route des Corbières, 11800 Monze. domaine.la.lause@voila.fr

Dans un esprit primaire avec des notes de fruits rouges et florales, cette cuvée est vouée à une consommation rapide, sur sa fraîcheur. Digeste et peu concentrée, on apprécie sa fluidité et la légèreté des tanins. (5 300 bouteilles)

0 **Château de Tréviac - Légende 2006** 🍷 5,95 €
/20 Arnaud Sié. T 04 68 44 09 84
Place de la République, 11220 Talairan. treviac@wanadoo.fr

Un vin dans l'esprit léger, sur le fruit avec du croquant et de la fraîcheur en bouche. Notes de groseille, de fraise à l'aspect désaltérant. Un très bon vin de fruit que l'on apprécie sur sa tendresse et sa jeunesse. (15 000 bouteilles)

0 **Château Grand Moulin - La Tour 2007** 🍷 5,20 €
/20 Jean-Noël Bousquet. T 04 68 27 40 80
6 boulevard Galliéni, 11210 Lézignan. chateaugrandmoulin@wanadoo.fr

Assez souple avec de la tendresse et du fruit, sans posséder une grande matière en bouche. Tendre et facile, à la finale mentholée, cette cuvée est agréable à boire dans sa jeunesse. (12 000 bouteilles)

COTEAUX DU LANGUEDOC

*Deuxième appellation de la région après les Corbières (8 255 hectares), les Coteaux du Languedoc occupent un long territoire, depuis les faubourgs de Nîmes jusqu'à Narbonne, le long de l'ancienne Via Domitia, entre la Méditerranée et les contreforts des Cévennes. Une véritable politique de délimitation des terroirs (et à terme des crus) est en cours, dont les plus en pointe sont les secteurs du Pic Saint-Loup, Montpeyroux, Terroir du Larzac et La Clape. Ici, se concentrent les plus fortes individualités vigneronnes languedociennes en quête d'excellence. Les rouges représentent 75 % de la production, autour des traditionnels carignan, cinsault, grenache, mourvèdre et surtout syrah, cépage rodhanien en forte expansion. Ils peuvent être tour à tour de gentils vins de consommation courante, un brin rustiques, à boire jeunes, ou bien des vins ambitieux, élevés adroitement en fûts, offrant une vraie structure de garde de quatre à sept ans. On apprécie cette année les 2006. Bien que plus hétérogène que 2005, ce millésime de consommation plus immédiate forme dans les petits prix un bon bataillon de cuvées qui sont aujourd'hui délicieuses à boire. En effet, leur aspect franc, direct et fruité ne vous retiendra pas. Ce sont, en règle générale, des vins digestes et souples. Mais prévoyez, pour la grande majorité de notre sélection, de les boire dans l'année, au mieux pour les plus ambitieuses dans les deux ans. 2007 est aujourd'hui très jeune, mais prometteur. **Une sélection établie à moins de 7 €.***

15,5 **Mas de Bayle - 2007** 🍷 5,20 €
/20 Céline Michelon. T 04 67 78 06 11
34560 Villeveyrac. www.masdebayle.com

Très beau vin plein de fruit et de vigueur. Bouche suave, expressive sur des notes de mûre et de cassis super séduisantes en finale. Un vin délicieux, tout en séduction, à boire dans sa jeunesse. Une fois de plus, ce domaine nous séduit par la netteté et la franchise de ses vins. (4 000 bouteilles)

15,5 **Prieuré de Saint-Jean-de-Bébian - Bébianito 2005** 🍷 6,75 €
/20 Jean-Claude Le Brun et Chantal Lecouty. T 04 67 98 13 60
Route de Nizas, 34120 Pézenas. www.bebian.com

C'est le second vin de ce célèbre domaine de Pézenas. Avec cette cuvée, Chantal Lecouty offre une initiation au grand vin de Bébian. Délicieusement fruitée, d'influence sudiste avec une dominante de grenache, cette cuvée élevée en cuves est parfaite à boire en ce moment pour ses notes d'épices et de garrigue. Délicieux. (6 000 bouteilles)

15 /20 **Domaine Leyris-Mazière - L'Aiguier 2006**
Gilles Leyris.
Les Poujes, 30260 Cannes-et-Clairan.

🍷 5,00 €
T 04 66 77 88 17
gilles.leyris@libertysurf.fr

Notes oxydatives marquées au nez et en bouche pour ce vin qui se montre très naturel dans ses arômes. Malgré des notes animales en bouche et en finale, ce vin possède de la matière et ne manque pas de style. Cette cuvée qui a besoin d'air (un passage en carafe lui fera le plus grand bien) s'inscrit parmi les cuvées singulières et de belle personnalité dans la région des Terres de Sommières. Labellisé bio, certifié Ecocert. (3 000 bouteilles)

15 /20 **Mas de La Barben - L'Improviste 2005**
M. et Mme Hermann.
Route de Sauve, 30900 Nîmes.

🍷 4,00 €
T 04 66 81 15 88
masdelabarben@wanadoo.fr

Très joli grenache élégant et qui se distingue par sa finesse d'expression. Parfait à boire en ce moment, il démontre la suprématie de ce cépage avec sa grande finesse de tanins. Une superbe affaire à ne rater sous aucun prétexte. (20 000 bouteilles)

15 /20 **Mas de Martin - Vénus 2006**
Christian Mocci.
Route de Carnas (D21), 34160 Saint-Bauzille-de-Montmel.

🍷 8,00 €
T 04 67 86 98 82
www.masdemartin.info

Très belle couleur et densité de corps dès l'attaque en bouche. Beau volume et longueur sur un fruit de très belle maturité amenant de la richesse en finale. Grande intensité et longueur avec de l'équilibre et de l'élégance. Les tanins doivent encore se fondre, mais cette cuvée fait partie des grandes réussites du domaine. (20 000 bouteilles)

14,5 /20 **Château de Valflaunès - Pourquoi Pas 2007**
Fabien Reboul.
Rue de l'Ancien Lavoir, 34270 Valflaunès.

🍷 5,74 €
T 06 83 48 37 85
fabien.reboul@free.fr

Bon fruit avec une fine acidité, bel équilibre et fruité mûr (roussane-marsanne) au nez comme en bouche. Jolie matière et complexité en finale dans un registre long et expressif, sur les épices. (5 500 bouteilles)

14,5 /20 **Château des Hospitaliers - Prestige 2006**
Serge Martin-Pierrat
923 Avenue Boutonnet, 34400 Saint Christol.

🍷 4,00 €
T 04 67 86 03 50
martin-pierrat@wanadoo.fr

Belle couleur dense et très agréable et franche expression de fruit au nez que l'on retrouve dans une bouche gourmande, fraîche, aux tanins délicats. La finale se montre pleine de fruits. Un délicieux vin produit dans le secteur de Saint-Christol, à boire dans sa jeunesse. (13 000 bouteilles)

14,5 /20 **Domaine Le Chemin des Rêves - Abracadabra 2007**
Benoit Viot.
Villa l'Olivette, 2 rue Prédimau, 34790 Grabels.

🍷 7,00 €
T 04 67 03 44 04
www.chemin-des-reves.com

Joli style pour ce blanc travaillé et de belle tenue de matière en bouche. Notes épicées, poivrées, et gras, avec de la longueur. Caractère long et vineux pour ce blanc très joliment présenté avec une étiquette originale et stylisée. (5 000 bouteilles)

Domaine Le Clos du Serres - Le Clos 2007
Sébastien Fillon.
/20 **Rue de La Fontaine, 34700 Saint-Jean de La Blaquière.**

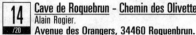

6,00 €
T 04 67 88 21 96
leclosduserre@aliceadsl.fr

Toute jeune, cette cuvée offre une belle intensité de fruit et de la vigueur. Lors de notre dégustation en primeurs (avant mise en bouteilles), le vin présentait des notes encore fermentaires en finale, mais il dévoilait un très joli grain de tanins et une grande fraîcheur en finale. Un beau vin de fruit, très plaisant pour ce domaine à découvrir. (8 000 bouteilles)

14 **Cave de Roquebrun - Chemin des Olivettes 2007**
Alain Rogier.
/20 **Avenue des Orangers, 34460 Roquenbrun.**

4,00 €
T 04 67 89 64 35
cave@cave-roquebrun.fr

Très beau vin plein de fruit et de vigueur. Bouche suave, expressive sur des notes de mûre et de cassis séduisantes en finale. Un vin délicieux à boire dans sa jeunesse. Une fois de plus, cette cave coopérative nous séduit par la netteté et la franchise de ses vins. (4 000 bouteilles)

 Domaine Clavel - Le Mas 2006
Pierre Clavel.
/20 **Mas de Périé, route de Sainte-Croix de Quintillargues, 34820 Assas.**

6,50 €
T 04 99 62 06 13

www.vins-clavel.fr

Bonne tenue et fraîcheur de fruit pour cette cuvée marquée par la syrah avec une séduisante palette aromatique sur les épices. Tanins un rien accrocheurs en finale, mais du style et de l'allonge. Un beau vin pour le quotidien. (70 000 bouteilles)

14 **Domaine Faurmarie - Mathilles Grès de Montpellier 2006**
Christian Faure.
/20 **Rue du Mistral, 34160 Calargues.**

6,80 €
T 06 16 12 23 95
faurmarie@free.fr

Belle matière et richesse en bouche avec des tanins fermes et de la longueur. Il demande à se fondre et à s'équilibrer en bouche, mais du style pour ce vin qui sera parfait à boire après encore un an de bouteille. (150 000 bouteilles)

 Domaine La Mélia - La Croix Sud Montpeyroux 2006
Stéphane Vedeau et Claude Serra.
/20 **3 impasse des Acanthes, 34070 Montpellier.**

6,50 €
T 06 11 73 53 48
la-melia@orange.fr

Beaucoup de vin en bouche avec une matière imposante et une grande richesse, dans un style un rien racoleur. Les amateurs de vins boisés et flatteurs seront servis. Une cuvée qui ne laisse pas indifférente, mais qui peut encore gagner en style et en élégance à la garde. (20 000 bouteilles)

 Mas Bruguière - Calcadiz 2007
Guilhem et Xavier Bruguière.
/20 **La Plaine, 34270 Valflaunes.**

6,00 €
T 04 67 55 20 97
www.mas-bruguiere.com

Dans la souplesse et les tendres parfums de fruits rouges, ce coteaux se montre souple, aux tanins fluides et gourmands, mais avec du style et de la longueur en finale. (6 000 bouteilles)

 Château de Saint-Preignan - 2004
Jean-Claude Pastor.
/20 **34480 Pouzolles.**

6,00 €
T 04 67 24 15 90
saintpreignan@gmail.com

Un bon exemple de coteaux offrant un caractère moderne et flatteur en bouche et dans les arômes. Séduisante et de fine acidité en finale, cette cuvée est délicieuse à boire. (80 000 bouteilles)

161

Château Langlade - Les Pierres Brûlées 2007
Michel Cadène.
30980 Langlade.

🍷 7,00 €
T 04 66 81 30 20
michel.cadene@neuf.fr

Très belle couleur foncée. Nez sur des notes de fruits noirs amenant une bouche mûre et riche. Toujours sur l'expression de fruit, la finale est éclatante avec un beau volume et de la longueur. Bon style, plaisant. (5 000 bouteilles)

 Domaine d'Aupilhac - Montpeyroux Lou Maset 2007
Sylvain Fadat.
28 rue du Plô, 34150 Montpeyroux.

🍷 6,30 €
T 04 67 96 61 19
www.aupilhac.com

Très bon vin coloré, avec une matière souple et fruitée tout en possédant de la corpulence en bouche. Sans être très long en finale, il reflète un esprit moderne et frais parfait à boire dans l'année. Labellisé bio, certifié Ecocert. (40 000 bouteilles)

 Domaine de Campaucels - Clos Sainte-Camelle 2006
Catherine Do.
Route de Villeveyrac, 34530 Montagnac.

🍷 6,20 €
T 04 67 24 19 16
domainecampaucels@orange.fr

Dans un esprit concentré et riche avec beaucoup de densité et de tenue au nez et en bouche, cette cuvée offre une belle matière. Léger esprit confit en finale (un peu au détriment de la fraîcheur), mais très sudiste en bouche. Du style et de l'allonge. (10 000 bouteilles)

 **Domaine de La Croix Chaptal - Les Sigillées 2007**
Charles-Walter Pacaud.
Hameau de Cambous, 34725 Saint-André-de-Sangonis.

🍷 6,90 €
T 04 67 16 09 36
www.lacroixchaptal.com

Très belle robe dorée, nez sur des notes encore réductrices (besoin d'air), mais amenant une bouche assez ample avec de la richesse en finale. Du style et de la longueur pour ce vin certes simple, mais très plaisant à boire dans sa jeunesse. (2 200 bouteilles)

 Domaine de Fabrègues - Le Moulin de Vissandre 2007
Carine Despinasse.
Route de Peret, 34800 Aspiran.

🍷 4,00 €
T 04 67 44 54 99
www.domainefabregues.fr

Bon vin de fruit avec de la fraîcheur. Fines notes d'épices et de garrigues au nez et en bouche, aux parfums bien sudistes, il offre également de la suavité et de la finesse. Bon caractère plaisant. (40 000 bouteilles)

 Domaine de Massereau - 2006
Arnaud Freychet.
Route d'Aubais, 30250 Sommières.

🍷 6,67 €
T 04 66 80 03 23
masserau@free.fr

Belle couleur avec de la brillance amenant un nez encore sur la réserve, mais la bouche est de belle matière avec de la souplesse et de la suavité dans les tanins. Bon esprit moderne et plaisant pour ce vin à boire dans les deux ans. (6 500 bouteilles)

Les Coteaux de Neffiés - Catherine Saint Guery 2006
Philippe Bardou.
28 avenue de la Gare, 34320 Neffiés.

🍷 5,40 €
T 04 67 24 61 98
cavecoop.neffies@wanadoo.fr

Avec 80 % de syrah, ce vin offre une belle matière en attaque sur des notes de fruits très agréablement épicées. Il respire le fruit mûr et les tanins sont tout en rondeur. Séduisant, il offre un excellent rapport qualité/prix. (40 000 bouteilles)

13 /20 **Mas des Étangs - Devois des Agneaux d'Aumelas 2006** — 6,90 €
Maison Jeanjean. — T 04 67 78 37 44
Route d'Aresquiers, 34110 Vic-La-Gardiole. — grand.blanc@jeanjean.fr

Dans un style boisé avec des notes beurrées au nez et en bouche. Style flatteur et moderne, mais plaisant et séducteur. Ce millésime est à boire dans l'année, la garde risque de l'alourdir ! (40 000 bouteilles)

12,5 /20 **Domaine de La Triballe - 2006** — 5,90 €
Olivier et Sabine Durand. — T 04 67 59 66 32
34820 Guzargues. — la-triballe@club-internet.fr

Belle couleur et expression de fruit avec des tanins encore tendus en bouche. Malgré cette certaine austérité, cette cuvée qui s'impose avec 50 % de vieux carignan dans son assemblage et élevée six mois en barriques offre beaucoup de style, d'élégance et de caractère. Labellisé bio, certifié Ecocert. (8 000 bouteilles)

12,5 /20 **Domaine Les Grandes Costes - Musardises 2007** — 6,80 €
Jean-Christophe Granier. — T 04 67 59 27 42
2-6 route du Moulin-à-Vent, 34270 Vacquières. — www.grandes-costes.com

Tendre et frais, ce vin souple et gentiment fruité, composé à 70 % de cinsault, est à boire dans sa jeunesse. (18 500 bouteilles)

12,5 /20 **Prieuré Saint-Martin de Carcarès - 2006** — 3,70 €
Chloé Alquier. — T 04 67 57 51 94
Tours et Terroirs d'Aniane, 34150 Gignac. — info@toursetterroirs.com

Bon fruit en attaque avec de la matière et du caractère amenant une finale avec du style et de la fraîcheur. Bonne longueur sur le fruit croquant. Sans être très dense, cette cuvée reste équilibrée et plaisante et surtout à un prix canon. À ne pas rater pour en faire votre vin quotidien. (35 000 bouteilles)

12 /20 **Château d'Assas - 2006** — 6,00 €
Yves Euzet. — T 04 67 59 62 55
285 avenue Sainte Croix, 34820 Assas.

Bonne souplesse et fruité franc et direct pour ce vin de soif très plaisant à boire dans sa jeunesse et vinifié par la cave coopérative des Vignerons du Pic. (35 000 bouteilles)

12 /20 **Château Saint-Jean d'Aumières - Clos d'Aumières 2006** — 5,00 €
Paul Tori. — T 04 67 57 23 49
Route de Montpellier, 34150 Gignac. — www.aumieres.com

Dans un style assez boisé et flatteur, avec une touche de rusticité plaisante, cette cuvée accessible et peu coûteuse accompagnera à merveille une cuisine de terroir. (15 000 bouteilles)

12 /20 **Gérard Bertrand - Terroir 2006** — 7,00 €
Gérard Bertrand. — T 04 68 45 36 00
Château l'Hospitalet, BP 20409, 11104 Narbonne Cedex. — www.gerard-bertrand.com

Bonne tenue en bouche dans un registre fruité et assez accessible. Bonne matière avec de la fluidité et de la finesse. Un bon vin à boire dans sa jeunesse. (140 000 bouteilles)

11,5 **Domaine Jordy - Expression 2007**
/20
Frédéric Jordy.
9 route de Salelles, 34700 Loiras.

6,90 €
T 04 67 44 70 30
frederic.jordy264@orange

Tendrement fruité et direct avec une matière de bonne tenue et de la vigueur en finale. Bon fruit classique et tanins souples pour ce vin à boire jeune. (5 000 bouteilles)

COTEAUX DU LANGUEDOC LA CLAPE
Voir Coteaux du Languedoc. **Une sélection établie à moins de 7 €.**

15 **Château d'Anglès - 2006**
/20
Éric Fabre.
11560 Fleury-d'Aude.

7,00 €
T 04 68 33 61 33
chateau-dangles@ifrance.com

Éric Fabre, bordelais d'origine, qui a fait ses classes chez les Rothschild, vinifie avec beaucoup de soins un beau vin blanc sur le secteur frais des hauteurs de La Clape. Gras et ample en bouche avec de belles notes de fruits mûrs, on apprécie son style complet et vineux. Il sera délicieux à boire à table. (24 300 bouteilles)

14,5 **Château l'Hospitalet - Réserve 2006**
/20
Gérard Bertrand.
Route de Narbonne-Plage, 11100 Narbonne.

7,50 €
T 04 68 45 28 50
www.gerard-bertrand.com

Attaque en bouche sur une matière de bonne intensité avec des notes de fruits mûrs. Belle tenue de l'élevage, sans excès. Un bon coteaux, bien élaboré, d'un style classique et plaisant. (250 000 bouteilles)

14 **Domaine Ricardelle - 2006**
/20
Thomas Negre.
Route de Gruissan, 11100 Narbonne.

6,00 €
T 04 68 65 21 00
www.chateau-ricardelle.com

Très jolie cuvée de cru au style grenache fin et parfumé avec une légère évolution. Classique et plaisant, il sera parfait à boire dans l'année avec ses tanins fins, élégants et agréablement fondus. (20 000 bouteilles)

COTEAUX DU LANGUEDOC PIC SAINT-LOUP
Voir Coteaux du Languedoc. **Une sélection établie à moins de 7 €.**

15 **Château Lancyre - Clos des Combes 2006**
/20
Familles Durand et Valentin.
34270 Valflaunès.

7,00 €
T 04 67 55 32 74
www.chateaudelancyre.com

Attaque pleine et dense avec une matière de belle amplitude offrant un caractère très sudiste et une intéressante expression de terroir. Ses notes légèrement surmûres incitent à boire ce vin dans sa jeunesse, mais il offre de la matière et de la concentration ainsi que du potentiel. À noter également la cuvée Coste d'Aleyrac (14/20, 6,50 €) offrant un bel assemblage de syrah et grenache. (25 000 bouteilles)

14,5 **Cave coopérative Les Coteaux du Pic - Sélection 2005**
/20
Thierry Vacher.
140 ave de Montferrand, 34270 St-Mathieu-de-Tréviers.

6,30 €
T 04 67 55 81 22
www.coteaux-du-pic.com

Belle couleur et expression élégante sudiste, sans lourdeur. Bon croquant de fruit et notes minérales, graphite avec une expression élégante des tanins et de la fraîcheur en finale. Sans être très concentrée, mais de très bel équilibre, cette cuvée sera parfaite à boire dans l'année. (45 000 bouteilles)

14,5 **Château des Mouchères - L'Estelou 2006**   🍷 6,00 €
/20 Jacques Teissèdre.   T 04 67 55 20 17
Hameau de la Vieille, 34270 St-Mathieu-de-Tréviers.   chateaudesmoucheres@free.fr

Cette cuvée offre davantage de charnu et de matière avec encore des tanins très présents en finale apportant une touche d'amertume en finale, mais du vin en bouche. Bonne tenue avec de la longueur en finale. Les tanins demandent à se fondre, pour ce vin de bon potentiel. (2 000 bouteilles)

14,5 **Domaine des Vabres - Tradition 2006**   🍷 5,00 €
/20 Alain Breton.   T 04 67 59 91 56
107 chemin de La Jasse, 34980 Montferrier.   bretonala@wanadoo.fr

Très beau fruit au nez et en bouche apporté par une large dominante de syrah bien mûre. Avec une matière pleine et de bon équilibre, la fluidité des tanins et la longueur sur le fruit rouge en font un vin digeste et délicieux à boire dans sa jeunesse. (20 000 bouteilles)

14 **Cave coopérative Les Coteaux du Pic - Réserve 2006**   🍷 5,20 €
/20 Thierry Vacher.   T 04 67 55 81 22
140 ave de Montferrand, 34270 St-Mathieu-de-Tréviers.   www.coteaux-du-pic.com

Dans un registre encore boisé, mais de belle amplitude de matière, ce coteaux-du-languedoc, aux tanins un rien durs en finale, demande à se fondre, mais l'ensemble présente un beau potentiel. (40 000 bouteilles)

14 **Château de Valflaunès - Espérance 2006**   🍷 5,74 €
/20 Fabien Reboul.   T 06 83 48 37 85
Rue de l'Ancien Lavoir, 34270 Valflaunès.   fabien.reboul@free.fr

Réglissé, avec une belle matière en attaque et des tanins structurés, mais avec du gras et du moelleux. Harmonieux et long bien qu'encore austère, ce pic-saint-loup s'inscrit dans un style très classique et droit. (19 000 bouteilles)

13 **Château des Mouchères - Tradition 2007**   🍷 5,00 €
/20 Jacques Teissèdre.   T 04 67 55 20 17
Hameau de la Vieille, 34270 St-Mathieu-de-Tréviers.   chateaudesmoucheres@free.fr

Avec des arômes portant sur un fruité primaire, ce vin simple et tendre est à boire sur son fruit et sa jeunesse. (6 500 bouteilles)

13 **Château La Roque - 2006**   🍷 7,00 €
/20 Jacques Figuette.   T 04 67 55 34 47
34270 Fontanès.   contact@chateau-laroque.eu

Un bon rouge classique, tendre avec de la souplesse et de la fluidité dans les tanins. Une cuvée à boire dès maintenant pour son plaisir immédiat et sa fraîcheur. (80 000 bouteilles).

COTEAUX DU LANGUEDOC PICPOUL-DE-PINET
*Voir Coteaux du Languedoc. **Une sélection établie à moins de 6 €.***

15  **Mas Saint-Antoine - La Font du Loup 2007**   🍷 6,00 €
/20 Robert Jaeger, Dominique Portes, Bernard Woimant.   T 06 62 82 08 31
Descente de la Bergerie, 34120 Castelnau de Guers.   robertjaeger@club-internet.fr

Bon classique avec du gras et de la matière, marqué par moins d'acidité que les picpouls en général. C'est mûr avec de la complexité tout en gardant sa fraîcheur, sa vivacité et son appétence. Un très bon vin. (8 000 bouteilles)

13,5 /20 **Les Vignerons de Florensac – 2007**
Sébastien Martin.
34510 Florensac.

🍷 3,99 €
T 04 62 82 08 31
robertjaeger@club-internet.fr

Très floral avec de la fraîcheur et de la finesse en finale. S'adaptera parfaitement en apéritif ou en entrée de repas. C'est un blanc du Sud fluide, digeste et plaisant. (60 000 bouteilles)

CRÉMANT DE LIMOUX

*Comme toute la famille des crémants, c'est un vin effervescent élaboré selon la méthode dite traditionnelle (la même qu'en Champagne). La différence avec la blanquette Brut vient de son élevage plus long sur lie (quinze mois au lieu de neuf) et surtout d'un assemblage plus « nordiste », composé de chardonnay et de chenin, complété de mauzac et de pinot noir. **Une sélection établie à moins de 9 €.***

 15,5 /20 **Domaine J. Laurens – Les Graimenous 2006**
Jacques Calvel.
11300 La Digne d'Aval.

🍷 8,50 €
T 04 68 31 54 54
domaine.jlaurens@wanadoo.fr

Bulle fine, élégante avec des notes de fruits frais et de brioche. Belle expression en bouche avec de l'acidité en finale et un sucre bien intégré. Un joli crémant élégant et équilibré, délicieux à boire dans l'année. (67 000 bouteilles)

 14,5 /20 **Domaine de Martinolles – 2005**
Famille Vergnes.
Vignobles Vergnes, 11250 Saint-Hilaire.

🍷 8,00 €
T 04 68 69 41 93
info@martinolles.com

Dans un style miellé avec des notes de fleurs blanches. La bulle est persistante en bouche avec une matière de bonne intensité. Un style complet et long offrant une belle tenue et de la fraîcheur en finale pour ce crémant vineux. (10 000 bouteilles)

 14,5 /20 **Les Vignerons du Sieur d'Arques – Aimery**
Alain Gayda.
Avenue du Mauzac, 11303 Limoux Cedex.

🍷 5,99 €
T 04 68 74 63 00
www.sieurdarques.com

Avec une palette aromatique finement oxydative, ce crémant se montre fin, persistant et très complet en bouche. L'effervescence est élégante et crémeuse en finale. Une bonne bouteille, stylisée. (150 000 bouteilles)

FAUGÈRES

*Comme Saint-Chinian, Faugères (1 695 hectares) est un cru dédié aux rouges, situé au nord de Béziers, à l'ouest des Coteaux du Languedoc, partagé entre des sols de schiste et de calcaire. La syrah connaît une belle expansion sur ce terroir montagneux, et les vins affichent une finesse aromatique et un velouté de matière qui les distinguent. Quelques stars (Alquier, Louison, Barral) ont fait beaucoup pour la jeune, mais forte, notoriété de l'appellation. Les prix ont nettement augmenté ces cinq dernières années. Une faible mais bonne production de blanc se fait désormais sous l'appellation Faugères, depuis 2004. Très belles séries de 2007 en rouge, bien moins minérales que ce que peut produire Faugères, mais avec des cuvées pleines de fruit et de fraîcheur. Des vins qui seront délicieux à boire dans les deux ans. **Une sélection établie à moins de 8 €.***

16 /20 **Domaine La Borie Fouisseau - La Salamandre 2006**
Véronique Vaquer-Bergan.
10 avenue de la Gare, 34480 Laurens.
🍷 7,50 €
T 06 18 38 00 60
vaquerdago@aol.com

Un superbe vin d'une très belle concentration avec une robe foncée. La bouche dévoile une matière ample, généreuse et de grande longueur sur un fruit dominant. Bien vinifié, ce domaine qui vient d'être repris en mains récemment s'impose dans la dégustation. À découvrir absolument. Labellisé bio, certifié Ecocert. (12 000 bouteilles)

15,5 /20 **Château de la Liquière - Les Amandiers 2007**
Famille Vidal-Dumoulin.
34480 Cabrerolles.
🍷 6,80 €
T 04 67 90 29 20
www.chateaulaliquiere.com

Belle attaque en bouche avec une matière fine et équilibrée. Style relevé d'une fine acidité en finale apportant une touche de vivacité pour cette cuvée ne manquant ni de matière et ni de longueur. Un beau vin moderne issu d'un assemblage en trois tiers (carignan, syrah, grenache avec une touche de mourvèdre) et de belle amplitude. (80 000 bouteilles)

15 /20 **Les Crus de Faugères - Terrasses de Rieutor 2007**
Philippe Maury.
Mas Olivier, 34600 Faugères.
🍷 6,50 €
T 04 67 95 08 80
contact@lescrusfaugeres.com

Un vin gras, ample et généreux en bouche avec une matière aux notes florales et beurrées en finale. Bonne tenue dans un esprit gastronome. Une cuvée de blanc à servir à table sur un poisson ou une volaille. (4 000 bouteilles).

14,5 /20 **Domaine de Valambelle - Florentin Abbal 2007**
Famille Abbal.
25 avenue de la Gare, 34480 Laurens.
🍷 7,95 €
T 04 67 90 12 12
www.domaine-valambelle.com

Grande couleur sombre amenant un nez et une bouche marqués par des notes luxueusement boisés et une grande concentration de matière. Un vin riche, puissant et flatteur, qui demande à s'affiner dans le temps. Labellisé bio, certifié Ecocert. (12 000 bouteilles)

14 /20 **Domaine Coudougno - 2006**
Philippe Maury.
Mas Olivier, 34600 Faugères.
🍷 4,10 €
T 04 67 95 08 80
contact@lescrusfaugeres.com

Ce domaine vinifié par l'équipe de la cave coopérative de Faugères s'impose dans la dégustation par sa matière et sa corpulence ainsi que par sa structure de tanins en finale. Une cuvée de bon potentiel qui doit encore s'affiner deux ans en bouteille. (50 000 bouteilles)

13 /20 **Domaine de Valambelle - L'Angolet 2006**
Famille Abbal.
25 avenue de la Gare, 34480 Laurens.
🍷 5,90 €
T 04 67 90 12 12
www.domaine-valambelle.com

Fluidité et souplesse en bouche avec une matière de bonne maturité de fruit et des tanins présents. Un bon vin quotidien, peu complexe, plaisant, présentant un bon rapport qualité/prix. Labellisé bio, certifié Ecocert. (13 300 bouteilles)

12,5 **Abbaye de Sylva Plana - Les Novices** 2007
/20 H.-F. Bouchard et Guy Cédric.
3 rue de Fraïsse, 34290 Alignan-du-Vent.

🍷 6,70 €
T 04 67 24 91 67
www.vignoblesbouchard.com

Un bon classique, souple en bouche avec une matière équilibrée, sans être très long en finale. Une bonne cuvée d'entrée de gamme, à boire sur son fruit et sa jeunesse. (28 000 bouteilles)

LIMOUX

*Cette jeune appellation datant de 1993, uniquement dédiée au blanc sec non effervescent, est élaborée principalement avec du chardonnay élevé et vinifié en fûts de chêne. L'un des rares chardonnays méridionaux, né dans un terroir frais et propice à posséder de l'élégance et une véritable identité. Grâce à la dynamique coopérative Sieur d'Arques, le succès est au rendez-vous et les prix flambent. Depuis 2003, l'appellation Limoux rouge a vu le jour (minimum 50 % de merlot) et représente la moitié de la production. En 2007, les rouges sont souples et fruités pour cette catégorie de prix. Nous vous conseillons de les boire jeunes, ils risquent de se faner rapidement. Cette appellation en blanc offre toujours de très belles opportunités. **Une sélection établie à moins de 8 €.***

15 **Domaine Rives-Blanques - L'Odyssée** 2005
/20 Jan et Caryl Panman.
11300 Cépie.

🍷 7,90 €
T 04 68 31 43 20
www.rives-blanques.com

Riche, onctueuse et pleine, avec beaucoup de gras et de richesse, cette cuvée de Limoux, vinifiée et élevée en barriques avec battonage régulier, s'inscrit parmi les plus vineuses et les plus complexes de la série. (20 000 bouteilles)

14 **Domaine de Castel-Nègre** - 2005
/20 Anne et Romain Marchesi.
11580 Alet-les-Bains.

🍷 7,10 €
T 04 68 74 14 99
castel-negre@orange.fr

Belle robe dorée, nez sur des notes finement grillées apportées par une légère évolution. Du gras et de la matière en bouche, avec de fins amers en finale et de belle longueur. Un vin très complet, qui arrive sereinement à maturité de consommation. Agriculture raisonnée, réseau Farre. (5 000 bouteilles)

13,5 **Domaine Astruc** - 2007
/20 Jean-Claude Mas.
20 avenue du Chardonnay, 11300 Malras.

🍷 7,90 €
T 04 68 31 13 26
www.dastruc.com

Robe d'un or clair, nez très chardonnay relevé par un boisé légèrement grillé. Joli fruit en bouche et matière de belle tenue. Aujourd'hui, le boisé est encore dominant, mais l'ensemble se montre plaisant en bouche. Il faut attendre que le bois se fonde. (45 000 bouteilles)

12,5 **Domaine de Castel-Nègre** - 2007
/20 Anne et Romain Marchesi.
11580 Alet-les-Bains.

🍷 7,30 €
T 04 68 74 14 99
castel-negre@orange.fr

Cette cuvée affiche un très beau fruit au nez et en bouche avec une matière équilibrée et fraîche. Un bon vin de fruit à boire dans l'année. Agriculture raisonnée, réseau Farre. (6 000 bouteilles)

12 **Cave Anne de Joyeuse - Very Limoux Chardonnay** 2006
/20 Rémy Fort.
41 avenue Charles-de-Gaulle, 11300 Limoux.

🍷 7,00 €
T 04 68 74 79 40
www.scv-cave-anne-de-joyeuses.fr

Corpulent avec une matière assez généreuse en bouche, ce limoux blanc offre de la tenue et du gras avec de la longueur, sans être très frais... Il est parfait à boire dans l'année. (30 000 bouteilles)

12 /20 Domaine Astruc - 2007
Jean-Claude Mas.
20 avenue du Chardonnay, 11300 Malras.
🍷 **7,90 €**
T 04 68 31 13 26
www.dastruc.com

Un vin affichant une belle matière avec du corps en bouche et une bonne intensité de finale entre fruits rouges et boisé fin et élégant. La rondeur et la souplesse des tanins en finale en font déjà un vin très séduisant que l'on pourra boire dans sa jeunesse. (12 000 bouteilles)

12 /20 Domaine de Martinolles - Garriguet 2007
Famille Vergnes.
Vignobles Vergnes, 11250 Saint-Hilaire.
🍷 **5,50 €**
T 04 68 69 41 93
info@martinolles.com

Un rouge tendre et souple en bouche avec un fruit discret et de la fluidité en finale. Il sera parfait à boire dans l'année pour sa souplesse et sa légèreté. (15 000 bouteilles)

MALEPÈRE

*Voilà un an (parution au Journal officiel en mai 2007) que le vignoble de Malepère bénéficie du statut d'AOC. 3 500 hectares limitrophes de Limoux, essentiellement plantés de cépages bordelais associés aux méditerranéens grenache et cinsault, ainsi que le chardonnay et le sauvignon pour les blancs. Les vins sont encore assez souples sans véritable définition de style. Mais les derniers millésimes se montrent plus précis et l'appellation progresse tranquillement. **Une sélection établie à moins de 6 €.***

15 /20 Domaine de Cazes - Clos des Chênes 2006
Gilbert Cazals.
11240 Alaigne.
🍷 **6,00 €**
T 04 68 69 01 14
domainedecazes@wanadoo.fr

Dans un style plus ambitieux avec des notes boisées au nez et en bouche, mais avec de la tenue d'ensemble dans un registre plus moderne et flatteur, cet assemblage de cépages bordelais (cabernets franc et sauvignon, cot et merlot) vinifiés assemblés est un vin ample et généreux. (3 000 bouteilles)

15 /20 Domaine Girard - Tradition 2006
Philippe Girard.
5 rue de la Fontaine, 11240 Allaigne.
🍷 **6,00 €**
T 04 68 69 05 27
domaine-girard@wanadoo.fr

Repris en 2000 par Philippe Girard, ce domaine a connu un nouvel élan. Cet assemblage de cabernet franc et merlot forme un vin de bonne franchise de goût, et surtout marqué par une matière onctueuse sur des notes de fruits mûrs. Belle tenue en finale avec du caractère. (8 000 bouteilles)

14,5 /20 Château Guilhem - Cuvée Famille 2007
Bertrand Gourdou.
Le Château, 11300 Malviès.

🍷 **6,00 €**
T 04 68 31 14 41
www.chateau guilhem.com

Relancé à partir de 2003 par Bertrand Gourdou, ce cru familial retrouve un très bon niveau dans l'appellation. Ce blanc fruité et tendre offre une matière tout en fraîcheur, mais également de la consistance et de la longueur. Très légèrement boisé, cela lui apporte un supplément de complexité en finale. (25 000 bouteilles)

14 /20 Château de Cointes - Tradition 2007
Anne Gorostis.
11290 Roullens.
🍷 **4,50 €**
T 04 68 26 81 05
gorostis@chateaudecointes.com

Il affiche une belle robe avec des reflets violets. Le nez va sur un fruit croquant et ferme amenant une bouche de bonne amplitude, sur des nuances aromatiques un rien végétales en finale, très cabernet. (15 000 bouteilles)

13,5  **Cave La Malepère - Notre-Dame 2005**
/20 Jean Escarguel.
11290 Arzens.

5,66 €
T 04 68 76 71 71
caveau@cavelamalepere.com

C'est la grande cave coopérative de Malepère, créée en 1949 regroupant 300 viticulteurs. Cette cuvée est généreuse en matière avec une palette aromatique vanillée apportée par un élevage en bois de huit mois. (8 000 bouteilles)

13,5 **Domaine de Cazes - Chardonnay Sauvignon 2007**
/20 Gilbert Cazals.
11240 Alaigne.

4,00 €
T 04 68 69 01 14
domainedecazes@wanadoo.fr

Le domaine expérimental de l'appellation a produit dans ce millésime un vin de belle facture, droit et tendu dans un registre aromatique empyreumatique à la finale finement mentholée. L'association des deux cépages chardonnay et sauvignon forme un bel ensemble. Délicieux à boire dans l'année. (2 000 bouteilles)

MINERVOIS

*Adossé à la montagne Noire (contrefort des Cévennes), le Minervois occupe un vaste amphithéâtre exposé plein sud, qui surplombe la vallée de l'Aude et le canal du Midi. Son immense vignoble étagé (5 000 hectares) s'étend entre le causse et la garrigue. Les terrasses arides de schiste, de grès ou de calcaire, faites de galets, donnent naissance à des rouges (95 % de la production) aux tanins fins mais parfois secs. Les blancs, anecdotiques, peuvent séduire par leur élégance. Seul cru du Minervois, le village de La Livinière qui concentre d'excellents vignerons (vendant à fort bon prix) et fournissant des vins amples et profonds. Beaucoup de vignerons de ce secteur produisent aussi des vins de pays et des vins de table dans des conditions précaires, ce qui n'aide pas à faire progresser la réputation de l'appellation. Belle série de 2007, d'un style complet et aux tanins denses. Une garde de deux à trois ans pour les cuvées les plus ambitieuses sera un plus. Les 2006, plus tendres, peuvent commencer à être bus. Quant aux 2005, ils restent une des grandes réussites de l'appellation. Dans nos prix, ce sont des vins que l'on doit commencer à boire. **Une sélection établie à moins de 7,50 €.***

15,5 **Domaine Monastrel - Bélibaste 2007**
/20 Vincent Enaud.
24 route de Mailhac, 11120 Bize-Minervois.

5,50 €
T 04 68 46 01 55
domaine@monastrel.com

Très belle matière pour ce vin à 90 % carignan qui demande à s'affiner, mais il ne manque pas de concentration, avec une longueur sur le fruit noir. Très bel équilibre en finale avec ce qu'il faut d'acidité. Une très belle réussite dans la dégustation. (7 500 bouteilles)

15 **Château de Cordes - 2007**
/20 Jacques Cosel.
11800 Rustiques.

5,50 €
T 04 68 79 07 48

Superbe couleur et matière de très belle attaque avec une bouche complète, charmeuse sur un fruit mûr et expressif. Très bon volume en finale avec du caractère tout en possédant une parfaite harmonie dans les tanins. Un rapport qualité/prix imbattable. (40 000 bouteilles)

15 **Château Laville Bertrou - Réserve 2006**
/20 Gérard Bertrand.
Route de Narbonne Plage, 11100 Narbonne.

4,99 €
T 04 68 45 36 00
www.gerard-bertrand.com

Beaucoup de corps et de matière en bouche avec une belle concentration et de belles notes de fruits mûrs et de garrigue. Belle matière, riche et intense avec de la tenue et de la longueur. Un beau vin très complet. Labellisé bio, certifié Terra Vitis. (60 000 bouteilles)

14,5 **Château Parazols-Bertrou - Fûts 2007**
/20 Béatrice et Jean-Marie Bertrou.
11600 Bagnoles.

🍷 5,80 €
T 04 68 77 06 46
jean-marie.bertrou@wanadoo.fr

Dans la partie ouest de l'appellation sur le secteur de Bagnoles, cette propriété qui produit également du Cabardès, a réalisé un beau vin encore très coloré avec beaucoup de matière et de richesse. Un bel ensemble avec de la densité dans les tanins. Charpenté et plein, avec du style et de la longueur. (7 500 bouteilles)

14,5 **Château Pépusque - Les Gravettes 2007**
/20 Renée et Benoît Laburthe.
7 rue du 11 novembre 1918, 11700 Pépieux.

🍷 7,20 €
T 04 68 91 41 38
chateau.pepusque@orange.fr

Très coloré avec beaucoup de matière en bouche, ce vin est marqué par des tanins denses et charnus en finale apportant une touche de rusticité. Mais l'ensemble se montre de bonne intensité de corps avec du volume et de la longueur. (2 100 bouteilles)

14,5 **Domaine des Maels - 2006**
/20 Morgane et Frédéric Laigre-Schwertz.
11200 Argens Minervois.

🍷 6,50 €
T 04 68 27 52 29
www.domainedesmaels.com

Très beau vin complet et dense avec une matière puissante en bouche. Ensemble vigoureux, sans aucune évolution avec de la densité et du corps. Beau style qui se gardera deux à trois ans. (11 000 bouteilles).

14,5 **Domaine La Tour Boisée - 2007**
/20 Jean-Louis Poudou.
1 rue du château d'Eau, 11800 Laure-Minervois.

🍷 5,50 €
T 04 68 78 10 04
www.domainelatourboisee.com

Avec pas moins de six cépages dans son assemblage (marsanne, maccabeu, muscat, roussanne, vermentino, grenache), cette cuvée se montre délicieuse de fruit, de gras, d'intensité et de complexité avec des notes d'épices et de fleurs blanches. (7 000 bouteilles)

14 **Château d'Oupia - Tradition 2007**
/20 Marie-Pierre Iché.
34210 Oupia.

🍷 5,30 €
T 04 68 91 20 86
chateau.oupia@tiscali.fr

Aujourd'hui marqué par une certaine rusticité dans les tanins, ce vin se démarque dans la dégustation par sa matière et sa tenue en bouche. Un vin généreux, plein et massif qui devrait s'affiner avec deux ans de bouteilles. (120 000 bouteilles)

14 **Château du Donjon - Grande Tradition 2007**
/20 Jean Panis.
11600 Bagnoles.

🍷 5,50 €
T 04 68 77 18 33
www.chateau-du-donjon.com

Très belle couleur avec beaucoup de tenue. Nez sur des notes de fruits noirs, signe de très belle maturité de raisin. Bouche ample, concentrée et très sudiste. Un beau vin complet et très plaisant. Labellisé bio, certifié Vitealys. (80 000 bouteilles)

14 **Château Vidal La Marquise - 2006**
/20 Stephen Demazières.
34210 Azillanet.

🍷 6,00 €
T 04 68 91 22 61
www.lestroisblasons.com

Bien qu'encore marqué par son bois au nez et en bouche, ce vin vinifié par la cave coopérative du Haut-Minervois offre une belle concentration et du corps. Bon ensemble, complet et riche qui se dégustera après trois à quatre ans de garde. (21 500 bouteilles)

14
/20

Domaine de Blayac - Syracruz 2005
Stéphane Blayac.
34210 La Caunette.

5,90 €
T 04 68 91 25 40
earldomaineblayac@wanadoo.fr

Très belle couleur avec beaucoup de richesse en bouche et une grande matière en finale. Un vin concentré et plein, un rien massif, mais de belle intensité. Les tanins sont encore présents en finale et demandent à se fondre, mais on est séduit par leur densité. (5 000 bouteilles).

14
/20

Domaine La Prade Mari - Chant de L'Olivier 2005
Éric Mari.
La Prade, 34120 Aigne.

7,50 €
T 04 68 91 22 45
www.laprademari.com

De la vigueur avec une matière encore vive et une couleur brillante amenant un vin de bonne tenue avec de la constitution. Jolie consistance et velouté dans les tanins en finale pour cette cuvée qui commence à être épanouie. (10 000 bouteilles)

14
/20

Domaine Les Gardettes - 2006
Max Fabre
34120 La Caunette.

4,70 €
T 04 68 91 13 23

Belle concentration et richesse en bouche avec une matière de belle maturité de fruit. Un très bon vin assez classique marqué par de la vinosité et un superbe caractère sudiste. Il se gardera deux à trois ans en cave. (13 000 bouteilles)

13,5
/20

Domaine Saint-Jacques d'Albas - 2006
Graham Nutter.
Le Bas, 11800 Laure Minervois.

5,75 €
T 04 68 78 24 82
stjacques.albas@wanadoo.fr

Caractère plein et dense en bouche avec de la puissance en finale pour ce vin complet et de belle expression de fruit. Bon ensemble friand et long en finale que l'on peut mettre en cave encore une bonne année. (10 000 bouteilles)

13,5
/20

La Languedocienne - Les 87 2006
Sébastien Tamosoni
10 avenue Pierre de Coubertin, 11120 Argeliers.

5,90 €
T 04 68 46 11 14
lang-vin@wanadoo.fr

Une assez bonne concentration et du corps en bouche pour cette cuvée très syrah (70 %). Un bon vin possédant encore de la fraîcheur et de la corpulence en finale, dans un style séduisant. (10 000 bouteilles)

13
/20

Château de Gourgazaud - Tradition 2006
Anick Tiburce.
34210 La Livinière.

5,50 €
T 04 68 78 10 02
contact@gourgazaud.com

Belle matière et style plaisant dans cette bouteille de bonne intensité en bouche et aux tanins judicieusement extraits. D'un registre plaisant et fruité avec du style et de l'ampleur en finale. Agréable à boire. (200 000 bouteilles)

13
/20

Château La Grave - Tristan et Julien 2007
Jean-François Orosquette.
11800 Badens.

5,90 €
T 04 68 79 16 00
www.chateau-la-grave.net

Bon fruit avec de la mâche et de belles notes d'épices au nez et en bouche. Longueur expressive de la syrah et du grenache sur le fruit et la fraîcheur. Une cuvée très agréable à boire dans sa jeunesse avec la fermeté de ses tanins. (20 000 bouteilles)

13 **/20** **Château La Grave - Expression** 2006
Jean-François Orosquette.
11800 Badens.

🍷 5,90 €
T 04 68 79 16 00
www.chateau-la-grave.net

Bon vin dans un style classique aux tanins agréablement fondus. Sans posséder une grande matière, cette cuvée se montre très plaisante à boire en ce moment. Elle arrive tranquillement à maturité de consommation. (50 000 bouteilles)

13 **/20** **La Languedocienne - Cuvée Marcelin Albert** 2006
Sébastien Tamosoni.
10 avenue Pierre de Coubertin, 11120 Argeliers.

🍷 4,85 €
T 04 68 46 11 14
lang-vin@wanadoo.fr

Dans un style boisé et flatteur avec des notes vanillées et toastées au nez et en bouche, cette cuvée ne manque pas de concentration. Un bon vin moderne, porté par son élevage. Les amateurs de vins boisés apprécieront. (10 000 bouteilles)

12 **/20** **Château de Paraza - Cuvée Spéciale** 2007
Annick Danglas.
11200 Paraza.

🍷 5,50 €
T 06 17 87 51 46
www.chateau-de-paroze.com

Un bon vin de fruit très joliment parfumé sur des notes de myrtilles et de groseilles. Bonne fraîcheur pour ce vin voué à une consommation rapide, dans un esprit très désaltérant. (40 000 bouteilles)

 12 **/20** **Domaine Tailhades Mayranne - Cuvée Aimé** 2007
Régis Tailhades
34210 Minerve.

🍷 4,50 €
T 04 68 91 11 96
domaine.tailhades@orange.fr

Un bon vin de fruit, tendre, aux tanins fluides et coulants. Sa fraîcheur en finale en fait une cuvée prête à boire dans sa jeunesse. (2 500 bouteilles)

12 **/20** **Domaine Vordy-Mayranne - Les Pegounels** 2007
Didier Vordy.
Mayranne, 34210 Minerve.

🍷 5,20 €
T 04 68 91 80 39
vordy.didier@wanadoo.fr

Ce blanc de roussanne et de grenache offre une bonne tenue en bouche avec du gras, marquée par une légère amertume en finale (la jeunesse) suivie d'une allonge sur le fruit. Un bon blanc, classique et tendre, très apéritif. Labellisé bio, certifié Terra Vitis. (5 000 bouteilles)

MUSCAT SAINT-JEAN-DE-MINERVOIS

Cette microscopique appellation de 160 hectares de vignes est vouée à la production du muscat à petits grains. Vinifié en vin doux naturel (muté à l'alcool) avec du sucre résiduel. **Une sélection établie à moins de 8,50 €.**

 15 **/20** **Clos Bagatelle - Bagatelle** 2007
Luc Simon et Christine Deleuze.
Route de Saint-Pons, 34360 Saint-Chinian.

🍷 8,10 €
T 04 67 93 61 63
closbagatelle@wanadoo.fr

Un très agréable muscat de petits grains aux notes de verveine et de camomille au nez et en bouche. Du gras, mais sans lourdeur avec un mutage discret. Une belle réussite dans le millésime. (11 000 bouteilles)

15 **Domaine de Barroubio - Cuvée Bleue** 2006
/20 Raymond Miquel.   🍷 7,50 €
     34360 Saint-Jean-de-Minervois.   T 04 67 38 14 06
                                       pagepersobaroubio@club-internet.fr

Notes de grande intensité sur l'abricot sec, beaucoup de matière et de richesse avec un léger déficit d'acidité en finale, mais beaucoup de gras et de sensation de liqueur. Un beau muscat avec une complexe évolution. À boire dans l'année. (5 000 bouteilles)

SAINT-CHINIAN

*Au pied du Caroux (1 091 m), Saint-Chinian (2 890 ha) est encore largement dominée par le cépage carignan. Les caves coopératives le vinifient souvent en macération carbonique pour en faire un vin fruité et facile. À l'opposé, quelques caves particulières misent sur des vins de garde, plus extraits, charpentés et sauvages, plus en adéquation avec le terroir. Il s'agit vraiment d'une appellation construite autour des hommes plus que sur la réalité du terroir. Car quoi de commun entre les rouges de la zone des schistes du nord, très tendres, où la macération fait fureur, et ceux de la partie sud, argilo-calcaire (pour faire vite) aux vins denses et structurés qui ont, par leur personnalité, plus de légitimité à devenir un cru aujourd'hui que Berlou ou Roquebrun ? Une fois encore, les 2007 sont d'un très bon niveau comme dans beaucoup d'appellations du Languedoc. Attention, les vins peuvent pâtir d'astringence et de sécheresse au vieillissement dans notre niveau de prix. Nous vous conseillons de les boire à trois ou quatre ans d'âge. **Une sélection établie à moins de 8 €.***

15,5 **Domaine La Linquière - Tradition** 2007
/20   Robert Salvestre et Fils.   🍷 5,50 €
      12 avenue de Béziers, 34360 Saint-Chinian. T 04 67 38 25 87
                                                  linquiere@neuf.fr

Légère réduction au nez et en bouche pour ce vin en cours d'élevage et encore sur la prise de bois en attaque, mais très bel équilibre avec une fine acidité en finale. Sans aspect cuit du raisin, dans un esprit très frais et de grande matière, les tanins sont particulièrement bien extraits. Un très beau vin à la finale éclatante sur le poivre et la pivoine. (32 500 bouteilles)

15,5 **Domaine Navarre - Le Laouzil** 2006
/20   Thierry Navarre.   🍷 7,00 €
      Avenue de Balaussan, 34460 Roquebrun.   T 04 67 89 53 58
                                         thierry.navarre@orange.fr

Ce saint-chinian du secteur des schistes (40 % carignan, 40 % grenache égrappés) surprend par sa mâche tannique, son format frais et ferme qui va monter en puissance courant 2009. (15 000 bouteilles)

15 **Cave de Roquebrun - La Grange des Combes** 2006
/20 Alain Rogier.   🍷 6,90 €
     Avenue des Orangers, 34460 Roquenbrun.   T 04 67 89 64 35
                                           cave@cave-roquebrun.fr

Beaucoup de couleur, d'expression aromatique et de concentration en bouche pour ce vin plein et dense. Bon style puissant avec du charme et de la longueur. Une bouteille de belle allonge avec du caractère, du style et de la concentration. Un beau vin complet. (80 000 bouteilles)

15 **Mas Champart - Côte d'Arbo** 2007
/20 Isabelle et Mathieu Champart.   🍷 7,00 €
     Bramefan, Route de Villespassans, 34360 Saint-Chinian. T 04 67 38 20 09
                                         mas-champart@wanadoo.fr

Très belle robe, nez encore légèrement réducteur qui a besoin d'air, mais la bouche se montre suave et de bonne tenue. Un vin à attendre une bonne année en cave et qu'il faudra passer en carafe avant le service. (12 000 bouteilles)

14,5 /20 **Château Creissan - Fin'Amor** 2007
Bernard Reveillas.
3 chemin du Moulin d'Abrem, 34370 Creissan.

⬦ 4,00 €
T 04 67 93 84 80
bernard.reveilles@orange.fr

Belle matière, de l'équilibre et du style pour ce vin de belle maturité de fruit avec de la longueur et de la fraîcheur en finale. Beau blanc, délicieux à boire dès maintenant. (2 600 bouteilles)

14,5 /20 **Domaine des Terres Falmet - L'Ivresse des Cîmes** 2005
Yves Falmet.
10 boulevard de la République, 34360 Cebazan.

🍷 6,00 €
T 06 20 90 60 84
terres.falmet@tele2.fr

La robe est encore brillante et le nez sur des notes d'épices, de garrigue et de fruits. La bouche est pleine avec des notes surmûres en finale. Bonne tenue et longueur pour ce vin qui commence à être prêt à boire. (13 200 bouteilles)

14,5 /20 **Domaine Guy Moulinier - Tradition** 2007
Guy Moulinier.
Pierrerue, 34360 Saint-Chinian.

🍷 6,00 €
T 04 67 38 03 97
domaine-moulinier@wanadoo.fr

Très belle couleur violet foncé amenant une expression de maturité de raisins superbe. Belle matière en bouche avec des tanins fins et de la fraîcheur. Joli vin qui sera délicieux à boire dans les deux ans. (30 000 bouteilles)

14 /20 **Château La Dournie -** 2007
Famille Etienne.
34360 Saint-Chinian.

🍷 6,20 €
T 04 67 38 19 43
chateau.ladournie@wanadoo.fr

Avec une matière un rien oxydative au nez et en bouche, cette bouteille révèle un style plus classique, mais droit et ample en finale. Les tanins se montrent moins lisses, avec davantage de relief. Un vin qui a besoin de se fondre sur deux à trois ans. (20 000 bouteilles).

14 /20 **Domaine Belles Courbes -** 2005
Jean-Benoît Pelletier.
24 cours Lafayette, 34480 Saint-Geniès-de-Fontedit.

🍷 7,50 €
T 04 67 36 32 24
vinbellescourbes@wanadoo.fr

Très jolis parfums de fleurs et de petits fruits au nez et en bouche. Matière en dentelles avec des tanins fins et de la fraîcheur en finale tout en équilibre et en élégance aromatique. Un beau vin, délicieux à boire en ce moment. (4 500 bouteilles).

13,5 /20 **Clos Bagatelle -** 2007
Luc Simon et Christine Deleuze.
Route de Saint-Pons, 34360 Saint-Chinian.

⬦ 7,00 €
T 04 67 93 61 63
closbagatelle@wanadoo.fr

Dans un genre boisé avec de la matière en bouche, ce blanc se montre flatteur, mais de bonne tenue avec de l'allonge. Il sera mieux à table qu'à l'apéritif. (3 600 bouteilles)

13,5 /20 **Domaine de la Croix Sainte-Eulalie - Cuvée Esperanto** 2006
Agnès Gleizes.
17/19 avenue de Saint-Chinian, 34360 Pierrerve.

🍷 6,80 €
T 04 67 38 08 51
michel.gleize@club-internet.fr

Moderne avec un boisé toasté au nez et en bouche, cette cuvée offre des tanins séducteurs. La matière est pleine et mûre. Un très bon vin, qui sera délicieux à boire dans sa jeunesse. (13 000 bouteilles)

13,5 **Domaine La Servelière - Tradition** 2007
5,30 €
Joël Berthoumieu.
T 04 67 38 17 08
/20 Rue des Cèdres, 34360 Babeau Bouldoux.
joel-berthoumieu@orange.fr

Belle expression très syrah sur des notes épicées et de fruits noirs. Bouche pleine avec du moelleux dans les tanins. Beau style très complet, long et séduisant avec de la longueur sur le fruit. (10 000 bouteilles)

13,5 **Les Coteaux de Rieutort - Centurion** 2006
4,00 €
M. Rufach.
T 04 67 37 87 51
/20 12 avenue Edouard Bonnafé, 34490 Murviel-les-Béziers.
sophie@rieutort.com

De la matière avec de la tenue et de la longueur en bouche. Caractère vineux, très classique dans les arômes, avec du fruit et des épices. Belle longueur sur le menthol en finale. (40 000 bouteilles)

13 **Cave de Roquebrun - Roches Noires** 2005
7,75 €
Alain Rogier.
T 04 67 89 64 35
/20 Avenue des Orangers, 34460 Roquenbrun.
cave@cave-roquebrun.fr

Bien que marqué par des tanins fermes et présents en bouche, ce vin offre une belle concentration, une évolution, à ce stade, modérée et un ensemble équilibré. À boire dans les deux ans. (60 000 bouteilles)

13 **Clos Bagatelle - Donnadieu Mathieu et Marie** 2007
7,00 €
Luc Simon et Christine Deleuze.
T 04 67 93 61 63
/20 Route de Saint-Pons, 34360 Saint-Chinian.
closbagatelle@wanadoo.fr

Belle syrah moderne et flatteuse en bouche avec la palette classique d'épices et de fruits noirs. Bon style, plaisant et séducteur pour un vin à boire jeune. (50 000 bouteilles).

12,5 **Domaine du Landeyran - Sous le Chêne** 2006
5,50 €
Patricia et Michel Soulier.
T 04 67 89 67 63
/20 Rue de la Vernière, 34490 Saint-Nazaire-de-Ladarez.
landeyran@orange.fr

Dans un esprit rustique avec des notes animales très présentes au nez et en bouche et de sérieux tanins, ce vin finement évolué sera parfait à boire durant l'hiver pour accompagner une bécasse ou autre gibier. (13 000 bouteilles)

12 **Domaine de la Croix Sainte-Eulalie - Tradition** 2007
5,50 €
Agnès Gleizes.
T 04 67 38 08 51
/20 17/19 avenue de Saint-Chinian, 34360 Pierrerve.
michel.gleize@club-internet.fr

Bon blanc, frais et parfumé, très classique avec des notes variétales au nez et en bouche. Bonne fraîcheur et du style pour être bu dans sa jeunesse. (4 000 bouteilles)

VIN DE PAYS (LANGUEDOC)
Une sélection établie à moins de 5 €.

14,5 **Domaine Borie La Vitarèle -**
VDP Coteaux de Murviel La Cuvée des Cigales 2007
6,00 €
Jean-François et Cathy Izarn.
T 04 67 89 50 43
/20 Lieu-dit La Combe, 34490 Causses-et-Veyran.
www.borielavitarele.fr

Généreux, tout fruité, légèrement sucré, velouté, c'est un vin festif dont on ne se lasse pas. Un vin de copain dont il faut faire une large provision. (10 000 bouteilles)

14 /20 **Château Fontarèche - VDP de l'Aude 2007**
Arnaud de Lamy.
Fontarèche-Canet d'Aude, 11200 Canet.
🍷 3,50 €
T 04 68 27 10 01
www.fontareche.fr

Ce domaine fait partie des très bons faiseurs de l'Aude. Ici encore cette cuvée allie couleur, densité et souplesse. La cuvée présente des arômes de baies et de petits fruits noirs légèrement parfumés de notes de cacao. Il y a un caractère fougueux et sauvage dans cette cuvée. (40 000 bouteilles)

13 /20 **Domaine du Tabatau - VDP des Monts de la Grace Las Costos 2007**
Jean-Paul et Bruno Gracia.
Rue du Bal, 34360 Assignan.
🍷 5,00 €
T 04 67 38 19 60
domainedutabatau@wanadoo.fr

Carignan et aramon, les deux piliers de la viticulture des année 70 du Languedoc, pour un robuste vin de pays extrême dans son fruité. À boire frais dans son énergique jeunesse. (5 000 bouteilles)

VIN DE PAYS D'OC

La couverture géographique des vins de pays d'Oc est immense. Cette jeune dénomination, créée en 1987, s'étend du sud de la vallée du Rhône aux limites de Castelnaudary, en passant par le fin fond des Pyrénées-Orientales. Premier exportateur de vin français en volume, elle est certainement la région française la mieux adaptée aux attentes des consommateurs mondiaux. La production est essentiellement orientée vers les vins de cépage, avec mention de ceux-ci sur l'étiquette : chardonnay, sauvignon, viognier, en blanc ; cabernet-sauvignon, merlot, syrah, pinot noir, en rouge. C'est d'ailleurs dans ces vins en monocépage que l'on trouvera les meilleures affaires. Le millésime 2007 est une vraie réussite dans toutes les couleurs. **Une sélection est établie à moins moins de 6 €.**

16,5 /20 **Mas de Madame - Domaine de Montplaisir 2007**
Jacques Sourina.
Route de Montpellier, 34110 Frontignan.
🍷 5,00 €
T 04 67 18 40 71
www.mas-de-madame.com

Très belle race de vin. Grande matière séveuse et élégante due au cépage muscat à petits grains. Rémanence absolument exquise. Madame, vous m'avez tourmenté, serait-il possible de vous revoir ? (32 000 bouteilles)

16 /20 **Domaine du Petit Malherbes - Cabernet Sauvignon 2007**
Daniel Cauvin.
Route des plages, 30470 Aimargues.
🍷 5,40 €
T 04 66 88 59 50
www.petit-malherbes.com

Vrai bouquet de fraîcheur au nez, sur des notes de basilic frais. La bouche est pleine, la matière est enlevée. Volontaire en attaque, la cuvée affiche une intéressante complexité aromatique. En effet, on a un enchevêtrement de fruits noirs, d'épices et on finit sur la feuille de menthe. Et la finale répond au nez ! (8 000 bouteilles)

15,5 /20 **Château Fontarèche - Syrah 2007**
Arnaud de Lamy.
Fontarèche-Canet d'Aude, 11200 Canet.
🍷 4,40 €
T 04 68 27 10 01
www.fontareche.fr

Irrésistible cuvée ! Croquante, ronde, et juteuse, cette syrah est absolument séduisante. On est frappé par la gourmandise de son fruit. Les arômes sont très typiques de la syrah sur des notes lardées fumées. (15 000 bouteilles)

15,5 /20 **Domaine de Sérame - Syrah Réserve 2007**
Groupe CVBG.
Domaine de la Sérame, Dourthe, 35 rue de Bordeaux, 33290 Parempuyre.
🍷 4,50 €
T 05 56 35 53 00
www.dourthe.com

Très typé avec du fruit noir et des épices, c'est un bon vin classique avec de la finesse et des notes toastées et fruitées en finale. (40 000 bouteilles)

15,5 /20 **Domaine des Crès Ricards - Merlot 2007**
Gérard Foltran.
34800 Ceyras.

🍷 5,00 €
T 04 67 44 67 63
www.cresricards.com

Merlot très sudiste avec des arômes de mûre et la fameuse palette épicée de la garrigue. Extraite avec justesse, cette cuvée est croquante de fruit. Un régal absolu. (9 800 bouteilles)

15,5 /20 **Domaine des Terres Falmet - Carignan 2006**
Yves Falmet.
10 boulevard de la République, 34360 Cebazan.

🍷 5,00 €
T 06 20 90 60 84
terres.falmet@tele2.fr

Immense fraîcheur, grain serré et racé, il possède la plénitude du terroir qui manque souvent dans les vins de pays. Produit dans le secteur de Saint-Chinian. (13 500 bouteilles)

15,5 /20 **Domaine Gayda - T'air d'Oc Chardonnay 2007**
Vincent Chansault.
11300 Brugairolles.

🍷 3,90 €
T 04 68 31 64 14
www.gaydavineyards.com

Sphérique et généreux. C'est le parfait vin de cépage. Le fruit est net. La trame est ample et aérée. La bouche est beurrée et les notes d'agrumes se développent en délicatesse. Un rapport qualité/prix impressionnant. (26 000 bouteilles)

15,5 /20 **Mas Champart - 2006**
Isabelle et Mathieu Champart.
Bramefan, Route de Villespassans, 34360 Saint-Chinian.

🍷 6,00 €
T 04 67 38 20 09
mas-champart@wanadoo.fr

Si on aime la fermeté de matière conjuguée à la maturité, on sera séduit par les rouges 2006 de ce domaine de référence à Saint-Chinian, et notamment ce cabernet franc (même cépage qu'à Chinon), base de ce vin de pays solide, rustique, mais sans une once de verdeur. À boire sur trois ans. (4 000 bouteilles)

 15,5 /20 **Mas Fongal**
Georges Lapeyre.
Rue Général Joffre, 34150 Gignac.

🍷 6,00 €
T 06 88 74 70 53
masfongal@orange.fr

Sur des notes de garrigue et d'aromates, c'est l'archétype languedocien. Véritable vin de caractère, il n'a rien à envier aux grands noms de la région. (5 000 bouteilles)

---

15 /20 **Château Saint-Roch - Viognier 2007**
Jacqueline Ménard.
12 rue Toulzane, 11300 Limoux.

🍷 5,00 €
T 04 68 31 00 22
domaine.deginestous@wanadoo.fr

Cette cuvée a tout l'aspect gustatif d'un vin en agriculture biologique : jolie expression diffuse de fruit sur une palette aromatique authentique et plutôt évoluée d'abricot. Il y a de la matière et du panache favorisé en cela par la nature du sol (argilo-calcaire) et sa localisation (terroirs de Limoux). (11 500 bouteilles)

---

15 /20 **Domaine de Sérame - Cabernet-Sauvignon Réserve 2007**
Groupe CVBG.
Domaine de la Sérame, Dourthe, 35 rue de Bordeaux, 33290 Parempuyre.

🍷 4,50 €
T 05 56 35 53 00
www.dourthe.com

Avec des notes légèrement végétales apportées par le cabernet, ce qui donne de la fraîcheur et contribue à son équilibre et à sa digestibilité, ce vin de pays doit impérativement être bu dans sa jeunesse. (85 000 bouteilles)

15 /20 Domaine de Sérame - Viognier Réserve 2007

4,50 €

Groupe CVBG. T 05 56 35 53 00

Domaine de la Sérame, Dourthe, 35 rue de Bordeaux, 33290 Parempuyre.

www.dourthe.com

Gras et onctueux en attaque avec des notes de fruits mûrs et de belle intensité, ce viognier est d'un très joli style, plaisant et complexe en finale sur des notes de verveine et de fruits blancs. (66 000 bouteilles)

---

15 /20 Domaine des Aspes - Merlot 2004

5,30 €

Jérôme Roger. T 04 67 38 18 19

Château du Prieuré des Mourgues, 34360 Pierrerue. prieuredesmourgues@wanadoo.fr

L'appellation VDP d'Oc a pour habitude de nous donner des vins de plaisir immédiat. Cette cuvée vient à contre-pied de ce principe et nous enchante avec ce 2004 d'une grande fraîcheur. On navigue sur de beaux arômes d'évolution sur le cuir et le poivre. Il émane une grande sérénité. De la personnalité ! (8 000 bouteilles)

---

15 /20 Domaine des Terres Falmet - Cinsault 2006

4,00 €

Yves Falmet. T 06 20 90 60 84

10 boulevard de la République, 34360 Cebazan. terres.falmet@tele2.fr

On retrouve le velouté et la finesse de tanin qui ont fait la réputation de cette cuvée. La bouche termine avec simplicité et finesse. (20 000 bouteilles)

---

15 /20 Domaine Galetis - Chardonnay de Malasang 2007

4,99 €

Pierre Degroote T 04 67 37 22 36

Domaine Lalande, 11610 Pennautier. www.pierre-degroote.com

Les grands vins, dit-on, sont ceux dont le terroir parle au travers du cépage. Nous y voilà ! Toute la richesse du sous-sol argilo-calcaire est transmise dans ce chardonnay. La bouche est profonde, fraîche et minérale. (60 000 bouteilles)

---

15 /20 Domaine Gayda - T'air d'Oc Sauvignon 2007

NOUVEAUX TALENTS G&M VINS DÉCOUVERTES

3,90 €

Vincent Chansault. T 04 68 31 64 14

11300 Brugairolles. www.gaydavineyards.com

Encore une fois, c'est un modèle de vin de cépage. La matière est opulente. Le vin est aéré, le fruit sur des notes délicates d'agrumes et, plus fermées, de biscuit sec. Vin de soif, vin de tous les instants. Le tarif est à la portée de bourse de tout le monde. (35 000 bouteilles)

14,5 /20 Château Guilhem - Cuvée Famille 2007

NOUVEAUX TALENTS G&M VINS DÉCOUVERTES

6,00 €

Bertrand Gourdou. T 04 68 31 14 41

Le Château, 11300 Malviès. www.chateau guilhem.com

Belle tenue en bouche et gourmandise de fruit. Notes boisées avec du charnu, une belle concentration et de la longueur. Un très bon vin de pays à découvrir. (25 000 bouteilles)

14,5 /20 Domaine de La Devèze - Péché Mignon 2007

3,80 €

Laurent Damais. T 04 67 73 70 21

34190 Montoulieu. dwww.deveze.com

Notes aromatiques de fruit croquant, amertume de structure, élégance et tonicité. Beau vin produit sur de l'argilo-calcaire. (6 000 bouteilles)

14,5 **Domaine Galetis – Merlot d'Al Bosc 2007**
/20
Pierre Degroote
Domaine Lalande, 11610 Pennautier.

4,99 €
T 04 67 37 22 36
www.pierre-degroote.com

Une fois encore ce domaine nous ravit. La bouche est délayée. Les arômes de fruits noirs filent en longueur pour le plaisir des sens. Un léger creux en milieu de bouche cependant. (65 000 bouteilles)

14,5 **Domaine Gayda – L'Archet Viognier 2007**
/20
Vincent Chansault.
11300 Brugairolles.

5,00 €
T 04 68 31 64 14
www.gaydavineyards.com

Même personnalité aérée que dans les autres cuvées jusqu'à lui donner des aspects crémeux. Sur des fines notes d'abricots et d'ananas, le fruit est resté discret jusqu'en milieu de bouche. Il se répand merveilleusement en finale. Parfaite structure pour accompagner discrètement mais efficacement les plats… de poisson par exemple. (11 000 bouteilles)

14,5 **Les Domaines Paul Mas – Arrogant Frog Lily Pad White 2007**
/20
Jean-Claude Mas.
Route de Villeveyrac, 34530 Montagnac.

5,00 €
T 04 67 90 16 10
www.paulmas.com

Étonnant assemblage. Le viognier prend le relais du chardonnay. Les deux cépages sont dans la bouteille et ont l'air de ne pas se toucher. On a l'enveloppe grasse du chardonnay, le brioché toasté et on finit sur les tonalités d'oranges amères et d'abricots confits du viognier. (500 000 bouteilles)

14 **Domaine Astruc – d. A. Sauvignon blanc 2007**
/20
Jean-Claude Mas.
20 avenue du Chardonnay, 11300 Malras.

4,50 €
T 04 68 31 13 26
www.dastruc.com

Fraîcheur tapante pour ce sauvignon à l'acidité bien marquée. La bouche est puissante, longue et droite. (35 000 bouteilles)

14 **Domaine Coudoulet – Merlot 2007**
/20
Pierre-André Ournac.
Chemin de Minerve, 34210 Cesseras.

4,00 €
T 04 68 91 15 70
pierreandre.coudoulet@wanadoo.fr

Grain de fruit séduisant. Palette aromatique éclatante sur les fruits noirs, la myrtille et le cassis. Le raisin est très mûr, presque trop ! (30 000 bouteilles)

14 **Domaine de la Sapinière – Le Cabernet Franc 2006**
/20
Joëlle Parayre.
Maquens, 11090 Carcassonne.

4,90 €
T 04 68 72 65 99
joelle.parayre@orange.fr

Au pied de la cité de Carcassonne, ce domaine dont le vignoble a été entièrement renouvelé propose cette cuvée de cépage tout à fait originale. Aux tanins fondus en bouche avec une légère évolution aromatique sur des notes finement végétales et d'épices, ce vin se montre très plaisant et à parfaite maturité de consommation. (6 000 bouteilles)

14 **Domaine de Sérame – Merlot Réserve 2007**
/20
Groupe CVBG.
Domaine de la Sérame, Dourthe, 35 rue de Bordeaux, 33290 Parempuyre.

4,50 €
T 05 56 35 53 00

www.dourthe.com

Bonne fraîcheur et croquant de fruit tout en souplesse et en fraîcheur. Un bon vin de fruit franc et direct à boire dans l'année. (66 000 bouteilles)

14 /20

Domaine des Crès Ricards - Cabernet Sauvignon 2007
Gérard Foltran.
34800 Ceyras.

5,00 €
T 04 67 44 67 63
www.cresricards.com

À nouveau très bien fait dans un style tout à fait croquant, c'est la grande force de ce domaine. Sans fard ni retouche, le fruit est présenté nu, dans son plus simple appareil. Du fruit, du fruit, du fruit et seulement du fruit. (9 850 bouteilles)

14 /20
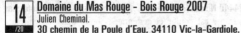

Domaine du Mas Rouge - Bois Rouge 2007
Julien Cheminal.
30 chemin de la Poule d'Eau, 34110 Vic-la-Gardiole.

5,00 €
T 04 67 51 66 85
www.domainedumasrouge.com

Belle cuvée vivifiante, totalement sur la chair de fruit. Le muscat à petits grains bien travaillé nous amène toujours sur des notes aromatiques enlevées. Cette cuvée en est le parfait exemple. Le curseur est au niveau maximal concernant l'acidité. Très bien équilibré par son amertume. À boire frais et dans l'année. (15 000 bouteilles)

14 /20

Domaine Preignes Le Vieux - Vermentino 2007
Jérôme Vic
34450 Vias.

4,70 €
T 04 67 21 67 82
www.preignes.com

Cette cuvée recouvre la palette citronnée dans sa totalité. Elle en a le mordant et la fraîcheur de la pulpe. Elle a également, et cela enrichit fortement la structure, l'amertume de son zeste. Cuvée fraîche et complète. (30 000 bouteilles)

13 /20

Château de Grézan - Chardonnay 2007
Maire-France Lanson.
34480 Laurens.

5,00 €
T 04 67 90 27 46
www.chateau-grezan.fr

Cuvée d'identité de cépage, totalement sur les arômes briochés, beurre frais. Elle bénéficie d'une bonne trame à l'acidité marquée. Labellisé bio, certifié Terra Vitis. (50 000 bouteilles)

13 /20

Domaine Astruc - d. A. Cabernet Sauvignon 2007
Jean-Claude Mas.
20 avenue du Chardonnay, 11300 Malras.

6,00 €
T 04 68 31 13 26
www.dastruc.com

Cuvée stylée, aguicheuse. Couleur intense et jolie extraction. Les tanins de bois neuf viennent orner la matière, ils arrondissent la bouche. (50 000 bouteilles)

13 /20

Domaine Coudoulet - Syrah
Pierre-André Ournac.
Chemin de Minerve, 34210 Cesseras.

4,00 €
T 04 68 91 15 70
pierreandre.coudoulet@wanadoo.fr

Comme précédemment, avec la cuvée 100 % merlot, cette cuvée nous bouscule. Les arômes de violette sont intenses. L'extraction appuyée propulse le fruit à la limite de ses capacités. (20 000 bouteilles)

13 /20

Domaine La Condamine Bertrand - Cabernet Sauvignon 2007
Bernard Jany.
RN 9, 34230 Paulhan.

2007,00 €
T 04 67 25 27 96
www.condamine-bertrand.com

Cette cuvée restitue beaucoup des aspects de ce cépage : le vin est structuré et il a une certaine complexité aromatique. Elle restitue en finale des notes épicées du sud. Le fruit est avenant, la bouche est droite et sans accroc. À boire dans l'année. (9 000 bouteilles)

13 /20 **Domaine La Condamine Bertrand - Tendem Roussane Sauvignon** 2007   5,00 €
Bernard Jany.   T 04 67 25 27 96
RN 9, 34230 Paulhan.   www.condamine-bertrand.com

On salue ici la fraîcheur et la franchise de la matière. Cuvée sans défaut. Finale épicée, sur des notes de poivre blanc. (40 000 bouteilles)

13 /20 **Domaines Montariol Degroote** - 2007   4,99 €
Pierre Degroote.   T 04 67 37 22 36
Domaine de la Grangette, 34440 Nissan les Ensérune.   www.pierre-degroote.com

Petit fruit croquant et juteux. La trame est goulue et aérienne. À boire dans sa jeunesse. (165 000 bouteilles)

13 /20 **Les Domaines Paul Mas - Merlot** 2007   4,00 €
Jean-Claude Mas.   T 04 67 90 16 10
Route de Villeveyrac, 34530 Montagnac.   www.paulmas.com

Le négociant Paul Mas apparaît avec une régularité très sûre dans nos dégustations des VDP d'Oc. C'est une référence de l'appellation. Le raisin est mûr et le vin est bon. C'est ici l'archétype du bon merlot sur des notes de fruit noir et de myrtille. (150 000 bouteilles)

13 /20 **Les Domaines Paul Mas - Viognier** 2007   4,80 €
Jean-Claude Mas.   T 04 67 90 16 10
Route de Villeveyrac, 34530 Montagnac.   www.paulmas.com

Nous saluons sur cette cuvée son impression minérale tranchante. Elle favorise terriblement l'expression de la fraîcheur et anoblit le fruit. (150 000 bouteilles)

VIN DE TABLE (LANGUEDOC-ROUSSILLON)

En marge de tout, ce sont des vins produits en liberté, sans les contraintes des vins de pays et encore moins de celles des AOC. Ils n'ont rien de commun avec les gros rouges de litres étoilés d'antan. Ce sont souvent des vins d'auteur, une façon pour beaucoup de vignerons de s'exprimer autrement. **Une sélection établie à moins de 5 €.**

14 /20 **Domaine Navarre - Œillade** 2007   5,00 €
Thierry Navarre.   T 04 67 89 53 58
Avenue de Balaussan, 34460 Roquebrun.   thierry.navarre@orange.fr

Le nez est toujours expressif sur les fruits noirs (cerise, quetsche), la lavande, des arômes qui accompagnent une bouche simple, courte et directe par un côté pierreux et hydrocarbure. Le 2007 est plus frais que le 2006. (8 000 bouteilles)

Notes

ROUSSILLON

L'ELDORADO FRANCAIS

En moins de vingt ans, le Roussillon a connu une remise à niveau. Tout est réuni pour produire des grands vins. Le climat, des terroirs d'exceptions au coeur de vallées (Tautavel, Agly) situées entre les Corbières et les Pyrénées. Au siècle dernier, le vignoble (en plaine) produisait des vins de masse dont la seule vertu était le degré alcoolique. Au fil des ans, les plus belles parcelles de coteaux et d'altitude ont été abandonnées. Il a fallu attendre les années 90 et l'arrivée d'une nouvelle génération de vignerons pour relancé le vignoble. Gérard Gauby, Estelle Doré, la famille Parcé, la famille Cazes, Suzy Malet et d'autres encore ont chacun contribué à la récente notoriété des vins du Roussillon. Depuis, c'est la conquête permanente des terroirs abandonnés. Pas un mois, une année, sans que des jeunes vignerons viennent tenter l'aventure sur les hauteurs des Fenouillèdes ou des Aspres. Un vignoble en ébullition où les nouveaux talents et les bonnes affaires sont légion.

Et les vins doux naturels ?

Banyuls, maury, rivesaltes, muscat de rivesaltes : ces vins sucrés sont des vins doux naturels (VDN) et non vins cuits. Ils suivent un processus d'élaboration particulier : raisins vendangés très mûrs (14,5 ° minimum d'alcool), fermentation bloquée par ajout d'alcool vinique neutre à 96 ° permettant de conserver un haut niveau de sucre naturel. Ce "mutage" effectué sur marc ou sur jus donne naissance à un vin plus ou moins sucré. L'élevage traditionnel – de nombreux mois, voire plusieurs années – en milieu oxydatif (à l'air), en fût de chêne, et parfois dans des bonbonnes de verre exposées en extérieur pour accélérer le vieillissement. Il existe un second type d'élevage, en milieu réducteur (à l'abri de l'air). Le vin, gardé en cuve de six à vingt-quatre mois, est mis en bouteille précocement. Ainsi est préservé tout le fruit, baptisé "rimage" ou "rimatge" (« l'âge du raisin » en catalan).

LES DERNIERS MILLÉSIMES

2007 : 17/20

Avec une petite récolte, 2007 est exceptionnel par sa qualité. Des vins concentrés par la tramontane d'août et de septembre avec un état sanitaire parfait. **Garde : 5 à 15 ans.**

2006 : 14/20

Plus en tendresse et en finesse que 2007, ce millésime offre d'agréables équilibres sur le fruit et la fraîcheur. **Garde : on peut commencer à les boire.**

2005 : 16/20

Une bonne année, classique avec de la fraîcheur et de l'équilibre dans les vins. De très belles cuvées se détachent avec des styles puissants et intenses. De grandes réussites dans les vins doux naturels. **Garde : 5 à 10 ans.**

BANYULS

*Quatre communes portuaires, Collioure, Port-Vendres, Banuyls et Cerbère, délimitent l'aire d'appellation. À la frontière espagnole, le terroir de schiste s'étage en petites terrasses, du niveau de la mer jusqu'à 500 mètres d'altitude. L'ensoleillement y est exceptionnel et le vent très fréquent, qu'il vienne du nord ou de la mer. Les grenaches blancs, gris ou noirs (50 % minimum dans le banyuls) sont vieux (70 % ont plus de quarante ans) ; leurs rendements atteignent difficilement trente hectolitres par hectare. Les banyuls traditionnels se distinguent par des robes aux infinies nuances tuilées, acajou et parfois ambrées, par une grande souplesse en bouche et des arômes riches et complexes. Les rimages affichent une couleur pourpre, violine, des arômes intenses de cerise et de prune, et des tanins très présents. Dans notre limite de prix, cette appellation offre encore quelques très belles trouvailles présentant une grande identité de style. Les amateurs de vins doux naturels seront comblés. **Une sélection établie à moins de 12,50 €.***

16,5
/20

Domaine Vial Magnères - Tradition 7 ans d'âge
Olivier Sapéras.
14 rue Herriot, 66650 Banyuls-sur-Mer.

🍷 12,50 €
T 04 68 88 31 04
al.tragou@wanadoo.fr

Un habitué de notre guide. Chaque année, la famille Sapéras arrive en tête de nos dégustations avec cette cuvée toujours délicieuse. Après un mutage sur grains, ce banyuls est élevé, en vieux foudres, sur l'oxydation. Cela donne un vin doux naturel de très grande complexité avec des notes de figue sèche et de nougatine. Il est toujours à parfaite maturité de consommation. (5 000 bouteilles)

16
/20

Domaine Piétri-Géraud - Cuvée Joseph Géraud 1999
Laetitia Piétri-Glara.
22 rue Pasteur, 66190 Collioure.

🍷 12,50 €
T 04 68 82 07 42
domaine.pietri-geraud@wanadoo.fr

Ce banyuls se détache par une très belle ampleur en bouche avec beaucoup de charnu et de matière. Il s'affirme par une fine évolution et se caractérise par une très belle longueur. C'est une réussite dans la dégustation des banyuls. (6 000 bouteilles)

15
/20

Domaine Berta-Maillol - Rimage 2006
Famille Berta-Maillol.
Route des Mas, 66650 Banyuls.

🍷 12,00 €
T 04 68 88 00 54
domaine@bertamaillol.com

Un délicieux banyuls aux notes minérales au nez et en bouche dans un registre graphite. Le fruit s'exprime en finale apportant une élégante fraîcheur et une grande longueur. Un très beau style qui sera délicieux à déguster dans sa jeunesse. (5 000 bouteilles)

14
/20

Domaine Berta-Maillol - 2005
Famille Berta-Maillol.
Route des Mas, 66650 Banyuls.

🍷 11,50 €
T 04 68 88 00 54
domaine@bertamaillol.com

Ce simple millésimé offre une belle expression de fruit en attaque avec une matière de grande fraîcheur. Un beau banyuls (muté sur grains) donnant un caractère très fruité et parfaitement équilibré, que l'on peut commencer à boire dans sa jeunesse. (5 000 bouteilles).

COLLIOURE

*Ce magnifique village du Roussillon, si pittoresque, est malheureusement plus connu pour ses anchois que pour ses vins. À tort, car ici, avec un encépagement de grenache, de mourvèdre et de syrah imposé à 60 % minimum, les vins, bien que chers pour notre guide, sont souvent d'une grande finesse. Ils vieillissent avec harmonie sur deux ou trois ans. Cette appellation est également sur la même aire de production que Banyuls. Dans notre fourchette de prix, cette appellation qui bénéficie d'une consommation estivale, ne nous offre pas un très grand choix de cuvées. Il faut passer la barre des 13, voire des 15 € (ce qui nous paraît élevé) pour commencer à déguster des vins de qualité. **Une sélection étable à moins de 10 €.***

14
/20

Clos de Paulilles - 2007
Simon Dauré.
Baie de Paulilles, 66660 Port-Vendres.

7,50 €

T 04 68 38 90 10
daure@wanadoo.fr

À part égale de syrah et de grenache, ce collioure est plaisant et agréablement fruité. Un bon classique très agréable à boire durant l'année. (90 000 bouteilles)

14
/20

Domaine Berta-Maillol - Arrels 2006
Famille Berta-Maillol.
Route des Mas, 66650 Banyuls.

9,80 €

T 04 68 88 00 54
domaine@bertamaillol.com

Une bouteille au style souple et fluide, avec une matière tendre et facile, dans un registre aromatique sur des notes de fruits rouges. À boire sur son fruit et sa fraîcheur dans sa jeunesse, d'ici à fin 2009. (4 000 bouteilles)

CÔTES DU ROUSSILLON

*C'est la principale AOC de vins secs du Roussillon (6 000 hectares). À partir de cépages traditionnels (grenache noir et blanc, carignan, lledoner pelut, cinsault, maccabeu, malvoisie du Roussillon) et de cépages aromatiques plus récemment plantés (syrah, mourvèdre, roussanne, marsanne, vermentino) sur des sols et sous-sols très divers (calcaire, argilo-calcaire, schiste, terrasse alluvionnaire, etc.), les Côtes du Roussillon (rouges à 80 %) peuvent donner de petits vins à boire dans l'année comme des cuvées plus ambitieuses et complexes. Le millésime 2006, après une bonne année de bouteille, montre des signes de faiblesse dans les cuvées de base. Souvent, les vins manquent de chair et de corpulence et souffrent d'évolution. Inversement, 2007 est un millésime très séducteur et déjà considéré comme exceptionnel par son soyeux et la superbe maturité des raisins. Les matières sont plus denses qu'en 2006 et les maturités plus abouties qu'en 2005. **Une sélection établie à moins de 6,50 €.***

16,5
/20

Walden - 2007
Hervé Bizeul.
9 rue Pasteur, 66600 Vingrau.

6,40 €

T 04 68 29 40 00
www.walden.fr

Sans aucune exagération, c'est certainement l'une des meilleures cuvées de négoce français. On la doit au plus inventif vigneron de sa génération, Hervé Bizeul. Il achète les raisins de jeunes vignerons du Roussillon pour les assembler et vinifier ce vin au style moderne, rond, coloré et délicieusement parfumé. Une magnifique cuvée flatteuse et délicieuse à boire dès sa jeunesse. (60 000 bouteilles)

15,5
/20

Domaine Laporte - Ruscino 2007
Raymond Laporte.
Château-Roussillon, 66000 Perpignan.

5,40 €

T 04 68 50 06 53
domaine-laporte@wanadoo.fr

Cette cuvée, qui porte l'ancien nom du village de l'actuel château en Roussillon, est produite sur les terres de plaines caillouteuse et argileuse à l'est de Perpignan. Le domaine Laporte y apporte beaucoup d'attention. C'est un vin coloré offrant un très agréable bouquet d'épices et des tanins encore fermes. Si vous l'attendez deux ans, il sera parfait. (6 000 bouteilles)

15
/20

Domaine Prédal-Verhaeghe - L'Alouette 2004
Jean Prédal.
164 avenue du Général de Gaulle, 66320 Vinça.

5,90 €

T 04 68 05 74 34
predal.jean@tele2.fr

Belle matière et très joli fondu de tanins en bouche pour cette cuvée de quatre ans d'âge. La bouche se montre généreuse et de bonne intensité en finale sur des notes d'épices douces. À boire cet hiver après un passage en carafe, sur des viandes grillées. (12 000 bouteilles)

15 /20 <u>Domaine Sarda-Malet - Le Sarda</u> 2007

Jérôme Malet.

Mas Saint-Michel, chemin de Sainte-Barbe, 66000 Perpignan.

 6,50 €

T 04 68 56 72 38

www.sarda-malet.com

Dans un esprit très joliment muscaté avec des notes de fleurs blanches et de verveine au nez et en bouche, ce vin produit par l'un des domaines phares du Roussillon est une très belle réussite dans ce millésime. À ne pas rater. Bonne tenue et fraîcheur en finale pour ce blanc très joliment parfumé. (6 000 bouteilles)

15 /20 <u>Les Vignerons Catalans - Terroir Catalan</u> 2007

Louis Malet.

1870 avenue Julien Panchot, 66964 Perpignan

 4,99 €

T 04 68 85 04 51

www.fruitcatalan.com

Dans un esprit fraise écrasée avec une attaque en bouche marquée par une belle vinosité, ce vin associe les qualités aromatiques d'un vin rouge avec la souplesse et la légèreté d'un très bon rosé. Tout à fait typique d'un rosé du Sud. (30 000 bouteilles)

15 /20 <u>Les Vignerons de Terrats</u> - 2007

Xavier Hardy.

BP 32, 66302 Terrats Cedex.

 4,00 €

T 04 68 53 02 50

contact@terrassous.com

Avec une belle couleur dense, ce rosé se montre vineux en attaque avec de la tenue en bouche. Belles notes de fruits mûrs en finale, mais sans lourdeur. Un joli rosé d'amplitude et de matière, pour être bu à table. (15 000 bouteilles)

15 /20 <u>Mas de la Chique</u> - 2007

Hervé Bizeul.

Domaine de la Chique, 9 rue Pasteur, 66600 Vingrau.

5,00 €

T 04 68 29 40 00

www.walden.fr

Repris il y a tout juste un an par Hervé Bizeul, ce très vaste domaine des hauteurs de Rivesaltes se partage entre vignes et oliviers. Dès la première récolte, le style des vins s'impose dans la dégustation avec leur profil mûr et charmeur. S'il manque encore un peu de moelleux dans les tanins, ce 2007 marque le changement de cap et la totale reprise en mains du domaine. Soyez les premiers à le découvrir ! (35 000 bouteilles)

14,5 /20 <u>Château l'Esparrou - Le Castell</u> 2006

Marie-Pascale Rendu.

66140 Canet-en-Roussillon.

 6,50 €

T 04 68 73 30 93

esparrou@hotmail.com

Toujours vinifiée en raisins entiers (sans égrappage) et élevée durant deux ans, cette cuvée peut se montrer dans sa jeunesse un rien austère et manquant de moelleux. Un peu de patience vous permettra d'apprécier avec plaisir un vin qui gagnera en complexité et en fondu. C'est le cas de ce 2006, encore serré en bouche, mais que le temps civilisera. (13 000 bouteilles)

14,5 /20 <u>Les Vignerons de Terrats - Villare Juliani</u> 2006

Xavier Hardy.

BP 32, 66302 Terrats Cedex.

 6,50 €

T 04 68 53 02 50

contact@terrassous.com

Belle couleur et attaque en bouche marquée par une matière charnue et une maturité dans les tanins. Expression nette du fruit, grande fraîcheur de matière. Bonne longueur et tenue en finale. Il sera parfait à boire dans les deux prochaines années. (15 000 bouteilles)

14,5 /20 <u>Les Vignerons de Terrats - Terrassous</u> 2007

Xavier Hardy.

BP 32, 66302 Terrats Cedex.

 4,00 €

T 04 68 53 02 50

contact@terrassous.com

Belle expression de fruit en attaque avec une très agréable fraîcheur en finale. Un beau vin joliment équilibré et d'une agréable longueur. Les tanins sont intégrés et parfaitement fondus. Le bon compagnon du quotidien. (60 000 bouteilles)

14 /20 Clos Massotte - Yeleen 2005
Pierre-Nicolas Massotte.
3 rue des Alzines, 66300 Trouillas.

♥ 6,50 €
T 04 68 53 49 66
www.massotte.com

Cette cuvée montre une belle évolution sur des notes de chocolat, de vieilles roses et de fraises confites. Les tanins sont fondus et la bouche offre une bonne longueur. Il sera parfait à boire dans l'hiver. (10 000 bouteilles)

14 /20 Domaine des Blanes - D. de Blanes 2006
Marie Bories.
Mas Blanes, 66370 Pezilla de la Rivière.

♥ 6,50 €
T 04 68 92 00 51
mariebories@aol.com

Typé sudiste avec de belles notes d'épices et de poivre, ce vin aux tanins un rien rustiques se montre dense et serré en bouche. Il se boira avec une cuisine de famille roborative comme des viandes en sauce. (8 000 bouteilles)

14 /20 Domaine du Mas Alart - 2007
Frédéric Belmas.
RD 22, 66280 Saleilles.

♥ 5,00 €
T 04 68 50 51 89
f.delmas@orange.fr

Un vin d'un esprit assez tendre et frais sur une belle palette aromatique épicée. Bonne fraîcheur en finale et style séduisant pour ce vin issu de terroir proche de la mer. À boire dans sa jeunesse sur l'expression de son fruit, son équilibre et sa fraîcheur. (10 000 bouteilles)

13,5 /20 Les Vignobles du Rivesaltais - Arnaud de Villeneuve 2007
Bernard Baixas.
1 rue de la Roussillonnaise, 66602 Rivesaltes.   commercial@vignobles-rivesaltais.com

♥ 4,55 €
T 04 68 64 06 63

Cette cuvée de la cave coopérative de Rivesaltes est tout à fait au niveau avec un excellent rapport qualité/prix. Le fruit domine tout au long de la dégustation avec une matière en bouche équilibrée, sans trop d'alcool. Un vin délicieux à boire dans l'année. (42 000 bouteilles)

13 /20 Les Vignerons de Terrats - Terrassous 2007
Xavier Hardy.
BP 32, 66302 Terrats Cedex.

♀ 4,00 €
T 04 68 53 02 50
contact@terrassous.com

Cet assemblage de vermentino et de grenache blanc donne un vin fruité d'un style souple et tendre, à boire dans sa jeunesse. Un bon classique plaisant et pas cher. (10 000 bouteilles)

CÔTES DU ROUSSILLON-VILLAGES

*Les Côtes du Roussillon-Villages (2 000 hectares) sont à 100 % rouges. Quatre communes ont le droit d'associer leur nom à l'appellation Villages : Caramany, Latour-de-France, Lesquerde et Tautavel. La syrah donne naissance à quelques cuvées remarquables quand elle est plantée sur des terres appropriées, avec des clones bien sélectionnés, ce qui n'est certes pas toujours le cas. Mais il existe une vraie différence de qualité entre les appellations génériques et Villages. Les vins se montrent bien plus corsés et font preuve d'une attention particulière dans les vinifications et les élevages. Toujours d'un bon niveau, nous saluons les progrès portés dans cette appellation par tout un groupement de néovignerons ambitieux qui sont aujourd'hui les conservateurs d'un patrimoine viticole de vieilles vignes rares, l'une des particularités de ce vignoble. Ils achètent des vieilles vignes qu'ils continuent de faire produire au lieu de les arracher. C'est ce qui permet de trouver toute une série de très belles cuvées, riches et denses. Seul bémol, il n'y a pas d'accalmie sur les prix qui continuent à monter pour se positionner parmi les cuvées haut de gamme. Mais en cherchant bien, on trouve encore de très beaux vins à prix doux. **Une sélection établie à moins de 8,50 €.**

Domaine Calvet-Thunevin - Calandry 2006
Jean-Roger Calvet et Jean-Luc Thunevin.
/20 13 rue Pierre Curie, 66460 Maury.

🍷 5,40 €
T 04 68 59 20 73
calvet.marie@wanadoo.fr

Belle matière et très belle expression de fruit au nez et en bouche pour ce vin ayant gardé de la vigueur et de la tenue. Très légèrement sucré, cela lui apporte du gras et de la rondeur dans les tanins. Un bon vin, bien élaboré par l'excellent Jean-Luc Thunevin (château Valandraud à Saint-Émilion) dans un style moderne et flatteur. (20 000 bouteilles)

Domaine Depeyre - 2007
Brigitte Bile et Serge Depeyre.
/20 1 rue Pasteur, 66600 Cases-de-Pène.

🍷 8,50 €
T 04 68 28 32 19
brigitte.bile@orange .fr

Depuis maintenant trois ans, Brigitte Bile et Serge Depeyre ont les honneurs de notre guide. Leur vin est une grande réussite dans ce millésime et ne décevra pas les amateurs fidèles à ce domaine. C'est un délicieux vin de fruit avec une matière de très bonne intensité en bouche. Un vin gourmand et de belle ampleur avec du fruit et de la longueur. Beau style très plaisant, extra à boire jeune, mais qui se gardera sans difficulté durant trois ans. (6 000 bouteilles)

Les Vignerons de Maury - Tradition 2006
Paul Ardingaup.
/20 128 avenue Jean Jaurès, 66460 Maury.

🍷 6,40 €
T 04 68 59 00 95
contact@vigneronsdemaury.com

Dans un registre très concentré avec une matière d'une très intense puissance aromatique et d'une grande corpulence en bouche, cette cuvée de base dévoile une signature régionale typée et un profil de vinification et d'élevage moderne, nouvelle vague. À découvrir absolument ! (22 000 bouteilles)

Domaine du Mas Jaume - Racine Carré 2006
Charles Faisant.
/20 Mas Seguéla, 66720 Tautavel.

🍷 8,00 €
T 04 68 29 48 15
scfaisant@orange.fr

Voilà une cuvée qui ne manque pas d'ambition. Un assemblage de syrah (vendanges mécaniques) et de grenache et de carignan (vendanges manuelles) longuement cuvé et élevé en fûts. Dans un registre sudiste, aux notes de fruits mûrs et d'épices, il séduit par son équilibre et sa fraîcheur en finale. Un vin délicieux à boire dans les deux ans. (40 000 bouteilles)

Domaine des Terres Rousses - Lune Rousse 2006
Serge Rousse.
/20 Route de Cucugnan, 66460 Maury.

🍷 8,00 €
T 05 57 25 24 15
sergerousse@wanadoo.fr

Belle expression minérale et tenue en bouche avec des tanins fins et suaves. Une extraction élégante, qui joue la carte de l'harmonie. Certes, il n'impressionne pas par sa concentration, mais séduit par sa finesse et son allonge en finale. (xxx bouteilles)

Les Vignobles du Rivesaltais - Arnaud de Villeneuve 2004
Bernard Baixas.
/20 1 rue de la Roussillonnaise, 66602 Rivesaltes.

🍷 7,15 €
T 04 68 64 06 63
commercial@vignobles-rivesaltais.com

Avec encore des tanins un rien fermes en bouche, ce vin ne manque pas de matière ni de densité. Il offre un registre très aromatique sur des notes animales lui conférant un côté « chasseur ». Certes, il fait preuve d'une certaine rusticité, mais ne déçoit pas par sa corpulence et sa tenue en finale. (20 000 bouteilles)

Domaine du Mas Jaume - Candice 2007
14,5/20 Charles Faisant.
Mas Seguéla, 66720 Tautavel.
🍷 5,80 €
T 04 68 29 48 15
scfaisant@orange.fr

Issue de vignes du village de Tautavel, cette cuvée se montre à ce jour encore très boisée. Mais le vin, très jeune, possède toutes les qualités pour l'intégrer. Matière concentrée et mûre, tanins structurés et richesse en finale. Il faudra l'attendre deux à trois ans pour que l'ensemble trouve son équilibre. (40 000 bouteilles)

Domaine Fontanel - 2007
14,5/20 Pierre Fontanel.
25 avenue Jean Jaurès, 66720 Tautavel.
🍷 7,00 €
T 04 68 29 04 71
domainefontanel@hotmail.com

À Tautavel, ce domaine fait partie des références pour ses côtes-du-roussillon. Des vins toujours joliment extraits, colorés et expressifs. Encore très jeune, ce 2007 va s'épanouir après trois ans de bouteille. Élevé en cuve, il a gardé toute la fraîcheur du fruit et des tanins lisses. C'est un vin concentré, mais sans lourdeur. (15 000 bouteilles)

Les Vignerons de Cases de Pène - Château de Pena 2006
14/20 Jean-Christophe Bourquin.
Boulevard du Maréchal Joffre, 66600 Cases-de-Pène.
🍷 6,00 €
T 04 68 38 93 30
www.chateaudepena.com

Il dévoile un joli bouquet sur des notes de fruits rouges au nez et en bouche. Bonne tenue des tanins en finale avec une matière longue et expressive. On est dans le registre des petits fruits mûrs. Son aspect fondu et finement évolué sera plaisant dans l'année. (35 000 bouteilles)

Domaine Fontanel - Tradition 2006
13,5/20 Pierre Fontanel.
25 avenue Jean Jaurès, 66720 Tautavel.
🍷 8,00 €
T 04 68 29 04 71
domainefontanel@hotmail.com

On apprécie l'aspect charnu et corpulent qu'offre cette cuvée en bouche. Les tanins sont encore fermes avec l'astringence de l'année. Mais ce vin ne manque pas de charme ni de potentiel. Bon style, un rien rustique. (15 000 bouteilles)

Les Vignerons de Caramany - La Carmagnole 2006
13,5/20 Cave coopérative de Caramany.
66720 Caramany.
🍷 5,90 €
T 04 68 84 51 80
vigneronsdecaramany@wanadoo.fr

Un vin joliment épicé offrant de la fluidité dans un esprit savoureux et gourmand au nez et en bouche. Une bonne cuvée élaborée par une cave coopérative sérieuse et offrant un bon rapport qualité/prix. (6 000 bouteilles)

Les Vignerons de Caramany - Presbytère 2007
13/20 Cave coopérative de Caramany.
66720 Caramany.
🍷 5,50 €
T 04 68 84 51 80
vigneronsdecaramany@wanadoo.fr

Un vin de fruit reconnu pour sa tendre matière en bouche dans un style franc, tendre, direct et de bon aloi. C'est un vin classique et facile à boire. (80 000 bouteilles)

MAURY

Maury couvre 1 740 hectares au nord de l'Agly (communes de Maury, Tautavel, Rasiguère, Saint-Paul de Fenouillet et Lesquerde). Les vins doux de Maury sont, comme à Banyuls, issus du cépage grenache noir (90 % de l'encépagement), sur un terroir de schiste. Mais dans ces contreforts des Corbières, les schistes noirs sont plus jeunes et subissent l'influence d'un microclimat plus continental qu'à Banyuls. D'où des vins colorés, riches en sucre, solides en tanins, mais n'atteignant pas toujours la complexité et l'élégance des banyuls au vieillissement. La coopération vinifie 85 %

*des volumes. La tendance actuelle est à la production des maurys vintages, privilégiant une juste expression fruitée, dans le même style que les portos. **Une sélection établie à moins de 12 €.***

16,5/20 — Domaine des Soulanes - 2006
Cathy et Daniel Laffite.
Mas de Las Fredas, 66720 Tautavel.

10,50 €
T 04 68 29 12 84
les.soulanes@wanadoo.fr

Chaque année, ce domaine créé en 2001, sort très bien dans nos dégustations à l'aveugle. Toujours très coloré, dans un esprit très « vintage », ses maurys sont toujours d'une superbe matière avec un éclat de fruit et de minéralité intense en finale de bouche. Grand potentiel et superbe longueur. (5 000 bouteilles)

16,5/20 — La Préceptorie de Centernach - Cuvée Aurélie 2006
Familles Parcé et Legrand.
1 route de Lansac, 66220 Saint-Arnac.

10,00 €
T 04 68 59 26 74
www.la-preceptorie.com

Magnifiquement situé sur les hauteurs de Maury, au cœur des terroirs schisteux de l'appellation, ce domaine géré par la famille Parcé de Banyuls produit toute une série de vins d'appellations et de pays de grand style. Ce maury s'inscrit parmi les plus identitaires et les plus stylisés de notre sélection. Une matière imposante, mais sans lourdeur et une très grande longueur sur un fruit parfait de maturité. L'alcool ne se montre jamais dans cette bouteille ! (10 000 bouteilles de 50 cl)

16/20 — Domaine du Dernier Bastion - Rancio 2002
Jean-Louis Lafage.
29 avenue Jean-Jaurès, 66460 Maury.

11,30 €
T 04 68 59 12 66
www.dernierbastion.com

C'est dans la plus pure tradition maurynoise que ce VDN a été élaboré. Vieilli une année en bonbonnes au soleil, il a été ensuite élevé durant quatre ans en foudres de chêne. Ce pur grenache noir provenant de coteaux schisteux est l'une des très belles cuvées de ce domaine. Grande harmonie aromatique en bouche avec une expression encore très affirmée du raisin. Beau style tout en allonge et en complexité aromatique. (2 500 bouteilles)

16/20 — Les Vignerons de Maury - 1998
Paul Ardingaup.
128 avenue Jean Jaurès, 66460 Maury.

6,90 €
T 04 68 59 00 95
contact@vigneronsdemaury.com

Ce blanc de 10 ans d'âge est une originalité dans la dégustation. Très ambré par sa robe, proche d'un rivesaltes dans son expression aromatique, avec des notes d'écorces d'oranges et un caractère épicé, il offre une grande complexité et encore du gras en bouche. Il fera un accord très original sur des fromages et ou des desserts peu sucrés. (20 000 bouteilles)

15/20 — Domaine du Dernier Bastion - Tradition 2003
Jean-Louis Lafage.
29 avenue Jean-Jaurès, 66460 Maury.

8,90 €
T 04 68 59 12 66
www.dernierbastion.com

Après un vieillissement de quatre ans en cuves de chêne, ce maury fait preuve d'une fine et élégante oxydation avec des arômes de fruits secs et de fleurs séchées. Il se montre plein et savoureux en bouche et s'affirme en finale par l'aspect complexe de son évolution. (2 500 bouteilles)

15/20 — Mas de Lavail - 2005
Nicolas Battle.
66460 Maury.

10,50 €
T 04 68 59 15 22
masdelavail@wanadoo.fr

Un bon classique dans les blancs de cette appellation. L'élevage en barriques est encore présent, mais l'expression du fruit apportée par des grenaches blanc et gris de belle maturité domine en finale. Avec 100 grammes de sucre par litre, il reste aérien. (4 000 bouteilles)

MAURY

ROUSSILLON

14,5
/20

Mas Mudigliza - 2006
SCEA Mudigliza.
20, rue de Lesquerde, 66220 Saint-Paul de Fenouillet.

🍷 12,00 €
T 06 79 82 03 46
www.masmudigliza.fr

Ce nouveau domaine repris récemment par Dimitri Glipa et Muriel Samson se fait déjà remarquer avec un maury rouge mettant en avant un fruité net et très expressif. Un VDN très plaisant et parfait à boire dans sa jeunesse. Ce domaine est à suivre de près dans les prochaines années. (2 500 bouteilles)

14
/20

Domaine des Blanes - 2006
Marie Bories.
Mas Blanes, 66370 Pezilla de la Rivière.

🍷 9,50 €
T 04 68 92 00 51
mariebories@aol.com

Les tanins se montrent encore fermes pour ce maury très jeune et entièrement élevé en cuvée béton. Ce qui explique son aspect anguleux et moins fondu que d'autres élevés en foudres. Il affiche un bouquet complet de fruits mûrs et d'épices. On l'attendra encore deux à trois ans pour que l'ensemble trouve son équilibre. (6 000 bouteilles)

14
/20

Domaine des Terres Rousses - 2005
Serge Rousse.
Route de Cucugnan, 66460 Maury.

🍷 9,00 €
T 05 57 25 24 15
sergerousse@wanadoo.fr

Belle expression de fruit confit avec une matière suave, marquée par une touche de sucre en finale. Un style complet et fin qui mériterait une touche de fraîcheur en finale. (xxx bouteilles)

14
/20

Mas de Lavail - Expression 2006
Nicolas Battle.
66460 Maury.

🍷 10,50 €
T 04 68 59 15 22
masdelavail@wanadoo.fr

Malgré une certaine rusticité en attaque avec des tanins très présents au palais, ce vin ne manque pas de potentiel ni de style. Très réglissé au nez et en bouche, il offre une palette aromatique complexe et de belle allonge. (8 000 bouteilles)

MUSCAT DE RIVESALTES

*Les muscats de Rivesaltes sont devenus une sorte d'appellation générique englobant un large bassin de production, tout autour de Perpignan. Des plaines limitrophes de la ville aux plus beaux terroirs de montagne, toute parcelle de muscat peut prétendre à l'appellation Muscat de Rivesaltes. Cette diversité de terroirs entraine fatalement une grande diversité de style et la qualité est loin d'être toujours au rendez-vous. C'est ainsi que les cuvées les plus fruitées et d'une grande fraîcheur de style comme peut l'offrir le magique cépage muscat côtoient des cuvées marquées par des notes végétales aux arômes et aux goûts « médicamenteux ». Il est difficile d'accéder au meilleur sans être contraint de payer un prix conséquent **Une sélection établie à moins de 7,50 €.***

16
/20

Domaine de l'Arca - 2006
Laurent Cambre.
15 rue Victor Hugo, 66570 Saint-Nazaire.

🍷 7,00 €
T 06 14 55 83 45

Belle attaque sur des parfums de verveine et de camomille. Généreux en bouche et expressif avec une matière grasse et fine. Belle harmonie en finale, sans lourdeur. Joli style très complet pour ce jeune domaine. (2 000 bouteilles)

Domaine Pagès Huré - 2007
Jean-Louis Pagès.
/20   **2 allée des Moines, 66740 Saint-Genis.**

  7,00 €
T 04 68 89 82 62
pages-hure@free.fr

Très agréable caractère au nez et en bouche avec une matière moelleuse et beaucoup de richesse en finale. Avec un aspect très légèrement boisé en bouche lui apportant une touche vanillée en finale, ce muscat fait partie des belles réussites de l'appellation dans ce millésime. (2 500 bouteilles)

 Les Vignerons de Terrats - Terrassous 2007
Xavier Hardy.
/20   **BP 32, 66302 Terrats Cedex.**

 7,20 €
T 04 68 53 02 50
contact@terrassous.com

Un bon muscat, encore marqué par le sucre, mais exprimant de belles notes de fruits blancs en finale. Un équilibre fin en bouche avec de la nervosité en finale. Un vin doux, classique et plaisant, destiné à une consommation jeune. (20 000 bouteilles)

RIVESALTES

*Une appellation fourre-tout. Une masse de vins sans grand intérêt, vendus en grandes surfaces sous des marques d'apéritif, côtoient des nectars de vingt à trente ans d'âge, oubliés au fond des caves de quelques vignerons. Ces vins mutés (ajout d'alcool pour bloquer la fermentation et donner des vins sucrés naturellement), essentiellement à base de grenache (gris et blanc le plus souvent) et de maccabeu, vinifiés en blanc, en rosé et parfois en rouge, connaissent toujours de graves problèmes de commercialisation. Les stocks sont importants et les prix sont au plus bas. Ce ne sont pas les affaires qui manquent. Les amateurs de vieilles bouteilles peuvent dénicher, dans cette appellation, des merveilles de vieux millésimes. Des vins doux extraordinaires de complexité que les propriétaires vendent à des prix bradés et qui vous procureront un plaisir intense. **Une sélection établie à moins de 12 €.**

 Domaine Sarda-Malet - Le Serrat 1998
Jérôme Malet.
/20   **Mas Saint-Michel, chemin de Sainte-Barbe, 66000 Perpignan.**

 12,00 €
T 04 68 56 72 38
www.sarda-malet.com

Certainement le plus complexe et le plus abouti de tous les rivesaltes de la dégustation. Ce 1998 est une grande réussite avec une matière d'une allonge extraordinaire. Il a pris des notes classiques de fruits secs très élégamment ranciotées. La finale est éclatante. Un très beau vin qui peut encore se garder une bonne dizaine d'années. (5 000 bouteilles)

 Domaine Rière-Cadène - Grenat 2006
Jean-François Rière.
/20   **Chemin de Saint-Genis, 66000 Perpignan.**

 7,00 €
T 04 68 63 87 29
www.domainerierecadene.com

Ce grenat a été muté sur grains après égrappage et a ensuite bénéficié d'une longue macération (environ quatre semaines), ce qui explique sa couleur foncée et sa grande expression de fruits agrémentés de notes fumées. Un très beau grenat, complet et de style intense. (2 000 bouteilles)

 Domaine Piquemal - La Perle Pourpre 2006
Pierre et Franck Piquemal.
/20   **1 rue Pierre Lefranc, 66600 Espira-de-l'Agly.**

 9,65 €
T 04 68 64 09 14
www.domaine-piquemal.com

Une très belle expression de confiture de mûre au nez comme en bouche pour ce piquemal. Superbe fruit dominant en finale. Tanins encore fermes, mais très belle fraîcheur en finale. Un beau rivesaltes, d'une grande gourmandise. (4 000 bouteilles)

16 /20 **Les Vignerons de Cases de Pène - Vieux Hors d'Age 1995**
Jean-Christophe Bourquin.
Boulevard du Maréchal Joffre, 66600 Cases-de-Pène.

🍷 8,00 €
T 04 68 38 93 30
www.chateaudepena.com

Un tuilé marqué par une belle évolution, complexe sur des notes de figue et de datte sèche. Belle longueur et richesse en bouche. Un beau classique de grande intensité aromatique en finale. Complexe et long, il est délicieux à boire en ce moment. (4 500 bouteilles)

15,5 /20 **Domaine Cazes - Grenat 2005**
André et Bernard Cazes.
4, rue Francisco Ferrer, 66602 Rivesaltes.

🍷 9,50 €
T 04 68 64 08 26
www.cazes-rivesaltes.com

Un rivesaltes charnu en bouche avec des tanins présents. Belle tenue en finale dans un registre complet franc et droit. Beau vin qui ne manque pas de style. On peut commencer à le boire. Labellisé bio certifié Ecocert. (8 000 bouteilles)

15 /20 **Château l'Esparrou - Ambré 1993**
Marie-Pascale Rendu.
66140 Canet-en-Roussillon.

🍷 12,00 €
T 04 68 73 30 93
esparrou@hotmail.com

Assez généreux avec une matière expressive sur des notes de tabac et de fruits secs. Il s'exprime avec justesse, sans lourdeur en finale. Bon style plaisant et arrivé à maturité de consommation. Il est parfait à boire en ce moment. (6 000 bouteilles)

14,5 /20 **Les Vignerons Catalans - Croix Milhas Ambré**
Louis Malet.
1870 avenue Julien Panchot, 66964 Perpignan

🍷 5,30 €
T 04 68 85 04 51
www.fruitcatalan.com

Cet ambré de la plus importante cave coopérative du Roussillon offre une expression sur l'oxydation au nez et en bouche. Il se montre harmonieux avec des saveurs allant sur des notes de tabac. Belle longueur, sans lourdeur en finale. (25 000 bouteilles)

VIN DE PAYS DES CÔTES CATALANES
Une sélection établie à moins de 6 €.

16,5 /20 **Domaine Lafage - Le Petit Rouge de Saint-Roch 2007**
Jean-Marc Lafage.
Mas Durand, 66140 Canet-en-Roussillon.

🍷 5,00 €
T 04 68 80 35 82
domaine.lafage@wanadoo.fr

Il a tout compris ! Il nous fait tout comprendre. C'est « LE » petit rouge par excellence. Fruité, juteux, précis dans les arômes. Un grand régal. (7 000 bouteilles)

15,5 /20 **Domaine des Terres Rousses - 2006**
Serge Rousse.
Route de Cucugnan, 66460 Maury.

🍶 6,00 €
T 05 57 25 24 15
sergerousse@wanadoo.fr

Très beaux arômes de bonbon caramel beurre salé en finale. Léger moelleux en bouche et finesse aromatique florale et thé Earl grey en attaque. Un blanc très original, complexe et fin qui fera de splendides accords mets et vins. (2 000 bouteilles)

15,5 /20 **Mas Crémat - Les Tamarius 2007**
Catherine Jeannin-Mongeard.
66600 Espira-de-l'Agly.

🍷 4,70 €
T 04 68 38 92 06
mascremat@mascremat.com

Le fruit noir et mûr est satiné d'une touche de réglisse. La bouche profonde. Un vin de grande classe. (30 000 bouteilles)

14,5 **Château de Jau - Jaja de Jau Syrah** 2007
/20 Simon Dauré.
66600 Cases-de-Pène.

4,50 €
T 04 68 38 90 10
daure@wanadoo.fr

Belle couleur et densité, les notes aromatiques de la syrah sont naturellement plus enlevées. Ce vin exprime avec chaleur le plaisir de l'instant. (28 000 bouteilles)

14 **Château de Jau - Jaja de Jau Carignan** 2007
/20 Simon Dauré.
66600 Cases-de-Pène.

4,50 €
T 04 68 38 90 10
daure@wanadoo.fr

Vin de soif, vin de tous les jours, vin d'amis. C'est écrit sur la bouteille ! Vin techniquement bien fait. La trame est sans accro, le fruit bien extrait. (6 600 bouteilles)

14 **Domaine de Sau - SAO** 2006
/20 Hervé Passama.
66300 Thur.

5,00 €
T 04 68 53 21 74
www.chateaudesau.com

Ample et riche cette cuvée 100 % grenache gris décline sa gamme fruitée sur la pêche blanche et la pêche de vigne. Elle finit sur des notes d'épice et de poivre blanc. (2 000 bouteilles)

14 **Domaine Ferrer-Ribière - G de Pierres** 2007
/20 Denis Ferrer et Bruno Ribière.
20 rue du Colombier, 66300 Terrats.

6,00 €
T 04 68 53 24 45
domferrerribiere@orange.fr

Cette cuvée exprime les fruits noirs sur une trame policée. Les tanins sont souples et stylisés. Il semble pourtant que la matière soit un peu sur la réserve par une couverture trop forte en SO^2. Prévoir une aération avant le service. (4 000 bouteilles)

14 **Domaine Lafage - Le Petit Blanc de Saint-Roch** 2007
/20 Jean-Marc Lafage.
Mas Durand, 66140 Canet-en-Roussillon.

5,00 €
T 04 68 80 35 82
domaine.lafage@wanadoo.fr

Pleine et vineuse, cette cuvée tout en fraîcheur a de la tenue. Parfait vin d'été. (7 000 bouteilles)

13,5 **Domaine Ferrer-Ribière - Le F** 2007
/20 Denis Ferrer et Bruno Ribière.
20 rue du Colombier, 66300 Terrats.

5,00 €
T 04 68 53 24 45
domferrerribiere@orange.fr

Cuvée expressive dans des tonalités végétales fleuries et de melon espagnol. Séveuse, la cuvée est croquante comme une jeune pousse. Elle finit relevée sur l'épice. (4 000 bouteilles)

12,5 **Domaine des Gorges du Soleil - All White** 2007
/20 Cave Beille.
Chemin du Saint-Nazaire, 66330 Cabestany.

5,00 €
T 04 68 50 77 58
www.vin-roussillon-beille.com

L'assemblage muscat et grenache gris fait encore une fois bon ménage. Le grenache apporte la densité de matière, le muscat la fraîcheur et les notes aromatiques enlevées. (2 000 bouteilles)

LOIRE

UNE DIVERSITÉ DE STYLE ET PLEIN DE BONNES AFFAIRES

La vallée de la Loire affiche une grande diversité : pas loin de soixante-dix appellations avec une diversité de terroirs (schistes d'Anjou, sables de Sologne, calcaire de Saumur et de touraine). Ces terroirs ont facilité l'implantation d'un grand nombre de cépages : melon, chenin, sauvignon et chardonnay en blancs ; cabernet franc, pinot noir, gamay, cot, cabernet-sauvignon et grolleau en rouge et rosé. À Sancerre, Pouilly et plus encore à Reuilly et Menetou, les bons rapports qualité/prix sont rares. On trouve plus souvent de simples sauvignons élevés en cuve que des cuvées minérales d'une réelle complexité. Beaucoup de bonnes affaires en Touraine qu'il faut acheter dans l'année et boire dans les deux ans. Les prix sont sages pour les blancs secs de Montlouis, moins à Vouvray. À Chinon, Bourgueil ou Saint-Nicolas-de-Bourgueil, pour moins de 6 €, les vins de soif sont nombreux. Même remarque pour Saumur-Champigny où l'on peut faire de bons coups parmi les vins charmeurs et fruités. On ne négligera pas les très bons blancs secs, vifs et floraux de Saumur, dont les meilleurs ne se révèlent qu'après cinq ans de garde. Les Anjous rouges (villages pour la garde) et blancs sont à boire rapidement. Quant aux muscadets, étonnants dans leur jeunesse, et capables parfois de vieillissement, leurs prix sont toujours aussi alléchants, pour une qualité qui peut atteindre l'exceptionnel chez les meilleurs vignerons. Comme les prix des vins de Loire sont doux, les domaines sont souvent dévalisés dans l'année. Il faut donc s'organiser. Sans jamais oublier que du fait de sa situation septentrionale, les vignobles de Loire sont sujets à de grandes variations de qualité (liée au climat) d'une année à l'autre.

LES DERNIERS MILLÉSIMES

2007 : 14/20
Les vins issus de sauvignon sont secs. Cabernet franc et chenin souffrent d'arômes végétaux, à moins d'avoir été vendangés tard. De bons muscadets et de grands liquoreux en Anjou. **Garde : 5 à 15 ans.**

2006 : 15,5/20
Grande année pour les sauvignons du Centre, moins pour les chenins d'Anjou. Ils sont secs, classiques. Faible production de liquoreux. Les rouges de cabernet sont légers et tendres avec des textures douces. À boire jeunes. **Garde : dès maintenant et sur 10 ans.**

2005 : 18/20
Un millésime exceptionnel. La puissance des rouges rappelle les délicieux 1989 d'Anjou ou 1996 de Saumur. Les blancs secs feront de merveilleuses bouteilles sur dix ans, tandis que les liquoreux (passerillés) aux acidités élevées sont des vins parfaits entre la richesse naturelle du raisin et la vivacité originelle de la Loire. **Garde : dès maintenant et sur 15 ans.**

ANJOU

Cette très vaste appellation, qui s'étend sur presque deux cents communes aux alentours d'Angers et de Saumur, produit surtout des rouges à base de cabernet franc et parfois de cabernet-sauvignon. Avec des vignes mieux soignées, aux rendements plus sages, récoltées à meilleure maturité et vinifiées plus en douceur, les anjous rouges sont de moins en moins rustiques et revêches en bouche. Toutefois, ils sont plus charpentés que leurs voisins saumurs. Sur le modèle des savennières, on voit apparaître une nouvelle génération d'anjous blancs plus complexes, corsés et de garde, issus du cépage chenin. Du coup, leur prix augmente et ils sortent de notre sélection. Les rouges sont toujours abordables. Une sélection établie à moins de 7 €.

14,5 | **Domaine Saint Arnoul** - 2007 | 4,00 €
/20 | Alain Poupard. | T 02 41 59 43 62
| 5 rue des Caves, 49540 Martigné-Briand. | www.saint-arnoul.com

Alain Poupard réalise là un cabernet franc bien fruité, sucré, coulant, avec du fond, un niveau de saveurs supérieur à la moyenne. De soif, avec du fond : un bon anjou classique. À boire. (24 000 bouteilles)

---

14 | **Château de la Roulerie** - 2007 | 7,00 €
/20 | Marie et Philippe Germain. | T 02 41 54 88 26
| 49190 Saint-Aubin de Luigné. | philippemile.germain@wanadoo.fr

Un terroir pur schiste pour un chenin fin, frais, en demi-corps, vif et net dans sa finale.

---

14 | **Domaine Cady** - **Cheninsolite** 2007 | 7,00 €
/20 | Philippe Cady. | T 02 41 78 33 69
| Valette, 49190 Saint-Aubin-de-Luigne. | cadyph@wanadoo.fr

Anjou éloquent, dominé par des saveurs de pamplemousse. Son style moderne ne dévoile pas le terroir. (3 200 bouteilles)

---

14 | **Domaine des Bleuces** - 2007 | 4,60 €
/20 | Benoît Proffit. | T 02 41 59 11 74
| 49700 Concourson-sur-Layon. | www.coteaux-layon.com

Il se distingue par son gras, ses saveurs de cabernet mûr. Il a le statut d'anjou de table. (4 000 bouteilles)

---

14 | **Domaine La Croix des Loges** - 2007 | 4,10 €
/20 | Famille Bonnin. | T 02 41 59 43 58
| 49540 Martigne Briand. | www.domainelacroixdesloges.com

Coloré, tannique, sur des notes de cheminée froide, ce cabernet-sauvignon possède un supplément de saveur sans verdeur. Un bon potentiel. À boire sur quatre ans. (12 000 bouteilles)

---

14 | **Domaine La Croix des Loges** - 2007 | 8,75 €
/20 | Famille Bonnin. | T 02 41 59 43 58
| 49540 Martigne Briand. | www.domainelacroixdesloges.com

Expressif, vanillé (fermentation sous bois), avec une pointe de fruits rouges, il se révèle en volume et savoureux en bouche. Domaine à suivre de près. (1 500 bouteilles)

13,5 | **Château de Passavant** - 2007 | 5,70 €
/20 | Olivier et Claire Lecomte et François David. | T 02 41 59 53 96
| 49560 Passavant-sur-Layon. | passavant@wanadoo.fr

Franc, carré, bien fait, plus mûr que la moyenne des anjous, avec un léger déséquilibre en alcool et grain salin dans sa finale. Certifié bio, labelisé Qualité France. (25 000 bouteilles)

13,5 **Domaine de Pied-Flond - Gamay 2007**
/20
Franck Gourdon.
49540 Martigné-Brilland.

🍷 4,10 €
T 02 41 59 92 36
www.pied-flond.fr

Coloré, rond, gras, assez extrait mais doux dans sa finale simple. À boire jeune. (3 200 bouteilles)

13 **Domaine Benoît Rocher - 2007**
/20
Benoît Rocher.
Closerie de la Picardie, 49380 Notre Dame d'Allençon

🍷 6,50 €
T 02 41 54 30 32
www.closeriedelapicardie.fr

Très gras, riche, de la matière, avec des notes lactées qui proviennent de son élevage en fût. Il évoluera bien sur trois à quatre ans. (1 800 bouteilles)

13 **Domaine du Clos de l'Alma - Gamay Les Vignes de l'Alma 2007**
/20
Roland Chevalier.
L'Alma, 49410 Saint Florent Le Vieil.

🍷 3,80 €
T 02 41 72 71 09
chevalier.roland@wanadoo.fr

Un beau fruité moderne, extrait, entier, bien élaboré, avec la finale végétale courante dans le millésime. (20 000 bouteilles)

12,5 **Domaine de Bois Mozé - 2007**
/20
Frères Boury.
49320 Coutures.

🍷 4,90 €
T 02 41 57 91 28
boismoze@ansamble.fr

De la chair mais plus d'amers, dans ce chenin dont la concentration a été plus poussée, par tries. Un bon fond. (4 000 bouteilles)

12,5 **Domaine de Terrebrune - 2007**
/20
MM. Laurendeau Bouleau.
La Motte, 49380 Notre-Dame d'Allençon.

🍷 4,30 €
T 02 41 54 01
www.domainedeterrebrune.com

80 % cabernet franc et 20 % de sauvignon. Il poivronne, larde, passe en bouche avec de la trame, de la chair, une bonne conctruction. Un peu faible en saveurs, mais juste en structure. (31 000 bouteilles)

12,5 **Domaine des Sablonnières - 2007**
/20
Éliane Bebin et Tony Raboin.
365 rue Jean Gaschet, 49700 Doué La Fontaine.

🍷 3,20 €
T 02 41 59 00 41
lessablonieres@wanadoo.fr

Un chenin fruité, coulant, charmeur, facile, avec une finale simple et végétale. Vin estival. (3 000 bouteilles)

12 **Domaine de la Ducquerie - Gamay 2007**
/20
M. Cailleau.
49750 Saint-Lambert -du-Lattay.

🍷 3,80 €
T 02 41 78 42 00

Nez fumé, grillé, tanins un peu secs, un anjou que l'on retient pour son bon goût de fraise en finale. (20 000 bouteilles)

ANJOU-VILLAGES

*Les meilleurs terroirs (précoces et souvent sur schistes) ont été sélectionnés pour former cette appellation qui ambitionne de produire des anjous uniquement rouges de haut de gamme et de plus longue garde. Bref, un concurrent du saumur-champigny. Les bons vignerons proposent des cuvées riches, avec plus d'ampleur que de finesse. Les autres confondent encore structure et rusticité. **Une sélection établie à moins de 9 €.***

15,5 /20 **Château Pierre Bise - Spilite 2007**
Claude, Christophe et René Papin.
49750 Beaulieu-sur-Layon.

 🍷 **8,75 €**
T 02 41 78 31 44

La fraîcheur de l'année et bien évidemment la maturité attendue par ce grand vigneron expliquent l'absence de toute note végétale et l'éclat du fruit de cette sélection de cabernet sur roche volcanique. Du bonheur en bouteille. (4 000 bouteilles)

14,5 /20 **Domaine Musset Roullier - Petit Clos 2007**
Gilles Musset et Serge Roullier.
Le Chaumier, 49620 La Pommeraye.

🍷 **7,50 €**
T 02 41 39 05 71
musset-roullier@wanadoo.fr

Le floral et la finesse veloutée des tanins des terroirs limono-sableux sont ici parfaitement mis en valeur. Il ne joue pas les puissants et n'en est pas moins persistant. À boire dès 2009.

ANJOU-VILLAGES BRISSAC

*Ce village au célèbre château-forteresse et les dix communes avoisinantes ont, depuis 1998, leur propre appellation de rouge qui donne des vins un peu plus profonds, puissants et sauvages que les simples anjou-villages. Des vins de gastronomie qui cassent l'image de la petite bouteille ligérienne de comptoir. **Une sélection établie à moins de 10 €.***

 15 /20 **Domaine de Bablut - Rocca Nigra 2006**
Christophe Daviau.
Bablut, 49320 Brissac Quince.

🍷 **9,90 €**
T 02 41 91 22 59
daviau.contact@wanadoo.fr

Christophe Daviau joue les très longues macérations sur ses grandes cuvées : 63 jours sur le Petra Alba (cabernet franc), 56 jours sur ce Rocca Nigra (cabernet-sauvignon) qui possède un supplément de saveur, des notes de cassis gourmandes, une extraction en longueur, du plaisir et du corps en perspective. À ouvrir à partir de 2010. (10 000 bouteilles)

BOURGUEIL

*Entre Tours et Saumur, sur la rive droite de la Loire, le rouge de Bourgueil est un saltimbanque du cabernet franc, qui se révèle aussi bien tendre, à boire jeune (sur des terres de sables et de graviers), que solide et de garde (sur des sols argilo-calcaires). À cette partition du terroir s'ajoutent les nuances apportées par l'âge des vignes. Celles âgées de 50 ans sur graviers produisent des bourgueils plus charpentés qu'une vigne balbutiante sur coteaux. Des rouges pur fruit et des gaillards de longue garde : les deux styles qui se côtoient au pays des caves de tuffeau. **Une sélection établie à moins de 8 €.***

 15,5 /20 **Domaine Stéphane Guion - Prestige 2007**
Stéphane Guion.
3 route de Saint-Gilles, 37140 Benais.

🍷 **6,70 €**
T 02 47 97 30 75
guion.stephane@neuf.fr

Fin, frais, compact, avec du goût et de la tenue : encore une fois un vin de caractère qui exprime au plus juste son terroir. Certifié bio, labelisé Ecocert. (10 000 bouteilles)

 14 /20 **Cave des Vins de Bourgueil - Beauregard 2007**
Romain Parisis.
16 rue les Chevaliers, 3740 Restigné.

🍷 **5,50 €**
T 02 47 97 32 01
www.cave-de-bourgueil.com

Attaque franche, texture en rondeur, voici un bon cabernet sans prétention. Vin estival, charnu, à boire jeune. (40 000 bouteilles)

Domaine Catherine et Pierre Breton - Avis de Vin Fort 2007
Catherine et Pierre Breton
8, rue du Peu-Muleau, 37140 Restigné.

14/20 · 8,00 € · T 02 47 97 30 41 · www.domainebreton.net

Cabernet franc sur graviers en macération courte. Expressif (cerise), tramé et de belle acidité, sans agressivité. Il est fait pour être bu frais et à la régalade. Ne pas hésiter à le carafer, comme tous les vins du domaine.

Vignoble des Robinières - Vieilles Vignes 2007
Bertrand et Vincent Marchesseau.
16 rue de l'Humdaye, 37140 Bourgueil.

14/20 · 5,70 € · T 02 47 97 47 72 · contact@earlmarchesseau.fr

Un vin de bouche et de maturité : le cachet de bourgueil est au rendez-vous. À boire à partir de fin 2009 et sur quatre, cinq ans.

Domaine Lamé Delisle Boucard - Chesnaies 2007
Famille Boucard et Degaugue.
21 rue Galotière, 37140 Ingrandes-de-Touraine.

13/20 · 5,20 € · T 02 47 96 98 54 · lame.delisle.boucard@wanadoo.fr

Fruité respecté, pas trop extrait, avec un volume frais. Un bourgueil classique et sans dureté qui s'ouvrira assez vite. (120 000 bouteilles)

CHINON

*Entre Loire et Vienne, sur les pas du géant Gargantua, les terres basses d'alluvions constituent un terroir « facile » de sable et de gravier, favorable aux jeunes vignes qui s'expriment dans des chinons flatteurs, avec beaucoup de fruits et peu de tanins. Les classiques coteaux argilo-calcaires arrivent un cran au-dessus. Sur des pentes tantôt douces, tantôt abruptes, ils offrent des vins au caractère plus marqué, plus sérieux. Enfin, sur le plateau supérieur calcaire, naissent des rouges beaucoup plus tanniques et de longue garde. Cette richesse de terroirs fait de Chinon, le rouge de cabernet franc le plus complexe de Touraine. Petite production de blancs surcôtés. **Une sélection établie à moins de 8 €.***

Domaine de Bel Air - La Fosse aux Loups 2007
Jean-Louis Loup.
37500 Cravant-les-Côteaux.

16/20 · 7,00 € · T 06 81 70 69 89 · www.domainesdebelair.fr

Une très belle sélection dans la finesse des tanins et la maturité du fruit, à partir de rendements sages. Vinifié en cuve ciment, très digeste, il sera accessible dès sa sortie, au printemps 2009. À réserver absolument. (6 000 bouteilles)

Domaine Angélique Léon - 2007
Angélique Léon.
2 rue des Capelets, 37420 Savigny-en-Véron.

15/20 · 6,30 € · T 02 47 58 92 70 · leon.vindechinon@wanadoo.fr

De la finesse, de l'énergie, du fruit et une bouche bien concentrée mais de longueur moyenne. Un vin juste qui n'a rien de prétentieux. Il sonne juste pour l'année. Disponible fin 2008. (9 000 bouteilles)

Domaine Béatrice et Pascal Lambert - Les Terrasses 2007
Béatrice et Pascal Lambert.
Les Chesnaies, 37500 Cravant-les-Coteaux.

14,5/20 · 6,80 € · T 02 47 93 13 79 · lambert-chesnaies@wanadoo.fr

Du jus, de la rondeur, dans un style savoureux. Il se distingue par un excellent équilibre entre la maturité et la fraîcheur du fruit. Délicieux à boire à la régalade sur deux ans.

200

14,5 **Domaine Pascal et Alain Lorieux - Thélème 2007** 🍷 8,10 €
/20 Pascal et Alain Lorieux. **T** 02 47 98 35 11
Malvault, 37500 Cravant-les-Coteaux. www.lorieux.fr

Reconnaissable à son style coloré, extrait (macération à froid) mais sans sécheresse cette année. Elevée sans bois, sa densité est construite sur des tanins fins, sa trame est entière. De garde. (8 000 bouteilles)

14 **Domaine Charles Pain - Prestige 2007** 🍷 6,50 €
/20 Charles Pain. **T** 02 47 93 06 14
Chézelet, 37220 Panzoult. charles.pain@wanadoo.fr

Souple, c'est un cabernet de bonne maturité, issu de rendements sages, qui donne une expression mûre et acidulée du Chinon. Sa finale consensuelle, un peu sucrée. Il est typique du domaine.

14 **Domaine Dozon - Laure et Le Loup 2007** 🍷 8,00 €
/20 Jean-Marie et Laure Dozon. **T** 02 47 93 17 67
52 rue du Rouilly, 37500 Ligré. dozon@terre-net.fr

Frais, droit, sa finale un peu mordante souligne qu'il aurait pu être vendangé un peu plus tard. De bonne garde. Sortie printemps 2009. (12 000 bouteilles)

13 **Château de Ligré - 2007** 🍷 6,10 €
/20 Pierre Ferrand. **T** 02 47 93 16 70
Rue Saint-Martin, 37500 Ligré. www.chateau-de-ligre.com

Le grain doux et sableux des chinons sur silice se retrouve dans une bouche effilée, de bonne persistance. (80 000 bouteilles)

13 **Domaine de Doulaie - 2007** 🍷 5,00 €
/20 Fabien Demois. **T** 02 47 98 49 01
Domaine Demois, Chézelet, 37500 Cravant-les-Côteaux.

De la tenue, de la fermeté, une trame extraite et digne des cabernets de Cravant. À suivre. (6 000 bouteilles)

COTEAUX D'ANCENIS
*la frontière entre le Muscadet (qui dans ce secteur se nomme Coteaux de la Loire) et l'Anjou, cette appellation de moins de 200 hectares produit de simples rouges (et rosés) à base de gamay et de cabernet et surtout un blanc sucré à base de pinot beurot ou pinot gris qui se nomme ici malvoisie. Ce cépage à la peau violacée donne un blanc en sec ou moelleux, vin d'apéritif ou en dessert, aux saveurs de groseille blanche et rhubarbe. **Une sélection établie à moins de 8 €.***

13,5 **Château du Ponceau - Malvoisie Cuvée Château 2007** 🍷 5,00 €
/20 Bernard Landron. **T** 02 51 12 22 90
Le Bas Ponceau, 44850 Ligné. chateauduponceau vignerons@yahoo.fr

Un pinot gris aux notes d'amandes sucrées, et aux saveurs simples et acidulées. Pour l'apéritif. (6 500 bouteilles)

COTEAUX DE L'AUBANCE
*Aux portes d'Angers, les coteaux de l'Aubance tirent leur épingle du jeu en produisant sur schiste des blancs moelleux pur chenin, plus fins et aromatiques (sur des notes exotiques) que les coteaux-du-layon. Ils se dégustent jeunes et les bons millésimes évoluent bien sur dix ans. **Une sélection établie à moins de 8 €.***

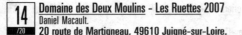

14 /20 **Domaine des Deux Moulins - Les Ruettes 2007**
Daniel Macault.
20 route de Martigneau, 49610 Juigné-sur-Loire.

🍷 7,80 €
T 02 41 54 65 14
les.deux.moulins@wanadoo.fr

Un chenin doux, fruité, gourmand, frais dans sa finale sucrée (70 g/l). Le vrai style de l'Aubance dans toute sa précocité. À boire jeune sur l'éclat de son fruit exotique. (9 000 bouteilles)

13,5 /20 **Domaine de Bois Mozé - 2007**
Frères Boury.
49320 Coutures.

🍷 7,80 €
T 02 41 57 91 28
boismoze@ansamble.fr

Deux tries successives pour ce liquoreux frais, fruité, bien fait, dominé par les agrumes et une finale avec de fins d'amers qui le rendent digeste. Pour les desserts à base d'agrumes. Disponible fin 2008. (3 200 bouteilles)

COTEAUX DU GIENNOIS

Vins secs dans les trois couleurs, surtout intéressants en blanc, produits sur les coteaux de la Nièvre et du Loiret. Le niveau général de l'AOC monte, les styles se multiplient. Une saine émulation s'installe. **Une sélection établie à moins de 6 €.**

14 /20 **Domaine Poupat et Fils - Rivotte 2007**
Philippe Poupat.
Rivotte, 45250 Briare.

🍷 6,00 €
T 02 38 31 39 76
domainepoupat@hotmail.fr

Plus mûr et gras que beaucoup de son appellation, il tient en bouche sur des saveurs finement acidulées et termine en fraîcheur. Un sauvignon net et digeste. À boire sur trois à quatre ans. (17 000 bouteilles)

COTEAUX DU LAYON

C'est l'appellation de vins doux la plus étendue de Loire (vingt-cinq communes). Elle connaît, depuis la fin des années 80, une révolution qualitative. Demi-secs, moelleux ou liquoreux, ces blancs de chenin peuvent revendiquer l'appartenance à sept villages, les plus connus étant Chaume, Saint Lambert, Saint Aubin, Rablaye ou encore Faye d'Anjou. Ils s'apprécient jeunes, sur leurs nuances de fruits et de miel, et les plus concentrés peuvent résister et se bonifier un demi-siècle. Sur les grands terroirs, le sucre est un support de saveurs (salines) par l'entremise de la concentration de l'acidité. Même les simples coteaux (ceux de notre sélection) sont justes et digestes. **Une sélection établie à moins de 8 €.**

15 /20 **Domaine Pierre Chauvin - 2007**
Paul-Éric Chauvin et Philippe Cesbron
45 Grande-Rue, 49750 Rablay-sur-Layon.

🍷 7,10 €
T 02 41 78 32 76
domaine.pierrechauvin@wanadoo.fr

Un équilibre en sucre très digeste (85 g/l) une bouche nuancée, qui tient un discours plus complexe et profond que la moyenne des layons. Le sucre est un vrai vecteur de saveur. À découvrir. En reconversion biologique. (10 000 bouteilles)

14,5 /20 **Domaine du Petit Val - 2007**
Denis Goizil
49380 Chavagnes.

🍷 9,50 €
T 02 41 54 31 14

Nez de vendanges tardives de chenin, aux notes grillées et passerillées, plus concentrées que la moyenne (147 g/l de sucre), aux saveurs de tarte à l'abricot et rhubarbe. Très bien fait. Du plaisir dès aujourd'hui. (4 500 bouteilles)

14 **Château Soucherie - Vieilles Vignes 2007**   ♀ 11,00 €
/20   Pierre Yves Tijou.   T 02 41 78 31 18
49750 Beaulieu-sur-Layon.   www.soucherie.com

Robe de pêche jaune, nez de fruit de la passion, bouche intense, très ouverte sur les fruits acidulés qui explosent en cœur de bouche. La finale est fine, justement équilibrée. La reprise du domaine et ce nouveau millésime sont de bon augure.

13,5 **Château de Passavant - 2007**   ♀ 7,45 €
/20   Olivier et Claire Lecomte et François David.   T 02 41 59 53 96
49560 Passavant-sur-Layon.   passavant@wanadoo.fr

Nez tendu, vif de cédrat et de citron vert. La bouche est nette, aux sucres élégants porteurs de saveurs et d'un grain acidulé, dans une finale nette. (18 500 bouteilles)

13,5 **Domaine des Bleuces - Clos de Bates 2007**   ♀ 6,00 €
/20   Benoît Proffit.   T 02 41 59 11 74
49700 Concourson-sur-Layon.   www.coteaux-layon.com

Citronné, franc, digeste, moderne dans le coulant et l'ouverture de son fruit (il est en bouteille depuis mai 2008). C'est un layon de plaisir jeune, un peu rustique dans ses amers, un apéritif pour les charcuteries ligériennes. À boire.

13 **Domaine de l'Été - 2007**   ♀ 6,95 €
/20   Catherine Nolot.   T 02 41 59 11 63
49700 Concourson-sur-Layon.   www.domaine-ete.com

Un format de layon riche en sucre (155 g/l), gras, puissant dans sa bouche, court en saveurs, qu'il convient de servir frais sur les desserts au fruits exotiques. (21 000 bouteilles)

FIEFS VENDÉENS

*Une production de blancs (chenin, chardonnay, melon), de rosés et de rouges (pinot, negrette, gamay, cabernet franc et sauvignon) happée par la consommation estivale vendéenne, côtière et insulaire. D'ailleurs, le niveau général est celui d'un gentil vin de pays. Seuls les domaines Saint-Nicolas, Coirier, Mourat rayonnent au-delà des frontières régionales. **Une sélection établie à moins de 6 €.***

14 **Domaine des Dames - La Pompadour 2007**   ♀ 4,45 €
/20   Laurence Pozucel.   T 02 51 30 55 39
Follet, 85320 Rosnay.   www.domaines-des-dames.com

Un blanc plus classique que son habillage (une bouteille de type parfum qui ne ressemble à rien de connu dans le vin), droit et franc de goût. À boire sur les salades et la cuisine de mer. (7 000 bouteilles)

13,5 **Domaine de L'Audérie - Sélection 2007**   ♀ 3,90 €
/20   Claude Galerneau.   T 02 51 30 55 30
85320 Rosnay.   domaine-auderie@orange.fr

Gamay, cabernet et négrette : nez violent et racinaire de baton de bouche rustique, extraite, assez dense, qui termine sur des notes de prunelle mûre, plus rond et chaleureux. (4 000 bouteilles)

13,5 **Maison J. Mourat - Collection 2007**   ♀ 4,50 €
/20   Famille Mourat.   T 02 51 97 20 10
2 place Circulaire, 85320 Mareuil sur Lay.   www.mourat.com

Un assemblage chenin et chardonnay adroitement travaillé. Un blanc moderne, en chair et en fruit.

13 **Domaine Coirier Père & Fils - Origine 2007**
/20 Xavier et Mathieu Coirier.
15 rue des Gélinières, 85200 Pissotte.

🍷 5,80 €
T 02 51 69 40 98
www.pissotte.com

Un assemblage de chenin, de chardonnay et de melon, fin, sec, discret avec des notes de fruits francs acidulés. Désaltérant et estival. (12 000 bouteilles)

GROS PLANT DU PAYS NANTAIS

*Blanc très sec nantais, de plus petite envergure que le muscadet, issu du cépage folle blanche. Du niveau d'un vin de pays. Son acidité est parfois redoutable. Bien fait, il claque avec fermeté au palais. Il n'y a pas de meilleur compagnon pour accompagner une fringale d'huîtres vers 11 heures. **Une sélection établie à moins de 3,50 €.***

15 **Domaine de Beaurepaire - 2007**
/20 Jean-François Gilbon.
Caves Gilbon, 18220 Soulangis.

🍷 2,50 €
T 02 48 64 41 09
cave-gilbon@wanadoo.fr

La vraie fraîcheur, acide mais pas agressive, ni rustique dans ses goûts de lies. Le gros plan le plus salin, avec du fond, une vraie personnalité. (13 000 bouteilles)

14 **Domaine de L'Errière - 2007**
/20 Xavier Chenard.
L'Errière, 44430 Le Landreau.

🍷 2,80 €
T 02 40 06 49 79
chenard.xavier@orange.fr

Attaque tonique, bien citronnée, bouche vive, idéale pour rincer le jus iodé les huîtres. (24 000 bouteilles)

13,5 **Domaine Les Coins - 2007**
/20 Didier Malidain.
Grossève, 44650 Corcoué sur Logue.

🍷 2,40 €
T 02 40 05 95 95
jeancalude.malidaine@free.fr

Un format breton, très vif, mordant, très citronné, parfait pour les plateau de coquillages et les kirs.

13 **Domaine du Moulin - 2007**
/20 Michel Figureau.
7 rue du Plessis, 44860 Pont Saint-Martin.

🍷 2,55 €
T 02 40 32 70 56
www.domaine-du-moulin.net

Très fruité, agrumes et fruits blancs, une bonne présence en finale sur des notes végétales (chèvrefeuille). Un blanc d'apéritif grand public. (3 600 bouteilles)

JASNIÈRES

*Le cru de chenin le plus méconnu de Loire, ou plutôt du Loir, puisqu'il naît sur d'authentiques coteaux au sud de cette vallée. Un peu à la traîne ces dernières années, comparé au cru d'Anjou ou au Saumur, Jasnières prend un souffle nouveau. On déniche ici des blancs de longue garde à des prix incroyables. **Une sélection établie à moins de 10 €.***

14 **Domaine Philippe Sevault - Louis 2007**
/20 Philippe Seault.
Rue Elie Savatier, 72340 Poncé sur Loir.

🍷 9,50 €
T 02 43 79 07 75

Un chenin généreux, gras, plein, de bonne mâche, qui a de la tenue, et s'équilibre autour d'une vingtaine de gramme de sucre. (3 000 bouteilles)

13,5 **Domaine de la Charrière - Clos Saint-Jacques 2007** ⬤ 9,00 €
/20   Joël Gigou.   **T** 02 43 44 48 72
   4 rue des Caves, 72340 La Chartre-sur-Loire.   **http ://gigou.herce.eu**

Toujours une cuvée de bonne concentration qui, dans ce millésime gras, ferme, carré, évoluera fort bien sur sept à huit ans. (3 000 bouteilles)

MENETOU-SALON

La mode à Bourges (merci au festival du Printemps) et dans les brasseries parisiennes, le menetou-salon (350 hectolitres) se décline en trois couleurs, comme son illustre voisin, sancerre, avec les mêmes cépages : pinot noir pour le rouge et le rosé, sauvignon pour le blanc. Les vins sont plus ronds, généralement moins minéraux et complexes qu'à Sancerre. La production en forte progression n'est pas toujours homogène. **Une sélection établie à moins de 8 €.**

14 **Domaine Chavet - 2007** ⬤ 8,00 €
/20   Famille Chavet.   **T** 02 48 64 80 87
   Route de Bourges, 18510 Menetou-Salon.   **www.chavet-vins.com**

Plus mûr et plus ample que la moyenne de son appellation, la bouche de ce pinot noir est chair, au goût de cerise fraîche. Il se boit facilement. (50 000 bouteilles)

14 **Domaine Jean Teiller - 2007** ⬤ 7,50 €
/20   Jean-Jacques Teiller.   **T** 02 48 64 80 71
   13 route de la Gare, 18510 Menetou-Salon.   **domaine-teiller@wanadoo.fr**

Un bon volume de bouche, bien fait, gourmand dans ses saveurs, avec des notes douces et florales. Il termine rond et simple. (60 000 bouteilles)

13 **Domaine Jean-Claude Leclerc - 2007** ⬤ 5,80 €
/20   Jean-Claude et Carole Leclerc.   **T** 0248648772
   Les faucards, 18510 Menetou-salon.   **domaine.leclerc.jeanclaude@wanadoo.fr**

Beaucoup de gaz carbonique pour une texture fine, un bon fruité. (10 000 bouteilles)

12,5 **Domaine des Gaultiers - 2007** ⬤ 6,00 €
/20   Olivier Foucher.   **T** 02 48 64 26 23
   18220 Aubinges.

Son fruité est expressif au nez, simple en bouche, porté par une maturité assez généreuse. Ce sauvignon termine sur une pointe de dilution en finale. À boire jeune. (29 000 bouteilles)

MONTLOUIS-SUR-LOIRE

Comme à Vouvray, sur la rive d'en face, Montlouis-sur-Loire se consacre exclusivement aux vins blancs de chenin, qui prennent ici toutes les formes possibles, du pétillant au liquoreux de légende, selon les millésimes. Un groupe de vignerons d'élite fournit à l'appellation de beaux vins nés d'une vraie réduction des rendements et d'une prise de risque dans les vendanges. Les rares moelleux sont somptueux. Les prix grimpent légèrement, mais restent bien en-dessous de leur valeur intrinsèque. À chaque millésime, de nouvelles caves particulières qualitatives émergent. Des chenins tendus et friands, aux cuvées moelleuses de garde. Les prix grimpent. **Une sélection établie à moins de 7 € et à moins de 9 € pour les moelleux et demi-sec.**

14 **Domaine Les Loges de la Folie - Le Chemin des Loges 2007** ⬤ 7,60 €
/20   Valérye Mordelet et Jean-Daniel Kloeckle.   **T** 02 47 45 18 30
   37270 Montlouis-sur-Loire.   **www.les-loges-de-la-folie.com**

Saveur, gras, volume plus poussé que la moyenne de son appellation et surtout porté par un vrai fond minéral. Une pointe d'amers doux structure la finale. Il vieillira bien. (6 500 bouteilles)

13

Domaine Alain Joulin - Les Quarts de Boulay 2007
Alain Joulin
58 rue de Chenonceaux, 37270 Sain-Martin-de-Beau.

🍷 **5,70 €**
T 02 47 50 28 49
alain.joulin@wanadoo.fr

Nez très agrume (citron, pamplemousse), cette bonne vivacité se poursuit dans une bouche mordante et un peu rustique. Bon niveau pour le millésime. (5 000 bouteilles)

MUSCADET SÈVRE-ET-MAINE

*Ce vin blanc sec du Pays nantais est élaboré avec un unique raisin appelé melon de Bourgogne et a la particularité d'être souvent élevé sur « lie ». La mention « sur lie» est réglementée. Elle implique qu'après la fermentation, on ne transvase pas le vin pour le débarasser de ses lies, mais qu'on le laisse reposer sur ce dépôt naturel de levures nées pendant la fermentation alcoolique. Au cours de l'hiver, les lies vont progressivement se décomposer et libérer des acides aminés, des protéines (on parle d'autolyse des levures) qui vont « nourrir » le vin, rendant plus gras et plus riche un blanc naturellement nerveux et très sec. Dans le temps, il conserve une étonnante fraîcheur, accentuée par le perlant du gaz carbonique naturel, conservé lors de la mise en bouteille. Le Muscadet se décline aussi sur deux terroirs particuliers : coteaux de la Loire (sur les deux rives du fleuve, à l'est de l'appellation), souvent plus sec, et côtes de Grandlieu au sud-ouest de Nantes, plus tendre. **Une sélection établie à moins de 6 €.***

16

Domaine Bonnet-Huteau - Dabinière 2007
Remi et Jean-Jacques Bonnet.
La Levrandière, 44330 La Chapelle-Heulin.

🍷 **5,90 €**
T 02 40 06 73 87
bonnet-huteau.com

Nouvelle cuvée issue de terroir de gneiss, son style est plus gras, enrobé, arrondi par l'élevage, mais toujours sans lourdeur. Deux vrais muscadets qui redorent le terroir nantais. (24 000 bouteilles)

16

Domaine Bonnet-Huteau - Les Gautronnières 2007
Remi et Jean-Jacques Bonnet.
La Levrandière, 44330 La Chapelle-Heulin.

🍷 **5,90 €**
T 02 40 06 73 87
bonnet-huteau.com

Sur amphibolites, aux arômes de fruits secs grillés, il possède une puissante rétro minérale, un souffle frais en fin de bouche. (6 500 bouteilles)

15,5

Château du Coing de Saint Fiacre - 2007
Véronique Günter-Chéreau.
44690 Saint Fiacre-sur-Maine.

🍷 **6,00 €**
T 02 40 54 85 24
contact@chateau-du-coing.com

De la maturité et de la fraîcheur, aucune pesanteur et un vrai potentiel de garde.

15,5

Domaine La Haute Févrie - Sur lie Les Gras Moutons 2007
Claude et Sébastien Branger.
109 La Févrie, 44690 Maisdon-sur-Sèvre.

🍷 **4,85 €**
T 02 40 36 94 08
www.vigneron-independant.com

Vraie construction aromatique (à dominante florale), une bouche compacte et moelleuse sans lourdeur, au service de la minéralité. Vrai Premier cru à prix de rêve.

15,5

Domaine Pierre de La Grange - Vieilles Vignes 2007
Pierre Luneau-Papin.
La Grange, 44430 Le Landreau.

🍷 **6,00 €**
T 02 40 06 45 27

Fruité alerte, précis, bouche franche, fraîche, à l'équilibre cinglant. Vieillira bien. Même enthousiasme pour la cuvée Les Pierres Blanches.

15 /20 **Domaine Bruno Cormerais - Vieilles Vignes 2007**
Bruno et Marie-Françoise Cormerais.
La Chambaudière, 44190 St-Lumine-de-Clisson.   www.domaine-bruno-cormerais.com

🍷 5,50 €
T 02 40 03 85 84

Robe dorée, nez de raisin mûr, bouche en chair avec une pointe vive et dynamique sur sa finale. Belle matière à apprécier assez jeune. (12 000 bouteilles)

15 /20 **Domaine de l'Écu - Expression de Granite 2007**
Guy Bossard.
La Bretonnière, 44430 Le Landreau.   bossard.guy.muscadet@wanadoo.fr

🍷 6,90 €
T 02 40 06 40 91

Guy Bossard a perdu beaucoup de sa récolte en 2007, mais ce qui est en cave est de qualité, notamment ce dense Granite qui fait la différence par la finesse de son jus et sa netteté. (9 000 bouteilles)

15 /20 **Domaine de l'Olivier - Sur lie 2007**
Jean Luc et Guy Olivier.
La Grenaudière, 44690 Maisdon-sur-Sèvre.   muscadet.ollivier.freres@wanadoo.fr

🍷 3,60 €
T 02 28 01 07 07

Une bouche en chair, bien nette dans ses saveurs, bien mûre. Reste frais dans sa finale. Un travail sérieux et de confiance.

15 /20 **Domaine de la Chauvinière - Sur lie Clos les Montys 2007**
Jérémie Huchet.
La Chauvinière, 44690 Château Thebaud.   domaine-de-la-chauviniere@wanadoo.fr

🍷 3,80 €
T 02 40 06 51 90

Il se fait plus rond que cinglant, tout en conservant une finale tendue. À boire jeune. (65 000 bouteilles)

15 /20 **Domaine de la Garnière - Clos des Mulonnes 2007**
Olivier et Pascal Fleurance.
La Garnière, 49230 Saint Crespin sur Moine.   www.garniere.com

🍷 4,20 €
T 02 42 70 40 25

Dense, gras, cette sélection de vieilles vignes de melon prend tout son volume en fin de bouche qui reste fraîche, proche des agrumes. Un belle découverte. (21 200 bouteilles)

15 /20 **Domaine le Fay d'Homme - Clos de la Févrie 2007**
Vincent Caillé.
Les Coteaux, 44690 Monnières   www.lefaydhomme.com

🍷 4,75 €
T 02 40 54 62 06

On reste dans la tendance vive de l'année, mais avec une matière mûre et une finale minérale. De la densité et de la fraîcheur. (5 600 bouteilles)

14,5 /20 **Château de la Cassemichère - Clos du Bon Curé 2007**
Daniel Ganichaud.
44330 La Chapelle Heulin.   chateau.cassemichere@orange.fr

🍷 3,80 €
T 02 40 06 74 07

Coulant, digeste, un muscadet charmeur et sans pesanteur. Prêt à boire dès la fin de l'été. (25 000 bouteilles)

14,5 /20 **Château de la Ragotière - Sur lie Premier Cru du Château 2007**
Frères Couillaud.
La Grande Ragotière, 44330 La Regrippière-Vallet.   www.freres-couillaud.com

🍷 4,40 €
T 02 40 33 60 56

Une véritable sélection de terroir pour un melon de haute forme, sec, plus minéral et plus long que la moyenne.

14,5
/20

Domaine de la Landelle - Les Treilles 2007
Michel et François Libeau.
La Landelle, 44430 Le Loroux-Bottereau.

🍷 4,50 €
T 02 40 33 81 15
www.muscadetlibeau.com

Une bonne densité, un fruité intense, des notes végétales fines, voilà un muscadet ni alourdi par des goûts de lies ni en sous-maturité. Il veillira bien. (17 600 bouteilles)

14,5
/20

Domaine des Cognettes - Sélection des Cognettes 2007
Stéphane et Vincent Perraud.
Bournigal, 1 chemin des Sauts, 44190 Clisson.

🍷 3,90 €
T 02 40 54 45 62
www.domainedescognettes.fr

Un vin de Clisson au fruité éclatant, porté par la finesse et la fraîcheur de goût des grands muscadets sans rusticité. Charmeur et original. (28 000 bouteilles)

14,5
/20

Maison Sauvion - Château du Cléray Haute Culture 2007
Jean-Ernest Sauvion.
Château du Cléray-Sauvion en Eolie, B.P. 3, 44330 Vallet.

🍷 5,83 €
T 02 40 36 22 55
www.sauvion.fr

Toujours caractérisé par la finesse et la douceur d'un jus. Sa finale est plus acidulée qu'en 2006 et donc il apparaît plus adapté aux saveurs marines. Un excellent classique.

14
/20

Château La Perrière - Clos des Ramées 2007
Vincent Loiret.
La Mare, 44330 Vallet.

🍷 5,00 €
T 02 40 80 43 24
vins.loiret@free.fr

Un sélection de vielles vignes très intéressantes. De bonne concentration, doux et frais en texture, peu acide (secteur Vertou), qui peu s'apprécier jeune.

14
/20

Domaine de la Foliette - 2007
MM. Brosseau - Hervaut - Vincent.
35 ave de la Fontaine, 44690 La Haye Fouassière.

🍷 4,35 €
T 02 40 36 92 28
domaine.de.la.foliette@wanadoo.fr

De style souple, coulant, généreux et sans lourdeur, un muscadet bien fait, avec un soupçon de notes végétales dans sa fin de bouche. (40 000 bouteilles)

14
/20

Domaine du Rafou de Bejarry - 2007
Marc et Jean Luneau.
42230 Tillières.

🍷 4,00 €
T 02 41 70 68 78

Jolie fraîcheur, style tendu et printanier sans agressivité, franc et direct, avec une pointe de minéralité bien placé en rétro : pour les fruits de mer. Du même domaine, le Clos de Bejarry (14/20, 4 €) est plus riche et mûr, en densité, plus gastronomie. (42 000 bouteilles)

13,5
/20

Les Grands Presbytères - Tradition 2007
Nelly Marzelleau.
2 bis rue Combe La Pétière, 44690 St Fiacre/Maine.

🍷 3,70 €
T 02 40 54 80 73
nelly.marzelleau@wanadoo.fr

Acidulé, simple d'accès, comme une première cuvée charmeuse, mais toujours avec du fond, signature du terroir de Saint Fiacre. (36 000 bouteilles)

MUSCADET-CÔTES DE GRAND-LIEU
*Moins minéraux que les coteaux-de-la-loire, ils possèdent une texture veloutée, souvent la plus riche de la famille Muscadet. Voir Muscadet. **Une sélection établie à moins de 5,50 €.***

14 /20 **Domaine des Herbauges - La Roche Blanche 2007** 5,10 €
Luc et Jérôme Choblet.　　　　　　　　　　　　　　　　T 02 40 65 44 92
Les Herbauges, 44830 Bouaye.　　　　choblet@domaine-des-herbauges.com

Fruité généreux, pointe minérale, finale droite. Un bon classique du cru, pour une cuisine de l'Atlantique.

14 /20 **Domaine du Haut Bourg - 2007** 3,80 €
Hervé et Michel Choblet.　　　　　　　　　　　　　　　T 02 40 65 47 69
11 rue de Nantes, 44830 Bouaye.

Un style riche, dense, légèrement suave et sucré dans sa finale, il termine avec du fond.

POUILLY-FUMÉ

*On ne confondra pas ce blanc de sauvignon avec son lointain cousin bourguignon, le pouilly-fuissé, issu de chardonnay. On y retrouve aussi presque les mêmes sols que chez son voisin et éternel rival, le sancerre : c'est un mélange de marnes kimméridgiennes (les terres blanches), de calcaires (les caillottes) et de zones argilo-siliceuses (les chailloux). Les vins, corsés sur les terres blanches, plus tendres sur les caillottes, incisifs sur les chailloux, sont généralement assemblés, et les lieux-dits rarement isolés. Globalement, l'appellation est plus homogène que sancerre, mais avec aussi moins de réussites exceptionnelles. **Une sélection établie à moins de 10 €.***

15 /20 **Domaine Alain Cailbourdin - Les Cris 2007** 9,70 €
Alain Cailbourdin　　　　　　　　　　　　　　　　　　T 03 86 26 17 73
Maltaverne, 58150 Pouilly-sur-Loire　　　　www.domaine-cailbourdin.com

Expressif et un peu suave dans ses notes de sauvignon plus mûres que la moyenne. Une réussite du millésime. À boire sur trois à quatre ans.

14,5 /20 **Domaine de l'Epineau - 2007** 7,20 €
Emmanuel Charrier.　　　　　　　　　　　　　　　　　T 03 86 26 13 11
Paillot, 58150 Saint Martin sur Nohain.　　　www.domaine-charrier.com

Vendangé à la main, vinifié en levures indigènes, ce souci de la matière première devient rare à Pouilly, surtout dans notre catégorie de prix. Il ne faut donc pas passer à côté de ce sauvignon d'un bon volume de bouche, plus complet et équilibré en finale. À boire. (800 bouteilles)

13,5 /20 **Domaine Roger Pabiot & Fils - Coteaux des Giarmes 2007** 6,75 €
Gérard et Bernard Pabiot.　　　　　　　　　　　　　　T 03 86 26 18 41
13 route de Pouilly, 58150 Tracy sur Loire.　　www.domainerogerpabiot.com

Frais sec, serré, plus élégant que la majorité des pouillys en 2007, c'est un sauvignon digeste, qui a du souffle, de la tension, un bon fruité. (20 000 bouteilles)

12 /20 **Domaine Francis Blanchet - Silice 2007** 7,20 €
Francis Blanchet.　　　　　　　　　　　　　　　　　T 03 86 39 05 90
Le Bouchot, 58150 Pouilly sur Loire.　　　　francisblanchet@orange.fr

L'attaque est suave, la bouche est assez ferme, de bonne tenue et termine sur des notes acidulées. Simple et honnête. (8 000 bouteilles)

POUILLY-SUR-LOIRE

*La dernière appellation de chasselas (et non de sauvignon comme le Pouilly Fumé) de la vallée de la Loire donne de petits blancs assez végétaux, surtout appréciés localement. Ils ne gagnent rien à vieillir. **Une sélection établie à moins de 7 €.***

13 **Domaine Jacques Marchand & Fils - 2007**
/20 Alexandre Mellot.
Les Loges, 58150 Pouilly-sur-Loire.

🍷 6,55 €
T 02 48 78 54 53
clementmarchand@hotmail.fr

Bouche dense, plus mûre, ronde, avec cette touche de suavité (melon d'eau) typique du chasselas des bords de Loire. Flatteur, il s'apprécie maintenant. (500 bouteilles)

QUINCY

Petite appellation (180 ha) de blancs de sauvignon exclusivement, dans la lignée de Sancerre et de Menetou-Salon, sur un terroir à dominante sableuse. Ses vins sont généralement aromatiques, légers, dans le fruit, à consommer précocement. Des sauvignons sur sable dotés de fortes acidités. Leur expression variétale et végétale provoque rarement l'enthousiasme. **Une sélection établie à moins de 7 €.**

14 **Domaine de Villalin - 2007**
/20 Maryline et Jean-Jacques Smith.
Le Grand Villalin, 18120 Quincy.

🍷 6,20 €
T 02 48 51 34 98
v.quincy@wanadoo.fr

Un supplément de maturité pour l'appellation, avec le grain et les notes végétales classiques du Quincy. De la personnalité. (47 000 bouteilles)

13 **Domaine de la Commanderie - 2007**
/20 Jean-Charles Borgnat.
Boisgisson, 18120 Cerbois.

🍷 6,80 €
T 02 48 51 30 16
jcborgnat@aol.com

Il se distingue de sa famille de Quincy 2007 par un bon fruit, des notes grillées d'un levurage bien fait, la bouche est coulante, agréable. (10 000 bouteilles)

REUILLY

Entre Vierzon et Châteauroux, le vignoble de Reuilly est un atoll de 140 hectares attaché à l'archipel des vins du Centre. Ses vins secs se déclinent en blanc de sauvignon de type Sancerre, rouge de pinot noir et – rareté – en rosé de pinot gris. Rosé n'est pas le terme exact. Ici, les vignerons, plus polyculteurs que viticulteurs, parlent souvent de vin « gris ». Avec sa peau grenat nacré et son jus blanc, le pinot gris donne en effet des rosés moins teintés que dans le Midi. Originaire de Bourgogne, planté surtout en Alsace sous le nom de « tokay », ce cépage donne sur les coteaux sableux et argileux de Reuilly un vin parfumé avec des arômes et un goût très original de pêche. L'expression dominante des blancs 2005 est solaire mais plus équilibrée et aromatique (fleur, miel et lychee) qu'en 2003. La production d'ensemble est homogène et précoce. Les rosés sont trapus, les rouges sont robustes, souvent fermes en fins de bouche. **Une sélection établie à moins de 7 €.**

14 **Domaine Jean-Sylvain Guillemain - 2007**
/20 Jean-Sylvain Guillemain.
Palleau, 18120 Lurx sur Arnon.

🍷 6,00 €
T 02 48 52 99 01

Un pinot avec de la couleur, de la chair, doté d'un supplément de saveur qui le différencie dans son appellation. Un achat abordable et prioritaire parmi les rouges du Centre. (6 900 bouteilles)

13,5 **Domaine Valéry Renaudat - 2007**
/20 Valéry Renaudat.
3 place des Ecoles, 36260 Reuilly.

🍷 6,80 €
T 02 54 49 38 12
domainevaleryrenaudat@cegetel.net

La bouche est riche, graissée par ses lies et manque un peu de finesse dans sa texture. Il tient bien en bouche, qualité appréciable à table. (38 000 bouteilles)

13 /20 **Domaine Pascal Desroches - 2007**
Pascal Desroches.
13 rue Charost, 18120 Lazenay.
🍷 6,50 €
T 02 48 51 71 60
desroches18120@orange.fr

Il est direct dans son fruité doux, rond et mûr en bouche, offrant un velouté qui souligne un bon pressurage. Un sauvignon de qualité, à boire jeune... (35 000 bouteilles)

 12,5 /20 **Domaine de Reuilly - 2007**
Denis Jamain.
Chemin des Petites Fontaines, 36260 Reuilly.
🍷 7,00 €
T 02 38 66 16 74
denis-jamain@wanadoo.fr

Un pinot noir extrait en couleur du fait d'une macération à froid, offrant une palette d'arômes épicés. Une bouche assez charnue, un rien sèche en finale. (20 000 bouteilles)

SAINT-NICOLAS-DE-BOURGUEIL

Plus tendres que les chinons et les bourgueils voisins, les rouges de cabernet franc de Saint-Nicolas naissent sur des terroirs globalement plus sableux et graveleux. Sa notoriété (le nom plaît beaucoup en France comme à l'étranger) est supérieure à la qualité intrinsèque des vins, mais, dans l'ensemble, l'appellation a fait des progrès depuis six, sept ans, dans la préparation et les dates des vendanges. Une sélection établie à moins de 8 €.

 14,5 /20 **Domaine du Mortier - Les Graviers 2007**
M. Boisard Fils.
37140 Saint-Nicolas-de-Bourgueil.
🍷 8,00 €
T 02 47 97 98 32
www.st-nicolasdebourgueil.com

Un vin entier plus savoureux que la moyenne de l'appellation, surtout dans le secteur de graviers. On aime sa longueur en bouche. (9 000 bouteilles)

14,5 /20 **Domaine Sébastien David - L'hurluberlu 2007**
Sébastien David.
8, chemin de la Gardière, 37140 Saint-Nicolas-de-Bourgueil.
🍷 6,50 €
T 02 47 97 89 64
davidseb@wanadoo.fr

Récolté manuellement en caisse, ce cabernet franc a perdu pendant ces 22 jours de macération carbonique de la rudesse de tanins, pour offrir une option tout fruit, tout chair mais dans un registre mûr, épicé, toujours assez puissant. De soif et de corps !

14,5 /20 **Domaine Sylvain Bruneau - Réserve 2007**
Sylvain Bruneau.
14 La Montelière, 37140 Saint-Nicolas de Bourgueil.
🍷 6,00 €
T 02 47 97 75 81

Cette vigne de 60 ans donne un rouge de chair, à la bouche fraîche, bien remplie, qu'il faut préserver jusqu'à la sortie prévue à l'été 2009. Faites-en une réservation, vous ne le regretterez pas.

13 /20 **Domaine Drussé - Les Graviers 2007**
Nathalie et David Drussé.
1 impasse de la villate, 37140 Saint-Nicolas de Bourgueil.
🍷 4,50 €
T 02 47 97 98 24
drusse@wanadoo.fr

Assez simple, mais frais et sans déviance. Un bon saint-nicolas-de-bourgueil de fond de cave, à boire jeune et un prix très sage.

SANCERRE

Les magnifiques coteaux marno-calcaires de Sancerre sont voués au sauvignon, ici d'une finesse extrême pour peu qu'on sache le cueillir à maturité. L'appellation Sancerre perpétue aussi la culture du pinot noir (autrefois dominant) pour des rouges plus légers qu'en Côte-d'Or, mais bien plus accomplis que dans l'Yonne ou en Champagne. Une sélection établie à moins de 9 €.

14 /20 **Domaine Claude Riffault - Les Chasseignes 2007**
Claude Riffault.
Maison Sallé, 18300 Sury-en-Vaux.

8,20 €
T 02 48 79 38 22
claude.riffault@wanadoo.fr

Nez très citronné, bouche en chair avec une finale suave sans lourdeur. Un sancerre généreux, à boire sans urgence. (8 000 bouteilles)

14 /20 **Domaine de la Vauvise - 2007**
Bernard Fleuriet et Fils.
La Vauvise, Menetou-Ratel, 18300 Sancerre.

7,50 €
T 02 48 79 34 09
fleuriet.vauvise@wanadoo.fr

Un jus cristallin, très fin, élégant, fluide et frais, d'une grande « désaltérance ». Le compagnon idéal des plateaux de fruits de mer bretons. (100 000 bouteilles)

14 /20 **Domaine Merlin Cherrier - 2007**
Thierry Merlin.
43 rue Saint-Vincent, 18300 Bué.

7,80 €
T 02 48 54 06 31
thierry.merlin-cherrin@wanadoo.fr

On retrouve à l'aveugle ce style plus ferme, serré, droit et de belle tenue des blancs du secteur de Bué. Un sauvignon qui a du fond, à boire sans urgence sur trois, quatre ans. (28 000 bouteilles)

14 /20 **Domaine Pascal et Nicolas Reverdy - Terre de Maimbray 2007**
Pascal et Sophie Reverdy.
Maimbray, 18300 Sury-en-Vaux.

9,00 €
T 02 48 79 37 31
reverdypn@wanadoo.fr

Il reste dans la lignée de la cave, avec une belle précision du fruit et des tanins enrobés. (10 000 bouteilles)

14 /20 **Domaine Serge Laloue - 2007**
Serge Laloue.
Thauvenay, 18300 Sancerre.

9,00 €
T 02 48 79 94 10
laloue@terre-net.fr

Sa chair est fine, ses arômes et saveurs de framboise sont nuancés, le tout laisse une bouche de velours, sans extraction. Il prolongera les beaux jours à la rentrée. Disponible fin août, il se servira sur deux, trois ans.

13,5 /20 **Domaine de la Garenne - 2007**
Bernard-Noël Reverdy.
18300 Verdigay.

7,60 €
T 02 48 79 55 79
domaine-de-la-garenne@wanadoo.fr

On apprécie son supplément de chair, de fond, de saveurs, dans une bouche franche qui tiendra sur une cuisine de mer épicée. Bon classique pour l'année. (100 000 bouteilles)

13 /20 **Domaine Daniel Crochet - 2007**
02 48 54 07 83
61 rue de Venezé, 18300 Bué.

8,00 €
T 02 48 54 07 83
daniel-crochet@wanadoo.fr

Frais, vif, intense dans ses arômes citronnés, il se fait mordant mais jamais agressif ni citrique dans sa finale. Il conviendra aux huîtres en chair. À boire sur trois à quatre ans.

13 /20 **Domaine Pascal et Nicolas Reverdy - Terre de Maimbray 2007**
Pascal et Sophie Reverdy.
Maimbray, 18300 Sury-en-Vaux.

8,30 €
T 02 48 79 37 31
reverdypn@wanadoo.fr

Un peu rustique et végétal, 2007 donne ici un sancerre de chair, solidement épicé dans sa finale. Savoureux et assez puissant. (80 000 bouteilles)

13 | **Domaine Vincent Grall - Tradition** 2007 | ♀ 7,00 €
/20 | Vincent Grall. | T 02 48 78 00 42
| 149 avenue Nationale, 18300 Sancerre. | www.grall-vigneron-sancerre.com

Une bouche fraîche, nette, carrée, plus élégante dans la finesse et le touché de bouche que la moyenne de son appellation. Un bon standard. Prix sage. (13 000 bouteilles)

12,5 | **Domaine Michel Vattan** - 2007 | ♀ 6,80 €
/20 | Michel Vattan et Pascal Joulin. | T 02 48 79 40 98
| Maimbray, 18300 Sury en Vaux. | joulinp@orange.fr

Une mise en bouteille précoce pour un vin généreux, typé Sury-en-Vaux, qui a gardé la typicité Sancerre dans sa finale. À boire sur deux ans. (6 500 bouteilles)

SAUMUR

*Une vaste appellation qui se décline en vins secs (blancs et rouges) et en vins effervescents ou mousseux. Ces derniers sont élaborés historiquement dans les caves fraîches en tuffeau de Saint-Hilaire et Saint Florent (excellentes pour la prise de mousse) par d'importants négociants dont les marques sont largement diffusées en grandes surfaces (Veuve Amiot, Gratien Meyer, Ackerman, Bouvet Ladubay, etc). Les blancs secs peuvent être de grands vins de chenin si les rendements sont sages, surtout sur les terroirs très calcaires. Les rouges oscillent entre de petits vins de pays et cabernets ambitieux sans complexe face aux Champigny, surtout dans le secteur du Puy Notre Dame. On découvrira en 2005 des rouges colorés, fruités, aux tanins toujours plus fins comparés aux Anjous. En blanc, le niveau ne cesse de s'élever car les meilleurs vignerons du Saumur-Champigny investissent dans cette appellation. 2005 livre des chenins d'une grande pureté qui savent rester frais : les bienfaits du sol calcaire. **Une sélection établie à moins de 7 €.***

15 | **Domaine du Pas Saint-Martin** - **Les Charbonnières** 2007 | ♥ 6,80 €
/20 | Laurent Charrier. | T 02 41 59 14 35
| 5 rue J. Douces, 49700 Doué-la-Fontaine. | http ://st-cheron.chez.tiscali.fr/domaine/

Pas une once de sous maturité « poivronnée » dans ce cabernet bio, tout en gourmandise. Souhaitons la même précision en bouteille. Labélisé bio, certifié Ecocert.

14,5 | **Domaine du Pas Saint-Martin** - **Pierre Frite** 2007 | ♀ 5,70 €
/20 | Laurent Charrier. | T 02 41 59 14 35
| 5 rue J. Douces, 49700 Doué-la-Fontaine. | http ://st-cheron.chez.tiscali.fr/domaine/

Plus mûr que la moyenne de son appellation, il offre une belle concentration, de la tenue dans ses saveurs avec une ferme rétronasale minérale. Labélisé bio, certifié Ecocert.

14 | **Domaine de Château-Gaillard** - 2007 | ♥ 5,50 €
/20 | Matthieu et Sylvanie Bouchet. | T 02 41 52 31 11
| Ruette du Moulin, 49260 Montreuil-Bellay. | bouchet.matthieu@wanadoo.fr

Une puissance de goût incroyable (quetsche, réglisse, mûre) pour un saumur mais aromatiquement un vrai foutoir ; il part dans tous les sens. Pour amateur de vin bio avertis. Labélisé bio, certifié Demeter. (13 000 bouteilles)

14 | **Domaine de la Paleine** - 2007 | ♀ 7,00 €
/20 | Marc Vincent. | T 02 41 52 21 24
| 9 rue de la Paleine, 49260 Le Puy-Notre-Dame. |

Robe doréE qui évoque un liquoreux. Sa bouche est suave, tardive, tenue par une belle acidité. Vif et gourmand, un bel apéritif en perspective avec les charcuteries tourangelle (rillons). (5 000 bouteilles)

14 **Domaine des Matines - Le Clos Riel 2007**
Michèle Etchegaray.
/20 **31 rue de la Mairie, 49700 Brossay.**

🍷 6,00 €
T 02 41 52 25 36
contact@domainedesmatines.fr

Le nez est vif, citronné, la bouche fine, avec une vraie matière, du fond, et un équilibre qui a été bien négocié avec une fermentation malolactique partielle. À boire et à garder. (17 000 bouteilles)

13 **Cave des Vignerons de Saumur - Sélection 2007**
Dominique Breton.
/20 **49260 Saint-Cyr-en-Bourg.**

🍷 4,45 €
T 02 41 53 06 10
cellier@cavedesaumur.com

Un rouge coulant, facile, simple, mais savoureux. À boire jeune dès cette hiver, sur les grillades et les cuisines du quotidien. (25 000 bouteilles)

12,5 **Domaine du Moulin de l'Horizon - Symphonie 2007**
Hervé et Christine Des Grousilliers-Lefort.
/20 **11 rue Saint Vincent, 49260 Le-Puy-Notre-Dame.**

🍷 3,80 €
T 02 41 52 25 52
www.moulindelhorizon.com

Un cabernet franc homogène et un rien végétal, aux tanins mûrs avec une finale crayeuse, fruité, simple, qui termine vif. (13 000 bouteilles)

12,5 **Domaine La Bonnelière - Tradition 2007**
André Bonneau.
/20 **45 rue du Bourg-Neuf, 49400 Varrains.**

🍷 4,65 €
T 02 41 52 92 38
www.labonneliere.com

Facile, fruité, au jus un peu mou et encore ferme en tanins. Il illustre une bonne gestion de la difficulté de la maturité dans ce millésime. (14 000 bouteilles)

SAUMUR-CHAMPIGNY

*Historiquement, le vignoble de Saumur doit sa notoriété à ses vins blancs. Mais la star actuelle est bien ce rouge, longtemps symbole du vin de brasserie facile à boire en toute circonstance. Sous l'impulsion d'une nouvelle génération, le vrai champigny est de retour : il a de la couleur, de fins arômes de cerise, de framboise et de violette, une bouche veloutée et fraîche, armée de tanins civilisés mais fermes. Il se vend très bien, et les meilleurs producteurs en manquent souvent. Les affaires sont rares, mais elles se dénichent. **Une sélection établie à moins de 8,50 €.***

15 **Domaine René-Noël Legrand - Les Terrages 2007**
René-Noël Legrand.
/20 **13 rue des Rogelins, 49400 Varrains.**

🍷 6,80 €
T 02 41 52 94 11
renenoel.legrand@wanadoo.fr

Derrière un nez de réduction logique lors de notre dégustation sur échantillon, le fruité est bien là, framboisé, posé sur une bouche fine, serrée, droite et persistante. (18 500 bouteilles)

14,5 **Château de Chaintres - 2007**
Richard Desouche.
/20 **54 rue de la Croix de Chaintres, 49400 Dampierre sur Loire.**

🍷 7,50 €
T 02 41 52 90 54
info@chaintres.com

Un nouveau directeur et - enfin !- une sélection remarquée dans un style confit, coulant, charnu, sans lourdeur. Dans l'esprit mûr et kirsché du champigny.

14,5 **Le P'tit Domaine - 2007**
Richard Desouche.
/20 **75 Grand'Rue, 49400 Varrains.**

🍷 8,50 €
T 02 41 51 10 87
richard.desouche@wanadoo.fr

Créé en 2006 sur moins de 2 hectares, ce "p'tit" nouveau ne cherche pas à impressionner par sa masse ou par sa couleur, mais sonne juste par sa finesse et son équilibre tendre. Un vin d'artisan passionné. (2 500 bouteilles)

14 /20 **Domaine de Val Brun - Bay Rouge 2007**
Éric Charruau.
74 rue Valbrun, 49730 Parnay.
🍷 6,00 €
T 02 41 38 11 85
www.valbrun.com

Sa texture est ferme, un rien rustique dans ses tanins, tout en offrant un supplément d'éclat de fruit par rapport à la moyenne de l'appellation. (170 000 bouteilles)

13,5 /20 **Château de Parnay - Clos du Chateau 2007**
Régis Vincenot.
1 rue Antoine Cristal, 49730 Parnay.
🍷 7,00 €
T 02 41 38 10 85
bureauparnay@orange.fr

Beaucoup de technique au service de l'extraction de la couleur et de la matière. Il s'exprime en densité plus qu'en saveur. Un domaine fraîchement repris qu'il faut surveiller dans les prochains millésimes. (20 000 bouteilles)

13,5 /20 **Clos Cristal - Hospices de Saumur - 2007**
Éric Dubois.
Clos Cristal, 49400 Souzay-Champigny.
🍷 7,50 €
T 02 41 52 96 08
www.clos-cristal.com

Cela fait longtemps que nous n'avions pas dégusté ce célèbre clos du Champigny dans un format si équilibré et velouté. Il sera agréable jeune. (12 000 bouteilles)

13,5 /20 **Domaine de Val Brun - Les Folies Vieilles Vignes 2007**
Éric Charruau.
74 rue Valbrun, 49730 Parnay.
🍷 8,00 €
T 02 41 38 11 85
www.valbrun.com

Option tout fruit, aux tanins fins, dans une bouche simple, agréable. Sa jeunesse reste en surface du terroir. Coulant. (18 000 bouteilles)

13,5 /20 **Domaine des Varinelles - 2007**
Laurent Daheuiller.
28 rue du Ruau, 49400 Varrains
🍷 6,00 €
T 02 41 52 90 94
www.daheuiller.com

Un cabernet de Champigny tendre, suave, charmeur dès cet hiver. Le domaine n'a pas manqué son millésime. En confiance. (60 000 bouteilles)

13 /20 **Cave des Vignerons de Saumur - Sélection 2007**
Dominique Breton.
49260 Saint-Cyr-en-Bourg.
🍷 5,70 €
T 02 41 53 06 10
cellier@cavedesaumur.com

Un robe colorée, concentrée, qui annonce son ambition. Bouche tendre, en demi-corps, sur des saveurs douces de végétal sucré (cabernet). Un bon classique d'entrée de gamme de l'appellation. (25 000 bouteilles)

13 /20 **Domaine de la Bessière - Clos de la Croix 2007**
Thierry Dèzé.
Rue des Maisons Neuves, 49400 Souzay-Champigny.
🍷 5,00 €
T 02 41 52 42 69
www.domainedelabessiere.com

Jus clair, belle acidité et saveur un peu sucrée. Avec son style plus tendu, c'est une bonne cuvée classique de demi-garde. (14 000 bouteilles)

13 /20 **Domaine des Clos Maurice - Vieilles Vignes 2007**
Mickaël Hardouin.
49400 Varrains.
🍷 5,50 €
T 02 41 52 93 76
clos.maurice@orange.fr

Robe sombre, nez velouté, bouche extraite mais fine, aux tanins ronds et déjà souples. Un champigny flatteur et contemporain. (60 000 bouteilles)

13 **Domaine La Bonnelière - Les Poyeux Prestige 2007** ♛ 6,70 €
/20 André Bonneau. T 02 41 52 92 38
45 rue du Bourg-Neuf, 49400 Varrains. www.labonneliere.com

Style assez puissant et velouté, qui se boit sur son gras et ses notes boisées (40 % de fûts) et légèrement poivronnées. (18 000 bouteilles)

12 **Domaine de la Guilloterie - 2007** ♛ 5,60 €
/20 Philippe et Patrice Duveau. T 02 41 51 62 78
49260 Saint Cyr en Bourg. www.domainedelaguilloterie.com

Rond, flatteur, avec une pointe végétale en finale et un soupçon de notes torréfiées. À boire jeune. (40 000 bouteilles)

SAVENNIÈRES

*Vin blanc sec de chenin, plus rarement moelleux, c'est la star des blancs angevins, réputé pour ses saveurs puissantes dues aux schistes et à la bonne exposition de son terroir (rive droite de la Loire). Souvent riches en alcool (13 à 14º), ils peuvent très bien vieillir, surtout quand ils sont issus des crus la Roche aux Moine et la Coulée de Serrant. **Une sélection établie à moins de 11 €.***

14,5 **Domaine du Closel - Château des Vaults - La Jalousie 2007** ♛ 11,00 €
/20 Evelyne de Pontbriand. T 02 41 72 81 00
1 place du Mail, 49170 Savennières. www.savennieres-closel.com

Il préserve un fin fruité, un gras typique du chenin sur Savennières, de la chair et un supplément de saveurs confites que l'on sent se déployer depuis plusieurs millésimes dans cette propriété. Un achat judicieux. Disponible fin 2008. (15 000 bouteilles)

14,5 **Domaine du Gué d'Orger - Les Fougeraies 2007** ♛ 10,90 €
/20 Loïc Mahe. T 06 14 76 66 01
La Piquellerie, 49130 Sainte Gemmes-sur-Loire. gue.dorger@wanadoo.fr

Un remarquable jus de roche qui n'oublie pas d'être chatoyant, déjà charmeur dans un format de plaisir rare en Savennières. On commence à le boire en 2009 et sur quatre ans. En reconversion biologique. (2 400 bouteilles)

13,5 **Château La Franchaie - 2007** ♛ 10,00 €
/20 Jean-Marc Renaud. T 02 41 39 18 16
49170 La Poissonnière. chateau.franchaie@wanadoo.fr

Dans un style ferme et sec, d'une franche minéralité, il va mettre du temps à s'ouvrir, mais donnera une dimension nette, juste, de son terroir de sables éoliens. Sa fraîcheur sera idéale sur la cuisine atlantique. (4 000 bouteilles)

13 **Château d'Epiré - 2007** ♛ 10,00 €
/20 Luc Bizard. T 02 41 77 15 01
SCEA Bizard-Litzow, 49170 Savennières. www.chateau-epire.com

Un nez grillé typique du chenin mûr, expressif, avec une pointe de végétal sucré, enrobé par des notes lactées. Finale en demi-corps. De demi-garde, à ouvrir fin 2011. (25 000 bouteilles)

TOURAINE

Les vignes de l'appellation Touraine s'étendent essentiellement dans la vallée de la Loire, de l'Indre et du Cher. La plupart des rouges sont issus du cépage gamay, comme dans le Beaujolais et parfois d'un mariage heureux entre gamay, cabernet franc et/ou côt. Les blancs sont majoritairement à base de sauvignon, plus rarement de chenin. Certains terroirs ont obtenu l'appellation Villages : Touraine-Mesland, entre Blois et Amboise, essentiellement rouge, de bonne garde ; Touraine-Amboise, *beaucoup de rouges également, au caractère plus facile, fruité et primeur ; Touraine-Azay-Le-Rideau, quelques bons blancs secs, voire demi-secs, de chenin, et un rosé friand et désaltérant de grolleau. On fait toujours, chez les bons producteurs, de superbes affaires. **Une sélection établie à moins de 7 €.***

15,5 **Clos Roche Blanche - Sauvignon Nº 2 2007**
/20   Catherine Roussel et Didier Barrouillet.
       19 route de Montrichard, 41110 Mareuil-sur-Cher.

🍷 6,70 €
T 02 54 75 17 03

Un volume haut et frais qui conserve toujours de la finesse dans l'intensité. Remarquable !
(20 000 bouteilles)

15,5 **Domaine Baron - Vieilles Vignes 2007**
/20   Samuel Baron.
       6 rue Jean Pinaut, 41140 Thésée.

🍷 4,50 €
T 02 54 71 41 30
vignoblebaron@aol.com

Du fond, combinaison de saveurs végétales et minérales, de bonne tenue en bouche. À boire sur deux, trois ans. (20 000 bouteilles)

15,5 **Domaine des Corbillères - Fabel Barbou 2007**
/20   Dominique Barbou.
       41700 Oisly.

🍷 6,90 €
T 02 54 79 52 75
www.domainedescorbillieres.com

Compact, encore fermé, c'est un sauvignon de garde, avec du fond et une persistance remarquable. À réserver. (11 700 bouteilles)

15 **Domaine Guy Durand - Côt La Haie Bachelier 2007**
/20   Guy Durand.
      11 Chemin neuf, 37530 Mosnes.

🍷 5,20 €
T 02 47 30 43 14

Non chaptalisé, vinifié en levures indigènes, voilà un côt généreux dans ses notes de petits fruits noirs (mûre, prunelle). Fin et digeste dans une bouche entière et savoureuse, à croquer dans son fruit. (2 500 bouteilles)

15 **Maison Paul Buisse - Sauvignon Cristal Buisse 2007**
/20   Paul Buisse.
      69, route de Vierzon, 41400 Montrichard.

🍷 5,05 €
T 02 54 32 00 01
www.paul-buisse.com

Ferme mais sans rigidité, il est à la hauteur de sa réputation de sauvignon de bonne table. Finale franche. (50 000 bouteilles)

14,5 **Domaine de l'Aumonier - Sauvignon 2007**
/20   Sophie et Thierry Chardon.
       Villequemoy, 41110 Couffy.

🍷 5,50 €
T 02 54 75 21 83
www.domaine.aumonier.com

Bouche en chair dotée d'une jolie texture, citron confit (très sancerre) avec des notes d'évolution, une pointe d'oxydation qui le rend tendre et prêt à boire. Certifié bio, labelisé Ecocert. (160 000 bouteilles)

14,5 **Domaine Michaud - Ad Vitam 2007**
/20   Thierry et Dorothée Michaud.
       20 rue Les Martinières, 41140 Noyers-sur-Cher.

🍷 4,70 €
T 02 54 32 47 23
www.domainemichaud.com

Un assemblage cabernet franc et côt, au fruité direct, à la bouche fine, simple et tonique. Un grand classique.

14/20 **Château Gaillard - Gamay** 2007
Vincent Girault.
41150 Mesland.

4,50 €
T 02 54 70 25 47
contact@closchateaugaillard.com

Franc de goût, net simple et court, avec une pointe amère et végétale en finale. Le tout est bien vinifié.

14/20 **Clos Roche Blanche - Gamay** 2007
Catherine Roussel et Didier Barrouillet.
19 route de Montrichard, 41110 Mareuil-sur-Cher.

5,60 €
T 02 54 75 17 03

Il est élégant et frais, net en saveur, de longueur encore moyenne. Il vieillira bien, comme à son habitude. (14 000 bouteilles)

14/20 **Domaine de la Garrelière - Sauvignon Le Blanc** 2007
François Plouzeau.
37120 Razines.

5,50 €
T 02 47 95 62 84
www.garreliere.com

Une expression très mûre du sauvignon, ce qui donne un supplément d'épaisseur en bouche. Il termine frais, avec du rebond.

14/20 **Domaine de la Girardière -** 2007
Patrick Léger.
41110 Saint-Aignan.

3,90 €
T 02 54 75 42 44
www.domainedelagirardiere.com

Nez suave de pollen, bouche bien mûre, dans le style de sauvignon sur silex toujours généreux, comme souvent de ce secteur de Saint-Aignan sur Cher. À boire. (21 000 bouteilles)

14/20 **Domaine La Chapinière de Châteauvieux - Sauvignon** 2007
Florence Veilex et Eric Yung.
Le Chemin de la Clapinière, 41110 Châteauvieux.

4,85 €
T 02 54 75 43 00
www.lachapiniere.com

Nez fin, fruité et crayeux. Bouche dense, acidulée et nette. Gagne chaque année en précision. (6 400 bouteilles)

14/20 **Domaine Thierry Pillault -** 2007
Thierry Pillault.
Chemin des Noues Mozelles, 41400 Saint Georges.

4,05 €
T 02 54 32 34 12
thierry.pillault@aliceadsl.fr

Une bouche droite, franche, nette, avec un bon fond et une pointe sucrée en fin de bouche qui n'alourdit pas le message. (6 500 bouteilles)

13,5/20 **Domaine de la Renaudie -** 2007
Patricia et Bruno Denis.
115 route de Saint-Aignan, 41110 Mareuil-sur-Cher.

4,00 €
T 02 54 75 18 72
www.domainerenaudie.com

Expressif, sans outrance, avec une bouche tout en fruit. Bon classique avec une légère touche minérale (argiles sableuses) en finale. À boire. (60 000 bouteilles)

13/20 **Domaine des Clémendières -** 2007
Arnault Ponlevoy.
La Hardionnerie, 37150 Bléré.

3,50 €
T 02 47 57 87 65
arnaultponlevoy@hotmail.com

À part ! Des notes d'agrumes (orange sanguine, clémentine) originales, son grain ferme en bouche incite à le voir évoluer un peu. (3 000 bouteilles)

TOURAINE AMBOISE

Voir introduction Touraine. **Une sélection établie à moins de 7 €.**

14 /20 **Domaine Xavier Frissant - L'Orée des Frênes** 2007
Xavier Frissant.
1 Chemin-Neuf, 37530 Mosnes.

🍷 7,00 €
T 02 47 57 23 18
xavier.frissant@wanadoo.fr

Assemblage de cabernet franc et côt et d'un peu de cabernet-sauvignon. Fin, fruité et équilibré. Bonne tenue également de la cuvée Renaissance. (3 000 bouteilles)

VALENÇAY

Aux confins du Berry, de la Sologne et de la Touraine, le vignoble (moins de 200 hectares) a acquis son titre d'AOC en 2004. Comme le fromage de chèvre de Valençay avait déjà obtenu cette reconnaissance, cela en fait le premier terroir français honoré par deux AOC portant le même nom. Les rouges (60 %) sont produits à partir de gamay et pinot noir, et d'un appoint de côt. Les blancs sont à base de sauvignon et chardonnay. La coopérative produit 20 % de l'appellation. Des vins qui sont dans l'ensemble aromatiques, simples, dédiés à l'expression du fruité variétal. La marge d'expression de la minéralité est encore grande. Les prix sont sages. Une sélection établie à moins de 4,50 €.

15 /20 **Domaine Jean-François Roy - 2007**
Jean-François Roy.
3 rue des Accacias, 36600 Lye.

🍷 3,70 €
T 02 54 41 00 39
www.jeanfrancoisroy.fr

Voilà un délicieux rosé de gamay (60 %), pinot noir et côt : très frais, équilibré, une finale pure jus de fruit, bien net. (6 000 bouteille)

14,5 /20 **Cave de Valençay - 2007**
Sébastien Vaillant.
Route de Valencay, 36600 Fontguenand.

🍷 4,20 €
T 02 54 00 16 11
vigneronvalencay@aol.com

Gamay, pinot noir, côt et cabernet franc, pour un rouge rubis. Velouté et croquant, doté d'une belle finale sur la mûre et la prunelle. (45 000 bouteilles)

14,5 /20 **Domaine Jean-François Roy - 2007**
Jean-François Roy.
3 rue des Accacias, 36600 Lye.

🍷 3,90 €
T 02 54 41 00 39
www.jeanfrancoisroy.fr

Un sauvignon (90 %) fin et plus mûr que la moyenne de son appellation avec une fin de bouche minérale. (19 000 bouteilles)

14 /20 **Domaine Jean-François Roy - 2007**
Jean-François Roy.
3 rue des Accacias, 36600 Lye.

🍷 3,70 €
T 02 54 41 00 39
www.jeanfrancoisroy.fr

Fruité frais et rond en bouche, un peu dilué mais charmeur. Du velouté et de la tenue en fin de bouche. À réserver, sortie prévue en 2009. (6 000 bouteilles)

14 /20 **Les Vignes du Clos du Château de Valençay - Le Clos** 2007
Claude Lafond.
Le Bois Saint Denis, 36260 Reuilly.

🍷 5,60 €
T 02 54 49 22 17

On est séduit par l'intensité de son fruité mûr, par ses saveurs acidulées de fruits de ronce. Il termine vif, tendu, de bonne soif. (9 700 bouteilles)

12,5 /20 **Domaine Francis Jourdain - Chèvrefeuille 2007**
Francis Jourdain.
les Moreaux, 36600 Lye.

📧 **4,10 €**
T 02 54 41 01 45
jourdain.earl@wanadoo.fr

L'attaque est ronde, assez harmonieuse, sans agression d'acidité. Sa matière est coulante, fruitée, groseille et rhubarbe. À boire jeune. (8 000 bouteilles)

VIN DE PAYS (LOIRE ET CENTRE)

La dénomination régionale est « Vins de Pays du Jardin de la France » qui regroupe les blancs, rosés et rouges élaborés dans les treize départements de la grande vallée de la Loire. La plupart mentionne leurs cépages sur l'étiquette : sauvignon, chardonnay, chenin, gamay, cabernet, grolleau. Une sélection établie à moins de 5 €.

15 /20 **Château de la Ragotière - Chardonnay Prestige 2006**
Frères Couillaud.
La Grande Ragotière, 44330 La Regrippière-Vallet.

📧 **5,00 €**
T 02 40 33 60 56
www.freres-couillaud.com

Véritable dentelle de vin, le chardonnay de ce domaine est dans ses plus beaux effets. Trame franche et précise. Les notes beurrées prendraient jusqu'à des allures de crème fraîche. (30 000 bouteilles)

15 /20 **Château de la Ragotière - Chardet 2006**
Frères Couillaud.
La Grande Ragotière, 44330 La Regrippière-Vallet.

📧 **5,00 €**
T 02 40 33 60 56
www.freres-couillaud.com

Vivifiante et ciselée, cette cuvée a des lignes d'une grande pureté. Iodée et parfaitement en tension, le melon de bourgogne et le chardonnay sont accompagnés par les nobles amertumes minérales. Avec des huîtres, évidemment ! (16 000 bouteilles)

14,5 /20 **Domaine de l'Écu - 2006**
Guy Bossard.
La Bretonnière, 44430 Le Landreau.

📧 **4,10 €**
T 02 40 06 40 91
bossard.guy.muscadet@wanadoo.fr

Comme toujours lorsque la biodynamie est bien menée, on arrive à une parfaite définition des caractéristiques du cépage et à exprimer au maximum le terroir. Tel est encore une fois le cas avec cette cuvée 100 % cabernet franc. En effet, il y a toute la fraîcheur de ce cépage exacerbée par un léger perlant made in Muscadet. Les notes herbacées, très cabernet franc, donnent droiture et fermeté à ce vin. (6 000 bouteilles)

13 /20 **Domaine de La Coche - VDP du Val de Loire - Pays de Retz 2007**
Emmanuel et Laurent Guitteny.
La Coche, 44680 Sainte-Pazanne.

📧 **4,00 €**
T 02 40 02 44 43
www.domainedelacoche.com

Ce chardonnay est gras et sphérique. Granuleux et tout en chair, il se servira frais sur des poissons en sauce. (30 000 bouteilles)

VOUVRAY

A quelques kilomètres de Tours, Vouvray (rive droite) présente une panoplie étourdissante de vins blancs de chenin, tranquilles (sec, demi-sec, moelleux) et effervescents (mousseux, pétillant). Tantôt jovial (les années chaudes), tantôt spartiate, le pineau de la Loire – autre nom du chenin ici –joue une symphonie intemporelle pour les papilles. Cette terre de grands blancs est très sous-estimée, et les affaires sont légion. 2005 est à classer dans les années exceptionnelles. Une année de rêve qui nous réconcilie avec l'appellation, tant le niveau général est excellent. Les secs aux notes d'agrumes sont très puissants et minéraux, les moelleux (longue garde) conservent de la grâce dans l'opulence des sucres. Une sélection établie à moins de 10 €.

15 /20 **Domaine de la Fontainerie - Sec Le C 2007**
Catherine Dhoye-Deruet.
64 vallée Coquette, 37210 Vouvray.

🍷 9,50 €
T 02 47 52 67 92
lafontainerie@club-internet.fr

Ce sec sort de l'anonymat par son supplément de savoureux et sa bonne longueur mais encore sur des amers. À Boire à partir de 2010. (5 000 bouteilles)

15 /20 **Domaine Sébastien Brunet - Renaissance 2007**
Sébastien Brunet.
6 rue Roche Fleurie, 37210 Chançay.

🍷 9,00 €
T 02 47 52 90 72
earlmsbrunet@aol.com

Fruité, franc, savoureux, mûr, un chenin récolté et pressé avec soin, élevé douze mois en fût. Un belle découverte et un jeune vigneron qui monte en puissance à Vouvray. Réservez-le pour sa sortie au printemps 2009. Même prix et même note pour le demi-sec La Folie. (4 800 bouteilles)

14 /20 **Château Gaudrelle - Le Turonien 2007**
Alexandre Monmousseau.
87 route de Monnaie, 37210 Vouvray.

🍷 6,20 €
T 02 47 52 67 50
gaudrelle@libertysurf.fr

Un style suave, facile, avec une pointe grillée typique de Vouvray. Agréable apéritif dès cet automne. (34 000 bouteilles)

14 /20 **Clos de Nouys - Authentique 2007**
François et Myrella Chainier.
46 rue de la Vallée-de-Nouys, 37210 Vouvray.

🍷 8,50 €
T 02 47 52 73 35
www.closdenouys.com

Bouche grasse, en volume, qui s'impose par la matière. De bonne persistance. (9 000 bouteilles)

14 /20 **Domaine de La Poultière - Authentique 2007**
Damien Pinon.
29 route de Chateaurenault, 37210 Vernou sur Brenne.

🍷 7,00 €
T 02 47 52 15 16
gaec-pinon@wanadoo.fr

De fines et persistantes notes d'agrumes, avec encore des sucres résiduels dans une bouche bien typée. (2 500 bouteilles)

13,5 /20 **Domaine de la Rouletière - Sec 2007**
Jean-Marc et François Gilet.
20 rue de la Mairie, 37210 Parcay-Meslay.

🍷 5,20 €
T 02 47 29 14 88
www.vouvray-gilet.com

Nez typé de chenin avec des notes de grillés et d'agrumes. Vinifié en cuve, il est déjà ouvert, flatteur en bouche, un apéritif précoce. (9 000 bouteilles)

13,5 /20 **Domaine de Vaugondy - Demi-Sec 2007**
Philippe Perdriaux.
3 les Glandiers, 37210 Vernou sur Brenne.

🍷 6,00 €
T 02 47 52 60 77
ph.perdriaux@tiscali.fr

Bouche finement suave, avec 20 g/l de sucre résiduel, qui en fait un demi-sec de table car doté d'un franche acidité. Termine droit. (40 000 bouteilles)

PROVENCE

DÉCOUVREZ LES ROUGES DE PROVENCE

La consommation de rosé de Provence bat tous les records. Définitivement associée à cette couleur, la région surfe sur ce vin estival et tout terrain. Dans le millésime 2007, elle y consacre à nouveau plus de 80 % de sa production, avec l'inquiétude non dissimulée de se voir prendre d'importantes parts de marché par des vignobles concurrents. Car l'immense et récent succès des vins rosés incitent toutes les régions productrices a en produire davantage, le Bordelais en tête avec ses fameux clairets. Mais dans cette famille diaphane, tout le monde n'est pas logé à la même enseigne. Il y a les starlettes de l'appellation Côtes de Provence et de Bandol bues dans les restaurants du littoral à plus de 20 € la bouteille. Et puis, il y a ceux de l'arrière-pays, pour ne pas dire les obscurs, d'Aix ou des Coteaux Varois, tout aussi délicieux, mais tellement moins "sexy". Faut-il préciser que c'est dans ces contrées que les bonnes affaires se font ? La Provence compte huit AOC auxquelles s'ajoute une production assez importante de vins de pays. Les consommateurs plus exigeants commencent à découvrir les blancs. Misez sur les rouges souvent riches, joliment bouquetés et en nets progrès depuis quelques années, bien que cette tendance, constatée à la fin des années 90, soit retombée…

Dans le registre des rouges de garde, Bandol est riche en domaines avec le cépage mourvèdre. Jeunes, les vins paraissent austères, mais après trois ou quatre années de vieillissement, ils font de grands accords à table. Les rosés y sont plus charpentés qu'en Côtes de Provence, mais attention, les prix flambent ! Nous vous déconseillons de dépenser plus de 15 € dans un rosé de Bandol, alors qu'en Côtes de Provence, vous le trouvez, à qualité égale, à 7 € ou 8 €, ce qui est déjà très bien payé !

Les Baux-de-Provence, nouvelle coqueluche des Bo-Bo des Baux, ont connu une envolée des prix, et les rouges sont difficilement accessibles à moins de 10 €.

LES DERNIERS MILLÉSIMES

2007 : 16,5/20

Une belle année, dans le même esprit que dans la vallée du Rhône Sud. Des rouges solaires et charpentés et des blancs vineux et gras. **Garde : 5 à 10 ans.**

2006 : 16/20

Une belle année de soleil avec des nuits fraîches. Les vins ne sont pas lourds et les blancs rayonnent de fraîcheur et d'équilibre. De belles cuvées de rouges, équilibrées et aux tanins élégants. **Garde : 4 à 8 ans.**

2005 : 13/20

Une année marquée par la pluie vouée à un volume record de rosé. N'attendez pas grand chose des rouges, ils sont souvent dilués. **Garde : à boire.**

BANDOL

*Bandol s'étend sur huit communes (Bandol, La Cadière-d'Azur, Ollioules, Le Plan-du-Castellet, Saint-Cyr-sur-Mer, Evenos, Le Beausset et Sanary). Elle produit des vins dans les trois couleurs, bien qu'historiquement elle soit reconnue pour sa production de rouges. Au fil des ans, avec un tourisme croissant, de nombreuses propriétés n'ont cessé de privilégier la production des rosés au détriment des rouges, et nous le déplorons. Cependant, les rosés sont fruités et puissants, alors que les blancs sont souvent fluides et légers. Misez sur les rouges qui offrent un grand caractère et s'épanouissent avec l'âge. Cette année, nous avons orienté notre dégustation sur les rouges du millésime 2005. C'est une année moyenne : millésime très sec jusqu'au 6 septembre quand arrivent les pluies. Le niveau d'ensemble est homogène. Les vins expriment à la fois la sécheresse (stress hydrique de la vigne) et de la dilution. Un profil de vins assez précoces, sans verdeur mais qui manquent de gras. On commence à boire en 2009 les cuvées les plus souples. **Une sélection établie à moins de 15 €.***

16 /20 **Château des Baumelles - 2007** — 9,90 €
Michel Bronzo.
T 04 94 32 63 20
367 route des Oratoires, 83330 Ste-Anne du Castellet. bastide.blanche@libertysurf.fr

Beau rosé de gastronomie, avec de la finesse et de l'équilibre. Joli style complet et long, très aromatique sur des notes de fruits blancs et d'épices en finale. (16 000 bouteilles)

16 /20 **Domaine de la Tour du Bon - 2007** — 13,00 €
Agnès Henry-Jocquard.
T 04 98 03 66 22
714 chemin des Olivettes, 83330 Le Brûlat-du-Castellet. www.tourdubon.com

Du gras et de la matière avec beaucoup de rondeur et d'un style opulent (fermentation malolactique effectuée). Du gras et de l'intensité avec une belle expression de fruits mûrs en finale. À boire dans les deux ans.

15,5 /20 **Domaine Le Galantin - 2007** — 9,00 €
Famille Pascal.
T 04 94 98 75 94
690, chemin Le Galantin, 83330 Le Plan-du-Castellet. www.le-galantin.com

Belle attaque au style plein et belle intensité de matière en bouche. Beaucoup de style et d'expression entre fruit et minéralité. Un très beau rosé. (30 000 bouteilles)

15 /20 **Domaine de la Laidière - 2007** — 14,00 €
Anne et Freddy Estienne.
T 04 98 03 65 75
426 chemin de Font-Vive, Sainte-Anne-d'Evenos, 83330 Evenos. www.laidiere.com

Jolie fraîcheur et matière de demi-puissance mais avec du gras et du croquant. Belle expression du fruit dans l'équilibre et la fraîcheur pour ce grand classique de l'appellation. (10 000 bouteilles)

15 /20 **Domaine Lafran-Veyrolles - 2005** — 15,00 €
Mme Jouve-Férec.
T 04 94 90 13 37
2115, route de l'Argile, 83740 La Cadière d'Azur. www.lafran-veyrolles.com

Velouté et soyeux d'attaque, bouche en demi-corps, coulante, plus typée grenache que la célèbre cuvée spéciale du domaine. La finale est un peu aride mais le vin reste digeste. À boire à partir de 2009. (25 000 bouteilles)

14,5 /20 **Château des Baumelles - 2005** — 12,00 €
Michel Bronzo.
T 04 94 32 63 20
367 route des Oratoires, 83330 Ste-Anne du Castellet. bastide.blanche@libertysurf.fr

Son boisé est plus austère, plus fermé, mais ne masque pas son moelleux. Une belle texture en bouche, grasse et à l'expression extravertie et moderne du fruit. Notes réglissées, bien travaillé en cave. (7 000 bouteilles)

14,5 **/20** **Domaine de l'Olivette - 2007**
Famille Dumoutier.
83330 Le Castellet.

12,50 €
T 04 94 98 58 85
www.domaine-olivette.com

Couleur foncée d'un rose soutenu. Bouche complète et dense avec une matière riche et de belle allonge. Un bon rosé plein et vineux. (100 000 bouteilles)

14,5 **/20** **Domaine de l'Hermitage - 2005**
Gérard Duffort.
Le Rouve, 83330 Le Beausset.

15,00 €
T 04 94 98 71 31
www.domainelhermitage.com

Le grenache lui donne toujours un aspect plus évolué, plus animal, mais pas moins de puissance de goût. Bouche portée par ses saveurs plus confites, camphrées, charnues et des tanins mentholés en finale. À boire sans urgence. (20 000 bouteilles)

14,5 **/20** **Domaine La Bastide Blanche - 2007**
Louis et Michel Bronzo.
route des Oratoires, Sainte-Anne, 83330 Le Castellet.

13,50 €
T 04 94 32 63 20
earl.bronzo@wanadoo.fr

Très belle intensité de matière, de la profondeur et une expression du fruit de grande fraîcheur. Du style pour une consommation jeune. (12 000 bouteilles)

14 **/20** **Domaine de l'Olivette - 2005**
Famille Dumoutier.
83330 Le Castellet.

15,00 €
T 04 94 98 58 85
www.domaine-olivette.com

Ferme, classique, assez complet, tant dans la présence en bouche attendue dans un bandol que dans la bonne tenue du fruit. Bien fait, et assez équilibré. (40 000 bouteilles)

14 **/20** **Domaine de la Laidière - 2005**
Anne et Freddy Estienne.
426 chemin de Font-Vive, Sainte-Anne-d'Evenos, 83330 Evenos.

14,00 €
T 04 98 03 65 75
www.laidiere.com

Il est reconnaissable en bouche du fait de la finesse de sa matière et de l'acidité typique de ce secteur de Saint-Anne. Des notes acidulées, un présence supérieure à la moyenne de notes de fruits noirs acidulés. Il se boit déjà très bien.

14 **/20** **Domaine de Souviou - 2007**
Olivier Pascal.
83330 Le Beausset.

11,50 €
T 04 94 90 57 63
sauviou@aol.com

Belle matière avec du gras et de la rondeur, dans un esprit très vineux et plein. À boire à table. (31 000 bouteilles)

14 **/20** **Domaine Dupuy de Lôme - 2007**
Benoît Cossé et Geoffroy Perousse.
624 route de Toulon, 83330 Sainte-Anne d'Evenos.

11,00 €
T 04 94 05 22 99
domainedupuydelome@orange.fr

Ce tout nouveau domaine est installé à Sainte-Anne d'Evenos, dans les hauteurs de l'appellation. Ce rosé tendre et finement fruité sera très agréable à boire dans l'année. Un domaine à suivre de près.

14 **/20** **Domaine La Chrétienne - Les Lecques 2005**
Thierry Simon.
713 chemin de la Barbarie, 83270 Saint-Cyr-sur-Mer.

15,00 €
T 06 11 54 88 62
simon.t3@wanadoo.fr

Un fruité net, une bouche ciselée, cadrée, riche, très riche en tanins. Une solide extraction. Un vin qui doit encore s'attendre en bouteille trois à quatre ans. À suivre. Finale très réglissée. (4 500 bouteilles)

14 /20 **Domaine Sorin - 2007**
Luc Sorin.
1617 route de la Cadière d'Azur, 83270 Saint-Cyr-sur-Mer.

🍷 11,00 €
T 04 94 26 62 28
www.domainesorin.com

Classique avec de la droiture et de la finesse aromatique au nez et en bouche. Bonne expression et longueur avec du gras en finale. Un rosé technique, mais précis et frais. (7 200 bouteilles)

---

14 /20 **Moulin de La Roque - Les Adrets 2007**
Alain Gairoard.
Le Vallon, 83740 La Cadière d'Azur.

🍷 6,35 €
T 04 94 90 10 39
www.laroque-bandol.com

Certainement le meilleur rapport qualité/prix de l'appellation en rosé. On le doit à la cave coopérative de La Roque. La bouche est pleine et de bonne intensité pour ce vin offrant souplesse et fluidité en finale. À boire jeune.

13,5 /20 **Domaine de l'Hermitage - L'Oratoire 2007**
Gérard Duffort.
Le Rouve, 83330 Le Beausset.

🍷 14,00 €
T 04 94 98 71 31
www.domainelhermitage.com

Dans un registre classique avec de belles notes épicées au nez, ce rosé de grenache, mourvèdre et cinsault est à boire dans les six prochains mois.

13,5 /20 **Domaine de La Vivonne - 2005**
Walter Gilpin.
3345 Montée du Château, 83330 Le Castellet.

🍷 14,50 €
T 04 94 98 70 09
infos@vivonne.com

Il a conservé une bonne fraîcheur, il reste digeste, facile d'approche, avec une sucrosité sur le cassis qui séduit immédiatement un large public. Un vin d'attaque, gourmand qui termine assez court. (8 000 bouteilles)

13,5 /20 **Domaine des Baguiers - 2005**
Jean-Louis, Franck et Claudine Jourdan.
227 rue des Micocouliers, 83330 Le Plan-du-Castellet.

🍷 11,50 €
T 04 94 90 41 87

Concentré, ferme, sur les notes réglissées et racinaires, il possède une solide acidité et termine un peu en creux en finale. Le tout a de la tenue tout en étant digeste. (15 000 bouteilles)

---

13 /20 **Domaine de La Frégate - 2005**
Jean-Sébastien Thiollier.
Route de Bandol, 83270 Saint-Cyr-sur-Mer.

🍷 11,00 €
T 04 94 32 57 57
www.domainedefregate.fr

Nez lardé, marqué par son élevage, qui évoque un pinot de la côte de Beaune. Bouche construite, solide mais avec une finale un peu asséchante qui souligne un maturité phénolique limite. (10 000 bouteilles)

BAUX-DE-PROVENCE

Tout ce qui tourne autour des Baux-de-Provence est par définition cher. Les loyers, le foncier, l'huile d'olive... Et les vins ! Au cœur des Alpilles, dans un décor naturel à vous couper le souffle, les propriétaires de domaines viticoles en profitent. L'afflux d'un tourisme sélectionné, prêt à payer très cher des vins rosés sans beaucoup plus de vertu qu'ailleurs, complique terriblement notre sélection. Du côté des millésimes, 2007 est une année assez souple et fluide avec des rosés et des blancs tendres. Les rouges sont moins concentrés que sur 2005, par exemple, mais c'est à l'avantage de leur équilibre. Une sélection établie à moins de 10 €.

15 /20 **Domaine de Terres Blanches** - 2007
Guillaume Rerolle
13210 Saint-Rémy-de-Provence.

🍷 9,30 €
T 04 90 95 91 66
www.terres.blanches.fr

Robe aux reflets saumonés. Vineux en bouche avec des notes de pamplemousse en finale. Du style et de la finesse et une expression grasse en bouche. Plus adapté à la table par son caractère vineux. (24 000 bouteilles)

15 /20 **Mas Sainte-Berthe** - Passe-Rose 2007
Geneviève Rolland
13520 Les Baux-de-Provence.

🍷 6,50 €
T 04 90 54 39 01
www.mas-sainte-berthe.com

Belle robe lumineuse, expression pure du fruit, très belle intensité en attaque et en finale. Un rosé dont l'expression est construit sur la longueur. Très bon style plein de fruit et de fraîcheur. (53 000 bouteilles)

14 /20 **Mas Sainte-Berthe** - Tradition 2007
Geneviève Rolland
13520 Les Baux-de-Provence.

🍷 6,00 €
T 04 90 54 39 01
www.mas-sainte-berthe.com

Un vin très classique avec des tanins fluides et souples amenant une matière agréablement parfumée et élégante. Bonne fraîcheur et longueur en finale. (50 000 bouteilles)

13,5 /20 **Mas de Gourgonnier** - 2007
Famille Cartier
Le Destet, 13890 Mouriès.

🍷 6,20 €
T 04 90 47 50 45
contact@gourgonnier.com

Belle couleur dense, proche d'un clairet, comme un rosé de saignée. On est dans les arômes de salade de fruits rouges macérés. C'est plein et gourmand. À boire jeune. (30 000 bouteilles)

COTEAUX D'AIX-EN-PROVENCE

*Il n'y a aucune homogénéité dans cette appellation. On trouve de tout, des vins les plus dilués aux plus concentrés. Les propriétaires, en coopératives ou en caves particulières, sont tiraillés par une philosophie de production totalement opposée. Les uns, trop rares, privilégient la qualité et l'identité des terroirs, les autres, les volumes et la médiocrité. À l'exception de quelques bons faiseurs, chez qui les vins sont parfaitement vinifiés dans toutes les cuvées, l'appellation subit un manque de passion des vignerons. **Une sélection établie à moins de 6,50 €.***

16 /20 **Domaine de la Cadenière** - Prestige 2005
Tobias Frères
Route de Coudoux, 13680 Lançon-de-Provence.

🍷 6,50 €
T 04 90 42 82 56
la-cadeniere@wanadoo.fr

Formidable expression de mûre et de cassis. Le bouquet aromatique se parachève par un côté réglissé. La bouche est accomplie ! (5 000 bouteilles)

15,5 /20 **Clos des Trois Sources** - Cuvée Lumière 2007
Renaud Rosari
Château Beaulieu, 13480 Rognes.

🍷 5,95 €
T 04 42 50 20 19
rrosani@closdes3sources.com

Assemblage en trois tiers de vermentino, sauvignon et ugni blanc affichant une robe d'un or paille. Le nez et la bouche sont marqués par des notes de fruits de la passion en attaque. Dans un registre gras et ample avec des notes beurrées en finale. Labellisé bio, certifié Ecocert. (6 600 bouteilles)

15 /20 **Château Beauféran - 2007**
Veysset et Sauvage.
870 chemin de La Degaye, 13880 Velaux.
🍷 5,80 €
T 04 42 74 73 94
chateau.beauferan@wanadoo.fr

Très coulant avec une fine acidité en attaque, ce rosé offre du gras en bouche. Savoureux et de bonne longueur, la finale est gourmande et fraîche. (28 000 bouteilles)

15 /20 **Château du Seuil - 2007**
Famille Carreau Gaschereau.
13540 Puyricard.
🍷 6,50 €
T 04 42 92 15 99
contact@chateauduseuil.fr

Du style et du caractère en bouche avec une matière de belle intensité, présentant de la fraîcheur et de la longueur. Vineux, il sera délicieux à boire à table, sur des poissons. (40 000 bouteilles)

15 /20 **Domaine de la Cadenière - Tendance 2007**
Tobias Frères.
Route de Coudoux, 13680 Lançon-de-Provence.
🍷 4,50 €
T 04 90 42 82 56
la-cadeniere@wanadoo.fr

Ici, le vin est clairement orienté en vin de soif, ce qui est un bon parti pris. Les arômes sont un peu primaires, c'est son style. Un verre SVP ! (10 000 bouteilles)

14,5 /20 **Château Bas - Pierres du Sud 2007**
Irène de Blanquet.
13116 Vernègues.
🍷 5,90 €
T 04 90 59 13 16
www.chateaubas.com

Il affiche une belle couleur soutenue amenant une bouche vineuse et parfumée. Un bel assemblage distingué et aromatique de grenache et syrah. (10 000 bouteilles)

14,5 /20 **Château du Seuil - 2006**
Famille Carreau Gaschereau.
13540 Puyricard.
🍷 6,50 €
T 04 42 92 15 99
contact@chateauduseuil.fr

Riche d'une forte concentration, le vin est droit et ferme. Les tanins sont mûrs. Ce vin ira sur toutes les tables sans faire défaut. Tout comme il pourrait être consommé dans l'année, mais un passage de quelques années en cave lui conviendrait à merveille. (40 000 bouteilles)

14 /20 **Cellier d'Éguilles - Sieur d'Éguilles 2007**
Yves Honorat.
30 avenue du Père Sylvain, 13510 Éguilles.
🍷 4,90 €
T 04 42 92 38 19
celliereguilles@tiscali.fr

L'apport important de carignan dans l'assemblage lui apporte ce côté réduit. L'ensemble se montre plein et construit sur de bons tanins. Très bon rapport qualité/prix. (5 000 bouteilles)

14 /20 **Château Bas - Pierres du Sud 2004**
Irène de Blanquet.
13116 Vernègues.
🍷 5,90 €
T 04 90 59 13 16
www.chateaubas.com

Bonne structure de tanins avec une certaine rigueur en bouche. Il sera délicieux à boire dans l'année pour sa franchise de goût. N'hésitez pas à passer en carafe, avant le service, cet assemblage de syrah majoritaire, cabernet-sauvignon et grenache. (10 000 bouteilles)

14 /20 **Château de Beaupré - 2007**
Famille Double.
13760 Saint-Cannat.
🍷 6,50 €
T 04 42 57 33 59
www.beaupre.fr

Toujours frais et délicat, les rosés de Beaupré se montrent très séduisants dans leur prime jeunesse. C'est fluide, sur les parfums de petits fruits rouges à boire dans les six prochains mois. (40 000 bouteilles)

14/20 Château du Seuil - 2006
Famille Carreau Gaschereau.
13540 Puyricard.

6,50 €
T 04 42 92 15 99
contact@chateauduseuil.fr

Assis sur une bonne matière, le côté fleur blanche bascule sur des notes d'agrume plus riches. L'attaque est franche, le vin manque seulement de vigueur en finale. (17 300 bouteilles)

14/20 Clos des Trois Sources - 2007
Renaud Rosari.
Château Beaulieu, 13480 Rognes.

5,95 €
T 04 42 50 20 19
rrosani@closdes3sources.com

Beaucoup de finesse et de fraîcheur avec une expression fruitée très élégante. Du style et une couleur éclatante d'un magnifique rose clair. Labellisé bio, certifié Ecocert. (80 000 bouteilles)

14/20 Domaine de la Cadenière - Prestige 2006
Tobias Frères.
Route de Coudoux, 13680 Lançon-de-Provence.

6,50 €
T 04 90 42 82 56
la-cadeniere@wanadoo.fr

En 2006, la plénitude de maturité a été difficile à atteindre, le vin souffre d'un léger déficit. Il s'agit d'un vin à la structure tannique plus affirmée qui accompagnera facilement les plats de viandes et de gibier. (13 300 bouteilles)

14/20 Domaine des Béates - Les Béatines 2005
Pierre-François Terrat.
Route de Caireval, 13410 Lambesc.

6,50 €
T 04 42 57 07 58
www.domaine-des-beates.com

Un bon classique dans les rouges de l'appellation pour un vin de soif à maturité de consommation. Registre aromatique sur des notes de petits fruits rouges à l'eau-de-vie, cette cuvée se montre très plaisante.

14/20 Domaine des Oullières - Harmonie de Provence 2007
Famille Ambrosio-Collomb.
Les Treilles de Cézanne, RN7, 13410 Lambesc.

5,20 €
T 04 42 92 83 39
contact@oullieres.com

Doté d'un bel élevage ce vin allie également une belle maturité de fruit. Il sera délicieux à boire dans les deux ans. (4 000 bouteilles)

13,5/20 Château Barbebelle - Cuvée Madeleine 2007
Bice Herbeau.
Route départementale 543, 13840 Rognes.

5,50 €
T 04 42 50 22 12
contact@barberelle.com

Ce vin riche et complet avec une très belle expression de fruit et de maturité est un assemblage équilibré de cabernet, syrah et grenache. Joli fruit et tanins élégants. (18 600 bouteilles)

13,5/20 Château de Beaupré - 2005
Famille Double.
13760 Saint-Cannat.

6,50 €
T 04 42 57 33 59
www.beaupre.fr

Le nez est dominé par la syrah avec des notes fumées. Les notes un peu confites et sucrées de fin de bouche sont contrebalancées par une fine acidité. Cette cuvée appelle bien la cuisine aromatisée provençale. (33 000 bouteilles)

13,5/20 Château Gassier - Collection Carreaux 2003
Thierry Bellicaud.
13114 Puyloubier.

4,50 €
T 04 42 66 38 74
gassier@chateau-gassier.fr

On salue le soyeux, la suavité et la délicatesse du fruit issu de l'assemblage grenache, syrah et mourvèdre. On regrettera cependant qu'à l'inverse de son habillage très travaillé le breuvage ait un léger manque de personnalité. Labellisé bio, certifié Ecocert (15 000 bouteilles)

13 /20 **Château Beauféran - Cuvée du Château** 2007
Veysset et Sauvage.
870 chemin de La Degaye, 13880 Velaux.

🍷 5,90 €
T 04 42 74 73 94
chateau.beauferan@wanadoo.fr

Nez sur des notes de fruits blancs avec de la fraîcheur. Bouche de bonne intensité de matière avec de la tendresse en finale. (8 000 bouteilles)

 13 /20 **Château de Beaupré - Les Baies** 2006
Famille Double.
13760 Saint-Cannat.

🍷 4,90 €
T 04 42 57 33 59
www.beaupre.fr

Un bon vin de fruit tout en fluidité et en souplesse. Ce millésime est aujourd'hui prêt à boire. (35 000 bouteilles)

 13 /20 **Château Virant - Tradition** 2007
Robert Cheylan.
13680 Lançon-de-Provence.

🍷 4,90 €
T 04 90 42 44 47
www.chateauvirant.com

Bouche parfumée et équilibrée avec un fruit expressif au nez et en bouche. Très bon rapport qualité/prix. (1 000 bouteilles)

 13 /20 **Domaine des Béates - Les Béatines** 2007
Pierre-François Terrat.
Route de Caireval, 13410 Lambesc.

🍷 6,50 €
T 04 42 57 07 58
www.domaine-des-beates.com

Un délicieux blanc de Provence à déguster sous la tonnelle entre deux charcuteries, poisson grillé et une bonne salade.

COTEAUX VAROIS

*Nous maintenons notre jugement de l'année dernière. Le niveau moyen des coteaux varois demeure médiocre. On trouve trop de vins légers et fluides. Les blancs sont à boire jeunes sur leur fruit (quand il y en a !), les rosés ont la chance d'être techniques et les rouges, en dehors de quelques cuvées ambitieuses, restent des petits vins de soif, pour la plupart. Dans notre gamme de prix, les cuvées retenues sont vouées à une consommation rapide. **Une sélection établie à moins de 6.50 €.***

 15,5 /20 **Château d'Ollières - 2007**
Hubert Rouy.
Le Château, 83470 Ollières.

🍷 6,10 €
T 04 94 59 85 57
info@chateau-ollieres.com

Bel assemblage de rolle et d'ugni blanc vinifié partiellement et élevé (6 mois) en barriques. Aujourd'hui le bois ressort au nez et en bouche, mais après une garde d'un an, il exprimera avec élégance de beaux arômes. (2 000 bouteilles)

15,5 /20 **Domaine de La Grand'Vigne - 2007**
Yves et Roland Mistre.
Route de Cabasse, 83170 Brignoles.

🍷 4,50 €
T 04 94 69 37 16
rmistre@club-internet.fr

Très belle couleur aux reflets verts, bouche expressive, élégante entre expression du fruit et fine minéralité. (1 000 bouteilles)

 15 /20 **Château d'Ollières - 2007**
Hubert Rouy.
Le Château, 83470 Ollières.

🍷 5,90 €
T 04 94 59 85 57
info@chateau-ollieres.com

Avec une très belle couleur et une expression fruitée intense, ce rosé est de bonne tenue en bouche avec de la densité et de la corpulence. Vineux, il se dégustera plutôt à table. (20 000 bouteilles)

14,5 Château La Lieue - Cuvée Tradition 2007
/20 Famille Vial.
Route de Cabasse, 83170 Brignoles.

 5,50 €
T 04 94 69 00 12
chateau.la.lieue@wanadoo.fr

Très joli fruit, fine acidité apportant une touche de fraîcheur en bouche. Ce vin se distingue par un très bel équilibre et de la digestibilité en finale. Beau vin classique. (80 000 bouteilles)

14,5 Château Saint-Julien - 2007
/20 Maurice Garrassin.
Domaine Saint-Julien, 83170 La Celle.

5,40 €
T 04 98 05 17 30
info@domaine-st-julien.com

Un beau rosé qui allie vinosité, fraîcheur et expression de fruit. De la consistance en bouche, relevée par une fine acidité en finale. Un bon rosé complet. (24 000 bouteilles)

14 Château d'Ollières - 2007
/20 Hubert Rouy.
Le Château, 83470 Ollières.

 6,30 €
T 04 94 59 85 57
info@chateau-ollieres.com

Ce domaine repris récemment offre une très belle série de 2007. En conclusion, un rouge moderne, très syrah, avec une couleur dense et une bouche marquée par une matière pleine et dense. Il doit gagner en finesse, mais la concentration est là. (10 600 bouteilles)

14 Domaine de Fontlade - Saint Quinis 2007
/20 Véronique Goupy.
83170 Brignoles.

 5,50 €
T 04 94 69 11 80
fontlade@aol.com

Il affiche une couleur soutenue dans des nuances rose fuchsia. Assez vineux et plein en attaque, il se distingue par une légère trame tannique en bouche. (16 200 bouteilles)

13,5 Le Cellier de La Sainte-Baume - 2005
/20 Jean-Pierre Degioanni (président).
Avenue Destiennes d'Orves, 83470 Saint-Maximin.

 4,45 €
T 04 94 78 03 97
cooperative.amicale@wanadoo.fr

Boisé rafraîchissant et légèrement mentholé. Un gros volume de bouche pour cette cuvée aux notes de fruits noirs qui est bien accompagnée par son élevage. (15 000 bouteilles)

13 Abbaye de Saint-Hilaire - Cuvée Doméni 2007
/20 Pierre Burel.
Route de Rians, 83470 Ollières.

 6,10 €
T 04 98 05 40 10
www.domainesdeprovence.com

Un délicieux rosé de fruit avec du gras et de la fraîcheur en bouche et qui marque la finale. Un parfait compagnon d'apéritif. (30 000 bouteilles)

13 Domaine de Ramatuelle - 2007
/20 Bruno Latil.
Les Gaëtans, 83170 Brignoles.

 5,10 €
T 04 94 69 10 61
ramatuelle2@wanadoo.fr

Belle robe d'un rose lumineux et nez exprimant un fruit net et franc. Un bon rosé de fruit, très plaisant, à boire dans l'année. (36 000 bouteilles)

13 /20
Domaine du Loou - 2005
Daniel Di Placido.
83136 La Roquebrussanne.
🍷 5,20 €
T 04 94 86 94 97
domaine-du-loou@wanadoo.fr

On salue la matière de ce vin. Un boisé moins marqué ferait faire un bon immense dans la qualité de ce vin qui ne manque pas de fond. Ce vin tannique accompagnera très bien les viandes grillées. Le prix est très doux. Labellisé bio, certifié Ecocert. (20 000 bouteilles)

CÔTES DE PROVENCE

La plus grande appellation de Provence s'étale d'Aix-en-Provence aux portes de Cannes. On y trouve deux styles principaux : les vins d'influence maritime et ceux de l'arrière-pays. La qualité est hétérogène et le tourisme n'incite pas forcément les vignerons à faire des efforts qualitatifs, car les vins se vendent cher, même quand ils sont médiocres. Certains ont pris conscience du potentiel du terroir de leur vignoble et produisent des vins plus accomplis et de belle concentration dans les trois couleurs. De plus, la mise en avant récente des terroirs comme la Sainte-Victoire, les Maures ou Pierrefeu sur les étiquettes donne une indication sur la géographie et sur le style des vins pour les amateurs. Une sélection établie à moins de 7 €.

16 /20
Domaine de la Sanglière - Spéciale 2007
Rémi et Olivier Devictor.
Route de Leoube, 83230 Bommes.
🍷 6,80 €
T 04 94 00 48 58
www.domaine-sangliere.com

Fruit intense de violette de Toulouse (pétales de violettes séchées). On notera également sa noble complexité, la richesse des assemblages lorsqu'ils sont biens menés. Ce vin sera un fier compagnon de table. Définitivement à recommander. (18 000 bouteilles)

16 /20
Domaine de la Sauveuse - Carolle 2007
Famille Salinas.
Grand Chemin Vieux, 83390 Puget-Ville.
🍷 5,50 €
T 04 94 28 59 60
sauveuse@wanadoo.fr

Très belle robe dense. nez sur des notes de fruits noirs et d'épices. Bouche pleine et ronde avec une expression de maturité poussée. Un beau vin long, riche, concentré et moderne. (30 000 bouteilles)

15,5 /20
Les Caves du Commandeur - Dédicace 2004
Jean Porte.
44 rue Rouguière, 83570 Montfort-sur-Argens.
🍷 7,00 €
T 04 94 59 59 02
valcommandeur@aol.com

Très bonne intégration du cabernet sur la syrah avec des notes de poivron et de garrigue mélangés. Le vin est ferme avec une grosse densité de matière. Toutes les cuvées du domaine présentent ce même profil. À suivre... (12 000 bouteilles)

15 /20
Domaine du Jas d'Esclans - 2007
Matthieu de Wulf.
3094 Route de Callas, 83920 La Motte.
🍷 7,00 €
T 04 94 70 27 86
mdewulf@terre-net.fr

La viticulture biologique donne ici tous ses effets. La bouche est ample. Sur la parade des cuvées au fruit empreinté, c'est un ravissement. Labellisé bio, certifié Ecocert. (20 000 bouteilles)

15 /20
Domaine Les Trois Terres - Cuvée Famille 2007
Luc Nivière.
rue de Brignoles, 83340 Cabasse.
🍷 6,50 €
T 04 94 80 38 46
domainetroisterres@wanadoo.fr

Caractère vineux et ample en bouche avec une expression de belle longueur sur le fruit en finale. Joli style complet et dense pour un blanc de Provence. (2 400 bouteilles)

15 /20 **Les Caves du Commandeur - Dédicace 2007**
Jean Porte.
44 rue Rouguière, 83570 Montfort-sur-Argens.

6,00 €
T 04 94 59 59 02
valcommandeur@aol.com

Assez léger en attaque, mais de belle intensité de bouche avec de la minéralité en finale. Ce rosé offre une expression pure du fruit, dans un esprit technique parfaitement maîtrisé, fin et élégant. (6 000 bouteilles)

15 /20 **Les Caves du Commandeur - Dédicace 2006**
Jean Porte.
44 rue Rouguière, 83570 Montfort-sur-Argens.

7,00 €
T 04 94 59 59 02
valcommandeur@aol.com

Même fermeté et même opulence de matière que sur le millésime 2004. Le fruit est évidemment plus jeune, les tanins pas encore tout à fait assouplis, mais le fruit est terriblement généreux. (12 000 bouteilles)

15 /20 **Les Vignerons de Pierrefeu - Les Coteaux 2007**
Alain Baccino.
83390 Pierrefeu du Var.

4,10 €
T 04 94 28 20 09
www.vignerons-pierrefeu.com

Très belle couleur, grande concentration de matière en attaque avec de la richesse et de la puissance en bouche. Profil de surmaturité du raisin, typé sudiste, style syrah grenache. Demande à se fondre, mais bon potentiel de garde. (50 000 bouteilles)

14,5 /20 **Château de Puget - Tradition 2007**
Pierre Grimaud.
Rue du Mas Clapier, 83390 Puget Ville.

5,20 €
T 04 94 48 31 15
chateaudupuget@wanadoo.fr

Du gras et de la richesse pour ce blanc de belle constitution offrant de belles notes beurrées. Belle longueur et fraîcheur en finale. Un blanc de gastronomie. (3 800 bouteilles)

14 /20 **Les Caves du Commandeur - Secrète 2006**
Jean Porte.
44 rue Rouguière, 83570 Montfort-sur-Argens.

4,70 €
T 04 94 59 59 02
valcommandeur@aol.com

Il n'y a pas de tricherie dans cette seconde cuvée de cette cave, c'est véritablement la petite sœur de Dédicace. Elle a exactement tout le profil de ses aînées avec un peu plus de souplesse et seulement un peu moins de fond. (15 000 bouteilles)

13,5 /20 **Château Tour Saint-Honoré - TSH 2007**
Serge Portal.
RD 559, 83250 La Londe.

6,80 €
T 04 94 66 98 22
chateau-tsh@wanadoo.fr

La maturité est juste atteinte pour donner aux convives des arômes délicats de melon mûr. La bouche est bien tenue en longueur grâce à d'efficaces amers pour finir sur l'angélique de l'ugni blanc. (3 000 bouteilles)

13,5 /20 **Domaine de la Sanglière - S de La Sanglière 2005**
Rémi et Olivier Devictor.
Route de Leoube, 83230 Bommes.

5,80 €
T 04 94 00 48 58
www.domaine-sangliere.com

Ce vin équilibré et aux tanins civilisés évolue sur des notes de fruits noirs (cassis/mûre). Le petit côté mordant, vert est à mettre au crédit de la fraîcheur aromatique. Une cuvée très agréable dans l'ensemble, à boire dès maintenant. (20 000 bouteilles)

13,5 **Domaine des Diables - 2007**
/20 Philip Fabre.
Chemin de la Colle, 13114 Puylaubier.

🍷 5,50 €
T 06 81 43 94 62
laissezvoustenter@orange.fr

Construit sur le fruit avec une expression précise et loyale sur des notes de groseilles et de fraises. Un bon rosé de soif à boire à la volée entre amis. (20 000 bouteilles)

13 **Château Grand Boise - 2006**
/20 Famille Gervoson.
chemin de Grisole, 13530 Trets.

🍷 6,15 €
T 04 42 29 22 95
nicolas.gruey@grandboise.com

Ce Côtes de Provence est désormais suivi par le conseiller bordelais Olivier Dauga. Il donne un nouveau souffle à la production avec un rouge de grenache et syrah justement fruité aux tanins encore tendres et fluides. À boire jeune. (10 000 bouteilles)

13 **Château La Grande Bauquière - Les Ceps d'Epicure 2007**
/20 Ginette et Agnès Francart.
13114 Puyloubier Sainte-Victoire.

🍷 5,30 €
T 04 42 66 39 27
lagrandebauquiere@cegetel.net

Cette cuvée s'épanche sur des tonalités fleuries. On distinguera facilement les côtés glycine et fleur blanche. Et la finale nous emporte un peu avec entêtement vers ses arômes dominants. (4 000 bouteilles)

13 **Clos la Neuve - Cuvée Désiré 2007**
/20 Fabienne Joly.
83910 Pourrières

🍷 5,90 €
T 04 94 59 86 03
fabiennejoly@club-internet.fr

Un rosé simple sur le fruit et la fraîcheur, voué à une consommation rapide. (30 000 bouteilles)

12,5 **Château des Demoiselles - Charme des Demoiselles 2007**
/20 Château Sainte Roseline.
Route de Callas, 83920 La Motte.

🍷 6,90 €
T 04 94 70 28 78
www.domainelesdemoiselles.com

C'est l'archétype du bon côtes-de-provence de consommation rapide. Les tanins sont civilisés. Avec un peu de réduction, le vin doit être ouvert un peu avant d'être servi. (25 000 bouteilles)

VIN DE PAYS DU VAR
Une sélection établie à moins de 6 €.

14,5 **Domaine de La Réaltière - 2007**
/20 Pierre Micheland.
Route de Jouques, 83560 Rians.

🍷 6,00 €
T 04 94 80 32 56

Un délicieux vin de fruit issu d'une vendange à 100 % carignan. La maturité des fruits et le caractère épicé marque la bouche. Un beau vin à boire dans l'année.

CORSE

IL Y A UNE VIE APRÈS LE ROSÉ...

Sur environ 7 000 hectares, le vignoble longe la côte et couvre les piémonts. Un vignoble plus montagnard (l'île culmine à 2710 m au Monte Cinto) qu'on l'imagine, mais à forte influence maritime. Du nord au sud, la Corse offre une grande diversité de terroirs et de styles. L'appellation AOC Vin de Corse peut être produite sans autre mention, c'est l'appellation régionale. Elle peut être également suivie du nom de cinq régions : Calvi, Coteaux du Cap Corse, Figari, Porto-Vecchio et Sartène. Viennent ensuite les crus : Patrimonio, Ajaccio et Muscat du Cap Corse (vin doux naturel). L'île compte neuf AOC pour un tiers de la production. Tout le reste, ce sont des vins de pays (souvent avec mention de cépage) et du vin de table. Les 450 producteurs ont reconquis leur spécificité durant les trente dernières années en produisant des vins parmi les plus fins et les plus élégants de la Méditerranée. Mais ils ont su aussi produire des vins de cépage friands et modernes. Dans chaque zone, les vins s'affirment par un encépagement propre. Les vins d'Ajaccio, à dominante de sciacarello, sont pauvres en couleurs, mais riches en puissance aromatique. Les prix sont sages, pour les premières cuvées. Patrimonio avec le cépage rouge niellucciu, son terroir argileux et ses magnifiques combes similaires à la Toscane est l'appellation la plus en vogue. Ses vignerons proposent des gammes diversifiées avec des vins superbes, mais attention, les prix flambent. La plaine d'Aléria produit des vins souples à boire jeunes, d'un excellent rapport qualité/prix. La Corse produit aujourd'hui plus de 50 % de vins rosés, pour la clientèle estivale. Pourtant ce sont dans les grandes cuvées de rouges que s'exprime l'identité insulaire, mais surtout, les blancs trop méconnus. Ils sont de notre point de vue la grande richesse de la Corse avec le cépage vermentino qui commence à rayonner au-delà de la France continentale.

LES DERNIERS MILLÉSIMES

2007 : 15,5/20

Malgré la sécheresse, le vignoble de Corse a produit des raisins en petit volume, mais sains et mûrs. En blanc, mais surtout en rouge, 2007 est un millésime de qualité. **Garde : dès maintenant et sur 8 ans**

2006 : 16/20

Un grande année en blanc comme en rouge avec des équilibres parfaits, digestes. Les grandes cuvées peuvent encore se garder, notamment les riches Patrimonio. **Garde : 5 à 10 ans.**

2005 : 13/20

Une année variable et hétérogène. Les meilleures cuvées de rouges voisinent avec des vins sans intérêt. C'est par contre, une très belle année à Muscat. **Garde : dès maintenant et sur 5 ans.**

AJACCIO

*L'un des crus de l'île produisant des vins marqués en rouge par le cépage autochtone sciacarelo. Une production à deux vitesses pour les prix. Les références, comme le domaine du Comte Peraldi, ne peuvent pas intégrer notre sélection. En revanche, de plus petits domaines commencent à émerger comme Vaccelli, produisant des vins de belle facture. **Une sélection établie à moins de 9.50 €.***

 Domaine Vaccelli - Roger Courrèges 2003
Alain et Gérard Courrèges.
Aja-Donica, 20213 Cognocoli.

9,50 €
T 04 95 24 35 54
vaccelli@aol.com

La cuvée rouge haut de gamme de la famille Courrèges à Cognocoli offre une remarquable tenue dans le millésime 2003. Entremet chocolaté, fruits confits pour une bouche savoureuse, profonde, l'aboutissement d'un élevage soigné sur une matière première de qualité. Bravo ! Un cru hivernal à boire. Sciacarello (60 %), grenache et niellucciu élevés un an en fûts. (4 000 bouteilles)

 Clos d'Alzeto - 2007
Pascal Albertini.
20151 Sari d'Orcino.

7,20 €
T 04 95 52 24 67
www.closdalzeto.com

On salut la générosité du fruité de ce sciacarello (et 10 % de cinsault) en macération pelliculaire : fin, équilibré, il garde de la tenue, et du volume. (70 000 bouteilles)

 Domaine Vaccelli - Tradition 2006
Alain et Gérard Courrèges.
Aja-Donica, 20213 Cognocoli.

7,00 €
T 04 95 24 35 54
vaccelli@aol.com

La robe est rubis clair, patinée, comme la bouche qui séduira l'amateur de vin aux tanins silencieux qui tiennent en bouche sur le confit et la bonne acidité. Agréable dès aujourd'hui. À boire sur trois à quatre ans. 60 % sciacarello, 20 % grenache noir. (18 000 bouteilles)

 Clos Capitoro - 2005
Jacques Bianchetti.
Pisciatello route de Sartène, 20166 Porticcio.

9,45 €
T 04 95 25 19 61
www.clos-capitoro.com

Nez minéral et réduit, de graphite, d'hydrocarbure, puis de jus de cuisson de rôti. La bouche est assez grasse, légèrement sucrée, joviale dans ses rondeurs finales, moins sévère que beaucoup de 2005. À boire. Sciacarello (70 %) sur granit. (60 000 bouteilles)

 Domaine Vaccelli - Tradition 2007
Alain et Gérard Courrèges.
Aja-Donica, 20213 Cognocoli.

6,00 €
T 04 95 24 35 54
vaccelli@aol.com

Des nuances de pamplemousse assez communes au nez, il conserve en bouche une bonne identité par son moelleux et sa générosité. Sciacarello en pressurage direct et grenache noir par saignée. (6 500 bouteilles)

MUSCAT DU CAP CORSE

*Cette région de la Corse produit certainement les meilleurs muscats de tout le vignoble de France. Leurs principaux atouts sont leur parfum, leur équilibre et une finesse inégalée. Après quelques années de cave, ils se complexifient pour des notes de fruits confits et gagnent en profondeur de texture. **Une sélection établie à moins de 14 €.***

14,5 **Domaine Giudicelli - 2007**
/20 Muriel Giudicelli.
Hameau paese Novu, 20213 Penta di Casinca.

🍷 14,00 €
T 04 95 36 45 10

Il possède un supplément d'acidité et de saveurs typées (abricot, eau de rose) muscat, avec de fin amers qui le feront bien évoluer sur deux, trois ans. À déguster sur une brocciu frais et du miel de châtaignes. (10 000 bouteilles)

13,5 **Domaine Louis Montemagni - Prestige 2007**
/20 Louis-Nicolas Montemagni.
Lieu-dit Puccinasca, 20253 Patrimonio.

🍷 11,00 €
T 04 95 37 00 80
www.clos-montemagni.com

Un nez abricoté classique et gourmand. Ni trop lourd ni trop d'amer, il se boit facilement. (12 000 bouteilles)

12,5 **Domaine de Pieretti - 2007**
/20 Lina Venturi-Pieretti.
Santa-Severa, 20228 Luri.

🍷 12,50 €
T 04 95 35 01 03
domainepieretti@orange.fr

Finement parfumé, simple en saveur, il est net et ample dans ses sucres. Servir bien frais sur les desserts. (4 000 bouteilles)

PATRIMONIO

*Sur les contreforts du désert des Agriates, formant un cirque face à la baie de Saint-Florent, l'appellation Patrimonio patrie du cépage niellucciu, est certainement la plus intéressante de toute l'île. Le caractère des vins est toujours affirmé avec un style jouant entre corpulence terrienne et fraîcheur maritime. Seul inconvénient, c'est aussi à Patrimonio que l'on trouve les vins les plus chers de l'île. Malgré ce désavantage notre sélection ne manque pas de très bonnes affaires pour des vins à boire dans les deux à trois prochaines années. **Une sélection établie à moins de 10 €.***

14,5 **Domaine Nicolas Mariotti Bindi - Porcellese Vieilles Vignes 2007**
/20 Nicolas Mariotti Bindi
Lieu-dit Porcellese/Pastoreccie, 20232 Poggio d'Oletta.

🍷 9,00 €
T 06 12 05 24 59
nicolas.mariotti@wanadoo.fr

Un pur niellucciu, en sélection massale, vendangé à la main, dans lequel on sent une sélection à maturité, pour un vin de goutte velouté et en chair. Sa finale fraîche est construite sur ses amers fins qui vont s'estomper à partir de fin 2009. Labélisé bio, certifié Ecocert. (6 000 bouteilles)

14,5 **Maison Clémenti - 2007**
/20 Jean-Pierre et Antoine Clémenti.
20232 Poggio d'Oletta.

🍷 8,00 €
T 06 88 06 74 02
antoine.clemnti@orange.fr

Très beau nez précis dans l'expression de la maturité du fruit et qui n'est pas écrasé par les sulfites (SO^2), bien trop présent dans les rosés de l'Île. Bouche tramée, fine, au bon goût de raisin. (4 000 bouteilles)

13,5 **Clos Signadore - Eresia 2007**
/20 Christophe Ferrandis.
Lieu-dit Morta Piana, 20232 Poggio d'Oletta.

🍷 10,00 €
T 06 15 18 29 81
www.signadore.com

Niellucciu et grenache noir vendangés en caisses et fermentés à froid. La robe est soutenue. La bouche, assez solide, présente des arômes de fruits noirs cuits (tarte aux quetsches) encore fermes en tanins. À ouvrir fin 2008. (6 000 bouteilles)

13,5 **Clos Teddi – 2007**
/20 Marie-Brigitte Poli.
Casta, 20217 Saint-Florent.

🍷 8,50 €
T 06 10 84 11 73
clos.teddi@orange.fr

Rosé de niellucciu (rosé de saignée) et sciacarello (macération pelliculaire) très fruité, précis et généreux, sans lourdeur. (46 000 bouteilles)

13,5 **Domaine Orenga de Gaffory – Felice 2006**
/20 Henri Orenga de Gaffory.
Lieu-dit Morta Majo, 20253 Patrimonio.

🍷 9,90 €
T 04 95 37 45 00
www.domaine-orengadegaffory.com

100 % niellucciu élevé sur lies avec un nez simple. Une bouche nette, jeune, avec du grain, encore de la fermeté, ce qui conviendra aux charcuteries de début de saison. (13 000 bouteilles)

---

13 **Clos Teddi – 2006**
/20 Marie-Brigitte Poli.
Casta, 20217 Saint-Florent.

🍷 8,50 €
T 06 10 84 11 73
clos.teddi@orange.fr

Belle concentration en bouche, solide mais déjà polissé, avec des notes vanillées et cacaotées gourmandes (nielluciu et grenache noir). Il se boit déjà avec plaisir. (20 000 bouteilles)

---

13 **Domaine Orenga de Gaffory – Felice 2007**
/20 Henri Orenga de Gaffory.
Lieu-dit Morta Majo, 20253 Patrimonio.

🍷 8,20 €
T 04 95 37 45 00
www.domaine-orengadegaffory.com

100 % niellucciu en saignée, pour un rosé vineux, légèrement tannique avec un peu d'amertume dans son grain. (4 000 bouteilles)

---

13 **Domaine Orenga de Gaffory – 2006**
/20 Henri Orenga de Gaffory.
Lieu-dit Morta Majo, 20253 Patrimonio.

🍷 7,70 €
T 04 95 37 45 00
www.domaine-orengadegaffory.com

Fruits noirs confits, nez de bois grillé, texture suave, nette, bien travaillé en cave sur une matière légèrement diluée. À boire. Niellucciu et 10 % de grenache noir. (80 000 bouteilles)

12,5 **Domaine San Quilico – 2006**
/20 Henri Orenga de Gaffory.
Morta Majo, 20253 Patrimonio.

🍷 6,20 €
T 04 95 37 45 00
www.domaine-orengadegaffory.com

Aromatique (herbes sèches, garrigue), assez évolué pour un 2006, avec des saveurs simples, tenues par un grain un peu nu en bouche. Niellucciu et 10 % de grenache noir élevé en cuve sur lies fines. À boire. (25 000 bouteilles)

---

12 **Maison Clémenti – Cuvée Emma 2006**
/20 Jean-Pierre et Antoine Clémenti.
20232 Poggio d'Oletta.

🍷 9,00 €
T 06 88 06 74 02
antoine.clemnti@orange.fr

Nez de cassis intense, notes vanillées (sans élevage en barriques), pour une bouche nette, carrée, en demi-corps. À boire en 2009.(4 000 bouteilles)

VIN DE CORSE

Appellation générique de Corse pouvant être produite sur l'ensemble du territoire dont on doit la plus grosse production aux caves coopératives de la plaine d'Aléria. Mais, depuis quelquels années, des caves particulières font de gros efforts pour produire des vins de qualité. Un certain nombre sont retenus dans cette sélection. Profitez des prix, c'est dans cette appellation qu'il sont les plus avantageux. **Une sélection établie à moins de 7.50 €.**

15,5 /20 Domaine Vico - 1769 2007
Jean-Marc Venturi et Manu Acquaviva
Route de Calvi, 20218 Ponte Leccia.

🍷 6,20 €
T 04 95 47 61 35
www.domainevico.com

1769 ? Naissance de Napoléon Bonaparte, bien sûr ! Mais aussi ultime défaite de Pascal Paoli à Ponte-Nuovo. Une cuvée fort opportune de l'association dynamique Venturi/Aquaciva. Un pur sciacarello fermenté à froid, rond, fruité, juteux et moelleux. C'est vraiment très bon, d'un excellent rapport qualité/prix comparé aux rosés du continent. (12 000 bouteilles)

14,5 /20 Clos d'Orléa - Alliance n°1 2006
François Orsucci.
20270 Aléria.

🍷 7,50 €
T 04 95 57 13 60
contact@closdorlea.com

Nez fumé (âtre et lard), bouche en chair, avec un supplément de saveurs fruitées confites, sans lourdeur. Franc de goût dans sa finale. Un travail de qualité. Sciacarello, niellucciu et syrah. (15 000 bouteilles)

14,5 /20 Domaine Casabianca - 2006
Jean Bernardin Casabianca.
Coteaux de Santa Maria, 20230 Bravone.

🍷 4,15 €
T 04 95 38 96 00
www.vinscasabianca.com

Équilibré, fin en tanin, d'intensité moyenne, franc dans son fruité, c'est un bon standard de l'appellation à un prix sage. (60 000 bouteilles)

14,5 /20 Domaine Vico - 1769 2006
Jean-Marc Venturi et Manu Acquaviva
Route de Calvi, 20218 Ponte Leccia.

🍷 6,20 €
T 04 95 47 61 35
www.domainevico.com

Un jus en finesse, doux, avec une pointe cacaotée, de l'équilibre, de la précision dans sa matière. Justesse dans un fruit à boire jeune. Il est prêt et gourmand. 80 % niellucciu, 10 % sciacarello. (12 000 bouteilles)

14 /20 UVIB - Terra di vinu Niellucciu - Niellucciu 2007
SICA UVIB.
Padulone, 20270 Aléria.

🍷 4,72 €
T 04 95 57 02 48

Aromatique et généreux dans ses notes de raisins mûrs, un peu figués. Sa bouche large n'oublie pas une pointe de fraîcheur (une pointe de végétal aussi) dans sa finale. Un travail de vinification soigné qui propose une image grand public de qualité du niellucciu. (10 000 bouteilles)

13,5 /20 Clos Fornelli - 2006
Josée Vanucci-Couloumène.
Pianiccia, 10270 Tallone.

🍷 7,50 €
T 06 61 76 46 19
www.closfornelli.com

Dans un millésime délicat, il conserve de la tenue, sur des arômes et une texture déjà ouverts. À boire. Niellucciu (75 %) et syrah. (12 000 bouteilles)

13,5 /20 Domaine de La Punta - 2005
Alain Lugarini et François Paoli.
20270 Aléria.

🍷 7,00 €
T 04 95 30 60 68

Un profil riche et mûr, typique de ce secteur, mais avec un supplément de fraîcheur, de longueur et de mâche. 60 % de niellucciu, grenache et syrah en longue macération. (30 000 bouteilles)

13,5
/20

Domaine de Musoleu - 2007
Charles Morazzani.
20213 Folelli.

 4,50 €
T 04 95 36 80 12
www.vin-musoleu.com

Rond, simple, mais sans amers ni notes acidulées qui marquent un côté trop technologique. Bien fait. Prix sage. (10 000 bouteilles)

VIN DE CORSE CALVI

*Le vignoble de Balagne s'étend de l'Île-Rousse à Calvi en longeant la mer. Les vins sont agréables, de bonne matière et les prix demeurent sages. **Une sélection établie à moins de 10.50 €.***

15
/20

Clos Culombu - 2007
Etienne Suzzoni.
Chemin San Petru, 20260 Lumio.

10,30 €
T 04 95 60 70 68
culombu.suzzoni@wanadoo.fr

Souple, confit, avec des nuances compotées. Il joue la carte de la maturité poussée sans basculer dans le cuit et en jouant sur le moelleux des tanins. Délicieux jeune sur l'éclat du fruit mûr. (300 000 bouteilles)

14,5
/20

Domaine Bernard Renucci - **Vignola** 2006
Domaine Bernard Renucci.
20225 Feliceto.

9,00 €
T 04 95 61 71 08
www.domaine-renucci.com

Robe colorée, dense, nez compoté, marqué par une oxydation du fruit (trop peu protégé en soufre ?). La bouche est mûre, généreuse, intense en saveur et termine sur une belle acidité en finale. Nous avons ouvert une seconde bouteille qui était plus nette dans ses arômes. Assemblage sciacarello et syrah. (20 000 bouteilles)

13
/20

Domaine de la Figarella - **Prestige** 2007
Achille Acquaviva.
20260 Calvi.

6,50 €
T 04 95 65 07 24
domainefigarella@wanadoo.fr

Un style corsé, épicé, entier et vineux. Ce pur sciacarello ira bien sur les charcuteries corses bien sèches. (14 500 bouteilles)

13
/20

Domaine Maestracci - **Clos Reginu** 2007
Michel Raoust.
Route de Santa-Reparata-di-Balagna, 20225 Feliceto.

5,00 €
T 04 95 61 72 11
www.clos-reginu-eprove.com

Sur une palette aromatique de fruits rouges et noirs acidulés, une bouche ferme, carrée, mordante, simple et moderne dans l'intensité de son fruit. Assemblage de niellucciu, sciacarello, grenache et syrah, vinifié et élevé en cuve. Très bon rapport qualité/prix. (20 000 bouteilles)

VIN DE CORSE PORTO-VECCHIO

*Première appellation «village» du sud que l'on trouve après la longue plaine d'Aléria. Un vignoble de bord de mer à dominante granitique. **Une sélection établie à moins de 6,50 €.***

14 **Domaine Granajolo - 2007**
/20 Monika et Gwenaele Boucher.
20144 Sainte-Lucie de Porto-Vecchio.

6,00 €
T 04 95 71 40 34
www.granajolo.com

Assemblage de barbarossa, syrah et grenache noir. Un rosé puissant, riche, gras, au goût de melon sucré, en chair, de la tenue. Le meilleur rosé bio de Corse en 2007. Labélisé bio, certifié Ecocert. (14 000 bouteilles)

VIN DE CORSE SARTÈNE

Ce village produit des vins de bonne intensité à l'encépagement classique de sciacarello et nielluciu sur des terroirs marqués par des éboulis montagneux. **Une sélection établie à moins de 7 €.**

14 **Domaine Saparale - 2007**
/20 Philippe Farinelli.
5, cours Bonaparte, 20100 Sartène.

6,00 €
T 04 95 77 15 52
www.saparale.com

Du volume, de la chair, un bien joli sartène qui joue de sa maturité sans passer la frontière du confit. S'accordera facilement à table. (50 000 bouteilles)

13 **Domaine Saparale - 2006**
/20 Philippe Farinelli.
5, cours Bonaparte, 20100 Sartène.

6,00 €
T 04 95 77 15 52
www.saparale.com

Notes confites sans lourdeur. Légerement gazeux, ce qui lui donne du punch en bouche. Il termine sur des notes minérales et rustiques. Niellucciu et sciacarello élevés en foudre. (XXX bouteilles)

12 **Domaine San Micheli - 2006**
/20 Phelip.
Rue Jean Jaurès, BP 139, 20100 Sartène.

7,00 €
T 04 95 77 06 38
www.domainesanmicheli.com

L'expression de son fruit figué est assez simple. Sa bouche possède un grain nu, un peu sec. À boire sur les viandes ou les charcuteries grasses. (50 000 bouteilles)

VIN DE PAYS DE L'ILE DE BEAUTÉ

Une sélection établie à moins de 5 € et à moins de 10 € pour les vins liquoreux.

15 **Domaine Vaccelli - 2006**
/20 Alain et Gérard Courrèges.
Aja-Donica, 20213 Cognocoli.

4,00 €
T 04 95 24 35 54
vaccelli@aol.com

Un assemblage continental (53 % grenache noir et 47 % carignan) qui n'en est pas moins savoureux, plus coloré que la moyenne des vins d'Ajaccio. Il charme par son nez de prunelle confit, sa bouche en volume. De la chair et du plaisir à un prix de rêve ! (20 000 bouteilles)

15 **Les Vignerons Corsicans - Corsican Isula 2007**
/20 M. Mazoyer.
Rasignani, 20290 Borgo.

2,50 €
T 04 95 58 44 00
www.corsicanwines.com

Assemblage de niellucciu et de merlot, riche, ample, très mûr, avec du volume. Pas de longueur, mais ce vin est porté par cette sucrosité sphérique en fin de bouche qui a fait le succès mondial du merlot. C'est un vin technique et très bien fait, à prix extraordinnaire. (200 000 bouteilles)

13 /20 **Domaine Casabianca - Moderato Nectar d'Automne 2007**
Jean Bernardin Casabianca.
Coteaux de Santa Maria, 20230 Bravone.

10,00 €
T 04 95 38 96 00
www.vinscasabianca.com

Un muscat à petits grains dont la fermentation a été arrêtée (par filtration) lorsque le sucre résiduel atteint 100, 120 g/l. Son nez est légèrement oxydé, assez complexe (tarte abricot, pointe de camphre). La bouche est très agrume, orange et clémentine confite. Finale nette et courte. (30 000 bouteilles)

13 /20 **Vignerons d'Aghione - San Muletto 2007**
M. Casanova
Samuletto, 20270 Aghione.

5,00 €
T 04 95 56 60 20
www.aghione-vignerons.com

Un rouge assez rustique mais qui est mûr et qui tient en bouche. Honnête vin de barbecue. (50 000 bouteilles)

12 /20 **Domaine Vico - Muscat 2007**
Jean-Marc Venturi et Manu Acquaviva
Route de Calvi, 20218 Ponte Leccia.

9,20 €
T 04 95 47 61 35
www.domainevico.com

Un muscat à petits grains, citronné, effilé, léger en sucre, en liqueur, plus végétal qu'un muscat du Cap. Facile, coulant, simple en bouche. À boire jeune. (6 500 bouteilles)

12 /20 **Vignerons d'Aghione - Casanova 2007**
M. Casanova
Samuletto, 20270 Aghione.

4,00 €
T 04 95 56 60 20
www.aghione-vignerons.com

Un rouge granuleux, rustique, chocolaté dans ses arômes, pour les grandes tablées et les barbecues de copains. (80 000 bouteilles)

SYSTÈME DE NOTATION

18 à 20 /20 **À ne pas manquer.** Peu de vins forment l'excellence et la perfection. Mais certains sont irréprochables, réunissant l'expression d'un terroir, la maturité du fruit, complexité et élégance. De plus, ils sont dotés d'un potentiel de vieillissement.

16 à 18 /20 **Excellent.** Des vins de grandes occasions possédant une forte personnalité provenant de son terroir, de son encépagement, de sa technique de vinification, de son millésime et du propriétaire. Des valeurs sûres.

14 à 16 /20 **Très bon.** On retrouve dans cette échelle de notation les très bons vins, classiques et réguliers. Ils forment l'essentiel de notre sélection et sont des vins faciles à boire dans leur jeunesse.

12 à 14 /20 **Bon.** Le minimum exigé pour être retenu. Cependant un vin noté 12 ou 13 ne signifie pas que c'est un vin médiocre. Au contraire, c'est une bouteille d'un style friand, procurant un vrai plaisir immédiat et souvent à très bon prix.

SUD OUEST

UNE TERRE ÉCLATÉE ET RICHE EN BONNES AFFAIRES

Pour définir le Sud-Ouest, faisons un clin d'œil à Cyrano. «Pour décrire les vins de ma région, on pourrait dire, bien des choses… En variant le ton.» Agressif : «Ce n'est pas un vignoble, c'est une poubelle géologique, un bordel de cépages.» Amical : «Quelle terre variée et originale où naissent des vins typés !» Descriptif: «C'est une mosaïque de goûts, un éventail de styles, un trait d'union entre le Languedoc et Bordeaux.» À la fin de la dégustation, il touche ! Sur dix départements, cette province constitue un musée ampélographique. En rouge, avec les cépages tannat, merlot, négrette, fer servadou, cabernet franc, côt, cabernet-sauvignon, entre autres… Et en blanc, les cépages aufrac, ondenc, len de l'el, mauzac, manseng (gros et petit), muscadelle, sauvignon et sémillon… Cette diversité donne au Sud-Ouest toute sa complexité. Des rouges fruités ou tanniques, des vins de garde, des blancs secs, et une palette de moelleux et liquoreux. Bergerac, est un vivier de bonnes affaires avec tous les styles, du rouge charnu à la superbe cuvée de moelleux. Et les prix restent encore sages. Cahors traverse actuellement une grave crise. Dans ce contexte économique morose, tournez-vous vers les grands classiques de l'appellation. Ils ne déçoivent pas, et continuent à produire de belles cuvées, souvent de garde, encore à des prix raisonnables. La vallée de la Garonne est un bon vivier de bonnes affaires. Duras, Marmandais, Fronton et Gaillac forment un parfait «melting-pot» de vins fins, délicats et fruités. Le Béarn demeure le meilleur «spot» de bonnes affaires avec Madiran et ses vins corsés qui s'associent merveilleusement à la cuisine régionale. Enfin, Jurançon avec ses blancs secs et moelleux possédant une identité racée et singulière.

LES DERNIERS MILLÉSIMES

2007 : 14/20
Une belle série de bons vins, d'un style souple et plutôt frais. Dans l'ensemble, leur assise tannique souple ne leur permettra pas de vieillir très longtemps. Buvez-les dans leur jeunesse. Quelques très grands liquoreux, mais attention très variables selon les domaines… Grande réussite pour les blancs secs. **Garde : 5 à 10 ans.**

2006 : 13/20
En rouge, c'est un millésime très hétérogène dans toutes les appellations. Les vins sont fluides et souples. En revanche, on note de très grandes réussites dans les blancs secs et moelleux. **Garde : 2 à 3 ans pour les rouges et les blancs secs, 5 à 10 ans pour les moelleux.**

2005 : 16/20
Un grand millésime comme partout ailleurs en France. Dans les trois couleurs, en secs comme en liquoreux, les vins sont charmeurs, fruités, concentrés et longs. On peut mettre en cave ce millésime. **Garde : 5 à 15 ans.**

BERGERAC

*Dans le prolongement du Libournais, les bergeracs sont les plus proches cousins des bordeaux. Ils partagent la même vallée (Dordogne), le même encépagement et le même négoce : l'incontournable « place de Bordeaux ». Si l'on devait chercher une différence, on la trouverait dans le climat, plus continental ici, où il pleut moins et où les écarts thermiques sont plus marqués. Il est tout de même bien difficile de distinguer à l'aveugle un simple bordeaux d'un bergerac. Dans cette catégorie de prix, on élimine d'office toutes les cuvées boisées pour ne déguster que les cuvées d'entrée de gamme. Comme à Bordeaux, les rouges 2005 sont colorés avec des tanins élégants et des expressions de fruits superbes. Plus en retrait et plus souple aussi, 2006 sera à boire plus précocement. Quelques blancs sortent du lot, mais malheureusement les meilleures cuvées se vendent maintenant à des prix bien supérieurs à la limite que l'on se fixe ! **Une sélection établie à moins de 7 €.***

Château Grinou - <u>Grande réserve</u> 2006
6,90 €

Catherine et Guy cuisset.
T 05 53 58 46 63

24240 Monestier.
chateaugrinou@aol.com

Très joli style sur un fruit d'une grande expression et d'une grande fraîcheur gustative. Harmonieux en bouche avec ce qu'il faut de richesse et d'acidité lui donnant un équilibre délicat et une finale sans lourdeur. (6 000 bouteilles)

Château <u>Montplaisir</u> - 2005
4,00 €

Charles Blanc.
T 05 53 24 68 17

Route de Montpon, 24130 Prigonrieux.
info@chateau-montplaisir.com

Très belle approche du vin de fruit dans une appellation générique. Expression de maturité, couleur et concentration en bouche, tout est réuni pour faire une très bonne cuvée. (8 000 bouteilles)

Domaine Les Verdots - <u>Clos des Verdots</u> 2007
6,00 €

David Fourtout.
T 05 53 58 34 31

24560 Conne-de-Labarde.
www.verdots.com

C'est dorénavant un grand classique de l'appellation. David Fourtout nous régale avec cette bouteille de fruit au style franc et direct, sans histoire, mais plein de fraîcheur et de croquant. Il ravira les palais. (25 000 bouteilles)

Château Monestier La Tour - <u>Terres Vieilles</u> 2005
5,90 €

Philip de Haseth-Möller.
T 05 53 24 18 43

24240 Monestier.
www.chateaumonestierlatour.com

Belle matière en attaque pour cette cuvée ample et généreuse en bouche. Une tenue des tanins qui marquent la finale et illustrent la réussite de ce millésime. C'est complet et long en finale avec une pointe de minéralité. Une belle cuvée, vinifiée avec soin et d'un bon rapport qualité/prix. (35 000 bouteilles)

Château Tour des Gendres - <u>Le Classique</u> 2006
5,00 €

Luc de Conti.
T 05 53 57 12 43

Les Gendres, 24240 Ribagnac.
www.chateautourdesgendres.com

Voilà un simple bergerac rouge vinifié par l'un des vignerons les plus talentueux de l'appellation. Sans rechercher la surextraction, Luc de Conti a privilégié l'expression du fruit et la suavité des tanins. Un vin simple, à boire dans sa jeunesse. Labellisé bio, certifié Agrocert. (70 000 bouteilles)

14 /20
Château Les Hauts de Caillevel - Eté 2006
Sylvie Chevallier.
24240 Pomport.

🍷 6,00 €
T 05 53 73 92 72
caillevel@wanadoo.fr

Plus en densité et avec davantage de matière que la cuvée Fruissace, celle-ci se montre séduisante avec une dominante fruit rouge, croquant et de grande fraîcheur en finale. Un bon plaisir de dégustation. Conversion en biodynamie prévue pour 2009 (15 000 bouteilles)

14 /20
Château Monestier La Tour - Cuvée de Navarre 2006
Philip de Haseth-Möller.
24240 Monestier.

🍷 5,90 €
T 05 53 24 18 43
www.chateaumonestierlatour.com

Suivie par le conseiller bordelais Stéphane Derenoncourt, cette propriété propose une cuvée de consommation rapide accès sur le fruit et la finesse. De belle couleur, elle séduit par son aspect digeste et accessible. (45 000 bouteilles)

14 /20
Château Moulin Caresse - Merlot 2007
Sylvie et Jean-François Deffarge.
Couin, 24230 Saint-Antoine-de-Breuilh.

🍷 5,20 €
T 05 53 27 55 58
moulin.caresse@cegetel.net

Un bon classique dans les rouges de l'appellation. Les fruits rouges dominent avec de la couleur et de l'éclat en bouche. C'est sa jeunesse qui le rend sympathique. (10 000 bouteilles)

14 /20
Château Moulin Garreau - Ballon Rouge 2005
Alain et Nathalie Peronnet.
10 route du Coteau-Garreau, 24230 Lamothe-Montravel.

🍷 6,00 €
T 05 53 61 26 97
aperonnet@wanadoo.fr

Une cuvée d'un style dense et très mûr au nez et en bouche avec des nuances de prunes confites en finale. Belle tenue et générosité de matière. Une bouteille certes dans un registre un rien rustique, mais de belle amplitude. (15 000 bouteilles)

14 /20
Domaine de l'Ancienne Cure - 2007
Christian Roche.
RN 21, 24560 Colombier.

🍷 6,00 €
T 05 53 58 27 90
www.domaine-anciennecure.fr

Belle expression de fruit et sincérité aromatique pour ce blanc sec voué à une consommation rapide, sur sa fraîcheur et son croquant. (25 000 bouteilles)

14 /20
Domaine de Pécoula - Harmonie 2006
René et Jean-Marie Labaye.
24240 Pomport.

🍷 7,50 €
T 05 53 58 46 48
pecoula.labaye@wanadoo.fr

Malgré une vinification et un élevage en fûts, cette cuvée reste discrète dans son expression boisée. L'ensemble séduit par la maturité du fruit et le gras apporté par les bâtonnages durant l'élevage. Une très agréable cuvée, d'un bon rapport qualité/prix. 1 500 bouteilles)

13,5 /20
Château Le Payral - Terres Rouges 2004
Thierry et Isabelle Daulhiac.
Le Bourg, 24240 Razac-de-Saussignac.

🍷 6,00 €
T 05 53 22 38 07
daulhiac.thierry@wanadoo.fr

Un bon vin de plaisir qui a gardé sa fraîcheur dans ce millésime qui porte haut ses quatre ans d'âge. Fraîcheur de fruit et souplesse des tanins en finale. (6 000 bouteilles)

13 /20
Château La Robertie - 2007
Jean-Philippe et Brigitte Soulier.
24240 Rouffignac-de-Sigoulès.

🍷 5,33 €
T 05 53 61 35 44
www.chateau-larobertie.com

Une expression tendre du sauvignon sur des notes d'agrumes offrant de la vivacité et un caractère exotique en finale. Délicieux blanc de soif à boire à la volée. (3 500 bouteilles)

13 /20 **Château Les Hauts de Caillevel - Fruissance 2007**
Sylvie Chevallier.
24240 Pomport.

🍷 5,00 €
T 05 53 73 92 72
caillevel@wanadoo.fr

Dans un registre simple et souple, cette cuvée se veut gourmande et accessible, sans complexité et digeste. À boire à la volée, comme ça vient. Conversion en biodynamie pour 2009. (12 500 bouteilles)

13 /20 **Château Les Marnières - 2006**
Alain et Christophe Geneste.
GAEC des Brandines, 24520 Saint-Nexans.

🍷 7,00 €
T 05 53 58 31 65
christophe.geneste2@wanadoo.fr

Notes de fleurs blanches au nez et en bouche. Dans un registre aromatique classique, frais et assez délicat, ce vin offre une belle tenue en bouche avec de la vivacité et de la fraîcheur en finale. Parfait à boire dans sa jeunesse pour son expression aromatique franche et directe. (4 000 bouteilles)

13 /20 **Domaine de l'Ancienne Cure - 2006**
Christian Roche.
RN 21, 24560 Colombier.

🍷 6,00 €
T 05 53 58 27 90
www.domaine-ancienneecure.fr

Sans posséder une grande matière et de la fluidité en bouche, cette cuvée d'accès simple se boira dans les six prochains mois. (35 000 bouteilles)

13 /20 **Le Clos des Terrasses - Fruit des Terrasses 2007**
Fabrice de Suyrot.
24240 Sigoulès.

🍷 5,50 €
T 05 53 63 22 60
www.closdesterrasses.com

Croquant, tout plein de fruit avec une dominante de myrtille et de fraise au nez comme en bouche, cette cuvée souple est à boire dans sa jeunesse. (20 000 bouteilles)

CAHORS

*Vignoble de la vallée du Lot, Cahors est connu pour ses vins noirs élaborés majoritairement avec du côt (malbec), aux tanins serrés et charnus. On trouve aujourd'hui deux écoles. La traditionnelle, avec des vins fruités mais souples, voire un peu secs, et la moderne, avec des vins plus veloutés et des maturités de tanins optimale, l'ensemble étant souvent luxueusement élevé. Dans notre catégorie de prix, Cahors ne manque pas de très bonnes affaires avec des vins charnus, amples et généreux. On peut se régaler, après les avoir garder deux à trois ans en cave, voire davantage pour les vins les plus denses comme une grande majorité des 2005. **Une sélection établie à moins de 10 €.***

16,5 /20 **Château Lamartine - 2005**
Alain Gayraud.
46700 Soturac.

🍷 7,60 €
T 05 65 36 54 14
www.cahorslamartine.com

Déjà distingué dans notre dernière édition, ce millésime de Lamartine ne faiblit pas. Toujours aussi coloré et d'une grande fraîcheur de fruit en bouche, il a simplement gagné en fondu, mais sans évolution. Un vin encore frais et droit, délicieux à boire dans l'année. Viticulture raisonnée, mesures agro-environnementales. (80 000 bouteilles)

16 /20 **Château La Caminade - 2005**
Dominique et Richard Ressès.
46140 Parnac.

🍷 7,30 €
T 05 65 30 73 05
www.chateau-caminade.com

Issu des vignes plantées sur les terres alluvionnaires, ce cahors se montre plein, justement extrait et finement équilibré entre expression de maturité, élevage et fraîcheur en finale. Une valeur sûre qui se gardera un peu en cave. (95 000 bouteilles)

15,5 <u>Château Haut-Monplaisir - Prestige 2005</u>
/20 Cathy et Daniel Fournié.
Monplaisir, 46700 Lacapelle-Cabanac.

🍷 9,50 €
T 05 65 24 64 78
chateau.hautmonplaisir@wanadoo.fr

Ambitieuse, mais sans excès de surextraction ou de surmaturité, cette cuvée sonne juste. Sa jeunesse excuse les tanins encore fermes, mais le potentiel de garde est là. En l'attendant, déguster le 2004, au même prix, avec de belles notes graphites et un fondu de tanins plus avancés. (33 000 bouteilles)

15,5 <u>Clos Troteligotte - K Price 2005</u>
/20 Christian et Emmanuel Rybinski.
Le Cap BLanc, 46090 Villesèque.

🍷 8,00 €
T 05 65 36 94 58
www.clostroteligotte.com

Un vin concentré avec une matière généreuse en attaque sur un malbec juteux, dans un esprit sanguin. C'est plein et de belle allonge en finale. Ce domaine se distingue avec toute une série de cuvées d'un très bon niveau, en particulier dans le millésime 2005. (13 000 bouteilles)

15,5 <u>Clos Troteligotte - La Perdrix 2004</u>
/20 Christian et Emmanuel Rybinski.
Le Cap BLanc, 46090 Villesèque.

🍷 6,85 €
T 05 65 36 94 58
www.clostroteligotte.com

Une très agréable cuvée à 100 % malbec privilégiant un fruité sincère et une très belle expression de tanins en bouche. Un bel exemple de cahors fin et élégant à boire dans sa jeunesse et sur quatre ans. (8 000 bouteilles)

15 <u>Château de Gaudou - Grande Lignée 2006</u>
/20 Fabrice Durou.
46700 Viré sur Lot.

🍷 7,00 €
T 05 65 36 52 93
www.chateaudegaudou.com

Très belle couleur avec un fruit ample et généreux dans un esprit moderne et de belle longueur, sur le fruit. On apprécie son style frais et plaisant avec de la tenue et de l'ampleur en finale. (40 000 bouteilles)

15 <u>Château Lamartine - 2006</u>
/20 Alain Gayraud.
46700 Soturac.

🍷 7,20 €
T 05 65 36 54 14
www.cahorslamartine.com

C'est l'exemple parfait de l'excellent cahors équilibré, aux tanins fluides, à la matière et aux arômes savoureux. Il sera délicieux à boire dans les deux ans. Le 2005 plus riche se déguste à merveille en ce moment. (80 000 bouteilles)

15 <u>Château Le Brézéguet - 2005</u>
/20 Jean Longuetean.
46800 Saux.

🍷 6,10 €
T 05 65 24 23 94
chateaubrezeguet@wanadoo.fr

Voilà un délicieux cahors de fruit et de fraîcheur relevé d'une fine acidité en finale apportant de la digestibilité et de la finesse. Très agréable à boire dès maintenant, il se gardera aussi une bonne année en bouteille. Après, il risque de perdre son fruité. Remarquable 2006 encore trop jeune, mais grand potentiel. (3 000 bouteilles)

15 <u>Château Pineraie - 2006</u>
/20 Famille Burc.
Leygues, 46700 Puy L'Evêque

🍷 7,00 €
T 05 65 30 82 07
chateaupineraie@wanadoo.fr

Structuré et ample, ce cahors se montre plein avec des tanins encore jeunes et présents en finale. Il ne manque cependant pas de potentiel. Il devrait se fondre et gagner en complexité après deux ans de bouteilles. (150 000 bouteilles)

15 Le Clos d'Un Jour - 2004
/20 Véronique et Stéphane Azemar.
46700 Duravel.

6,00 €
T 05 65 36 56 01
www.leclosdunjour.free.fr

Arrivé à maturité de consommation, ce simple cahors offre de belles notes d'épices et de fruits confits en bouche. Les tanins fondus apportent du gras et l'ensemble se montre gourmand et expressif en finale. Il accompagnera à merveille un bon plat de viande en sauce. (15 000 bouteilles)

14,5 Côtes d'Olt - Astrolabe 2005
/20 Jean Treil.
Caunezil, 46140 Parnac.

10,00 €
T 05 65 30 71 86
colt@cotesolt.com

Une cuvée version moderne et tout en fruit d'un cahors nouvelle génération, en bouteille lourde bourguignonne. Foncé, sans élevage en bois, il séduit par son aspect très digeste et en même temps concentré. Sans lourdeur et équilibré. Une belle cuvée à découvrir. (26 000 bouteilles).

14 Château Haut-Monplaisir - Tradition 2005
/20 Cathy et Daniel Fournié.
Monplaisir, 46700 Lacapelle-Cabanac.

6,20 €
T 05 65 24 64 78
chateau.hautmonplaisir@wanadoo.fr

Un cahors basé sur une expression de fruit et de fluidité en bouche, voué à une consommation rapide. Son profil tendre et souple le rend très sympathique, d'autant que la maturité du fruit est au rendez-vous ! (65 000 bouteilles)

14 Château La Reyne - Le Prestige 2006
/20 Johan Vidal.
Leygues, 46700 Puy-l'Evêque.

7,50 €
T 05 65 30 82 53
chateaulareyne@cegetel.net

Au regard de la qualité et du style de cette cuvée, elle s'impose parmi les meilleurs rapports qualité/prix de l'appellation. Coloré, avec une expression de fruits noirs mûrs, la bouche se montre très ronde et séduisante. C'est un vin moderne très réussi. (70 000 bouteilles)

14 Château La Reyne - Tradition 2006
/20 Johan Vidal.
Leygues, 46700 Puy-l'Evêque.

5,45 €
T 05 65 30 82 53
chateaulareyne@cegetel.net

Toujours dans un style moderne et flatteur, cette cuvée Tradition, dans sa jeunesse (il ne faut pas la laisser vieillir) est superbe de fruit avec une couleur noire. C'est appétissant et de très belle harmonie en bouche. Un excellent vin à boire dès maintenant. Excellente cuvée Grande Réserve 2006 également (6 €). (40 000 bouteilles)

14 Château Lacapelle Cabanac - Prestige 2006
/20 Thierry Simon et Philippe Vérax.
Le Château, 46700 Lacapelle-Cabanac.

8,40 €
T 05 65 36 51 92
www.lacapelle-cabanac.com

Dans le style du millésime, cette cuvée se montre plus fluide que l'excellent et corpulent 2005. L'aspect croquant du raisin et la fluidité des tanins en feront un bon compagnon de table dans les deux ans. Labellisé bio, certifié Ecocert. (25 000 bouteilles)

14 Clos des Batuts - 2007
/20 Johan Vidal.
Leygues, 46700 Puy L'Evêque.

4,50 €
T 05 65 30 82 53
chateau-lareyne@cegetel.net

Avec son étiquette ringarde, cette bouteille ne paie pas de mine. Mais le vin fait son effet. Noire comme de l'encre, terriblement fruité, à la bouche opulente (tanins fermes et extraits), cette cuvée vinifiée par Johan Vidal (château La Reyne) est une des découvertes de notre dégustation. (50 000 bouteilles)

14
/20

Domaine de Maison Neuve - 2005
Famille Demouly.
46800 Le Boulve.

🍷 8,50 €
T 05 65 31 95 76
domainemaisonneuve@wanadoo.fr

Ce domaine se distingue par une cuvée de belle intensité au fruité mûr et sincère au nez et en bouche. Belle expression générale avec de l'harmonie et du style. Un beau vin complet dont les tanins demandent à se fondre. (3 500 bouteilles)

13
/20

Château Lacapelle Cabanac - Tradition 2006
Thierry Simon et Philippe Vérax.
Le Château, 46700 Lacapelle-Cabanac.

🍷 6,40 €
T 05 65 36 51 92
www.lacapelle-cabanac.com

Encore en désordre, les tanins se montrent anguleux et manquent d'équilibre. Cependant, il affiche une matière de bonne tenue en attaque avec de la longueur. Il lui faut un peu de temps. Labellisé bio, certifié Ecocert. (30 000 bouteilles)

CÔTES DE BERGERAC

Les Côtes de Bergerac sont à Bergerac ce que les Bordeaux Supérieur sont aux Bordeaux rouges. Une appellation qui ne se différencie non par une aire de production, mais par un décret imposant des règles plus strictes. Cela se ressent dans certaines cuvées qui bénéficient de rendements plus faibles. Malheureusement, les vinificateurs se sentent souvent obligés de leur faire « subir » un élevage en barriques, au risque d'assécher les tanins. **Une sélection établie à moins de 10 €.**

16,5
/20

Château La Robertie - 2005
Jean-Philippe et Brigitte Soulier.
24240 Rouffignac-de-Sigoulès.

🍷 8,33 €
T 05 53 61 35 44
www.chateau-larobertie.com

Dans ce millésime de grande maturité, la première cuvée de ce château composée à 95 % de merlot est une véritable gourmandise. L'alliance d'un fruit mûr et concentré avec un élevage de qualité en fait un vin de délice, plein et de grande allonge. Ne pas passer à côté. (8 200 bouteilles)

16,5
/20

Domaine de l'Ancienne Cure - L'Abbaye 2006
Christian Roche.
RN 21, 24560 Colombier.

🍷 9,00 €
T 05 53 58 27 90
www.domaine-anciennecure.fr

Comme à son habitude, Christian Roche propose un rouge de très belle facture. C'est coloré, avec un fruit long et expressif en bouche. Finale dans un registre finement épicé. Beau vin très complet, une valeur sûre de l'appellation qui ne déçoit pas. (7 000 bouteilles)

15,5
/20

Château Montplaisir - 2002
Charles Blanc.
Route de Montpon, 24130 Prigonrieux.

🍷 5,50 €
T 05 53 24 68 17
info@chateau-montplaisir.com

Un très beau vin au style flatteur avec un élevage harmonieux et encore très présent dans ce millésime. En bouche, la matière répond parfaitement et le tanins sont délicats et moelleux. Belle harmonie d'ensemble et équilibre en finale. Une belle bouteille très complète. (4 000 bouteilles)

15,5
/20

Le Clos des Terrasses - 2005
Fabrice de Suyrot.
24240 Sigoulès.

🍷 8,50 €
T 05 53 63 22 60
www.closdesterrasses.com

Cette propriété vinifie depuis maintenant quelques années un vin toujours délicieux et ne cessant pas de progresser. Toujours judicieusement extraits, les tanins se montrent élégants et le style précis et aromatique. Bonne fraîcheur et longueur en finale. Un vin à mettre en cave rapidement. (15 000 bouteilles)

15 /20 **Château Bélingard - Blanche de Bosredon 2005**
Laurent de Bosredon.
24240 Pomport.

🍷 8,25 €
T 05 53 58 28 03
www.chateaubelingard.com

Beau fruit ample en attaque avec une matière de grande fraîcheur de fruit et des tanins civilisés. Bel ensemble harmonieux dans un style très bordelais. Une belle réussite dans cette appellation. (14 000 bouteilles)

15 /20 **Domaine Les Verdots - Château Les Tours des Verdots 2005**
David Fourtout.
24560 Conne-de-Labarde.

🍷 9,50 €
T 05 53 58 34 31
www.verdots.com

Un beau vin dans un esprit très classique. Fruité en attaque, finesse de tanins en finale avec une touche florale. Sans être d'une grande concentration, mais avec de l'équilibre et de la fraîcheur. Il sera délicieux à boire dans l'année. (15 000 bouteilles)

14 /20 **Château Montdoyen - 2005**
MM. Auroux et Delmares.
Le Puch, 24240 Monbazillac.

🍷 7,60 €
T 05 53 58 85 85
l.maguer@chateaumontdoyen.com

Belle cuvée avec un boisé généreux en attaque pour laisser place en bouche à une matière complète et longue. On peut commencer à l'ouvrir. (18 200 bouteilles)

CÔTES DE DURAS

*Les Côtes de Duras constituent un petit vignoble situé entre la vallée de la Garonne et le vignoble de Bergerac, dans le prolongement du plateau de l'Entre-deux Mers. Essentiellement composés d'argilo-calcaire, les terroirs sont plantés de cabernet-sauvignon, de merlot et de malbec. En règle générale, la production en rouge est assez plaisante et vouée à une consommation rapide. **Une sélection établie à moins de 6 €.***

14,5 /20 **Domaine des Allégrets - 2007**
Blanchard.
47120 Villeneuve-de-Duras.

🍷 4,00 €
T 05 53 94 74 56
contact@allegrets.com

Belle couleur dorée et attaque offrant du gras et de l'ampleur. On trouve en bouche des notes de fruits blancs. Bel esprit, rehaussé d'un caractère vif en finale. Bonne longueur et fraîcheur. (8 000 bouteilles)

13,5 /20 **Domaine Mouthes Le Bihan - La Pie Colette 2006**
Catherine et Jean-Mary Le Bihan.
Mouthes, 47120 Saint-Jean de Duras.

🍷 5,00 €
T 05 53 83 06 98
www.mouthes-le-bihan.com

Vinifiée dans un esprit de vin de consommation rapide, cette cuvée fait preuve d'élégance et de fruit au nez et en bouche. C'est un vin simple, franc et direct, à consommer dans l'année. Labellisé bio, certifié Agrocert. (20 000 bouteilles)

CÔTES DE SAINT-MONT

*Les Côtes de Saint-Mont sont en VDQS (vin délimité de qualité supérieure). On trouve des rouges à base de tannat (la proximité de Madiran), et des blancs issus de manseng, de clairette et de sauvignon. La quasi-totalité de la production est contrôlée par la cave de Plaimont. **Une sélection établie à moins de 6 €.***

CÔTES DE SAINT-MONT

SUD-OUEST

14 **Producteurs de Plaimont - Les Vignes Retrouvées 2007** 🍷 5,90 €
/20 Christine Cabri. T 05 62 69 62 87
Route d'Ortez, 32400 Saint-Mont. www.plaimont.com

Beau blanc de fruit relevé d'une fine acidité en bouche et d'une expression fraîche, nette et franche.
Délicieux à boire dans sa jeunesse. (180 000 bouteilles)

CÔTES DU MARMANDAIS

*Cette appellation située à 100 kilomètres au sud de Bordeaux se divise en deux parties. L'une avec
les cépages classiques bordelais, l'autre encore trop minoritaire, plantée de syrah. L'assemblage des
deux (quand il est fait, ce n'est pas une obligation) apporte un style plus affirmé et plus moderne à
cette appellation souvent austère et manquant de séduction. **Une sélection établie à moins de
6 €.***

14,5 **Clos Cavenac - Terra 2007** 🍷 4,50 €
/20 Emmanuelle Piovesan et Thierry Heydon. T 05 53 83 81 20
Cavenac Sud, 47180 Castelnau-sur-Gupie. closcavenac@yahoo.fr

Malgré encore un peu de CO_2 en bouche, ce rouge est fruité avec une matière juteuse et plaisante.
Délicieux après un petit passage en carafe. (15 000 bouteilles)

14 **Château de Beaulieu - Le Galapian 2004** 🍷 5,70 €
/20 Robert et Agnès Schulte. T 05 53 94 30 40
47180 Saint-Sauveur-de-Meilhan. www.chateaudebeaulieu.net

Très joliment fondu avec des notes d'épices dominantes au nez et en bouche, ce second vin est
digne d'un bon bordeaux. À maturité de consommation. (12 000 bouteilles)

13 **Domaine des Geais - 2007** 🍷 3,50 €
/20 Pierre Boissonneau. T 05 56 61 72 14
33190 Saint Michel de Lapujade. vignobles@boissonneau.fr

Bon vin de fruit croquant et frais avec une grande fraîcheur de matière. Style frais et de bonne
longueur.

FRONTON

*Dans les proches environs de Toulouse s'étend le royaume de la négrette. Il ne s'agit point d'une
reine de Saba version occitane, mais d'un raisin inconnu par ailleurs (il aurait été rapporté de Chypre
au XIIe siècle) dont le nom viendrait de la couleur très foncée de sa peau. La négrette, associée au
cabernet, gamay et syrah, sert à l'élaboration des vins expressifs rouges et rosés (en forte hausse,
plus du tiers de la production). On prend un grand plaisir à les boire frais, sur des notes épicées et
fruitées. Il est important de privilégier dans vos achats les cuvées non boisées, qui sont certainement
les plus révélatrices et les plus réussies de l'appellation. Dans l'ensemble, cette appellation dont les
vins porte-étendard des fameuses « troisièmes mi-temps », sont consommés majoritairement à
Toulouse et dans ses environs. **Une sélection établie à moins de 7 €.***

15,5 **Domaine Le Roc - Réservée 2005** 🍷 7,00 €
/20 Famille Ribes. T 05 61 82 93 90
1605 C, Route de Toulouse, 31620 Fronton. www.leroc-fronton.com

Peu protégés, les vins de la famille Ribes souffrent à l'ouverture de notes animales dominantes.
L'air leur fait du bien et il est même conseiller un petit passage en carafe. En particulier pour
cette cuvée qui dans ce millésime se montre fondue et de belle harmonie. (15 000 bouteilles)

15 **Château Clos Mignon - Sélection 2007**
/20   Famille Muzard.
31620 Villeneuve Les Bouloc.

🍷 5,00 €
T 05 61 82 10 89
www.closmign.com

Couleur foncée et bouche pleine et savoureuse avec de la matière et de la puissance. Un vin offrant de la maturité de fruit avec le profil expressif et séducteur des arômes de la négrette. Une belle bouteille. (5 000 bouteilles)

15 **Domaine de Flotis - 2005**
/20   Myriam et Cathy Ribes, Katia Garrouste.
1013 chemin de Flotis, 31620 Castelnau d'Estrefonds

🍷 7,00 €
T 05 62 79 03 94
chateauflotis@cegetel.net

Passer le premier nez réduit (notes viandées), ce vin se montre ample et généreux dans un style moderne et flatteur. Bonne tenue en finale avec une bonne assise tannique. (20 000 bouteilles)

14 **Château Laurou - 2006**
/20   Guy Salmona.
2250 route de Nohic, 31620 Fronton.

🍷 6,00 €
T 05 61 82 40 88
chateau.laurou@wanadoo.fr

Bon fronton de fruit, équilibré et digeste. L'attaque en bouche se fait sur une matière de bon aloi avec de la fraîcheur et de la tendresse. Parfait à boire dans l'année. (15 000 bouteilles)

13,5 **Château Bellevue La Forêt - Ce Vin 2006**
/20   Patrick Germain.
4500 avenue de Grisolles, 31620 Fronton.

🍷 5,70 €
T 05 34 27 91 91
www.chateaubellevuelaforet.com

Cette cuvée arrive tranquillement à maturité de consommation. Expression finement évoluée au nez et en bouche avec des tanins encore un rien fermes en finale. D'un style classique, sans surprise. (6 600 bouteilles)

GAILLAC

*La diversité des cépages, tant en blanc (mauzac, len de l'el, muscadelle, ondenc, sauvignon et sémillon) qu'en rouge (duras, brocol, fer, gamay et syrah) et celle des vins tricolores (secs ou doux, avec et sans bulle) ne facilite pas la perception d'une typicité Gaillac. À cela s'ajoute un terroir varié et complexe entre la rive gauche du Tarn en plaine sur argiles et graves et sur la rive droite en un coteau et un plateau calcaire Cordais. Cette charmante région a l'opportunité de produire des « vins trait d'union » entre l'Aquitaine et le Languedoc. Des premiers, ils peuvent revendiquer la digestibilité, des seconds la force de caractère. Une nouvelle génération s'y emploie. **Une sélection établie à moins de 6 € pour les rouges et les blancs secs, et à moins de 10 € pour les blancs moelleux.***

17 **Domaine Vigné Lourac - Vieilles Vignes Doux 2005**
/20   Philippe Gayrel.
La Cave de Gaillac, 103, avenue Foch, 81600 Gaillac.

🍷 7,00 €
T 05 63 81 21 05

Philippe Gouyrel s'avère être un excellent vinificateur. En sec, comme en doux, ses vins offrent une véritable personnalité avec une grande fraîcheur. Ce doux est un vin généreux avec une dominante aromatique sur les agrumes. (90 000 bouteilles)

16,5 **Château Bouscaillous - La Centenaire Doux 2005**
/20   Famille Caussé.
Le Village, 81170 Noailles.

🍷 6,50 €
T 05 63 56 85 34
chateau.bouscaillous@orange.fr

Avec de très anciennes vignes de mauzac (70 ans, dont une parcelle centenaire), ce domaine produit un vin doux d'un équilibre idéalement abouti. Il allie une fine acidité à une très belle richesse en bouche. C'est un liquoreux digeste et très plaisant. (17 000 bouteilles)

16,5 **/20** **Domaine d'Escausses - La Vigne Blanche 2006**
Roselyne et Jean-Marc Balaran.
81150 Sainte-Croix.

🍷 5,95 €
T 05 63 56 80 52
www.domainedescausses.com

Un super classique de l'appellation signé Denis Balaran, considéré comme l'un des meilleurs vignerons de l'appellation. Le vin est noir avec des notes d'épices de cerise noire. Très belle harmonie des tannins et finesse d'extraction. Un grand rouge de charme. (3 600 bouteilles)

16 **/20** **Château Bouscaillous - Parfum des Vignes Doux 2005**
Famille Caussé.
Le Village, 81170 Noailles.

🍷 6,50 €
T 05 63 56 85 34
chateau.bouscaillous@orange.fr

Très belle robe d'un or brillant. Des notes oxydatives apparaissent au nez tout en laissant s'exprimer une très belle matière en bouche. Un vin tout à fait singulier, ample et complexe de très grande longueur. Une très belle cuvée à découvrir. (5 800 bouteilles)

16 **/20** **Domaine d'Escausses - Les Vendanges Dorées Doux 2005**
Roselyne et Jean-Marc Balaran.
81150 Sainte-Croix.

🍷 8,50 €
T 05 63 56 80 52
www.domainedescausses.com

C'est du pur Gaillac de vendanges tardives avec un assemblage de cépages traditionnels : mauzac, loin de l'œil et ondenc. Encore marqué par son élevage, ce vin demande du temps pour retrouver l'expression de son fruit. Après trois à quatre ans de bouteilles, il sera parfait. (15 000 bouteilles)

16 **/20** **Domaine Vigné Lourac - Vieilles Vignes Sec 2006**
Philippe Gayrel.
La Cave de Gaillac, 103, avenue Foch, 81600 Gaillac.

🍷 5,00 €
T 05 63 81 21 05

Avec une vinification ambitieuse, sur lies fines durant cinq mois, cette cuvée de vieilles vignes de mauzac offre un caractère vineux et riche en bouche. Un beau blanc sec très complet et de grande longueur. Une excellente affaire. (8 000 bouteilles)

15 **/20** **Domaine d'Escausses - Les Vendanges Dorées Moelleux 2006**
Roselyne et Jean-Marc Balaran.
81150 Sainte-Croix.

🍷 8,50 €
T 05 63 56 80 52
www.domainedescausses.com

Beau moelleux d'équilibre, fin et racé exprimant avec intensité les notes de surmaturité du raisin. Belle longueur et gras en finale. Une belle cuvée de moelleux vinifiée avec soin. (12 000 bouteilles)

15 **/20** **Domaine des Causse Marines - Grain de Folie Douce 2006**
Patrice Lescarret.
81140 Vieux.

🍷 9,90 €
T 05 63 33 98 30
www.causse-marines.com

Un délicieux moelleux associant à merveille les notes de fruits confits (abricot, mangue, pêche) et d'agréables notes grillées. L'ensemble est tenu par une fine acidité en finale. Labellisé bio, certifié Qualité France. (8 000 bouteilles)

14,5 **/20** **Château Bouscaillous - Sec 2006**
Famille Caussé.
Le Village, 81170 Noailles.

🍷 4,60 €
T 05 63 56 85 34
chateau.bouscaillous@orange.fr

Ce vin étonne par son évolution avancée dans ses arômes et sa couleur. On est dans un registre oxydatif, à la limite de la fragilité. Mais il ne laisse pas indifférent par ses notes de paille lui conférant de la complexité. Il faut cependant le boire rapidement. (6 000 bouteilles)

14,5
/20

Château Chaumet Lagrange - Les Coquelicots 2007
Christophe Boizard et Hanna Just.
Les Fediès, 81600 Gaillac.

🍷 5,00 €
T 05 63 57 07 12
chateau.ch.lagrange@wanadoo.fr

Belles notes d'épices et de fruits noirs au nez et en bouche. Harmonieux et moelleux en attaque, les tanins se montrent amples et la matière généreuse. Délicieux à boire jeune. (13 000 bouteilles)

14,5
/20

Château de Rhodes - Chevalier de Rhodes Tradition 2006
Éric Lépine.
Boissel, 81600 Gaillac.

🍷 5,00 €
T 05 63 57 06 02
info@chateau-de-rhodes.com

Un beau rouge avec de la maturité et une belle expression fruitée et finement boisée au nez comme en bouche. Un vin moderne et flatteur dans un registre toasté. (15 500 bouteilles)

14,5
/20

Domaine des Causse Marines - Peyrouzelles 2006
Patrice Lescarret.
81140 Vieux.

🍷 6,50 €
T 05 63 33 98 30
www.causse-marines.com

Les épices et le poivre éclatent au premier nez offrant un bouquet séduisant et affirmé. On retrouve ces arômes dans une bouche joliment construite s'appuyant sur des tanins présents, mais sans sécheresse. C'est une belle bouteille à découvrir. Labellisé bio, certifié Qualité France. (24 000 bouteilles)

14
/20

Château Lastours - Les Graviers Sec 2006
Hubert et Pierre de Faramond.
Lastours, 81310 Lisle-sur-Tarn.

🍷 4,30 €
T 05 63 57 07 09
chateau-lastours@wanadoo.fr

Dans un esprit très classique avec une dominante de fruit blanc au nez et en bouche, ce blanc, d'un registre désaltérant, fera un très bon compagnon d'apéritif ou d'entrée de repas. (40 000 bouteilles)

14
/20

Domaine d'Escausses - Cuvée des Drilles 2007
Roselyne et Jean-Marc Balaran.
81150 Sainte-Croix.

🍷 4,75 €
T 05 63 56 80 52
www.domainedescausses.com

Dans un style souple et tendre avec des tanins tendres et souples en bouche. Un rouge de plaisir, à boire jeune et frais. (145 000 bouteilles)

14
/20

Domaine Thomières - Sec 2006
Laurent Thomières.
La Mailhourié, 81150 Castelnau-de-Lévis.

🍷 4,60 €
T 05 63 60 39 03
gaillac@baron-thomieres.com

Avec un peu plus de deux grammes de sucre résiduel, ce vin se montre plus corpulent et charpenté dans la dégustation. Mais cela lui apporte également du gras et de la séduction. Idéal à boire dans l'année. (600 bouteilles)

14
/20

Les Vignes des Garbasses - Lou Bi 2005
Guy Fontaine
Le Bousquet, 81500 Cabanès

🍷 4,10 €
T 05 63 42 02 05
vignesdesgarbasses@orange.fr

Les notes épicées apportées par la syrah donnent à cette cuvée un esprit sudiste très plaisant. Avec une touche d'évolution, les tanins sont fondus en finale. Sans une grande longueur, mais très plaisant à boire cet hiver. Aux tanins plus fermes, le 2006 a besoin d'une année pour se fondre. (6 000 bouteilles)

13,5 /20 **Cave de Técou - Fascination Sec 2006**
Pierre Pelissou.
Tecou, 81600 Gaillac.

4,40 €
T 05 63 33 00 80
passion@cavedetecou.fr

Belle matière et présence en bouche avec une expression du fruit marqué et une recherche de maturité. Bon esprit et longueur pour un prix canon. (11 000 bouteilles)

13,5 /20 **Château Balsamine - L'École Buissonnière 2007**
Christelle Demanèche et Christophe Merle.
Saint-Martin de Grézes, 81600 Gaillac.

6,00 €
T 06 11 28 12 99
chateaubalsamine@orange.fr

Un délicieux vin de fruit tout en fraîcheur, en gourmandise et en croquant. Bel esprit d'un vin tendre et souple, coulant et désaltérant. À boire dans sa jeunesse. (12 300 bouteilles)

13,5 /20 **Domaine L'Enclos des Braves - Les Gourmands 2006**
Nicolas Lebrun.
Impasse du Séjour des Braves, 81800 Rabastens.

4,50 €
T 05 63 40 33 49
lebrun.nicolas@cegetel.net

Ce jeune domaine présente son premier millésime pour cette cuvée de fruit. Finement évolué avec des notes de fruits à l'eau-de-vie, le fondu de matière et la finale expressive en font un bon vin de charme. Bon style plaisant et prêt à boire. (8 000 bouteilles)

13 /20 **Cave de Labastide de Lévis - Sec 2006**
Jacques Fabre.
La Barthe, 81150 Marssac-sur-Tarn.

4,15 €
T 05 63 53 73 73
info@cave-labastide.com

Un bon vin élaboré par la cave coopérative de Gaillac. C'est agréablement fruité et de bonne fraîcheur sans être très complexe. Bon rapport qualité/prix. (200 000 bouteilles)

13 /20 **Domaine Rotier - Les Gravels 2006**
Alain Rotier et Francis Marre.
Petit-Nareye, 81600 Cadalen.

6,90 €
T 05 63 41 75 14
www.domaine-rotier.com

Dans un esprit souple, aux tanins fluides, cette cuvée est à boire dans sa jeunesse, sur le fruit et le croquant. De la réduction peut apparaître à l'ouverture de la bouteille. Dans ce cas, un passage en carafe l'épanouira. (50 000 bouteilles)

13 /20 **Domaine Rotier - Initiales 2007**
Alain Rotier et Francis Marre.
Petit-Nareye, 81600 Cadalen.

5,80 €
T 05 63 41 75 14
www.domaine-rotier.com

Voilà un bon blanc de Gaillac sur le fruit avec une intéressante acidité et fraîcheur aromatique en finale. À boire dans l'année pour sa simplicité. (13 000 bouteilles)

IROULÉGUY

*Il est très difficile, voire impossible, de trouver des vins à moins de 9 € dans cette appellation. Le vignoble du pays basque bénéficie d'une réputation locale légèrement survalorisée. Le pays est splendide, le vignoble difficile à cultiver sur des pentes accidentées, ce qui explique aussi des coûts de production élevés et donc un prix de vente des vins élevé. Heureusement, la cave coopérative de Saint-Étienne de Baïgorry propose un éventail de cuvées plus ou moins riches et concentrées dans lesquelles on arrive à se procurer de bonnes affaires. **Une sélection établie à moins de 9 €.***

15,5 /20 **Domaine de Magnaberry - 2005**
Xavier Pierre.
64430 Saint-Etienne de Boïgorry.

8,90 €
T 05 59 37 41 33
contact@cave-irouleguy.com

C'est le domaine dont la cave coopérative est responsable. Elle y vinifie d'ailleurs des vins toujours de bonne facture, mûrs et qui ne manquent pas de concentration. En 2005, la maturité du fruit est bien présente et le bois apporté par un élevage de dix-huit mois est fondu. Un beau vin, complet. (60 000 bouteilles)

15,5 /20 **Les Vignerons du Pays Basque - Xuri d'Ansa 2007**
Xavier Pierre.
64430 Saint-Etienne-de-Baïgorry.

8,90 €
T 05 59 37 41 33
www.cave-irouleguy.com

Très agréable blanc floral au nez et sur des notes de pêche de vignes en bouche. Attaque savoureuse avec beaucoup de fraîcheur et de caractère en finale apporté par un boisé fin qui renforce son aspect finement oxydatif. Une belle réussite de la cave coopérative. (20 000 bouteilles)

15 /20 **Les Vignerons du Pays Basque - Axeridoy 2005**
Xavier Pierre.
64430 Saint-Etienne-de-Baïgorry.

7,60 €
T 05 59 37 41 33
www.cave-irouleguy.com

Cette cuvée de tannat, pour partie, commence dans ce millésime à montrer des signes d'évolution. Les touches épicées et le fruit noir apparaissent au nez et les tanins se sont assouplis. Une bonne cuvée, classique et que l'on peut commencer à déguster. (25 000 bouteilles)

13,5 /20 **Les Vignerons du Pays Basque - Andere d'Ansa 2007**
Xavier Pierre.
64430 Saint-Etienne-de-Baïgorry.

5,90 €
T 05 59 37 41 33
www.cave-irouleguy.com

Un beau vin de fruit porté par une importante proportion de gros manseng. C'est gourmand, frais et coulant en finale. Parfait à boire avant Noël. (25 000 bouteilles)

13 /20 **Les Vignerons du Pays Basque - Premia 2007**
Xavier Pierre.
64430 Saint-Etienne-de-Baïgorry.

5,20 €
T 05 59 37 41 33
www.cave-irouleguy.com

Dans un esprit primeur avec des tanins plus présents en bouche, cette cuvée de fruit offre de la souplesse et de la tendresse en finale. À boire dans sa jeunesse. (15 000 bouteilles)

JURANÇON

*Cette appellation du contrefort pyrénéen est limitrophe à la ville de Pau. Elle produit sur des terroirs à dominante d'argiles et de graves des vins blancs secs et moelleux ainsi que de très grandes cuvées en liquoreux. Les expositions des meilleurs coteaux composant l'appellation (en dehors des quelques terroirs de plaines sans grand intérêt) font face à la chaîne des Pyrénées, profitant d'un ensoleillement plein sud. Deux cépages permettent d'élaborer les vins : le gros manseng et le petit manseng. Le gros est moins fin et moins élégant que le petit. Il permet d'élaborer les secs alors que le petit manseng, plus fin de nature, est essentiellement planté pour produire les cuvées de moelleux. **Une sélection établie à moins de 10 € pour les secs et à moins de 13 € pour les moelleux.***

18 /20 **Domaine Guirardel - Bi de Prat Moelleux 2005**
Jean Casaubieilh.
64360 Monein.

10,50 €
T 05 59 21 31 48

Un vin d'une grande complexité avec des notes de fruits très présentes, l'ensemble étant relevé par un élevage de grande maîtrise. Vinifié en fûts de 400 litres, le bois demeure discret et le vin s'exprime dans un registre très minéral correspondant à son terroir de galets et d'argile. Une très belle réussite de la dégustation. (8 000 bouteilles)

17,5 /20 **Domaine Bordenave - Cuvée des Dames Moelleux 2005**
Gisèle Bordenave.
Quartier Ucha, 64360 Monein.

 12,70 €
T 05 59 21 34 83
www.domaine-bordenave.com

À ce niveau de maturité de raisins, cette cuvée est une grande expression du passerillage du petit manseng. Les notes de fruits exotiques se mêlent à celles de noisettes. C'est un vin littéralement délicieux, superbement équilibré et fin. Une grande réussite. (15 000 bouteilles)

17 /20 **Camin Larredya - A L'Esguit Sec 2006**
Jean-Marc Grussaute.
La Chapelle de Rousse, 64110 Jurançon.

8,00 €
T 05 59 21 74 42
www.caminlarredya.fr

Cette cuvée bénéficie d'une part non négligeable de petit manseng (35 %) dans son assemblage. Cela lui confère un style plus complexe et singulier dans la dégustation. Avec une fraîcheur et une séduisante finesse, l'aspect exotique reste discret pour offrir un registre plus minéral dès sa jeunesse. Six mois d'élevage sous bois affine l'ensemble. Une cuvée qui offre un excellent potentiel de garde. Labellisé bio, certifié Ecocert. (20 000 bouteilles)

17 /20 **Domaine Bordenave - Souvenirs d'Enfance Sec 2006**
Gisèle Bordenave.
Quartier Ucha, 64360 Monein.

7,60 €
T 05 59 21 34 83
www.domaine-bordenave.com

Quand le gros manseng atteint ce degré de finesse, on est séduit par ce cépage. Cette cuvée offre une délicieuse délicatesse et une grande finesse. Le fruit est présent et la finale offre un grand équilibre. Une grande réussite dans la dégustation des secs.

16,5 /20 **Domaine Bru-Baché - Les Casterrasses Sec 2006**
Claude Loustalot.
39, Rue Barada, 64360 Monein.

10,00 €
T 05 59 21 36 34
domaine.bru-bache@orange.fr

Toujours dans un juste équilibre entre la maturité poussée et l'élevage, la cuvée des Casterrasses est un vin délicieux dès sa jeunesse. L'équilibre est fin entre acidité et gras donnant à la finale un caractère frais, parfumé sans manquer d'allonge. Un excellent classique de l'appellation. Labellisé bio, en conversion biodynamique. (15 000 bouteilles)

16 /20 **Clos Lapeyre - Sec 2006**
Jean-Bernard Larrieu.
La Chapelle-de-Rousse, 64110 Jurançon.

8,00 €
T 05 59 21 50 80
www.jurancon-lapeyre.fr

Comme à son habitude, Jean-Bernard Larrieu a produit un sec d'une grande fraîcheur aromatique, d'un style droit et tendu, porté par une fine acidité. C'est un sec très élégant et exprimant avec équilibre les nuances exotiques d'un délicieux jurançon. (10 000 bouteilles)

16 /20 **Clos Thou - Julie Moelleux 2006**
Henri Lapouble-Laplace.
Chemin Larredya, 64110 Jurançon.

9,00 €
T 05 59 06 08 60
clos.thou@wanadoo.fr

Une très agréable cuvée d'entrée de gamme avec de belles notes de fruits mûrs, sans excès de lourdeur et très joliment équilibrée en finale. L'acidité en finale lui apporte de la fermeté et du style. (11 000 bouteilles)

16 /20 **Domaine Bordenave - Harmonie Moelleux 2005**
Gisèle Bordenave.
Quartier Ucha, 64360 Monein.

8,90 €
T 05 59 21 34 83
www.domaine-bordenave.com

Cette cuvée est l'expression parfaite du Jurançon de début de repas ou d'apéritif. À la liqueur digeste et équilibrée, sans lourdeur, ce vin offre en finale de la fraîcheur et de l'acidité. Finement élevé et très légèrement boisé, il sera délicieux dans sa jeunesse.

16/20
Domaine Latapy - <u>Sec</u> 2006
Irène Guilhendou.
Chemin Berdoulou, 64290 Gan.
🍷 9,00 €
T 05 59 21 71 59

Belle robe d'un doré brillant, nez pur et complexe sur des notes d'ananas frais et de verveine. Le vin se montre d'un grand équilibre en bouche dans un style long, fin et délicat en finale. Un très beau sec offrant de la richesse, mais sans lourdeur. (4 500 bouteilles)

15,5/20
Clos Thou - <u>Guilhouret Sec</u> 2006
Henri Lapouble-Laplace.
Chemin Larredya, 64110 Jurançon.
🍷 6,50 €
T 05 59 06 08 60
clos.thou@wanadoo.fr

Souvent marqué par un style très tendu par l'acidité, sans pour autant manquer de maturité, la cuvée Guilhouret dans ce millésime fait preuve d'un style plus arrondi et moelleux qu'à son habitude. Un esprit de vendange plus mûre dotant le vin de gras. (6 000 bouteilles)

15,5/20
Domaine Castera - Privilège Moelleux 2005
Pierrette et Christian Lihour.
Uchaa, 64360 Nonein.
🍷 11,80 €
T 05 59 21 34 98
christianlihour@wanadoo.fr

Cette cuvée se distingue par son caractère très riche et franchement liquoreux. Très belle matière, gras et ample, avec une grande longueur dans un registre confit. Les amateurs de cuvées richement concentrées seront satisfaits. (6 000 bouteilles)

15,5/20
Domaine du Cinquau - <u>Sec</u> 2006
Pierre Saubot.
64230 Artiguelouve.
🍷 8,10 €
T 05 59 83 10 41
p.saubot@jurancon.com

Il affiche une très belle robe dorée amenant une matière riche et ample en bouche. C'est un vin généreux, très complet et riche, voué à la table. Un bon classique exprimant avec vigueur et longueur l'intensité du manseng. (12 000 bouteilles)

15/20
Domaine Capdevielle - <u>Noblesse d'Automne Moelleux</u> 2005
Didier Capdevielle.
Quartier Coof, 64360 Monein.
🍷 10,00 €
T 05 59 21 30 25
domaine.capdevielle@wanadoo.fr

Magnifique couleur, nez de fruits avec une sensation de fine oxydation apportée par le travail des lies durant l'élevage (pas de bois). Une touche d'évolution dans la couleur, mais le vin possède une grande longueur et de la richesse en finale. (22 500 bouteilles)

14,5/20
Domaine Nomboly-Traydou - <u>Sec</u> 2006
Pierre Samson.
Quartier Serrot, 64360 Monein.
🍷 5,50 €
T 06 11 10 29 89
domaine.nomboly@orange.fr

Ce vin n'exprime pas une très grande finesse, mais séduit par son opulence, son profil gras et expressif sur des notes de fruits de belle maturité. Ce blanc sec possède les atouts aromatiques d'un moelleux tout en gardant une matière vive en finale. Il peut faire de beaux accords de gastronomie. Excellent rapport qualité/prix. (3 000 bouteilles)

14/20
Camin Larredya - <u>Costat Darrèr Moelleux</u> 2006
Jean-Marc Grussaute.
La Chapelle de Rousse, 64110 Jurançon.
🍷 9,00 €
T 05 59 21 74 42
www.caminlarredya.fr

Avec du sucre qui marque l'attaque en bouche, ce moelleux se montre encore déséquilibré. Cependant, le gras et l'ampleur de la matière font preuve de richesse et de longueur. Trop jeune, il doit être attendu au moins deux ans. (15 000 bouteilles)

14 /20 **Château Jolys – Sec 2006**
Pierre-Yves et Marion Latrille.
330 route de La Chapelle de Rousse, 64290 Gan.

🍷 5,50 €
T 05 59 21 72 79
chateau.jolys@wanadoo.fr

Avec une fine acidité et une matière tendre et souple, ce sec offre de l'équilibre, de la fraîcheur et une expression fruitée facile. Très agréable à boire jeune. (40 000 bouteilles)

14 /20 **Clos Lapeyre – Moelleux 2006**
Jean-Bernard Larrieu.
La Chapelle-de-Rousse, 64110 Jurançon.

🍷 10,60 €
T 05 59 21 50 80
www.jurancon-lapeyre.fr

Un bon jurançon de fruit, délicat et fin en bouche, sans posséder une grande concentration, mais conservant sa finesse d'expression et sa fraîcheur. Délicieux à boire en ce moment. Labellisé bio, certifié Qualité France. (20 000 bouteilles)

14 /20 **Domaine Bordenave-Coustarret – Renaissance Sec 2006**
Sébastien et Isabelle Bordenave-Coustarret.
Chemin Ranque, 64290 Lasseube.

🍷 7,00 €
T 05 59 21 72 66
domainecoustarret@wanadoo.fr

Dans un style classique, opulent et riche avec de la matière et de la longueur. Les amateurs de jurançon sec riche seront servis par ce style très complet. (6 000 bouteilles)

13,5 /20 **Domaine Capdevielle – Brise Océane Sec 2006**
Didier Capdevielle.
Quartier Coof, 64360 Monein.

🍷 6,00 €
T 05 59 21 30 25
domaine.capdevielle@wanadoo.fr

Bien que cette cuvée manque d'un peu de nervosité en bouche, la matière offre de l'opulence et du gras dans un registre aromatique exotique et floral. Il sera parfait pour l'apéritif. (6 500 bouteilles)

MADIRAN

*Dans le Sud-Ouest, durant les années 70-80, le rouge réputé était celui de Cahors, si cher au président Pompidou. Depuis, comme on dit ici à la belote : « les mouches ont changé d'âne ». Le cru Madiran a pris la relève. Aussi viril que son cousin du Lot, le madiran est élaboré sur trois départements (Gers, Pyrénées-Atlantiques et Hautes-Pyrénées). Son cépage principal est le tannat, qui donne des vins âpres et solides, auquel on ajoute les deux cabernet, franc et sauvignon, et une faible proportion de fer servadou. Les entrées de gamme que nous ciblons pour notre sélection sont en progrès, bien qu'encore marquées par des tanins fermes et manquant de moelleux. Vous pourrez également mettre en cave quelques excellentes cuvées qui se garderont une bonne demi-décennie. **Une sélection établie à moins de 10 €.***

17 /20 **Château de Viella – Prestige 2006**
Alain Bortolussi.
Route de Maumusson, 32400 Viella.

🍷 10,00 €
T 05 62 69 75 81
www.chateauviella.fr

Cette cuvée est une très grande réussite. Le style sanguin qui domine en attaque avec une parfaite définition des tanins en fait un madiran civilisé et élégant qui vieillira à merveille. Une délicieuse bouteille à ne pas manquer. (10 000 bouteilles)

16,5 /20 **Château Sergent – Fûts de Chêne 2006**
Famille Dousseau
32400 Maumusson.

🍷 9,00 €
T 05 62 69 74 93
b.dusseau@32.sideral.fr

Un madiran version moderne, joliment élevé, très coloré, mais avec des tanins possédant une agréable rondeur. C'est élégant et puissant. Belle longueur sur des notes de fruits noirs et au boisé qui s'intègre finement. Beau style complet que l'on peut mettre en cave cinq ans. (15 000 bouteilles)

16 /20 **Domaine Berthoumieu - Haute Tradition** 2006
Didier Barré.
Dutour, 32400 Viella.

🍷 8,00 €
T 05 62 69 74 05
www.domaine-berthoumieu.com

Un vin magnifique, complet, dense et charnu. La matière s'impose en attaque avec une splendide tenue des tanins. Le volume et la richesse en finale constituent un atout supplémentaire pour ce vin dont la fraîcheur est préservée. Il est armé pour vieillir. (80 000 bouteilles)

16 /20 **Domaine Guy Capmartin - Cuvée du Couvent** 2006
Guy Capmartin.
Le Couvent, 32400 Maumusson.

🍷 10,00 €
T 05 62 69 87 88
capmartinguy@incom.fr

Un madiran qui ne cache pas ses origines. Quel vin en bouche ! La puissance domine avec une grande concentration de matière, de tanins qui donnent un caractère plein et massif. Ce vin musclé doit absolument s'assouplir et s'arrondir avec un vieillissement d'au moins cinq ans. (8 000 bouteilles)

16 /20 **Domaine Laffont - Tradition** 2006
Pierre Speyer.
32400 Maumusson.

🍷 7,00 €
T 05 62 69 75 23
pierre@domainelaffont.fr

Un excellent vin, plein de vie, au fruit précis et aux tanins de belle amplitude en finale. Après une légère aération, il se déguste à merveille. (8 200 bouteilles)

14,5 /20 **Château de Viella - Tradition** 2006
Alain Bortolussi.
Route de Maumusson, 32400 Viella.

🍷 5,00 €
T 05 62 69 75 81
www.chateauviella.fr

L'élevage se montre encore présent au nez et en bouche avec des notes taostées. Séduisant, équilibré, ce vin voué à une consommation assez rapide peut encore être gardé une année pour que le boisé se fonde. Excellent rapport qualité/prix. (80 000 bouteilles)

14,5 /20 **Domaine Guy Capmartin - Vieilles Vignes** 2006
Guy Capmartin.
Le Couvent, 32400 Maumusson.

🍷 6,50 €
T 05 62 69 87 88
capmartinguy@incom.fr

De bel équilibre, cette cuvée est l'une des réussites de ce domaine réputé de Madiran. Encore marquée par son élevage, la matière corpulente digérera sans aucune difficulté cet élevage. Belle expression d'épices en finale. (30 000 bouteilles)

14,5 /20 **Domaine Poujo - 2006**
Philippe Lanux.
64330 Aydie.

🍷 5,00 €
T 05 59 04 01 23
domainepoujo@club-internet.fr

Définition moderne de Madiran tant dans le style du vin que dans l'habillage de la bouteille. Couleur soutenue, densité de corps et charnu de tanins. Belle matière et longeur en finale sur le fruit. Du style. (30 000 bouteilles)

14 /20 **Château Barréjat - Cuvée des Vieux Ceps** 2005
Denis Capmartin.
32400 Maumusson-Laguian.

🍷 6,70 €
T 05 62 69 74 92
deniscapmartin@laposte.net

Un rien rustique en attaque, cette cuvée de vieilles vignes se montre charnu à la matière complète. Boisé présent et aromatique en finale. Il se boira dans les trois ans. (26 000 bouteilles)

14 /20 <u>**Les Vignerons de Madiran - Cuvée 1907**</u> **2006**
Les Vignerons de Madiran.
cave de Crouseilles, Le Bourg, 64350 Crouseilles.

6,00 €
T 05 59 68 10 93
m.darricau@crouseilles.fr

Toujours dans la souplesse, cette cuvée de fruit qui évoque la date de création de la dénomination Madiran est gourmande tout en possédant des tanins présents qui tiennent la finale. C'est un peu plus qu'une simple cuvée de fruit. (80 000 bouteilles)

 13,5 /20 <u>**Domaine du Crampilh - Vieilles Vignes**</u> **2003**
Famille Oulié.
64350 Aurions-sur-Idernes.

10,00 €
T 05 59 04 00 63
www.domaine-crampilh.com

Expression à l'ancienne avec des arômes foxés dominants au nez et en bouche. Les tanins sont fermes, mais sans sécheresse. Il accompagnera une cuisine de terroir. (20 000 bouteilles)

13 /20 <u>**Château de Viella - Expression**</u> **2005**
Alain Bortolussi.
Route de Maumusson, 32400 Viella.

8,00 €
T 05 62 69 75 81
www.chateauviella.fr

Un Madiran de fruit qui joue la carte de la souplesse et de la tendresse des tanins. Esprit fluide et souple, agréable à boire dans sa jeunesse. (8 000 bouteilles)

MONBAZILLAC

C'est l'appellation la plus célèbre des liquoreux du vignoble de Bergerac. Son encépagement est similaire à celui des appellations bordelaises, composé de sémillon, sauvignon et dans une moindre mesure de muscadelle. On leur reproche d'être souvent lourds et trop riches en sucre. Cependant, il faut noter les progrès d'une poignée de vignerons produisant des vins plus équilibrés et frais. **Une sélection établie à moins de 15 €.**

 16,5 /20 <u>**Domaine la Truffière-Beauportail - Grains Nobles**</u> **2005**
Fabrice Feytout.
14 route des Cabernets, 24100 Pécharmant.

14,00 €
T 05 53 24 85 16
truffiere@beauportail.com

Fabrice Feytout a été notre coup de cœur dans ce millésime lors des dégustations primeurs. L'élevage de 24 mois n'a rien enlevé à la richesse en fruit apporté par une parfaite pourriture noble à la vendange. Issu de très faibles rendements, ce liquoreux forme une splendide bouteille de grand équilibre. (5 000 bouteilles)

16 /20 <u>**Château Cluzeau - Bois Blanc**</u> **2005**
Famille Saury.
24240 Flaugeac.

12,00 €
T 05 53 24 33 71
chateau.cluzeau@yahoo.fr

La robe affiche un doré soutenu et brillant annonçant une belle richesse pour ce vin à 100 % sémillon élevé en barriques neuves. Beaucoup de liqueur dans un registre aromatique entre fruits exotiques et épices. Un beau vin liquoreux très complet.

 15,5 /20 <u>**Château Les Hauts de Caillevel - Grains de Folie**</u> **2005**
Sylvie Chevallier.
24240 Pomport.

14,50 €
T 05 53 73 92 72
caillevel@wanadoo.fr

Sylvie Chevalier nous réjouit régulièrement avec sa petite production de liquoreux. Son Monbazillac est toujours une très belle illustration de l'équilibre entre sucre et acidité ainsi qu'une recherche aboutie du botrytis. Idéalement élevé, au boisé discret cette cuvée est une très belle réussite.

Château Ladesvignes - 2005
Michel et Véronique Monbouché.
24240 Pomport.

15
/20

🍷 **14,50 €**
T 05 53 58 30 67
ladesvignes.com

Belle expression au nez sur des notes de raisins grillés par le soleil. C'est un vin généreux en bouche avec une liqueur dominante. Sans lourdeur en finale, une fine acidité apporte une fraîcheur avec des notes de noisettes.

Château La Robertie - 2005
Jean-Philippe et Brigitte Soulier.
24240 Rouffignac-de-Sigoulès.

14,5
/20

🍷 **10,00 €**
T 05 53 61 35 44
www.chateau-larobertie.com

Un moelleux très classique fortement influencé par le sémillon. Dans ce millésime de maturité, ce vin offre une intense expression du raisin mûr dans un registre rôti par le soleil. Une délicieuse gourmandise. (10 500 bouteilles)

14
/20

Château du Haut-Pézaud - Révélation 2005
Christine Borgers.
Les Pézauds, 24240 Monbazillac.

🍷 **15,00 €**
T 05 53 73 01 02
www.chateaupezaud.com

On aime son équilibre fin et digeste avec une fine acidité en finale. Agréablement fruité et frais, il sera délicieux à boire dans les six prochains mois.

14
/20

Domaine de l'Ancienne Cure - 2005
Christian Roche.
RN 21, 24560 Colombier.

🍷 **8,50 €**
T 05 53 58 27 90
www.domaine-anciennecure.fr

Toujours d'une très belle expression de pourriture noble, les monbazillacs de Christian Roche demeurent des modèles d'équilibre. Dans ce millésime, il exprime une fine évolution sur des notes confites d'ananas. On peut commencer à le boire sur des desserts aux fruits blancs. (60 000 bouteilles)

Château Poulvère - Cuvée Exception 2005
Famille Borderie.
Poulvère, 24240 Monbazillac.

13
/20

🍷 **11,70 €**
T 05 53 58 30 25
francis.borderie@poulvere.com

D'un style classique et tendre à la liqueur discrète, mais fraîche et digeste. Un bon liquoreux d'apéritif à boire dans sa jeunesse, sur son fruit.

MONTRAVEL

Montravel produit essentiellement des blancs issus de sauvignon, dans un style se rapprochant des entre-deux-mers. Depuis peu, le décret a été modifié pour autoriser la production de rouges. Ces derniers offrent une certaine complexité et un style, il est vrai, à part dans le Bergeracois, souvent dans un registre plus minéral. **Une sélection établie à moins de 10 €.**

Château Moulin Caresse - Magie d'Automne 2007
Sylvie et Jean-François Deffarge.
Couin, 24230 Saint-Antoine-de-Breuilh.

15,5
/20

🍷 **7,00 €**
T 05 53 27 55 58
moulin.caresse@cegetel.net

Toujours dans un registre gras et ample, cette cuvée, dans ce millésime, séduit également par sa fraîcheur et son esprit juteux apportant une touche de gourmandise à l'ensemble. Très agréable à boire dans les deux ans. Le 2006 (7 €) arrive à maturité. (6 000 bouteilles)

15 /20 **Château Moulin Caresse - Magie d'Automne 2006**   7,00 €
Sylvie et Jean-François Deffarge.   T 05 53 27 55 58
Couin, 24230 Saint-Antoine-de-Breuilh.   moulin.caresse@cegetel.net

Un grand classique de l'appellation parfaitement vinifié. Cette cuvée allie avec beaucoup d'équilibre le goût des raisins dorés et la fraîcheur de fruit. L'élevage en barriques apporte de la suavité et de la rondeur, mais sans excès d'arômes. Equilibré et fin en finale, ce vin sera délicieux à boire à l'apéritif ou sur un plat. (7 000 bouteilles)

15 /20 **Château Puy-Servain - Terrement 2004**   7,60 €
Daniel Hecquet.   T 05 53 24 77 27
Calabre, 33220 Port-Sainte-Foy.   oenovit.puyservain@wanadoo.fr

Un grand classique de l'appellation, toujours très élégant dans ses arômes et dans son équilibre. Sans esbroufe, avec une grande finesse de matière, cette cuvée joue l'équilibre et la finesse. Dans ce millésime, il commence à s'épanouir et à s'ouvrir à la dégustation. (14 000 bouteilles)

14 /20 **Château Laulerie - Comtesse de Ségur 2004**   9,90 €
Famille Dubard.   T 05 53 82 48 31
Le Gouyat, 24610 Saint Méard de Gurçon   www.chambre-hote-bergerac.com

Belle expression de maturité au nez et en bouche après aération (légère réduction à l'ouverture). Bouche ferme avec des tanins structurés, dans le profil austère de l'année. De la concentration et de la longueur. (20 000 bouteilles)

14 /20 **Château Laulerie - Comtesse de Ségur 2006**   8,80 €
Famille Dubard.   T 05 53 82 48 31
Le Gouyat, 24610 Saint Méard de Gurçon   www.chambre-hote-bergerac.com

Plus en richesse et d'une délicieuse maturité de fruit au nez et en bouche avec un caractère exotique dominant. Cette cuvée est soutenue par un élevage encore présent, mais la bouche demeure fine et équilibrée, sans lourdeur.

14 /20 **Château Masmontet - 2006**   4,00 €
Thibault Guillermier.   T 05 53 74 39 56
Masmontet, 24230 Velines.   thibaultguillermier@tiscali.fr

Avec des arômes de fruits très mûrs proches de ceux d'un liquoreux, ce vin déstabilise en bouche avec son caractère très sec. Il se singularise avec cette contradiction aromatique et gustative. Il pourra faire des accords étonnant à table sur des poissons crémés.

13 /20 **Château Moulin Caresse - Sauvignon 2007**   4,70 €
Sylvie et Jean-François Deffarge.   T 05 53 27 55 58
Couin, 24230 Saint-Antoine-de-Breuilh.   moulin.caresse@cegetel.net

Variétal, sur des notes de bourgeons de cassis apportées par un sauvignon croquant et vif. (25 000 bouteilles)

13 <u>Domaine de la Roche Marot</u> - 2006   ♀ 3,30 €
/20   Yves Boyer.   T 05 53 58 52 05
Marot, 24230 La Mothe Montravel.

C'est la très bonne affaire de cette dégustation. Un vin plein de fruit avec des belles notes de tilleul en finale. Cette cuvée assemble à part égale le sauvignon et le sémillon. Elle sera délicieuse à boire dans les six prochains mois.

PACHERENC DU VIC-BILH

L'aire d'appellation se confond avec Madiran et il est courant de voir des producteurs mettre en bouteilles les deux appellations. On trouve des pacherencs secs et moelleux. Dans les deux qualités, sans posséder la race, la finesse et la profondeur des jurançons, les vins, essentiellement composés de petit et gros manseng, sont expressifs et fins. Les pacherencs, aux notes de fruits exotiques, font d'excellents blancs secs à boire jeunes. Une sélection établie à moins de 7 € pour les secs et à moins de 10 € pour les moelleux.

16 <u>Domaine Guy Capmartin</u> - <u>Moelleux Cuvée du Couvent</u> 2006   ♀ 10,00 €
/20   Guy Capmartin.   T 05 62 69 87 88
Le Couvent, 32400 Maumusson.   capmartinguy@incom.fr

Avec un juste équilibre entre liqueur et sucre, ce pacherehc exprime avec sincérité les notes fruitées exotiques du manseng (petit et gros). Harmonieux, il offre un grand plaisir de dégustation. (5 000 bouteilles)

15,5 <u>Château de Viella</u> - <u>Moelleux</u> 2007   ♀ 10,00 €
/20   Alain Bortolussi.   T 05 62 69 75 81
Route de Maumusson, 32400 Viella.   www.chateauviella.fr

Toujours dans un registre exotique avec une superbe expression franche et directe d'ananas, ce pacherenc est une véritable gourmandise dans sa jeunesse. À découvrir à l'apéritif sur des toasts au fois gras. (5 000 bouteilles)

14 <u>Domaine Guy Capmartin</u> - <u>Sec</u> 2007   ♀ 5,00 €
/20   Guy Capmartin.   T 05 62 69 87 88
Le Couvent, 32400 Maumusson.   capmartinguy@incom.fr

Dans un esprit tendu, aromatique et vif, c'est un bon blanc sec de fruit à boire jeune et qui ne vous ruinera pas ! (6 000 bouteilles)

PÉCHARMANT

l'ouest de bergerac, Pécharmant est la seule appellation du secteur à produire uniquement des vins rouges. Sur un peu moins de 400 hectares, on y trouve les cépages cabernet-sauvignon, merlot, cabernet franc et côt. Sans un véritable leader, Pécharmant est aujourd'hui à la traîne dans le Bergeracois. La grande partie de la production manque de style et arbore trop souvent un caractère léger avec des notes végétales. Elle doit se reprendre et devenir le « cru » de la région. Une sélection établie à moins de 10 €.

15,5 <u>Domaine de l'Ancienne Cure</u> - <u>Sélection Collection</u> 2005   ▮ 10,00 €
/20   Christian Roche.   T 05 53 58 27 90
RN 21, 24560 Colombier.   www.domaine-anciennecure.fr

Au milieu de la médiocrité ambiante de cette appellation, ce domaine fait figure d'exception avec cette cuvée. C'est rond et suave, avec une expression mûre de la vendange. Un bel exemple de pécharmant de belle tenue avec de la personnalité. (6 000 bouteilles)

14,5 /20 **Château Corbiac - 2005**
Durand de Corbiac.
24100 Bergerac.

🍷 **9,00 €**
T 05 53 57 20 75
corbiac@corbiac.com

Beau vin ferme et coloré offrant de la concentration et de la puissance en finale. Belle tenue en bouche avec des tanins fermes en finale qui demandent à s'affiner. Il possède encore la vigueur de sa jeunesse, sans manquer de potentiel. (50 000 bouteilles)

 14 /20 **Les Chemins d'Orient - Caravansérail 2005**
Régis Lansade et Robert Saléon-Terras.
19, chemin du Château d'Eau, 24100 Creysse.

🍷 **9,50 €**
T 06 75 86 47 54
www.les-chemins-d-orient.com

Toujours très ambitieuses, les cuvées vinifiées par ce domaine peuvent souffrir dans leur jeunesse de tanins fermes. Les mettre en cave deux ans est à leur avantage. Ce sera le cas de cette cuvée qui ne manque pas de style ni de matière, mais simplement d'un peu de fondu dans les tanins. (4 000 bouteilles)

VIN DE PAYS (SUD-OUEST)
Une sélection établie à moins de 6 €.

 14 /20 **Château Chaumet Lagrange -**
VDP des Côtes du Tarn Les Marguerites 2006
Christophe Boizard et Hanna Just.
Les Fediès, 81600 Gaillac.

🍷 **4,00 €**
T 05 63 57 07 12
chateau.ch.lagrange@wanadoo.fr

Un pur Braucol de belle amplitude avec un caractère fruité et savoureux. Belle allonge en finale, élégante et aux tanins fins. (20 000 bouteilles)

14 /20 **Château Lacapelle Cabanac - VDP du Lot Cabs 2007**
Thierry Simon et Philippe Vérax.
Le Château, 46700 Lacapelle-Cabanac.

🍷 **5,35 €**
T 05 65 36 51 92
www.lacapelle-cabanac.com

Un super vin de pays plein de fruit et de fraîcheur avec un 12,5º d'alcool qui en fait un parfait vin de consommation rapide pour accompagner votre quotidien. Labellisé bio, certifié Ecocert. (2 000 bouteilles)

13 /20 **Domaine de Long Pech -**
VDP des Côtes du Tarn L'Envol des Hirondelles 2007
Famille Bastide.
81310 Lisle sur Tarn.

🍷 **3,90 €**
T 05 63 33 37 22
contact@domaine-de-long-pech.com

Belle couleur éclatante et nez de fruits rouges pour ce 100 % cabernet sauvignon. Belle expression de fraîcheur et croquant en finale. Un bon vin de pays et de soif. (6 000 bouteilles)

VIN DE PAYS DES CÔTES DE GASCOGNE
Une sélection établie à moins de 6 €.

 16,5 /20 **Domaine d'Arton - La Croix d'Arton Réserve 2006**
Patrick de Montal.
32700 Lectoure.

🍷 **5,85 €**
T 05 62 68 84 33
patrickdemontal@wanadoo.fr

Beaucoup de couleur, une grosse matière et un fruit généreux. L'extraction est cependant bien mesurée, on ne tombe pas dans les travers asséchants. Le boisé est totalement en cohérence avec la matière. Sur la palette aromatique, l'expression de fruit rouge fringant porte un peu plus l'origine du merlot que de la syrah. (3 600 bouteilles)

16 /20 **Domaine d'Arton - La Croix d'Arton** 2007
Patrick de Montal.
32700 Lectoure.
♦ 3,55 €
T 05 62 68 84 33
patrickdemontal@wanadoo.fr

À nouveau, jolie extraction, trame délicate et bien travaillée. Le fruit s'ouvre totalement et plus précocement que sur la cuvée Réserve. La différence se fait notamment sur la richesse de la matière. (16 000 bouteilles)

15 /20 **Domaine de Pellehaut - Harmonie de Gascogne** 2007
G. Béraut et Fils.
32250 Montréal-du-Gers.
♦ 4,75 €
T 05 62 29 48 79
www.pellehaut.com

On commence par une jolie définition aromatique au nez avec un élevage pertinent. Et bien que les tanins de bois jalonnent avec force la structure de cette cuvée, l'élevage reste discret. Vivacité et fraîcheur de fruit compléteront le descriptif de cette belle réussite qu'on verra aussi bien autour de la table en version apéritive que pour un repas. (200 000 bouteilles)

14,5 /20 **Domaine de Pellehaut - Été Gascon** 2007
G. Béraut et Fils.
32250 Montréal-du-Gers.
♦ 5,75 €
T 05 62 29 48 79
www.pellehaut.com

Côté caramel réduit pour cette agréable cuvée. Sa véritable force est sa très bonne gestion des sucres. Cela fait de ce vin un très bon agrément de table qui accompagnera les plats avec délicatesse, sans s'effacer. (170 000 bouteilles)

14 /20 **Clos Triguedina - VDP du Comté Tolosan Le Malbec du Clos** 2007
Jean-Luc Baldès.
46700 Puy-l'Evêque.
♦ 6,00 €
T 05 65 21 30 81
www.jlbaldes.com

Ce 100 % malbec (cépage singulier de Cahors) vinifié en vin de pays constitue une excellente bouteille. Il possède le charme du fruit avec la puissance et la tenue d'un très bon cahors. NC

14 /20 **Domaine Chiroulet - Blanches** 2007
Philippe Fezas.
32100 Larroque sur L'Osse.
♦ 5,30 €
T 05 62 28 02 21
www.chiroulet.com

Léger acidulé pour cette cuvée élégante qui se donne en longueur sur des aromes de fleur blanche, teinté de pamplemousse et d'orange marinée. La cuvée est sortie deux fois à la même note lors de notre dégustation à l'aveugle et toujours avec le même enchantement. (45 000 bouteilles)

14 /20 **Domaine d'Arton - Les Hauts d'Arton** 2007
Patrick de Montal.
32700 Lectoure.
♦ 3,40 €
T 05 62 68 84 33
patrickdemontal@wanadoo.fr

Réduction forte, teinte cuivrée, bouche fraiche et minérale. Le CO^2 en forte présence relève la présence de sucre et met les éléments en harmonie. (40 000 bouteilles)

14 /20 **Domaine de Magnaut - Les Hauts de Boulin** 2007
Jean-Marie Terraube.
Domaine Magnaut, 32250 Fources.
♦ 4,10 €
T 05 62 29 45 40
www.domainedemagnaut.com

Assemblage plein de vitalité, qui tire en longueur sur des arômes citronnés et qui diffuse agréablement son petit fruit blanc dans une infusion saline. (7 000 bouteilles)

14 /20 **Domaine des Persenades - 2005**
Christian Marou.
32800 Cazeneuve.
♦ 3,20 €
T 05 62 09 99 30
christian.marou@wanadoo.fr

Belle constitution. Notes d'agrumes. Longueur et équilibre. (120 000 bouteilles)

13 /20 **Domaine de Magnaut - 2007**
Jean-Marie Terraube.
Domaine Magnaut, 32250 Fources.

♀ **3,60 €**
T 05 62 29 45 40
www.domainedemagnaut.com

Nez toasté, bouche enjôleuse. La matière bien assistée par son élevage est une jolie boule de fruit frais. (15 000 bouteilles)

13 /20 **Vignoble Fontan - Domaine de Maubet - 2007**
Jean-Claude Fontan.
32800 Naulens.

♀ **6,40 €**
T 05 62 06 57 03
www.vignobles-fontan.com

Arômes de miel et de cire d'abeille. Un coté résine de pin en bouche vient enrichir et prolonger ses arômes confits avec pertinence. (30 000 bouteilles)

COMMENT SÉLECTIONNE-T-ON LES VINS DANS CE GUIDE ?

Pour présélectionner les vins, nous faisons appel aux syndicats et interprofessions des producteurs qui organisent, à notre demande, des dégustations à l'aveugle (étiquette cachée), réunissant les vins de tous les vignerons désireux de nous soumettre un ou plusieurs échantillons de leur production. Il est impératif que le vin présenté soit encore à la vente au domaine au minimum jusqu'à la fin de l'année 2008. Mais surtout, les propriétaires sont contraints de présenter des vins dont le prix ne dépasse pas une limite que nous fixons au préalable pour chaque appellation. Il correspond au prix en dessous duquel nous considérons que l'acheteur fait une bonne affaire. Il est mentionné à la fin de l'introduction de chaque appellation.

Notes

RHONE NORD

LA NOTORIÉTÉ SE PAYE !

Au sud de Lyon, entre Vienne et Valence, les Côtes du Rhône Nord forment un vignoble de crus bien délimités, avec des terroirs de coteaux spectaculaires qui ont fait la légende de la Côte Rôtie ou de l'Hermitage. Il n'a pas, comme au sud d'Orange, de vastes étendues de vignoble pourvoyeur de côtes-du-rhône simples et bon marché. Stimulés par la mode de la syrah, exubérante, outre-Manche ou provenant d'outre-Atlantique, les crus du nord ont désormais une forte notoriété et cette notoriété se paye. Si la crise depuis deux à trois ans ralentit l'inflation, il est aujourd'hui complètement illusoire de vouloir dénicher une côte rôtie, un condrieu ou un hermitage et même un cornas à moins de 15 €. Dans ce contexte, il n'est donc pas facile de maintenir, chaque année, une sélection honnête à des prix encore compétitifs. Quelques méconnus crozes-hermitage charnus et de belle vinosité en blancs comme en rouges. Ce qui est déjà moins vrai pour Saint-Joseph que le marché lyonnais, tout proche, et parisien fait flamber.

LES DERNIERS MILLÉSIMES

2007 : 16/20

Une année difficile qui a commencé par une grêle qui a dévasté la Côte Brune de la Côte-Rôtie. Un été maussade et un septembre plus clément a permis d'élaborer des vins souples, plaisants mais aux tanins abondants et fins. **Garde : 5 à 10 ans.**

2006 : 15/20

Un millésime qui s'est ouvert rapidement avec des syrahs qui ont pris l'avantage sur les grenaches. Une année de fruit et de fraîcheur, sans pour autant manquer de corps. **Garde : à boire dès maintenant et sur 5 ans.**

2005 : 17/20

Des syrahs éclatantes de fraîcheur avec un équilibre naturel superbe donnant des vins très aromatiques et puissants. Solide et gourmand, il est très épanoui en ce moment. **Garde : à boire maintenant et sur 10 ans.**

CORNAS

Comme tous les petits crus du nord de la vallée du Rhône, Cornas (110 hectares) a connu une envolée des prix, conjointement à sa qualité. Un peu plus accessible que les côte-rotie, cette syrah virile, tannique et épicée se dégustera sur dix ans. Comme le soulignent nos dégustations, les producteurs ont fait des progrès dans l'affinage des matières, même – ou surtout – dans leurs entrées de gamme que nous jugeons ici. **Une sélection établie à moins de 17 €.**

	Domaine Johann Michel - 2006	🍷 15,00 €
14	Johann Michel.	T 04 75 40 56 43
/20	52 Grande Rue, 07130 Cornas	http ://monsite.wanadoo.fr/michel.johann

Un fruité dominé par les petits fruits noirs, doux et acidulés, le poivre blanc. La matière en bouche est dense, serrée, très jeune, vive dans sa finale, construite pour s'ouvrir sagement, à partir de 2010, 2011. On n'hésitera pas à l'aérer au service en carafe. Ce n'était pas le plus cher des six échantillons de cornas à moins de 17 € présentés à notre dégustation et ce fût le meilleur. (8 000 bouteilles)

CROZES-HERMITAGE

Avec la flambée des prix des saint-joseph, l'amateur malin se replie aujourd'hui sur cette vaste appellation pour dénicher des rouges de syrah et quelques blancs plus abordables. Un grand nombre de producteurs de talent ont fait progresser l'appellation en quinze ans (Marc Sorrel, Laurent Combier, Bernard Chave). Et c'est aujourd'hui ici où l'on fait les meilleures affaires du Rhône septentrional. Ses rouges de syrah sont friands, fruités, charnus et peuvent s'apprécier tôt, dans les deux ans. Les meilleures cuvées arrivent à leur apogée entre cinq et dix ans. Les blancs – marsanne en majorité et roussanne –progressent également bien, dans le sillon des saint-joseph. Après les grands 2005 de garde, les 2006 sont plus simples, ronds et plus lâches dans leur fin de bouche, à boire jeunes. Jeunes, les 2007 donneront aussi beaucoup de plaisir du fait de l'intensité de leur fruité et leurs belles acidités. À boire sans se presser. **Une sélection établie à moins de 11 €.**

	Domaine Michel Poinard - 2006	🍷 9,50 €
16	Christelle Betton.	T 06 03 02 77 12
/20	RN 7, les Chessis, 26650 La Roche de Glun.	dom.mpoinard@hotmail.fr

Une bouche entière, moderne, extraite sans dureté, d'une texture aimable, qui offre plus de fond dans ses saveurs de violette. Déjà délicieux, on s'en régalera dès cet hiver et sur trois ans. (20 000 bouteilles)

	Domaine Fayolle Fils et Filles - Les Pontaix 2006	🍶 10,00 €
15,5	Laurent Fayolle.	T 04 75 03 33 74
/20	Cave Fayolle Fils et Filles, 9 rue du Ruisseau, 26600 Gervans.	www.cave-fayolle.com

Cette marsanne évoque davantage le viognier au nez, avec ses puissantes notes abricotées. On retrouve la finesse du cépage dans une bouche délicate, persistante, citronnée et habilement boisée. Bien fait avec de la personnalité. Bravo ! (4 000 bouteilles)

	Maison E. Guigal - 2005	🍷 8,93 €
15,5	Famille Guigal.	T 04 74 56 10 22
/20	Château d'Ampuis, 69420 Ampuis.	www.guigal.com

Une syrah charnue et complète, patinée, généreuse dans ses notes épicées qui garnissent une bouche ovale. Un très bon rapport qualité/prix, comme on en imagine pas toujours dans la célèbre maison d'Ampuis. (330 000 bouteilles)

Domaine Michelas Saint-Jemms - La Chasselière 2006
15/20
Famille Michelas.
Bellevue, 26600 Mercurol.

🍷 11,00 €
T 04 75 07 86 70
michelas.st.jemms@wanadoo.fr

Jean-Étienne Guibert, l'ex-vinificateur de la cave de Tain à sa grande époque, l'un des plus grands œnologues-conseils du Rhône, supervise désormais les vinifications de ce domaine. La qualité a fait un bon comme ce crozes l'illustre. Nez puissant d'épices, de graphite et cailloux chauds. Vin profond, expression d'une vraie maturité phénolique. La bouche est fine, en demi-corps, nette et précise dans son fruité. À boire sur trois ans. (11 500 bouteilles)

Domaine Mucyn - 2006
15/20
Jean-Pierre et Hélène Mucyn.
Quartier des Iles, 26600 Gervans.

🍷 9,00 €
T 04 75 03 34 52
mucyn@club-internet.fr

Frais, gourmand, en volume, voilà un croze savoureux, élégant en tanin, dans une finale à la fine acidité. Une réussite. (14 000 bouteilles)

Domaine Mucyn - 2006
15/20
Jean-Pierre et Hélène Mucyn.
Quartier des Iles, 26600 Gervans.

🍷 10,00 €
T 04 75 03 34 52
mucyn@club-internet.fr

Nez harmonieux, marqué par les fruits blancs, généreux et mûrs en bouche. Cette pure marsanne vinifiée en barriques conserve là encore l'équilibre des vins de bonne table. À boire dès cet hiver. (2 400 bouteilles)

Domaine Philippe et Vincent Jaboulet - 2006
15/20
Philippe et Vincent Jaboulet.
La Négociale, 26600 Mercurol.

🍷 10,00 €
T 04 75 07 44 32
www.jaboulet-philippe-vincent.fr

Un fine réduction grillée anime une palette aromatique précise et attirante. La bouche est élégante et de bonne tension, pas encore aussi complexe que le nez le laisse imaginer, tout en offrant de la tenue et de la franchise. (6 500 bouteilles)

Ferraton Père et Fils - La Matinière 2007
15/20
Grégory Viennois.
13 rue de la Sizeranne, 26600 Tain-l'Hermitage.

🍷 9,50 €
T 04 75 08 59 51
www.ferraton.fr

Une marsanne à la robe jaune claire, aux reflets rose cuivré. Son nez est finement fruité, sa bouche grasse, velouté, bien fait et surtout très digeste. (1 800 bouteilles)

Domaine Combier - 2007
14,5/20
Laurent Combier.
RN 7, 26600 Pont-de-l'Isère.

🍷 10,00 €
T 04 75 84 61 56
domaine-combier@wanadoo.fr

Logiquement marqué par sa réduction de jeunesse, ce crozes est très proche du fruit, une expression intense et suave de la syrah, légèrement sucré, mais toujours digeste. Se boit à la régalade. Labelisé bio, certifié Ecocert (depuis 1970). (30 000 bouteilles)

Maison Delas Frères - Les Launes 2006
14,5/20
Champagne Deutz.
ZA de l'Olivet, 07300 Saint-Jean-de-Muzols.

🍷 10,52 €
T 04 75 08 60 30
www.delas.com

Une forte personnalité dans un style mi-fruits noirs, mi-animal, il marque la mémoire du fait de la persistance de son fruité. Un style personnel que nous aimons bien. À boire. (110 000 bouteilles)

14
Domaine des Hauts-Chassis - L'Essentiel 2007
Franck Faugier.
Les Hauts-Chassis, 26600 La Roche de Glun.   domaine.des.hauts.chassis@wanadoo.fr
🍷 11,00 €
T 04 75 84 50 26
/20

Mi-roussane, mi-marsanne, à la robe jaune paille, plus confit et vanillé dans ses arômes que les pures marsannes. La bouche est généreuse sur des saveurs pâtissières d'élevage sans notes boisées (pur cuve). Il s'achève dans une finale exotique (ananas), savoureux et moderne. (4 800 bouteilles)

14
Domaine des Sept Chemins - 2006
Jean-Louis Buffière.
26600 Pont-de-l'Isère.
🍷 8,50 €
T 04 75 84 75 55
/20

Une petite partie seulement est élevée en fûts, l'expression du bois marque pourtant bien le nez ainsi qu'une bouche encore sous ses tanins. Il prendra de la longueur et de la patine d'ici deux ans. (13 000 bouteilles)

14
Domaine Michelas Saint-Jemms - Signature 2006
Famille Michelas.
Bellevue, 26600 Mercurol.   michelas.st.jemms@wanadoo.fr
🍷 9,50 €
T 04 75 07 86 70
/20

Une couleur soutenue, du gras, un bon volume et de l'épaisseur grâce à une maturité poussée. Il a moins de fond que la cuvée Chasselière tout en tenant le premier rang des crozes. (14 000 bouteilles)

14
Domaine Pradelle - Les Hirondelles 2005
Jacques et Jean-Louis Pradelle.
26600 Chanos-Curson.   domainepradelle@yahoo.fr
🍷 9,80 €
T 04 75 07 31 00
/20

Un vin complet, de bonne densité, frais dans ses arômes fruités et préservés de bout en bout dans une bouche de semi-garde.(15 000 bouteilles)

13,5
Domaine de la Ville Rouge - Nathan 2006
Famille Grimaud.
La Ville Rouge, 26600 Mercurol.   la-ville-rouge@wanadoo.fr
🍷 11,00 €
T 04 75 07 33 35
/20

Une marsanne vinifiée et élevée en fûts, au nez expressif de menthe poivrée, d'herbes séchées et de craie. La bouche nous laisse plus sur notre faim en s'exprimant avec plus de simplicité, encore étroitisée par le soufre. (2 300 bouteilles)

13,5
Domaine des Entrefaux - 2007
François Tardy.
Quartier de la Beaume, 26600 Chanos-Curson.   entrefaux@wanadoo.fr
🍷 11,00 €
T 04 75 07 33 38
/20

Dans un style riche, puissant, lacté, porté en bouche par des amers enrobés en finale. Un peu déséquilibré par l'alcool. On le laissera au repos jusqu'au printemps 2009. (12 000 bouteilles)

13,5
Domaine Gilles Robin - Papillon 2006
Gilles Robin.
Les Chassis Sud, 26600 Mercurol.   gillesrobin@wanadoo.fr
🍷 11,00 €
T 04 75 08 43 28
/20

Une vendange mûre, égrappée, élevé six mois en cuve, au nez puissant, aux notes animales et fruits noirs confits. La bouche est entière, un peu lourde, rustique, portée par une finale ferme. Doit encore se fondre d'ici un à deux ans.(20 000 bouteilles)

13 /20 **Domaine des Entrefaux - Champs Fourné 2007**
François Tardy.
Quartier de la Beaume, 26600 Chanos-Curson.

 9,00 €
T 04 75 07 33 38
entrefaux@wanadoo.fr

Il est à la fois marqué en tanins et détendu dans sa matière. Une concentration légère de jeunes vignes pour un agréable vin à boire jeune. (9 000 bouteilles)

12,5 /20 **Domaine du Murinais - Marine 2007**
Luc Tardy.
Quartier Champ Bernard, 26600 Beaumont-Monteux.

10,00 €
T 04 75 07 34 76
ltardy@aol.com

La richesse du millésime marque de son empreinte un nez puissant, suave, confit que réhausse un bouche dense et tendue par des amers fins poussés en finale par un élevage léger en barriques. (3 800 bouteilles)

12,5 /20 **Maison E. Guigal - 2006**
Famille Guigal.
Château d'Ampuis, 69420 Ampuis.

8,31 €
T 04 74 56 10 22
www.guigal.com

Sans rencontrer les succès du crozes rouge, le blanc (95 % marsanne) de la maison Guigal séduit par son intense fruité. Un peu moins par la pesanteur du gras et les notes confites en bouche. À servir frais pour qu'il s'élève. (15 000 bouteilles)

SAINT-JOSEPH

De nombreuses jeunes vignes sont en production, et il existe de grands écarts de qualité entre les vins issus des coteaux et ceux de plaines, les syrahs concentrées du sud (secteur de Mauve, Tournon) et celles plus vives du nord. Nous avons cette année remonté les prix pour cette dégustation et avons ainsi dégusté une trentaine d'échantillons et des nouveaux venus. Il faut se dépêcher pour saisir les derniers beaux rouges 2005, une année mature et complète, à boire et à garder trois, quatre ans. Les 2006 sont homogènes mais assez courts, fuyant dans leur finale. Les 2007 explosent de fruits. Les blancs sont remarquables. **Une sélection établie à moins de 12 €.**

---

16 /20 **Domaine Chez Basile - Morgane 2005**
Hervé Borde.
Le Village, 07340 Charnas.

11,50 €
T 04 75 34 07 15

Coloré, évidemment charnu, il a tout du saint-joseph moderne, vinifié en macération à froid, avec ses notes sucrées et suaves, sa texture pulpeuse. Un saint-joseph séducteur qui a aussi du fond. À boire sur trois, quatre ans.

---

16 /20 **Domaine Gilles Flacher - 2006**
Gilles Flacher.
Le Village, 07340 Charnas.

10,50 €
T 04 75 34 09 97
earl-flacher@orange.fr

Une vendange égrappée, élevée en fût, aboutit à une syrah concentrée, compacte, savoureuse (figue, myrtille, épices) bien plus dense que la moyenne, sans être massive. La sélection et l'élevage sont au service du terroir. Un vrai travail récompensé par un vin de gastronomie, à boire sur six, sept ans. (10 000 bouteilles)

15,5 /20 **Cave de Saint-Désirat - Mémoire 2005**
Christophe Claude.
07340 Saint-Désirat.

10,80 €
T 04 75 34 22 05
www.cave-saint-desirat.com

Un 2005 qui arrive à son sommet avec une robe sombre, profonde, qui annonce une matière solide, sanguine, qui reste civilisée, dans une finale gourmande et ferme. Labellisé bio, certifié Qualité France. (16 000 bouteilles)

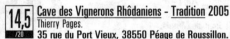

15 /20
Domaine Château Vieux - Vieilles Vignes 2006
Fabrice Rousset.
26750 Triors.
🍷 12,00 €
T 04 75 45 31 65
domainechateauvieux@chez.com

Cette sélection de syrah tire de ses dix-huit mois de fûts un nez épicé, généreux, de fruits noirs en cuisson. Sa bouche est dense avec des tanins nombreux mais fins, qui participent à la bonne fraîcheur en finale. À boire sans urgence, sur cinq ans. À ouvrir fin 2009. (10 000 bouteilles)

15 /20
Domaine Thierry Farjon - Ma Sélection 2006
Thierry Farjon.
Morzelas, 42520 Malleval.
🍷 12,00 €
T 04 74 87 16 84
domaine.farjon@wanadoo.fr

Un bouquet d'épices généreux au nez évoque les souks d'Afrique du Nord. La bouche est particulièrement douce, construite avec des tanins fins et une bonne acidité. Un syrah égrappée, accessible jeune, et qui tiendra aussi sans souci cinq, sept ans. (5 000 bouteilles)

14,5 /20
Cave des Vignerons Rhôdaniens - Tradition 2005
Thierry Pages.
35 rue du Port Vieux, 38550 Péage de Roussillon.
🍷 10,00 €
T 04 74 86 20 69
vigneronsrhodaniens@wanadoo.fr

À point dès cet hiver, dans un registre généreux, fruits blancs au sirop, dont le bon volume tient autant sur l'alcool que sur la trame (50 % élevé en fût). (2 500 bouteilles)

14,5 /20
Wiedmann Chatain Sélections - 2006
Sébastien Wiedmann et Cécile Chatain.
741 chemin des Levées, 26600 Tain l'Hermitage.
🍷 11,50 €
T 04 75 08 59 92
vins.wcs@hotmail.fr

Expressive dans sa jeunesse, cette syrah svelte, fraîche dans son fruité et construite sur des tanins d'élevage assez marqués (un an de fûts) doit encore s'attendre un an. De bonne garde. Une microcuvée de jeunes négociants de Tain à découvrir. (2 500 bouteilles)

14 /20
Cave des Vignerons Rhôdaniens - Tradition 2005
Thierry Pages.
35 rue du Port Vieux, 38550 Péage de Roussillon.
🍷 9,00 €
T 04 74 86 20 69
vigneronsrhodaniens@wanadoo.fr

Nez voluptueux, très riche, de réglisse et de poix, entrée de bouche intense, imposante. Ni d'une grande finesse ni d'une haute fraîcheur, il en impose ; dans un format XXL du millésime. (8 000 bouteilles)

14 /20
Domaine Guy Farge - Vania 2007
Guy Farge.
6 chemin de Halage, 07300 St Jean-de Muzols.
🍷 12,00 €
T 06 08 21 31 72

Cette marsanne qui a fait sa fermentation alcoolique en barriques en garde un volume et des saveurs pâtissières, tout en conservant le côté frais, limpide et digeste de l'année. À boire. (2 000 bouteilles)

14 /20
Domaine Michelas Saint-Jemms - Sainte-Epine 2006
Famille Michelas.
Bellevue, 26600 Mercurol.
🍷 12,00 €
T 04 75 07 86 70
michelas.st.jemms@wanadoo.fr

De la tenue, du volume, une vraie matière en bouche qui termine un peu court. Il faut lui laisser encore un an de bouteille pour que ses tanins fermes commencent à se fondre. (7 800 bouteilles)

Maison E. Guigal – 2006
Famille Guigal.
14/20 **Château d'Ampuis, 69420 Ampuis.**

🍷 **11,18 €**
T 04 74 56 10 22
www.guigal.com

Avec son boisé vanillé omniprésent, accouplé à des notes de fruits blancs généreuses, c'est un blancs de style, qui séduira les amateurs de vin éduqué par l'élevage. Plaisant et régulier. (22 000 bouteilles)

 Domaine Chez Bazile
Hervé Borde.
13,5/20 **Le Village, 07340 Charnas.**

🍷 **9,00 €**
T 04 75 34 07 15

Hervé Borde a réalisé un « saint-jo » fruité, souligné par une suavité apportée par une élevage en fûts, d'un style très bourguignon, dans la finesse du calibrage des tanins et la persistance du fruité. (5 000 bouteilles)

 Domaine Guy Farge – Gourmandises 2007
Guy Farge.
13,5/20 **6 chemin de Halage, 07300 St Jean-de-Muzols.**

🍷 **11,00 €**
T 06 08 21 31 72

Intense et primaire dans ses arômes de fruits rouges acidulés et de réglisse, sa bouche est charnue, bien mûre, entière. Une cuvée à boire frais, un jeune vigneron à suivre. (1 800 bouteilles)

 Domaine Vallet – 2006
Anthony Vallet.
13,5/20 **La Croisette, RN86, 07340 Serrières.**

🍷 **9,50 €**
T 04 75 34 04 64
domainevallet@wanadoo.fr

Son style est solide, rustique, pas très précis dans ses arômes mais généreux en bouche, avec plus de fraîcheur que la moyenne. (20 000 bouteilles)

 **Cave de Saint-Désirat – Amandine 2006**
Christophe Claude.
13/20 **07340 Saint-Désirat.**

🍷 **7,40 €**
T 04 75 34 22 05
www.cave-saint-desirat.com

Une indéniable richesse de matière, de la tenue en bouche, mais encore des amers qui vont s'estomper d'ici le printemps 2009. Assemblage roussane et marsanne vinifié en cuve. (40 000 bouteilles)

SAINT-PÉRAY

Saint-Péray revit peu à peu ! Le nombre de producteurs de premier plan qui s'intéressent au cru ne cesse de s'accroître, et tous démontrent l'excellent potentiel de terroir. Ces blancs possèdent un équilibre sur les amers et une expressivité aromatique toute particulière, plus ample et moins minérale qu'en Saint-Joseph, plus complète qu'en Crozes. Il faut également ajouter que ces blancs de marsanne et/ou de roussane se déclinent en vins tranquilles et en vins effervescents (méthode traditionnelle). 2005 et 2006 donnent des blancs mûrs, riches, mais d'une très bonne acidité. Ils évoluent bien. On commence à les boire. **Une sélection établie à moins de 9 €.**

 Domaine du Biguet – 2006
Jean-Louis Thiers.
14,5/20 **07130 Toulaud.**

🍷 **7,50 €**
T 04 75 40 49 44
jeanlouis.thiers@wanadoo.fr

Style mûr, gras, plus profond en saveurs que la moyenne des vins de notre dégustation. Cette généreuse marsanne possède le volume pour se matcher avec les légumes confits et épicées. À boire sans se presser. (6 000 bouteilles)

14 /20 Cave de Tain-l'Hermitage - Fleur de Roc 2006
Amaury Cornut-Chauvinc.
22 route de Larnage, 26603 Tain-l'Hermitage.
🍷 8,00 €
T 04 75 08 20 87
www.cavedetain.com

Nez suave et minéral, cet assemblage de marsanne (50 %) et de roussanne offre une bonne tenue dans une finale de longueur moyenne. (8 500 bouteilles)

13,5 /20 Cave de Tain-l'Hermitage - 2006
Amaury Cornut-Chauvinc.
22 route de Larnage, 26603 Tain-l'Hermitage.
🍷 6,95 €
T 04 75 08 20 87
www.cavedetain.com

Marsanne (70 %) et rousanne (30 %), fluide, très fruité, fin, on apprécie sa tenue, sa persistance fruitée. À boire jeune. (100 000 bouteilles)

13,5 /20 Chapoutier - Maison - Les Tanneurs 2007
Michel Chapoutier.
18, avenue du Docteur-Paul-Durand, 26600 Tain-l'Hermitage.
🍷 9,00 €
T 04 75 08 28 65
www.chapoutier.com

Une délicate alliance du gras, de la maturité et de l'expression d'amertume typique du cépage marsanne. Le tout est franc, bien fait avec de la tenue. (N. C.)

13,5 /20 Domaine du Biguet - Brut 2005
Jean-Louis Thiers.
07130 Toulaud.
🍷 7,70 €
T 04 75 40 49 44
jeanlouis.thiers@wanadoo.fr

Sucre doux en bouche, bulle fine, voilà un effervescent du Sud pour desserts et sushis sucrés salés. (19 800 bouteilles)

13,5 /20 Maison Chapoutier - Les Tanneurs 2007
Michel Chapoutier.
18 avenue du Docteur Paul Durand, 26600 Tain-l'Hermitage.
🍷 9,00 €
T 04 75 08 28 65
www.chapoutier.com

Une délicate alliance du gras, de la maturité et de l'expression d'amertume typique du cépage marsanne. Le tout est franc, bien fait, avec de la tenue.

13 /20 Cave de Tain-l'Hermitage - Brut Méthode Traditionnelle 2005
Amaury Cornut-Chauvinc.
22 route de Larnage, 26603 Tain-l'Hermitage.
🍷 7,10 €
T 04 75 08 20 87
www.cavedetain.com

Bulle intense, de gros calibre, pour un effervescent rustique en matière et exotique en saveur. À conseiller sur les desserts. (25 000 bouteilles)

RHONE SUD

DES 2004 PLEINS DE FRUITS

Le sud des Côtes du Rhône est devenu le vignoble de France le plus compétitif en matière de prix. Terminé le sinistre côtes-du-rhône lourdingue, place désormais aux vins vinifiés et élevés avec soin par des vignerons de talent. Mais malgré des campagnes publicitaires efficaces lancées par l'institution professionnelle Inter Rhône, cette révolution passe encore trop inaperçue et c'est fort dommage ! À cette aune, on s'aperçoit que les prix des côtes-du-rhône méridionaux demeurent d'une grande sagesse. Les évolutions de prix se font de manière mesurée. À coup sûr, la coopération omniprésente a figé les positions en faisant des appellations un produit que le consommateur est prêt à payer un certain prix, jamais beaucoup plus, suivi de près par le négoce. Cette situation paradoxale profite à l'amateur curieux, car l'ensemble du vignoble fourmille de vins séduisants et bien vinifiés, qui mettent en avant la complexité des cépages (grenache, syrah, cinsault, carignan, mourvèdre en rouge et roussanne, marsanne, viognier en blanc). Et ce constat très favorable à ce vignoble se vérifie chaque année et tant mieux ! Cette année encore, le Rhône Sud se démarque de l'ensemble de notre sélection. Le nombre d'échantillons présentés lors de notre dégustation était impressionnant. Nous avons pratiquement atteint la barre des 1 000 bouteilles à déguster. Une large variété de styles avec des vins de consommation rapide aux quelques cuvées de garde. C'est ici que l'on fait les meilleures affaires de France actuellement.

LES DERNIERS MILLÉSIMES

2007 : 18/20

Dans un contexte difficile partout ailleurs en France, le Rhône Sud peut être fier de son millésime. Tout était réuni pour produire des grands vins. Un été chaud avec des nuits fraîches, de légères pluies au début septembre pour rafraîchir la vendange et un coup de mistral pour la sécher. Colorés, concentrés, mûrs et frais, les rouges, comme les blancs forment de très grandes bouteilles qu'il ne faudra pas hésiter à laisser vieillir. **Garde : 5 à 20 ans.**

2006 : 14,5/20

Une très belle année tout en fraîcheur avec des grenaches légers et tendres et des degrés n'atteignant pas les maintenant trop courants 14° à 15° d'alcool. Facile à déguster. **Garde : À boire dès maintenant et sur 4 ans.**

2005 : 16/20

De très grandes réussites dans les assemblages dominés par le grenache avec une fine acidité en bouche, ce qui renforce leur aptitude à la garde. **Garde : 2 à 10 ans.**

BEAUMES DE VENISE

*L'Institut National des Appellations d'Origines contrôlées (INAO) a accordé l'AOC à Beaumes de Venise pour ses vins rouges en 2005. Auparavant, ils portaient la mention Côtes du Rhône-Villages Beaumes de Venise (nom encore présent sur les 2004). Il s'agit du quatorzième cru de la vallée du Rhône au même titre que Chateauneuf, Côte-Rotie... Ses vins doux naturels (muscats de Beaumes-de-Venise) étaient déjà classés crus depuis soixante-deux ans. Dans leur nouveau cahier des charges, les vignerons de Beaumes (600 ha) imposent une vendange exclusivement manuelle. Le désherbage chimique est interdit entre les rangs de vignes ainsi que les traitements spécifiques antibotrytis. Et la qualité dans tout cela ? Ce terroir situé à l'ouest de Gigondas entre dans cette famille de rouges riches en alcool, assez tanniques et d'expression de fruits noirs et de réglisse. Ils s'apprécient entre trois et huit ans. Avouons que c'est notre première année (nous avons relevé nos prix...) que l'appellation commence à nous donner satisfaction dans des rouges 2005 et 2006 puissants, mais encore souvent secs en tanins. **Une sélection établie à moins de 10 €.***

15/20 **Domaine Saint-Amant - 2005**
Famille Jacques Wallut.
84190 Suzette.

9,00 €
T 04 90 62 99 25
www.saint-amant.com

Confit, suave, charnu, il garde une excellente tenue de bouche. La pointe sucrée en finale civilise son discours sans alourdir. Une belle expression d'un terroir d'altitude (450 m). À savourer sur 5 ans. (13 000 bouteilles)

14,5/20 **Domaine de Cassan - Saint Christophe 2006**
Famille Croset.
Lafare, 84190 Beaumes-de-Venise.

8,00 €
T 04 90 62 96 12
www.beaumesdevenise-aoc.fr

Souple, moderne, friand, facile de prime abord, il révèle également un beau volume velouté et tapissant dans sa finale. Un beau vin. La cuvée Tradition est plus simplement grenache mais bien faite également. (10 000 bouteilles)

14/20 **Domaine Beauvalcinte - Les Trois Amours 2005**
Bernard et Sylvie Mendez.
La Grange neuve, 84190 Suzette.

9,90 €
T 04 90 65 08 37
www.domainebeauvalcinte.com

Droit, ferme, il s'est refermé et offre momentanément une expression tannique de l'année. Sa bonne tenue en bouche, sa dimension minérale (on mâche du cailloux) conviendra à table, sur des viandes rôties, dès cet hiver et sur trois à quatre ans. Issu d'agriculture biologique, certifié ULASE. (20 000 bouteilles)

14/20 **Domaine des Garances - La Treille 2006**
Pierre Bres.
La Treille, 84190 Suzette.

7,50 €
T 04 90 65 07 97
domaine-des-garances@wanadoo.fr

Une matière puissante en attaque, grasse, suave, poussant assez loin le côté enrobé et entier du grenache (70 %) qui prend réellement la dimension de son terroir dans une finale tannique et graineuse. À boire sans se presser. Ses arômes s'animaliseront en douceur au vieillissement. (25 000 bouteilles)

13/20 **Domaine des Bernardins - 2006**
M. et Mme Hall et Mme Castaud-Maurin.
Route de Lafare, 84190 Beaumes-de-Venise.

7,10 €
T 04 90 62 94 13
www.domaine-des-bernardins.com

On reconnaît à l'aveugle les arômes très liqueur de cassis et fermentaires de tous les rouges vinifiés en cuve par ce domaine, qui s'accompagnent, comme ici en bouche, de saveurs lardées. Un style qui trouve sa limite dans la sensation de sous-maturité (notes de poivron) et des tanins un peu secs. À boire sans urgence. (85 000 bouteilles)

12,5	**Domaine Ravardel - Le Long Termes 2006**		7,30 €
/20	Michel Ravardel.		T 04 88 84 12 07
	Quartier Saint-Martin, 84190 Suzette.		abate.cynthia@neuf.fr

Un passage de six mois en foudres lui apporte une touche chocolatée et épicée plaisante. La bouche est marquée par des saveurs acidulées, assez fraîches pour l'année. Mis en bouteille sans filtration ni collage, un passage en carafe lui fera grand bien. À boire dans les deux ans. (1 000 bouteilles)

CHÂTEAUNEUF-DU-PAPE

*La renommée du châteauneuf-du-pape s'est bâtie autour de ses liens avec la papauté d'Avignon, son terroir original de galets et ses treize cépages. S'il convient aujourd'hui de faire la part de la légende, ce grand vin rouge du Vaucluse, situé au nord d'Avignon, n'en demeure pas moins le plus prestigieux des crus méridionaux. Sa notoriété actuelle, il la doit aux marchés anglo-saxons et, en particulier, américains qui, depuis quinze ans, raffolent de ces rouges solaires à dominante de grenache noir. Outre-Atlantique, le prix des étiquettes historiques flambe. Mais l'appellation est très grande, 3 200 ha sur la rive gauche du Rhône, et la production bien sûr hétérogène. En blanc, les 2007 sont au sommet de leur qualité, conjuguant richesse naturelle en alcool et de rares acidités. Les meilleurs peuvent se boire comme s'en attendre. 2005 est un beau millésime de rouge pour des entrées de gamme auxquelles succèdent les riches et onctueux 2006, déjà tendres, mais qui méritent d'être attendus encore deux, trois ans. **Une sélection établie à moins de 17 €.***

16	**Château Simian - 2006**		16,00 €
/20	Jean-Pierre Serguier.		T 04 90 29 50 67
	route d'Uchaux, 84420 Piolenc.		www.chateau-simian.com

Une remarquable fraîcheur en fin de bouche après une entrée encore retenue et concentrée sur les notes de mine de crayon et de réduction. Sa grande digestibilité le rend accessible dès aujourd'hui. Passez-le en carafe une heure avant le servir. Domaine en conversion biologique. (6 700 bouteilles)

16	**Domaine de Saint Paul - 2006**		16,00 €
/20	Christophe et Elie Jeune.		T 04 90 83 70 28
	Route de Sorgues, 84230 Châteauneuf du Pape.		www.domainesaintpaul.com

Voilà une cuvée pour vous, un rouge généreux, intense, à la texture entière et moelleuse. Il n'est pas très long en saveur mais possède la tenue qui convient à beaucoup de cuisines aux saveurs confites et épicées. À boire jeune et à savourer sur cinq ans. (7 400 bouteilles)

16	**Domaine de Saint-Benoît - Grande Garde 2005**		17,00 €
/20	Gérard Jacumin.		T 04 90 83 51 36
	Les Galimardes, 84230 Châteauneuf-du-Pape.		www.saintbenoitvin.com

Marqué d'un boisé tenu (vinification en foudre) mais bien équilibré par le fruit, cet assemblage ambitieux, deux tiers grenache et mouvèdre, un tiers grenache et vaccarèse, possède un vrai style, une rare seconde partie de bouche. Il prolonge ses saveurs là où les autres s'arrêtent. À boire et à mettre en confiance en cave dix ans. (33 000 bouteilles)

15	**Château Fortia - 2006**		14,50 €
/20	Familles Le Roy-Pastre-Walkowiak.		T 04 90 83 72 25
	Route de Bédarrides, BP 13, 84231 Châteauneuf-du-Pape.		www.chateau-fortia.com

60 % de clairette et 30 % de roussane dans ce blanc très aromatique, ananas, exotique, généreux. On retrouve en bouche ses saveurs juteuses d'ananas Victoria. À croquer jeune sur les volailles à la citronnelle ou au gingembre. (6 000 bouteilles)

15 /20 **Château Fortia - Tradition 2005**
Familles Le Roy-Pastre-Walkowiak
Route de Bédarrides, BP 13, 84231 Châteauneuf-du-Pape.

🍷 17,00 €
T 04 90 83 72 25
www.chateau-fortia.com

Un 2005 en puissance, tenu par un haut niveau d'alcool, des tanins fermes, de bonne densité, mais avec un supplément de notes fruitées préservées dans sa finale persistante. Il tiendra dans le temps. À mettre en cave sans souci six, sept ans. (20 000 bouteilles)

15 /20 **Domaine du Grand Tinel - 2006**
Christiane Jeune.
Route de Bédarrides, 84232 Châteauneuf-du-Pape.

🍷 15,50 €
T 04 90 83 70 28
www.domainegrandtinel.com

Pas d'alcool dominateur, pas de tanins secs : du goût, un supplément de saveur, voilà ce qui nous séduit dans cette cuvée en chair et en fruit, très cerise. Un rouge moderne, bien fait qui tient en bouche sur des tanins fins, polis, qui permettent de l'apprécier dès maintenant et sur cinq ans. (100 000 bouteilles)

15 /20 **Domaine Eddie Feraud - 2006**
Eddie Feraud.
Impasse Martial Imbart, 84230 Châteauneuf-du-Pape.

🍷 13,00 €
T 06 13 79 51 29

Son nez est particulièrement fruité, expressif, expansif, très cerise. On identifie l'origine de son sol plus sableux. La bouche possède du volume, de la chair et pas de pesanteur. Il tient en bouche sans assécher. Vous cherchez une superbe affaire à Châteauneuf à boire assez jeune ? Vous l'avez. (16 000 bouteilles)

15 /20 **Domaine Giuliani - Cuvée Flora 2007**
Bernard et Aline Giuliani.
9 chemin Saint-Laurent, 84370 Bedarrides.

🍷 15,50 €
T 04 90 33 14 69
crescendo.vins@orange.fr

Un assemblage de grenache blanc et clairette tout en finesse avec une dominante de miel de fleur et fruits blancs. Juste croquant, il se servira jeune sur les fritures méditerranéennes. (2 000 bouteilles)

15 /20 **Domaine Lou Dévet - Les Poésies de Marie 2007**
Jean-Marc et Sandra Tort
Chemin du Grand Plantier, 84370 Bedarrides.

🍷 15,50 €
T 04 90 33 18 61
crescendo.vins@orange.fr

Nous ne connaissons pas cette « Marie » mais elle inspire le vinificateur de cette cuvée très personnelle dans ses arômes de pêche au sirop, citron confit, et de menthol. Un style aromatique, flatteur amplifié par le boisé de la barrique. Supportera les entrées à l'huile d'olive. À boire sur cinq ans. (1 000 bouteilles)

15 /20 **Domaine Saint-Siffrein - 2006**
Claude Chastan.
Route de Châteauneuf-du-Pape, D 68, 84100 Orange.

🍷 15,50 €
T 04 90 34 49 85
www.domainesaintsiffrein.com

Le style est coloré, compact, dense, sans le coté aromatique flatteur des châteauneufs modernes. Ce 2006 semble austère car il doit être attendu trois, quatre ans avant de s'ouvrir et donner toute sa dimension, comme souvent dans ce domaine. Votre patience sera récompensée. (18 000 bouteilles)

14,5 /20 **Château des Fines Roches - 2006**
Robert Barrot.
1 avenue du Baron Leroy, 84230 Châteauneuf-du-Pape.

🍷 14,50 €
T 04 90 83 51 73
www.vmb.fr

Coloré, brillant, doté d'une matière veloutée, charnelle, sensuelle concentrée sans excès. La finale, qui manque un peu de tension et de persistance, indique qu'il est prêt à boire et ne gagnera pas beaucoup à vieillir. (120 000 bouteilles)

Domaine de la Millière - Vieilles Vignes 2006
14,5 /20
Michel Arnaud.
Cabrières Le Grès, 84100 Orange.

16,80 €
T 04 90 34 53 06
la-milliere.arnaud@wanadoo.fr

Cette sélection de vieilles vignes (80 ans, 70 % grenache) possède un indéniable supplément de saveur dans sa finale, notes de réglisse et de cacao en poudre, qui accompagnent des tanins légèrement végétaux. Solide et bien fait, on commence à le boire sans urgence. (32 000 bouteilles)

Vignoble Famille Quiot - Domaine du Vieux Lazaret 2007
14,5 /20
Jérôme Quiot.
5 avenue Baron Leroy, 84230 Châteauneuf-du-Pape.

16,00 €
T 04 90 83 73 55
www.jeromequiot.com

Une belle acidité domine la bouche de cet assemblage grenache, bourboulenc, clairette et roussanne. Cette dernière est vinifiée en fût. Des notes mentholées et réglissées lui donnent de la persistance. Bonne équilibre final. À boire sur cinq à six ans. (31 500 bouteilles)

Clos des Brusquières - 2005
14 /20
Claude Courtil-Thibaut.
15 rue Ville Vieille, 84230 Chateauneuf-du-Pape.

15,00 €
T 04 90 83 74 47

Une large dominante de grenache noir (85 %) pour un rouge tout en épices poivrés au premier nez, notes qui proviennent d'un élevage en bois (barriques et foudres), mais qui ne masque pas la seconde étape très fruitée (cerise). Il « pinote » dans un style burlat confit qui lui donne de la tenue et nous donne du plaisir dès aujourd'hui. (33 000 bouteilles)

Domaine Juliette Avril - 2006
14 /20
Marie-Lucile Brun.
8 avenue Louis Pasteur, 84230 Châteauneuf-du-Pape.

14,70 €
T 04 90 83 72 69
www.julietteavril.com

Une robe sanguine, des arômes de fruits noirs confits, une immédiate sensation de volume, de jus concentré en bouche : voilà un chateauneuf qui tient la promesse de son cru, dans le profil des vins charpentés, de matière, sans en faire trop. À boire sans se presser sur les viandes rôties. (16 000 bouteilles)

Domaine Lou Dévet - Les Poésies de Marie 2006
14 /20
Jean-Marc et Sandra Tort
Chemin du Grand Plantier, 84370 Bedarrides.

14,50 €
T 04 90 33 18 61
crescendo.vins@orange.fr

Un assemblage grenache et syrah à la matière dense, calibrée, qui se déguste déjà sur son fruit frais. Ses tanins restent soyeux jusqu'à la finale un brin accrocheuse du fait du grain provenant de la barrique. (6 000 bouteilles)

Domaine de Nalys - 2007
13,5 /20
Marcel Roche.
Route de Courthézon, 84230 Châteauneuf-du-Pape.

13,00 €
T 04 90 83 72 52
www.domainedenalys.com

Par définition, un classique est un vin que vous retrouvez fidèlement dans vos dégustations et qui se maintient à un bon niveau et qui de fait ne vous déçoit pas. C'est toute la définition du blanc de Nalys comme nous le dégustons depuis quinze ans. De belle fraîcheur (signature de l'année), fruité et amandé avec netteté, il est à boire sur cinq ans. (25 000 bouteilles)

13
Domaine Reveirolles - 2006
Véronique et Régis Vaute.
11 bis chemin de Poudries, 84370 Bédarrides.

🍷 13,00 €
T 04 90 33 09 50
vauteregis@aol.com

Fruité et boisé dans un profil confit et sucré dans sa finale ; ce profil de châteauneuf séduit beaucoup les anglo-saxons de plus en plus amateurs de grands vins du Rhône. Ce style percutant et flatteur incite à le boire jeune et légèrement frais. (10 000 bouteilles)

COSTIÈRES DE NÎMES

*Indiscutablement, cette appellation a fait des progrès techniques au cours des dernières années et a trouvé son style avec des rouges associant la rondeur du grenache et le fruité gourmand de la syrah. Tout cela reste souvent un registre purement « variétal ». La plupart des vignobles sont installés sur des terrasses associant socle calcaire et sables anciens avec des galets roulés. Les 2007 en rouge forment une série de vins fruités, mûrs, mais sans aspect confit. Ils seront délicieux à boire dans les trois prochaines années. En blanc, on reste davantage sur la réserve avec beaucoup de vins fortement marqués par la barrique. Il faut les attendre six mois pour que l'élevage se fonde. **Une sélection établie à moins de 8 €.***

16,5
Château de Valcombe - Cuvée Prestige 2006
Dominique et Bénédicte Ricome.
Route de Saint-Gilles, 30910 Générac.

🍷 8,00 €
T 04 66 01 32 20
www.chateaudevalcombe.com

Superbe couleur et nez expressif de fruits noirs et rouges. Bouche pleine et de grande matière avec un fruit toujours très présent. Très belle intensité en finale avec beaucoup de fraîcheur pour ce vin très séducteur. Une belle réussite de l'appellation. (20 000 bouteilles)

15,5
Mas des Bressades - Cuvée Tradition 2007
Cyril Marès.
Mas du Grand Plagnol, 30129 Manduel.

🍷 5,00 €
T 04 66 01 66 00
www.masdesbressades.com

Quasiment à part égale de grenache et de syrah, ce rouge issu des terroirs de galets roulés du Rhône offre une belle concentration et de la corpulence. Les tanins se montrent civilisés. Un bon costières équilibré et mûr. (50 000 bouteilles)

15
Château Saint-Cyrgues - 2007
Famille de Mercurio.
Route de Montpellier, 30800 Saint-Gilles.

🍷 5,00 €
T 04 66 87 31 72
www.saint-cyrgues.com

Avec 75 % de roussanne, ce vin se montre gras et ample avec des notes de fruits blancs très mûrs au nez et en bouche ne cachant pas son esprit sudiste généreux. Il sera parfait à boire à table. Très bon rapport qualité/prix. (6 000 bouteilles)

14,5
Château de Nages - Cuvée Prestige 2006
Michel Gassier.
Chemin des Canaux, 30132 Caissargues.

🍷 5,95 €
T 04 66 38 44 30
www.michelgassier.com

Avec des tanins encore fermes en attaque et en finale, cete cuvée se distingue par son profil plus structuré. On apprécie les arômes épicés et une matière complexe en bouche rendant la finale très séduisante. (150 000 bouteilles)

14 /20 **Château La Courbade - 2007**
SLDB.
La Chartreuse de Bonpas, 84510 Caumont sur Durance.

🍷 3,00 €
T 04 90 23 09 59
louisbernard@sldb.fr

Voilà l'une des très bonnes affaires de notre guide 2009. Cette cuvée, élaborée par la maison de négoce Louis Bernard est un assemblage classique de grenache et de syrah. Il ne voit pas la barrique, ce qui lui permet de conserver un fruité délicieux. Un excellent rouge de soif. (146 900 bouteilles)

13,5 /20 **Mas des Bressades - Cuvée Tradition 2007**
Cyril Marès.
Mas du Grand Plagnol, 30129 Manduel.

🍷 5,00 €
T 04 66 01 66 00
www.masdesbressades.com

Belle matière avec un élevage donnant au vin des notes boisées encore présentes au nez et en bouche. Dans un style mûr et bien travaillé, ce vin se montre moderne et flatteur. (20 000 bouteilles)

COTEAUX DU TRICASTIN

*Les coteaux-du-tricastin sont connus pour leur naturelle rusticité et sont souvent dotés de tanins fermes, qui se patinent au bout de trois, quatre ans, sans manquer d'expression du fruit. La tendance du marché pousse un trop grand nombre d'appellations à lisser ces défauts qui sont, en fait, ses charmes. Le Tricastin essaie de résister avec énergie à ce phénomène de mode en tentant de garder son « âme ». Les 2005 ont une définition du fruit encore précise. Les 2006 sont plus dominés par l'alcool, alors que les 2007 expriment l'intensité des fruits noirs, tous sont encore de très bonne affaires. Les principaux négociants de la vallée sont des acheteurs réguliers de Tricastin, ce qui leur permet de proposer sous cette AOC des débuts de gamme d'un bon rapport qualité/prix. **Une sélection établie à moins de 8 €.**

15,5 /20 **Domaine de Montine - Viognier 2007**
Jean-Luc et Claudy Monteillet.
La Grande Tuilière, 26230 Grignan.

🍷 8,00 €
T 04 75 46 54 21
domaine-de-montine.com

Une belle expression du viognier très joliment élevé en barriques pour 30 %. Cette cuvée offre de la générosité avec de fines notes exotiques, de la richesse et de la longueur. Beau vin complexe et complet. (25 000 bouteilles)

15,5 /20 **Domaine du Vieux Micocoulier - 2003**
Jean Vergobbi.
Cave Vergobbi, Le logis de Berre, 26290 Les Granges-Gontardes.

🍷 4,40 €
T 04 75 04 02 72

Sa robe vermillon brillante annonce la patine d'un vin en dentelle de craie, très solaire dans sa richesse réglissée et son alcool, qui convient aux viandes blanches rôties dans leurs sucs. Parfait dès cet hiver. Un classique de l'appellation qui ne déçoit pas. (10 700 bouteilles)

15 /20 **Domaine Bonetto-Fabrol - Sélection Vieilles Vignes 2006**
Philippe Fabrol.
Les Jaffagnards, 26700 La Garde Adhémar.

🍷 7,40 €
T 04 75 52 14 38
philippe.fabrol@aliceadsl.fr

De la mâche, une tenue et une longueur supérieures, un volume amplifié par une élevage de qualité en barriques : cette cuvée domine le débat des tricastins en 2006. Domaine en conversion biologique, suivre de près. (12 000 bouteilles)

15 /20 **Domaine de Grangeneuve - Vieilles Vignes 2006**
Henri Bour.
26230 Roussas.

🍷 7,25 €
T 04 75 98 50 22
www.domainesbour.com

Bouche en demi-corps, toujours digeste, sans dominante d'alcool, il passe bien à table, et évoluera encore sur trois ans. Un bon classique. (60 000 bouteilles)

15 /20 **Domaine des Agates - Le Grand Luas 2005**
Olivier Chabanis.
Chemin de l'Étang, 26780 Châteauneuf-du-Rhône.
🍷 6,50 €
T 06 03 09 50 63
info@domainedesagates.com

Un assemblage cinsault, syrah et grenache qui tient très bien dans un style savoureux, tout en dentelles et frais. À boire, le Granace 2005 (14,5/20) également de bonne tenue, solide, sans dureté et toujours marqué d'une fine fraîcheur. Quant au terroir de Rabaste (14,5/20), c'est un assemblage complet, dense, mais peu sec dans sa finale. Il faut encore l'attendre. (7 000 bouteilles)

14,5 /20 **Château Bizard - Montagne de Raucoule 2006**
Marc et Anne-Marie Lépine.
Chemin de Bizard, 26780 Allan.
🍷 5,90 €
T 04 75 46 64 69
contact@chateaubizard.fr

Syrah et grenache d'un style voyant, extrait, épicé, poivré, qui ne s'écroule pas en bouche. Finale acorde. S'il reste du 2005 qui tient fort bien dans un style plus mentholé (15/20), ne pas hésiter. (12 000 bouteilles)

14,5 /20 **Domaine Bonetto-Fabrol - Le Colombier 2007**
Philippe Fabrol.
Les Jaffagnards, 26700 La Garde Adhémar.
🍷 4,90 €
T 04 75 52 14 38
philippe.fabrol@aliceadsl.fr

De la couleur, de la concentration, un jus moderne et festif qui joue sur la matière sans en faire trop. Longueur moyenne mais bel équilibre, mi-grenache, mi-syrah. En conversion biologique.(12 000 bouteilles)

14,5 /20 **Domaine Matthieu Dumarcher - 2007**
Matthieu Dumarcher.
Quartier la Grangeanne, 26790 La Baume de Transit.
🍷 8,00 €
T 06 09 86 73 22
matthieudumarcher@yahoo.fr

Frais, fin, coulant, élégant, un fruité très grenache (80 %) qui éclate sans faire de tapage. Un vrai style de vinification dans une orientation de rouge très digeste du fait d'un sulfitage (So2) léger. On aime. (1 500 bouteilles)

14,5 /20 **Mas Théo - QVTO 2006**
Laurent Clapier.
Quartier Combe d'Elissas, 26290 Les Granges Gontardes.
🍷 5,50 €
T 06 82 69 50 64
info.mastheo@neuf.fr

Notes fumées, lardées, texture fine, matière serrée, dense, avec de la mâche et un grain frais. Jolie étiquette moderne. Certifié bio, labellisé Ecocert. (13 000 bouteilles)

14 /20 **Domaine du Val d'Aéria - Passion d'une Femme Léa 2006**
Audrey Chauvin.
Serre des Vignes, 26770 Roche St Secret.
🍷 6,00 €
T 04 75 53 56 37
audreychauvin@wanadoo.fr

Fin, sans aspérité tannique (serait-ce cela le goût féminin ?), il développe des saveurs fruitées et confites généreuses, une finale un peu sucrée par l'élevage en barrique. Il se boit déjà. (3 000 bouteilles)

CÔTES DU LUBERON

*Les Côtes du Luberon est l'appellation de la nouvelle génération de la vallée du Rhône la plus élevée en terme de prix. Le tourisme de luxe est croissant dans cette magnifique région depuis qu'un certain nombre de stars du show-biz ou encore de la politique y séjournent régulièrement. Le prix des vins a donc augmenté autant que les loyers des villas et des mas. Il est donc difficile de trouver un bon vin pas cher. Cependant, quelques domaines vinifient des cuvées d'entrée de gamme offrant un fruité sincère et une belle harmonie sur la fraîcheur, mais pour y avoir accès, nous avons du monter le prix d'entrée dans nos sélections. **Une sélection établie à moins de 8 €.***

16/20 Domaine Regarde moi venir - Mélodie 2005
Michelle Chanus.
Chemin du Grès, 84240 Grambois.

6,00 €
T 04 90 77 93 56
gerard.chanus@gmail.com

Un domaine au nom improbable, dont nous n'avions jamais entendu parlé, et qui nous a impressionnés par ce 2002 très fin, velouté, raffiné dans sa matière et ses saveurs persistantes, sans chaleur, sans pesanteur. Un vin à son apogée offrant une rare complexité et fraîcheur pour le Luberon. Le 2005 qui possède un soupçon de volatile, a besoin d'aération (mise en carafe) et marche sur ses traces toujours porté par cette rare tenue en bouche. Nous n'avons par contre pas accroché aux notes trop cuites de la cuvée Icar. Un domaine à découvrir en priorité. Labelisé bio, certifié Ecocert.(5 800 bouteilles)

16/20 Domaine Ruffinatto - 2006
Christian Ruffinatto.
Le Tubet, 84560 Ménerbes.

8,00 €
T 06 30 80 95 20
iruffinatto@neuf.fr

Quel éclat d'arômes fins, quel goût, quel jus coulant ! Bref, un vrai bonheur que cette cuvée de grenache noir additionné de vieilles vignes diverses. L'alliance de la matière et d'un fruité, nous en faisons grande provision pour deux, trois ans et en redemandons. (12 000 bouteilles)

15/20 Château Val Joanis - 2006
Jean Chancel.
84120 Pertuis.

8,00 €
T 04 90 79 20 77
www.val-joanis.com

Du fruit, de la matière, de la mâche, voilà un rouge sérieux serti de notes épicées d'eucalyptus typique de Val Joanis. Saluons le niveau de qualité pour le volume produit. (120 000 bouteilles)

13/20 Château Fontvert - Lointe Bastide 2006
Jérôme Monod.
Chemin de Pierrouret, 84160 Lourmarin.

6,00 €
T 04 90 68 35 83
www.fontvert.com

De la finesse, une tenue en bouche fruitée, sur des tanins fins et sans raideur. On commence à le boire. (23 000 bouteilles)

13/20 Maison Louis Bernard - Domaine Longue Bastide 2007
Stéphane Oudar.
La Chartreuse de Bonpas, 84510 Caumont sur Durance.

3,00 €
T 04 90 23 09 90
www.louis-bernard.com

L'éclat du fruit du millésime 2007 est au rendez-vous, pour un rouge déjà rond, aux tanins travaillés et fondus, techniquement bien fait. (24 400 bouteilles)

13/20 R & D Vins - Domaine Louise & Clément Réserve du Domaine 2007
François Dauvergne.
Château Saint-Maurice, RN 580, 30290 Laudun.

3,90 €
T 04 66 82 96 59
www.dauvergne.ranvier.com

Moderne, très marqué par la macération à froid (gelée de cassis), il se fait doux et aussi fruité en bouche. Un vin friandise à boire jeune et frais. (25 000 bouteilles)

CÔTES DU RHÔNE

Comme toutes les appellations régionales, les Côtes du Rhône constituent un réservoir immense de vins, et l'on ne saurait leur demander d'assurer une homogénéité qualitative absolue. De fait, tous les villages du sud de la région produisent des côtes-du-rhône et tous les types d'opérateurs sont largement représentés, du vigneron à la cave coopérative, en passant par le négociant. Le niveau d'ensemble est toujours en nets progrès, grâce à la qualité supérieure des raisins et aux techniques de vinifications mieux maîtrisées. Attention aux 2006. Ce millésime est aujourd'hui décevant avec beaucoup de vins marqués par des tanins durs et secs. Ils manquent de moelleux et de plaisir de consommation. Inversement, les 2007 sont pleins de fruits et possèdent toute la fraîcheur de leur jeunesse. Cela confirme notre point de vue. Les méthodes de vinification actuelles avec la recherche *du fruit et de la couleur par des extractions à froid ne permettent pas aux vins de tenir dans le temps, en particulier dans les cuvées de premier prix. Un bon conseil, buvez ces vins dans l'année ! **Une sélection établie à moins de 5,50 €.***

16,5 /20 R & D Vins - 2006

François Dauvergne.
Château Saint-Maurice, RN 580, 30290 Laudun.

🍷 5,50 €
T 04 66 82 96 59
www.dauvergne.ranvier.com

Voilà un vin très mûr, ample et généreux, d'une grande concentration de matière en bouche avec une grande présence de tanins. On est dans un registre flatteur, moderne et concentré. C'est un vin costaud, long et puissant, qui plaira aux amateurs de vins marqués par la richesse et l'aspect solaire des vins du Sud. (20 000 bouteilles)

16 /20 Château Saint-Roch - 2007

Maxime et Patrick Brunel.
Chemin de Lirac, BP 17, 30150 Roquemaure.

🍷 5,50 €
T 04 66 82 82 59
www.chateau-saint-roch.com

Élaboré par la famille Brunel (château La Gardine à Châteauneuf-du-Pape), ce simple côtes-du-rhône est une superbe affaire. Certes un peu boisé à ce stade, cet assemblage de quatre cépages (clairette, grenache, roussanne et viognier) offre beaucoup de gras et de longueur. Il s'associera à merveille avec un poisson au beurre blanc ou tout simplement à l'apéritif. (5 000 bouteilles)

16 /20 Domaine de Deurre - Cuvée Jean-Marie Valayer 2006

Laurent Valayer.
RD 94, 26110 Vinsobres.

🍷 5,50 €
T 04 75 27 62 66
www.domaine-de-deurre.com

Complexe avec du gras et des notes de paille séchée. Bouche grasse et généreuse, sudiste et avec de la longueur. Un élevage de qualité rehausse l'ensemble. C'est fin et vineux et fera de beaux accords à table. Une très belle réussite. (5 000 bouteilles)

16 /20 Domaine de La Bastide - Les Figues 2007

Vinvent Boyer.
La Bastide, 84820 Visan.

🍷 5,00 €
T 04 90 41 98 61
www.domainedelabastide.com

Une syrah (60 %) juste et généreuse, avec tout pour elle : le fruit, le gras, la fraîcheur, et surtout une délicieuse fin de bouche tout en tanins de velours. C'est un vin moderne, travaillé, aux arômes boostés par les fermentations préfermention à froid, mais avec justesse, sans en faire trop. Quelle est bonne cette nouvelle génération de « petites côtes » ! La chic étiquette (une simple figue) ne gâche rien. (20 000 bouteilles)

16 /20 Domaine La Réméjeanne - Les Chèvrefeuilles 2007

Rémy Klein.
Cadignac, 30200 Sabran.

🍷 5,50 €
T 04 66 89 44 51
www.laremejeanne.com

Coloré, charnu, sans lourdeur (14° pourtant que l'on ne sent pas), bourré de saveurs pour un simple côtes-du-rhône : c'est un modèle d'appellation régionale, complet et abouti. Il est le fruit de l'assemblage de six cépages, vendangé manuellement, vinifié en cuve béton. Félicitations ! Labellisé bio, certifié Ulase. (40 000 bouteilles)

15,5 /20 Domaine de Coste Chaude - Tradition 2007

Marianne Fues.
Route de Saint-Maurice, 84820 Visan.

🍷 4,90 €
T 04 90 41 91 04
www.domaine-coste-chaude.com

Un des coups de cœur de la dégustation des côtes-du-rhône 2007 avec une matière plus colorée que la moyenne, sans qu'il tombe dans la caricature du « gros » vin. Un assemblage grenache noir (dominant), syrah et carignan, charnu, généreux et savoureux et doté d'une finale franche. Un délice à boire toujours dès cet hiver. Du même domaine, nous retenons aussi le côtes-du-rhône-villages rouge 2005 (14/20) structuré, à son apogée. (16 000 bouteilles)

Domaine du Petit Bouigard - Cuvée Prestige Sélection Corsée 2006
Bernard Monon.
Quartier Bouigard, 84100 Orange.

4,00 €
T 04 90 34 08 89
lepetitbouigard@orange.fr

Beau vin très complet et dense en bouche avec une matière pleine et de belle intensité de robe. Beaux parfums sudistes de garrigue avec une pointe de réduction qui disparaît après aération. Belle tenue en finale et caractère plus complexe des tanins et de l'ensemble du vin en bouche. (3 500 bouteilles)

 Domaine Rouge Garance - Feuille de Garance 2007
Cortellini-Trintignant.
Chemin de Massacan, 30210 Saint-Hilaire-d'Ozilhan.

5,50 €
T 04 66 37 06 92
www.rougegarance.com

Coloré, dense, doté d'une matière pleine, généreuse, c'est un délicieux côte-du-rhône (grenache, cinsault, syrah) à boire dès aujourd'hui, comme on croque un fruit mûr. Fougueux, rapeux et fruité, on le servira sur de multiples cuisines, particulièrement les méridionales du quotidien. Labellisé bio, certifié Ecocert. (24 000 bouteilles)

 Château Rochecolombe - 2005
Rolland Terrasse et Famille Herberigs.
07700 Bourg Saint-Andéol.

4,70 €
T 04 75 54 50 47
rochecolombe@aol.com

Impressionnant pour un 2005. Il se caractérise d'abord par sa robe sombre et encore compacte, puis par son intensité aromatique (cerises noires et épices boisées dominantes) et enfin par sa bouche massive, entière, avec des notes de fruits noirs puissants, le tout sans une ride. Un beau vin rustique pour cuisine hivernale. À boire sans se presser. 60 % grenache, 40 % syrah. Ni filtré ni collé. Reconversion en bio. (40 000 bouteilles)

 Domaine Castan - 2007
Damien Castan.
Mas Chanteclerc, 30390 Domazan.

4,00 €
T 04 66 57 00 56
domaine.castan@wanadoo.fr

Belle expression de fruit et caractère de bonne tenue en bouche avec une matière ample et généreuse en finale. Le gras est présent et conforte la sensation d'ampleur en bouche. Beau vin avec une finale sur un fruit net et franc. (5 000 bouteilles)

 Domaine des Bernardins - Les Balmes 2005
M. et Mme Hall et Mme Castaud-Maurin.
Route de Lafare, 84190 Beaumes-de-Venise.

5,50 €
T 04 90 62 94 13
www.domaine-des-bernardins.com

Un grenache (90 %) exubérant dans ses notes de gelée de cassis qui pourrait lasser si elles n'étaient prolongées par d'heureuses et gourmandes notes lardées en bouche et dans une bouche persistante. De la finesse et du style, à boire en toute saison. (10 000 bouteilles)

Domaine du Coriançon - 2006
François Vallot.
26110 Vinsobres.

4,00 €
T 04 75 26 03 24
www.domainevallot.com

Belle expression de fruits et d'épices au nez et en bouche avec de la densité de matière et des tanins parfaitement intégrés et joliment extraits. Très bon travail d'élevage bien approprié au style du vin. Belle finale, gourmande et expressive, sans lourdeur. Labellisé bio, certifié Demeter. (16 000 bouteilles)

15 /20 **Domaine du Mas de Sainte Croix - La Grande Riaille 2005**
Jacques Coipel.
Route de Vinsobres, 84600 Valréas.
♥ 5,10 €
T 04 90 35 54 53
jacquescoipel@aol.com

Des notes fumées, de la texture, et une bonne fraîcheur préservée, voilà beau rouge fin, équilibré, qu'il convient de boire jeune. À placer dans toutes les circonstances des repas de charcuterie, de viandes grillées ou rôties. (13 000 bouteilles)

15 /20 **Domaine Fond Croze - Cuvée Confidence 2007**
Bruno et Daniel Long.
Le Village, 84290 Saint-Roman-de-Malegarde.
♀ 5,50 €
T 04 90 28 97 07
www.domaine-fondcroze.com

On adore cet assemblage de viognier et de grenache offrant une très séduisante palette aromatique de fruits blancs. Juste ce qu'il faut de gras et de richesse préservant son équilibre et son côté désaltérant. Délicieux à boire dans l'année. (4 000 bouteilles)

15 /20 **Domaine Saint-Pierre - Tradition 2006**
EARL Fauque.
Route d'Avignon, 84150 Violès.
♥ 5,20 €
T 04 90 70 92 64
domaine.saint-pierre@wanadoo.fr

Assez ample avec des tanins structurés et denses en bouche, cette cuvée de caractère offre une bonne intensité de corps. Avec un élevage de huit mois en foudres, il demande encore à se fondre sur les six prochains mois. Il offre un bon potentiel. (20 000 bouteilles)

14,5 /20 **Château Saint-Maurice - Les Parcellaires 2005**
Christophe Valat.
RN 580, 30290 Laudun-L'Ardoise.
♥ 5,00 €
T 04 66 50 29 31
chateau.saint-maurice@wanadoo.fr

Le fruité est généreux et encore intact dans une évolution confite ; la bouche est structurée mais sans lourdeur : il est à point, à boire sur les viandes en sauce. (40 000 bouteilles)

14,5 /20 **Domaine du Bois de Saint-Jean - 2007**
Anglès Vincent et Xavier.
126 avenue de la République, 84450 Jonquerettes.
♥ 4,70 €
T 04 90 22 53 22
xavier.angles@wanadoo.fr

Sa concentration, sa densité le font naturellement sortir du lot. Sa bouche entière, riche, tardive est du niveau d'un Villages. Seul bémol de cet assemblage typiquement méridional (grenache, syrah et mourvèdre), sa richesse en alcool (14,5°). Certes, il lui donne du volume en bouche, mais fatigue après deux verres. À servir dès cet hiver sur les rôtis et les gratins. (10 000 bouteilles)

14,5 /20 **Domaine du Parandou - 2006**
Denis Grangeon.
La Parandou, 84110 Sablet.
♥ 4,30 €
T 04 90 46 96 12
dgrangeob@wanadoo.fr

Provenant des terroirs de plaine dans les bas du village de Sablet, ce rouge se veut simple et plaisant. Sans pour autant manquer de structure et de matière, il a gardé les nuances fruitées et de la longueur. Avec du cinsault et du carignan dans son assemblage, cette cuvée est un bon vin de plaisir. (4 000 bouteilles)

14,5 /20 **Domaine Fond Croze - Confidence 2007**
Bruno et Daniel Long.
Le Village, 84290 Saint-Roman-de-Malegarde.
♥ 5,00 €
T 04 90 28 97 07
www.domaine-fondcroze.com

Une expression fruits rouges simple au nez, sans excès, complétée de notes poivrées. Rond en bouche, généreux, il termine un peu court comme un grenache noir (70 %) encore jeune avec une pointe d'amers qui se fondera d'ici à fin 2009. (60 000 bouteilles)

14,5 **/20** **Les Vignerons de Beaumes de Venise - La Cuvée des Toques** 2007 ♀ 4,80 €
Alain Ignace. T 04 90 12 41 00
Quartier Ravel, 84190 Beaumes-de-Venise. www.beaumes-de-venise.com

Un très bon blanc du Rhône offrant une palette aromatique dans un registre finement beurré, mais sans lourdeur. Très agréable à boire. Cette cuvée, élevée sur lies fines avant sa mise en bouteille précoce, est une excellente affaire. (30 000 bouteilles)

14 **/20** **Cave des Vignerons d'Estézargues - Les Grandes Vignes** 2007 ♀ 4,00 €
Frédéric Vincent. T 04 66 57 03 64
Route de Grès, 30390 Estézargues. www.lesvigneronsdestezargues.com

Note de violette, de boîte à épices, de petits fruits noirs acidulés, bouche fine, digeste, à l'opposé des grosse matières tanniques. Ce cinsault (90 %) est tout en suavité (13,5º), d'une excellente persistance de saveurs pour un simple côtes. Sans être un grand coup de cœur, c'est un très bon vin original pour tous les jours. Labellisé bio, certifié Ecocert. (50 000 bouteilles)

14 **/20** **Cellier des Chartreux - Chevalier d'Anthèlme** 2007 ♀ 4,60 €
Christophe Navana. T 04 90 26 39 40
RN 580, 30131 Pujaut. cellier.des.chartreux@wanadoo.fr

Joli gras et ampleur de la matière en bouche pour cette cuvée allant sur des arômes crémés en finale. Parfait à boire durant cet hiver. (40 000 bouteilles)

14 **/20** **Domaine de L'Espigouette - 2006** ♀ 5,00 €
Bernard Latour. T 04 90 70 95 48
BP 6, route d'Orange, 84150 Violès. espigouette@aol.com

Du fruit, de la chair, des saveurs plus évoluées de lard fumé, de tapenade qui tiennent en bouche et se concentrent en finale tout en terminant court et frais. Un grenache (70 %) dans toute sa haute maturité (14º). À boire sur deux ans. (40 000 bouteilles)

14 **/20** **Domaine de La Bastide - 2007** ♀ 4,00 €
Vinvent Boyer. T 04 90 41 98 61
La Bastide, 84820 Visan. www.domainedelabastide.com

Après un carton plein avec le grand vin, c'est au tour de la petite cuvée de sortir dans ce domaine décidément en forme. Toujours dans un style technique moderne irréprochable, c'est un assemblage grenache et syrah tout en douceur et en fruit, assez court et simple en saveur, mais tellement digeste, servi frais sur les en-cas de tous les jours. (100 000 bouteilles)

14 **/20** **Domaine Dionysos - La Devèze** 2005 ♀ 4,20 €
Famille Farjon. T 04 90 40 60 33
Les Farjon, 84100 Uchaux. www.domainedionysos.com

Il a gardé du volume, de la tenue tout en développant un style velouté. De légers amers venus d'un élevage partiel en barrique, lui donnent une pointe de verdeur finale qui le font tenir à table sur les mets épicés. À boire. (20 000 bouteilles)

14 **/20** **Domaine du Bois des Mèges - 2007** ♀ 4,70 €
Ghislain Guigue. T 04 90 70 92 95
Les Tappys, 607 route d'Orange, 84150 Violès. meges@netcourrier.com

Pas de bois, que le goût sucré du raisin mûr ; grenache surtout, mais aussi syrah et carignan qui apportent de la fraîcheur en finale. Un rouge présent, de matière, en tanins, mais sans rigidité. À boire. (8 000 bouteilles)

14 /20 **Domaine Marcel Richaud – Terres d'Aigues 2007**
Marcel Richaud.
Route de Rasteau, 84290 Cairanne.

 5,50 €
T 04 90 30 85 25
marcel.richaud@wanadoo.fr

Produit par le célèbre vigneron de Cairanne, cet assemblage grenache et carignan (légère macération carbonique) est suave, fin, coulant, bien construit pour tenir sur un large style de cuisines du quotidien. Un regret : sa trop grande richesse en alcool (15°). Labellisé bio, certifié Ecocert. (25 000 bouteilles)

 14 /20 **Ets Lavau Mouret et Cie – 2007**
Vincent Dervitisse.
Route de Cairanne, 84150 Violès.

4,50 €
T 04 90 70 98 70
lavau.mouret@free.fr

Belle notes de fruits blancs avec un semblant de minéralité en finale. On apprécie ce blanc bien vinifié et délicieux à boire dans sa jeunesse. (684 bouteilles)

14 /20 **Maison Louis Bernard – Bonus Passus 2006**
Stéphane Oudar.
La Chartreuse de Bonpas, 84510 Caumont sur Durance.

3,95 €
T 04 90 23 09 90
www.louis-bernard.com

Bonne expression de fruit et élégance avec de la fraîcheur et du style en finale. Bon équilibre et longueur. Agréable fruité et fraîcheur en finale pour cette cuvée de négoce très agréable à boire dans l'année. (110 600 bouteilles)

 14 /20 **Patrick Lesec Sélections – Bouquet 2006**
François Sirac.
Chemin du Moulin de Bargeton, 30702 Uzès.

5,50 €
T 04 66 37 67 20
www.chemindesvins.com

De la couleur, une expression sudiste au nez avec des notes de raisins mûrs dans un registre kirsché. On retrouve ce caractère en bouche avec de la fraîcheur et des tanins qui structurent la finale. Un rien rustique, mais de bonne intensité de corps, cette cuvée est un bon archétype du vin du Rhône pour le quotidien. (14 000 bouteilles)

 13,5 /20 **Cave de Rasteau – Les Viguiers 2006**
Jean-Jacques Dost.
Route des Princes d'Orange, 84110 Rasteau.

4,60 €
T 04 90 10 90 10
www.rasteau.com

Le grenache dominant dans cet assemblage est bien présent au nez et en bouche avec cette fluidité et cette suavité dans les tanins. Il affiche un fruit encore frais et classique. On retrouve en bouche une matière souple et fluide, mais avec de la fraîcheur en finale. Un vin gourmand, prêt à boire. (100 000 bouteilles)

13,5 /20 **Cave des Vignerons d'Estézargues – Domaine des Bacchantes 2007**
Frédéric Vincent.
Route de Grès, 30390 Estézargues.

5,50 €
T 04 66 57 03 64
www.lesvigneronsdestezargues.com

Produit par l'une des plus qualitatives coopératives des côtes du Rhône méridionales, cette syrah (80 %) complétée de grenache est assez extraite, avec des notes mûres, structurée par des amers qui allongent mais aussi alourdissent un peu la bouche. Labellisé bio, certifié Ecocert. (20 000 bouteilles)

 13,5 /20 **Clos Petite Bellane – 2005**
Olivier Peuchot.
Chemin Sainte croix, 84600 Valréas.

5,30 €
T 04 90 35 22 64
www.clos-petite-bellane.com

Grenache (70 %) et syrah, qui, travaillés partiellement en macération, apportent quatre ans après la vendange toujours une dominante de fruits rouges. Matière fine, tanins frais, le tout est équilibré. À boire. (40 000 bouteilles)

13,5 /20

Domaine de la Millière - Vieilles Vignes 2006
Michel Arnaud.
Cabrières Le Grès, 84100 Orange.
🍷 **5,00 €**
T 04 90 34 53 06
la-milliere.arnaud@wanadoo.fr

On sent un respect du raisin dans cette cuvée de vieux grenache (85 %) très élégante, structurée mais sans sécheresse, dotée d'un supplément de saveur, d'une persistance louable pour une côtes. Un classique à boire dans les deux ans. (19 620 bouteilles)

13,5 /20

Domaine de Magalanne - 2007
Jean-Baptiste Crouzet.
Route de Sinargues, 30390 Domazan.

🍷 **4,50 €**
T 06 67 41 65 21
www.domainedemagalanne.blogg.org

Voilà un bel exemple de côtes-du-rhône moderne avec un fruité éclatant (macération à froid à la fois préfermentaire), frais, gourmand, totalement dédié au fruit et construit finement avec des tanins doux et une finale acidulée. Un assemblage complet de syrah, grenache, carignan, cinsault (un quart de chaque). À boire jeune. (15 000 bouteilles)

13,5 /20

Domaine Montmartel - 2005
Damien Marres.
2 route de Saint-Roman, 26790 Tulette.
🍷 **5,00 €**
T 04 75 98 01 82
vmarres@hotmail.com

Un assemblage équilibré : grenache (40 %), syrah (30 %), carignan (30 %) pour un rouge bien en chair, confit, marqué par un début d'évolution, sur des notes d'épices et bois consumé. En reconversion biologique. (15 000 bouteilles)

13,5 /20
Domaine Philippe Plantevin - Le Pérussier 2006
Philippe Plantevin.
Daurelle, 84290 Cairanne.
🍷 **4,90 €**
T 04 90 30 71 05
philippe@philippeplantevin.com

Cette cuvée se distingue par sa grande souplesse et son fruité croquant en bouche. Sans posséder une grande matière, il offre de l'équilibre et de la fraîcheur. Un bon côtes-du-rhône de fruit à boire impérativement dans sa jeunesse. (20 266 bouteilles)

13,5 /20

Domaine Sarrelon - 2006
Stéphane Oudar.
La Chartreuse de Bonpas, 84510 Caumont sur Durance.
🍷 **4,00 €**
T 04 90 23 09 59
louisbernard@sldb.fr

Fraîcheur parfaitement conservée dans cette cuvée au style très croquant en bouche. Les arômes de fruits rouges dominent avec vigueur et équilibre. Un vin juste, très désaltérant. (34 000 bouteilles)

13,5 /20

Mas de Boislauzon - Les Deux Chênes 2006
Christine et Daniel Chaussy.
Route de Chateauneuf-du-Pape, 84100 Orange.
🍷 **5,20 €**
T 04 90 34 46 49
www.masdeboislauzon.fr

Tenue encore ferme des tanins en bouche pour ce vin assez tendre et de bon aloi avec une matière agréable. Bon style gouleyant à boire dans l'année. (32 000 bouteilles)

13 /20
Château des Coccinelles - 2007
Paul-Henri Fabre.
Rue des Écoles, 30390 Domazan.
🍷 **4,90 €**
T 04 66 57 03 07
www.chateau-coccinlles.com

Plus frais et mordant que la moyenne des côtes 2007, sa bouche manque un peu de finesse dans les tanins, mais non de saveur (goût de bigarreau), facile à boire. Labellisé bio, certifié Ecocert. (56 700 bouteilles)

13 | **Domaine de la Guicharde - Cuvée Léon 2007**
/20 | Arnaud Guichard.
Derboux, 84430 Mondragon.

4,60 €
T 04 90 30 17 84
domaine-guicharde.com

On remarque sa robe colorée, sa texture grasse soit du lot. Voilà un côte-du-rhône râblé (mi-grenache, mi-syrah), qui exprime un fruité mûr, charnu, bien présent en entrée de bouche, avec une finale assez courte. Bien fait et efficace. (40 0000 bouteilles)

13 | **Domaine de la Mavette - 2006**
/20 | Jean-François Lambert.
Quartier des Paillères, 84190 Gigondas.

5,20 €
T 04 90 65 85 29
lambert.jfs@orange.fr

Dans un registre aromatique sur des arômes de fruits à l'eau-de-vie, la bouche est encore marquée par des tanins fermes, mais l'ensemble et la finale sont de bonne intensité aromatique avec de fines notes d'épices. Un bon vin loyal à boire dans l'année. (30 000 bouteilles)

13 | **Domaine des Favards - 2007**
/20 | Jean-Paul Barbaud.
Route d'Orange, 84150 Violès.

3,70 €
T 04 90 70 94 64
www.favards.com

Une matière coulante, fruitée, typée grenache (éraflé) dans sa finale fruits noirs et ses tanins enveloppé. On le croquera jeune. (28 0000 bouteilles)

CÔTES DU RHÔNE-VILLAGES

*Les Côtes du Rhône-Villages demeurent le meilleur espace pour faire des trouvailles à petits prix, car s'il existe un véritable écart qualitatif entre un côtes-du-rhône générique et un villages, les prix demeurent très sages. La qualité des terroirs se reflète dans les vins. Il n'existe pas un style Côtes du Rhône-Villages, mais plusieurs, liés à leur situation géographique. C'est très net lorsque l'on goûte un vin portant le nom de l'un des seize villages possédant le droit de le faire figurer sur l'étiquette, mais cette différence persiste aussi dans la dégustation d'un côtes-du-rhône-villages générique, selon qu'il provient de la Drôme, du Vaucluse ou du Gard. Nous sommes moins enthousiastes cette année sur l'hétérogénéité d'une grande série de 2006 qui fatiguent déjà. 2007 confirme son niveau exceptionnel : buvez-les jeunes, dans leur croquant, surtout que la méthode de vinification les pousse dans ce sens (macération à froid) et mettez de côté trois, quatre ans les cuvées spéciales. **Une sélection établie à moins de 7 €.***

15 | **Château Mongin - 2006**
/20 | Juliette Muret.
2260 route des Grès, 84100 Orange.

6,30 €
T 04 90 51 48 04
www.lpa.orange.free.fr

Le lycée viticole d'Orange livre là un très beau Villages (80 % syrah et grenache) qui séduit par son volume de bouche, moelleux, frais et fin. La tenue de ses saveurs ne reposent que sur la maturité servie par un élevage en cuve. Avec les félicitations du jury ! (13 000 bouteilles)

15 | **Domaine Rouge Garance - Garance 2007**
/20 | Cortellini-Trintignant.
Chemin de Massacan, 30210 Saint-Hilaire-d'Ozilhan.

7,00 €
T 04 66 37 06 92
www.rougegarance.com

Une bouche mûre, fine, tendue, fraîche dans ses tanins (merci l'acidité du carignan) qui charment par leur accent rocailleux, savoureux. Un vin vivant et juste dont on ne se lasse pas. 70 % de carignan complété par du grenache et de la syrah. Certifié bio, labellisé Ecocert. (12 000 bouteilles)

14,5 **Domaine de la Vieille Fontaine - Saint-Marc 2005**
/20 Marc et Pascal Carle.
Le Jonquier, 30200 Saint-Etienne des Sorts.
6,50 €
T 04 66 79 24 43
domainedelavieillefontaine@wanadoo.fr

Symbolisé par un lion dans son évangile, voilà un Saint-Marc rugissant qui en impose par son style très syrah (90 %, élevé 18 mois en cuve), coloré, riche, solide, qui finit avec fraîcheur comme souvent les bonnes cuvées de 2005. À boire sans se presser sur les plats méditerranéens épicés. Saint-Marc est aussi le patron des notaires et des vitriers, à bon entendeur... (5 000 bouteilles)

14,5 **Domaine du Vieux Chêne - Cuvée des seigneurs 2006**
/20 Béatrice et Jean-Claude Bouche.
813 rue Buisseron, 84850 Camaret.
7,00 €
T 04 90 37 25 07
www.bouche-duvieuxchene.com

Sa robe attire par sa brillance et sa profondeur qui annonce des petits rendements et une concentration que confirme une bouche solide, encore très tannique. Des tanins qui auraient mérité d'être travaillés, domptés à l'élevage, ce qui aurait donné plus de finesse à l'ensemble qui n'en est pas moins un des vins les plus concentrés notés dans cette dégustation de Villages 2006. À boire sur trois ans. Labellisé bio, certifié Ecocert. (2 600 bouteilles)

14 **Domaine de la Berthète - 2007**
/20 Pascal Maillet.
Route de Jonquières, 84850 Camaret-sur-Aigues.
5,60 €
T 04 90 37 22 41
la.berthete@wanadoo.fr

De la chair, de la trame, des notes de réglisse et de cerise noire ; bref, un supplément de personnalité dans un rouge (grenache, syrah, carignan) dans lequel on sent l'intégrité du raisin préservé. Bon rapport qualité/prix. (60 000 bouteilles)

14 **Domaine du Mas de Sainte Croix - 2005**
/20 Jacques Coipel.
Route de Vinsobres, 84600 Valréas.
6,55 €
T 04 90 35 54 53
jacquescoipel@aol.com

Couleur sombre, matière ronde, plus typée syrah que grenache (les deux sont assemblés après une longue cuvaison et un élevage en cuve). Pour une rouge riche et mûr, à boire maintenant dans son épaisseur encore pulpeuse. 14,4 º d'alcool tout de même ! (7 900 bouteilles)

14 **Terre d'Avignon - Cour d'Honneur 2005**
/20 Loiseleur Pascal.
457 ave Aristide Briand, 84310 Morières les Avignon.
6,30 €
T 04 90 22 65 65
contact@terresdavignon.com

On sera séduit par la franchise des saveurs chocolatées et mentholées très grenache noir (assemblé à la syrah) de cette cuvée très soignée de coopérative. À boire. (20 000 bouteilles)

13,5 **Domaine de Mayran - 2006**
/20 Bernard Duseigneur.
Rue Nostradamus, 30126 St Laurent des Arbres.
6,50 €
T 04 66 50 02 57
www.domaineduseigneur.com

Nez d'amande verte, bouche entière, massive, tannique, qui tient d'un bloc, tout comme ses saveurs épicées qui sont plus proches de la terre que du fruit. À boire sans se presser. Biodynamie, labellisé Ecocert. (20 000 bouteilles)

CÔTES DU RHÔNE-VILLAGES CAIRANNE

*760 hectares dans le département du Vaucluse, au pied du haut village de Cairanne, en direction du Plan de Dieu et de la plaine de l'Aigues. Des terrasses argileuses, caillouteuses et sableuses qui produisent des rouges veloutés, plus profonds et frais que la moyenne des Villages. Ils méritent d'ailleurs davantage que certains, récemment promus au statut de cru. **Une sélection établie à moins de 7.50 €.***

15 Domaine Alary - Tradition 2006
/20
Denis et Daniel Alary.
La Font d'Estévenas, Route de Rasteau, 84290 Cairanne.

🍷 7,20 €
T 04 90 30 82 32
alary.denis@wanadoo.fr

La robe est encore dense, et ce vin affiche au nez et en bouche de beaux parfums de garrigue, très classiques. Avec un caractère solaire, le style se montre très expressif et avec ce qu'il faut de chaleur en finale pour conclure sur un vin de caractère. (25 000 bouteilles)

14 Domaine Dionysos - La Cigalette 2005
/20
Famille Farjon.
Les Farjon, 84100 Uchaux.

🍷 6,00 €
T 04 90 40 60 33
www.domainedionysos.com

Fine évolution sur des notes d'épices avec une belle matière encore ferme. Il se distingue par sa longueur et sa corpulence, dans un style très classique. Idéal à boire durant l'hiver. (20 000 bouteilles)

14 Domaine Saint-Andéol - 2006
/20
Famille Beaumet.
84290 Cairanne.

🍷 7,50 €
T 04 90 30 81 53
cave-beaumet@free.fr

Beau vin très complet avec de la mâche et de la puissance en bouche. Dans un registre ample en finale sur des notes d'épices. Belle longueur avec du style et encore beaucoup de fruit en finale. Il arrive tranquillement à maturité de consommation. (13 000 bouteilles)

CÔTES DU RHÔNE-VILLAGES CHUSCLAN

Juste en face d'Orange, sur la rive droite du Rhône, le vignoble de Chusclan a rejoint les Côtes du Rhône-Villages en 1967. Sur cinq communes (Chusclan, Codolet, Saint-Étienne des Sorts, Bagnols-sur-Cèze) dans le département du Gard, le vignoble est planté sur de légères pentes composées d'un terroir classique d'argile avec quelques terrasses caillouteuses et des zones plus sableuses dans les bas de côtes. **Une Sélection établie à moins de 7.50 €.**

14,5 Vignerons de Chusclan - Les Genêts 2006
/20
Claude Rivier.
30200 Chusclan.

🍷 7,50 €
T 04 66 90 11 03
contact@lc-v.com

Une belle composition de cépages pour cet assemblage comprenant syrah, grenache, carignan, mourvèdre et cinsault encore marqué par des tanins massifs. Mais il offre une belle concentration en bouche et s'épanouira avec une à deux années de bouteille. (35 000 bouteilles)

14 Vignerons de Chusclan - Les Monticauts 2006
/20
Claude Rivier.
30200 Chusclan.

🍷 7,50 €
T 04 66 90 11 03
contact@lc-v.com

Cette cuvée de la cave coopérative présente une fine évolution avec des notes de fruits secs et d'épices amenant une bouche aux tanins suaves et harmonieux. Un vin qui arrive tranquillement à maturité de consommation. (25 000 bouteilles)

CÔTES DU RHÔNE-VILLAGES LAUDUN

Dans le Gard, Laudun qui fut consacré Côtes du Rhône-Villages en 1967 s'étend sur trois communes8 : Laudun, Saint Victor-la-Coste et Tresques. Son terroir est pierreux ou graveleux, propice au blanc (depuis longtemps) comme au rouge d'un style assez vif. Environ 300 hectares sont en production. **Une sélection établie à moins de 7,50 €.**

14 Clos de Taman - 2007
/20 Philippe Pellaton.
Route de Laudun, 30200 Laudun.

7,50 €
T 04 66 90 11 03
contact@lc-v.com

Belle attaque en bouche avec une matière de bonne intensité de fruit, finesse et velouté dans les tanins apportés par une vinification préfermentaire à basse température sur des syrahs et des grenaches. Belle tenue en finale avec toujours une dominante fruitée, dans un style souple. (40 000 bouteilles)

CÔTES DU RHÔNE-VILLAGES MASSIF D'UCHAUX

*Cette appellation s'étend sur cinq communes : Lagarde-Paréol, Mondragon, Piolenc, Sérignan-du-Comtat et Uchaux, sur des sols de grés. En 2005, ce secteur du Massif d'Uchaux est consacré Côtes du Rhône-Villages avec nom géographique, pour 178 ha en production. Des rouges bien structurés qui évoluent bien sur quatre à cinq ans de garde. **Une sélection à moins de 7.50 €.***

15,5 Domaine Chaume-Arnaud - Granges Rouges 2005
/20 Valérie Chaume-Arnaud.
Les Paluds, 26110 Vinsobres.

7,00 €
T 04 75 27 66 85
chaume-arnaud@wanadoo.fr

Élégance et belle matière au nez et en bouche pour ce côtes-du-rhône très classique avec une bouche tendre et équilibrée. Un excellent vin de grenache à boire dans les deux ans. Labellisé bio, certifié Demeter. (5 000 bouteilles)

14,5 Domaine de la Guicharde - Genest 2006
/20 Arnaud Guichard.
Derboux, 84430 Mondragon.

7,50 €
T 04 90 30 17 84
domaine-guicharde.com

Un très bon vin classique allant sur des notes d'épices avec une matière de bon aloi. Plus souple que le 2005 (retenu dans notre dernière édition), il est tout à fait prêt à être bu dans l'année. Labellisé bio, certifié Qualenvi. (20 000 bouteilles)

CÔTES DU RHONE-VILLAGES PLAN DE DIEU

*Une aire en production actuellement sur 370 hectares qui a été reconnue Côtes du Rhône-Villages, avec nom géographique, en 2005. Elle s'étend sur quatre communes : Camaret-sur-Aigues, Jonquières, Travaillan et Violès, qui couvrent une vaste terrasse alluviale dotée d'argiles humides. **Une sélection établie à moins de 6,50 €.***

14 Domaine Saint-Pierre - 2006
/20 EARL Fauque.
Route d'Avignon, 84150 Violès.

6,50 €
T 04 90 70 92 64
domaine.saint-pierre@wanadoo.fr

Bon style plein et dense avec une matière plus concentrée que la moyenne des autres vins du village. Un vin qui présente davantage de caractère et de longueur en finale avec des tanins un rien rustiques qui demandent à se fondre. (10 000 bouteilles)

13 Domaine du Bois des Mèges - 2006
/20 Ghislain Guigue.
Les Tappys, 607 route d'Orange, 84150 Violès.

6,00 €
T 04 90 70 92 95
meges@netcourrier.com

Notes d'épices avec une bouche tout en souplesse et en fluidité de tanins. Ce vin est agréable à boire pour sa rondeur et son fondu de tanins. (9 000 bouteilles)

CÔTES DU RHÔNE-VILLAGES RASTEAU

Comme Cairanne, voilà un vaste village qui mérite amplement de passer en cru. Sa production connue pour ses vins doux s'étend sur 730 hectares de sols bruns et calcaires. Ses vins rouges, à forte

dominante de grenache, sont robustes et de bonne garde. **Une sélection établie à moins de 7.50 €.**

 15 /20 **Domaine Grand Nicolet - Vieilles Vignes 2005**
Jean-Pierre Bertrand.
Route de Violès, 84110 Rasteau.
🍷 7,00 €
T 04 90 46 12 40
domainegrandnicolet@orange.fr

Mûr, velouté, doux, sur des notes légèrement cuites, ce grenache a du style, avec ses notes fines de cacao et menthol en finale. (15 000 bouteilles)

 14,5 /20 **Domaine Didier Charavin - 2006**
Didier Charavin.
Route de Vaison, 84110 Rasteau.
🍷 6,70 €
T 04 90 46 15 63

Sans posséder une très grande concentration, ce vin est plaisant pour son aspect minéral au nez et en bouche et son élevage élégant. Bonne fraîcheur en finale avec des notes d'évolution. Il est conseillé de le boire dans les deux ans. (20 000 bouteilles)

 14 /20 **Domaine Grand Nicolet - 2005**
Jean-Pierre Bertrand.
Route de Violès, 84110 Rasteau.
🍷 7,20 €
T 04 90 46 12 40
domainegrandnicolet@orange.fr

Encore beaucoup de fraîcheur de fruit dans cette bouteille très plaisante. Belle matière et tenue en bouche avec un profil moderne et frais en finale. Ensemble très plaisant et délicieux à boire en ce moment.

CÔTES DU RHÔNE-VILLAGES ROCHEGUDE

Produit sur la seule commune de Rochegude, dans le sud de la Drôme, sur 135 hectares, et un sol d'argiles rouges, de grès et de silices. Il a été classé en Côtes du Rhône-Villages Rochegude en 1967. **Une sélection établie à moins 6,50 €.**

 13 /20 **Domaine Chapoton - 2007**
Annika et Serge Remusan.
Route du Moulin, 26790 Rochegude.
🍷 6,50 €
T 04 75 98 22 46
www.domaine-chapoton.com

Un bon vin tendre et gentiment épicé au nez et en bouche. Aspect fluide des tanins apportant de la souplesse, mais aussi un profil désaltérant très plaisant. Il est parfait à boire en ce moment. (10 000 bouteilles)

CÔTES DU RHÔNE-VILLAGES SABLET

Entièrement sur la commune de Sablet, le vignoble est contigu à celui de Gigondas dans la partie nord des Dentelles de Montmirail (230 hectares, classé Côtes du Rhône-Villages Sablet en 1974), sur des sols légers et sableux, pour des rouges aux tanins fins et confits en arômes. **Une sélection établie à moins de 7.50 €.**

16 /20
Domaine des Pasquiers - 2006
Famille Lambert.
Route d'Orange, 84110 Sablet.

🍷 7,00 €
T 04 90 46 83 97
www.domainedespasquiers.com

Dans un esprit très puissant et concentré avec une robe foncée, ce vin s'impose dans la dégustation par sa chair et son registre très riche en attaque et en finale. On trouve de très belles expressions de fruits noirs mûrs et de laurier. Bel ensemble épanoui et corpulent qui ne cache pas son trait de caractère sudiste. (50 000 bouteilles)

CÔTES DU RHÔNE-VILLAGES SÉGURET

C'est au pied des Dentelles de Montmirail que l'on découvre le village de Séguret et son appellation Côtes du Rhône-Villages avec nom de commune (268 hectares). Limitrophe de Sablet, et du cru Gigondas, Séguret produit des vins souples issus de sols d'argiles et de sables. **Une sélection établie à moins de 5 €.**

15 /20
Domaine des Carbonnières - 2006
Stéphane Oudar.
La Chartreuse de Bonpas, 84510 Caumont-sur-Durance.

🍷 4,50 €
T 04 90 23 05 59
louisbernard@sldb.fr

De jolies notes de fruits à l'eau-de-vie signent l'expression aromatique de ce vin au nez comme en bouche. C'est très plaisant avec une agréable suavité de matière en bouche et des tanins veloutés par son élevage. (26 200 bouteilles)

CÔTES DU RHÔNE-VILLAGES SINARGUES

La plus méridionale des appellations Côtes du Rhône-Villages. 319 hectares sur quatre communes : Domazan, Estézargues, Rochefort du Gard, Saze, sur des terrasses de galets roulés sur des sables, à une altitude moyenne de 150 mètres au-dessus du Rhône. Consacrée Côtes du Rhône-Villages avec nom géographique en 2005. **Une sélection établie à moins de 7.50 €.**

16,5 /20
Domaine d'Andezon - 2006
Frédéric Vincent.
Route de Grès, 30390 Estézargues.

🍷 6,80 €
T 04 66 57 03 64
les.vignerons.estezargues@wanadoo.fr

Très beau vin complet et dense avec une matière de très belle ampleur en bouche. C'est un vin mûr, coloré et généreux avec des tanins justement extraits. Il est délicieux à boire maintenant pour sa puissance, mais sa concentration lui permettra de se garder avec grâce trois à quatre ans. Labellisé bio, Certifié Terra Vitis. (30 000 bouteilles)

16 /20
Domaine de La Charité - 2006
Christophe Coste.
5 chemin des Issarts, 30650 Saze.

🍷 7,10 €
T 04 90 31 73 55
domaine@vignoblescoste.fr

Très belle robe dense et précision aromatique avec un fruit à parfaite maturité au nez et en bouche. Ensemble harmonieux et plein, avec beaucoup de fraîcheur et de matière en finale. Beau style très complet. (12 000 bouteilles)

16 /20
Domaine du Grès Saint-Vincent - 2007
Frédéric Vincent.
Route des Grès, 30390 Estézargues.

🍷 5,50 €
T 04 66 57 03 64
les.vignerons.estezarguesàwanadoo.fr

Dans un esprit plus minéral, marqué par le grenache, ce domaine se distingue par une approche en bouche très élégante et un toucher de tanins délicat pour un côtes-du-rhône. Une très belle cuvée à découvrir. Labellisé bio, certifié Terra Vitis. (30 000 bouteilles)

15 **Domaine de Pierredon - 2007**
/20 Frédérique Vincent.
Route de Grès, 30390 Estézargues.

🍷 5,50 €
T 04 66 57 03 64
les.vignerons.estezargues@wanadoo.fr

Ce côtes offre un excellent fruit au nez et en bouche avec une grande séduction et un délicieux croquant. Les 50 % de mourvèdre apportent ce qu'il faut de structure dans les tanins tout en gardant un véritable moelleux. Cette cuvée produite par les vignerons d'Estézargues est une excellente affaire. Labellisé bio, certifié Terra Vitis. (20 000 bouteilles)

CÔTES DU RHÔNE-VILLAGES VISAN

En 1967, Visan fut classé en Côtes du Rhône-Villages, pour la production exclusive des rouges de cette commune du Vaucluse (Enclave des Papes). 420 hectares de sol argilo-calcaires rouges caillouteux. **Une sélection établie à moins de 7,50 €.**

15,5 **Domaine Montmartel - 2005**
/20 Damien Marres.
2 route de Saint-Roman, 26790 Tulette.

🍷 7,50 €
T 04 75 98 01 82
vmarres@hotmail.com

Très beau vin expressif avec de belles notes d'épices et une bouche très suave. L'ensemble se montre concentré et de bon volume en bouche avec de la longueur et de la sève. Bel équilibre et style en finale. (10 000 bouteilles)

15 **Domaine des Lauribert - Les Truffières 2006**
/20 Laurent Sourdon.
Haut-Roussillac, 84820 Visan.

🍷 5,90 €
T 04 90 35 26 82
lauribert@wanadoo.fr

Caractère épicé et belle fraîcheur de fruit et ampleur en bouche. Bon style et longueur pour cette cuvée offrant une bouche qui se tient en finale avec de la longueur et de l'expression. Un vin marqué par la syrah, séducteur. (12 000 bouteilles)

CÔTES DU VENTOUX

*Devant l'imposante montagne, nombreux sont ceux qui pensent que les vins des Côtes du Ventoux sont des crus d'altitude accrochés aux rudes pentes qui précèdent les étendues de forêt puis de caillasse (et non de neige...) recouvrant son sommet. Les vignes s'étendent en fait dans la plaine, mais aussi sur les coteaux ou des terrasses isolées tout autour de ce Fujiyama de Povence. Les prix demeurent accessibles, et certains vins demandent à vieillir deux ou trois ans en cave, dans les grandes années, pour trouver leur plénitude et offrir, dans certains cas, une certaine complexité. Première année où l'on sent un réel caractère (surtout dans les cuvées des caves particulières), affirmé, grâce notamment à un millésime 2006 plus réussi ici que dans les Côtes du Rhône. **Une sélection établie à moins de 6.50 €.***

15 **Domaine de Bérane - Les Agapes 2006**
/20 Bertrand Ferary et Anne-Claire Rabatel.
Route de Flassan, 84570 Mormoiron.

🍷 6,50 €
T 04 90 61 77 32
www.domainedeberane.com

Une dominante de vieux grenache, de notes confites sans lourdeur qui s'élèvent en bouche. On craque pour sa finale de tanins doux, finement sucrée et persistante. Dans le peloton de nos vins d'automne préférés en 2008. (14 000 bouteilles)

15 **Domaine de la Gasqui - 2006**
/20 Jean Feraud.
Chemin de la Gasqui, 84800 L'Isle-sur-la-Sorgue.

🍷 6,00 €
T 04 90 38 01 28
www.domainedelagasqui.com

Une matière ferme, résistante mais ni sec ni dur en tanins : on ressent un grain frais, qui n'a rien d'impressionnant mais qui tient pourtant bien en bouche, avec une finale claire, digeste. Certifié bio, labellisé Ecocert. (4 000 bouteilles)

15 /20 **Domaine de Tara - Terres d'Ocres 2007**
Patrick et Michèle Folléa.
Les Rossignols, 84220 Roussillon.
🍷 6,50 €
T 04 90 05 74 87
www.domainedetara.com

Largement dominé par le grenache assemblé à de la clairette et de la roussanne, cet excellent blanc fait partie de nos découvertes 2009. Tout en fruit et en rondeur, c'est un vin sans prétention, mais d'une grande franchise de goût et d'arômes. Délicieux à boire en apéritif. (4 000 bouteilles)

15 /20 **Domaine les Hautes Briguières - Élégance 2006**
Franaçois-Xavier Rimbert.
Les Hautes-Briguières, 84570 Mormoiron.
🍷 4,80 €
T 04 90 61 71 97
www.hautes-briguieres.com

Le nom de cuvée est bien choisi, car il passe en bouche comme de la soie, coule tout seul, tout en offrant plus de saveurs que toutes les cuvées d'entrée de gamme. Excellent travail dans la vinification à froid. (8 000 bouteilles)

14,5 /20 **Maison Louis Bernard - Domaine Les Herbes Blanches 2007**
Stéphane Oudar.
La Chartreuse de Bonpas, 84510 Caumont sur Durance.
🍷 3,50 €
T 04 90 23 09 90
www.louis-bernard.com

Une bouche pleine, juteuse et généreusement fruitée. Un beau grenache (80 %) savoureux et bien fait. À boire jeune, on ne sera pas déçu. (71 000 bouteilles)

14,5 /20 **Maison Perrin et Fils - La Vieille Ferme 2006**
Jean-Pierre et François Perrin.
Route de Jonquières, 84100 Orange.
🍷 4,90 €
T 04 90 11 12 00
www.clubperrin.com

Très bon fruité, net et simple. Un savoir-faire que l'on retrouve en bouche pour des saveurs précises, des tanins bien calibrés, le tout restant frais mais un peu court. Pour ce volume de bouteilles, c'est remarquable. (1 350 000 bouteilles)

14 /20 **Cave La Courtoise - Les Merrains 2007**
Gilles Veve.
84210 Saint-Didier.
🍷 4,50 €
T 04 90 66 01 15
cave.la.courtoise@wanadoo.fr

Intensément fruité, fin, vin de plaisir immédiat, équilibré, habilement boisé. Il faut le boire jeune dans son aspect pulpeux. (5 500 bouteilles)

14 /20 **Les Vignerons du Mont Ventoux - Grange des Dames 2007**
Nadège Milioto.
Quartier La Salle, 84410 Bedoin.
🍷 4,10 €
T 04 90 65 95 72
www.bedoin.com

Cette cuvée essentiellement composée de grenache et de clairette offre une très grande minéralité au nez et en bouche. Dans un esprit tendu et de belle allonge. Un beau blanc d'équilibre, sans lourdeur. (100 000 bouteilles)

13,5 /20 **Domaine de Caravinserail - In Fine 2006**
Raphaël Trouiller.
Quartier du Roland, 84570 Villes-sur-Auzon.
🍷 4,50 €
T 04 90 61 72 18
cascavel@voila.fr

De la finesse, un respect du fruit, pour une matière bien arrondie (micro-oxygénation sur la syrah) par la vinification. Déjà agréable, à boire jeune. (10 000 bouteilles)

13,5 /20 **Domaine de Cascavel - Le Cascavel 2006**
Raphaël Trouiller.
Avenue Jean Jaurès, 84570 Villes-sur-Auzon.
🍷 6,50 €
T 04 90 61 72 18
cascavel@voila.fr

Texture chocolatée, savoureuse, suave, un peu courte. Il lui manque un rien de fraîcheur mais conserve une bonne tenue. Labelisé bio, certifié Ulase. (14 500 bouteilles)

13,5 /20 **Domaine de Cassan - Les Esclausels 2006** 4,50 €
Famille Croset. T 04 90 62 96 12
Lafare, 84190 Beaumes-de-Venise. www.beaumesdevenise-aoc.fr

Un grenache (70 %) intense et typé, doté d'un grain frais qui ne s'est pas avachi du fait d'un élevage en cuve béton. Une alternative 100 % méditerranéenne de terroir face à la syrah variétale. (19 000 bouteilles)

13,5 /20 **Domaine Grand Jacquet - Les Grands Hommes 2007** 5,25 €
Joël Jacquet. T 04 90 63 24 87
2869 La Venue de Carpentras, 84380 Mazan. www.domaine-grandjacquet.com

Nez animal, bonne chair, fruité légèrement évolué et finale finement acidulée. Un assemblage 40 % syrah, 40 % grenache et carignan en macération carbonique. Labélisé bio, certifié Écocert. (17 000 bouteilles)

13,5 /20 **Mas du Fadan - Les Fées 2006** 6,00 €
David Fayet. T 04 90 06 03 27
Les Grands Cléments, 84400 Villars. davidfayet@aol.com

Une macération à froid donne une cuvée bien dans le fruit, avec une extraction douce de tanins. Il vous emplit la bouche sans sévérité et est fait pour la table et les viandes rôties. À boire sur deux à trois ans. En conversion biologique. (25 000 bouteilles)

GIGONDAS

*Au pied des Dentelles de Montmirail, ce cru est célèbre pour ses grenaches noirs exposés plein sud, sur un terroir calcaire. Une illustre appellation qui peut se caricaturer dans la production de vins architanniques et suralcoolisés. Rares sont les 2006 à moins de 15 º ! Et quand arrive un millésime très fruité comme 2007, beaucoup de vignerons ne savent pas le travailler en finesse. Bref, un cru réputé, mais qui doit encore s'affiner. **Une sélection établie à moins de 11 €.***

16 /20 **La Bastide Saint-Vincent - 2006** 9,60 €
Guy Daniel. T 04 90 70 94 13
Route de Vaison-la-Romaine, 84150 Violès. bastide.vincent@free.fr

Il présente à la fois un aspect compact, sérieux, entier et une fraîcheur sans dureté qui le rend particulièrement digeste. Est-ce dû à l'élevage en cuve ? Est-ce la fraîcheur des argiles du terroir ? Dans tous les cas, saluons un bel équilibre qui s'appréciera dès 2009 et sur quatre à cinq ans. (21 000 bouteilles)

15,5 /20 **Château Raspail - 2005** 10,50 €
Christian Meffre. T 04 90 65 88 93
84190 Gigondas. www.chateauraspail.com

Il présente le volume et la structure attendus dans un gigondas 2005 avec un supplément de longueur, du fait d'une fraîcheur préservée, expression de son terroir. Un très bel équilibre. À boire sur dix ans. (20 000 bouteilles)

14,5 /20 **Domaine de Font-Sane - Tradition 2006** 10,50 €
Gilbert Peysson. T 04 90 65 86 36
84190 Gigondas. www.font-sane.com

On aime le gras, le velouté de cet assemblage de vendanges entières longuement cuvé. L'alcool (15º) est pour beaucoup dans la perception moelleuse et charnelle en bouche, ainsi que l'enrobage de l'élevage en foudre. Il plaira, c'est certain, mais la bouteille sera un peu difficile à finir. (38 000 bouteilles)

14,5 /20 Domaine Le Clos des Cazaux - La Tour Sarrazine 2006
Jean-Michel et Frédéric Vache.
Chemin du Moulin, 84190 Vacqueyras.

10,30 €
T 04 90 65 85 83
www.closdescazaux.fr

La vinification en vendanges entières dans ce millésime chaud aboutit à un vin puissant, animal en arôme, entier et tannique en bouche. Une forte personnalité qu'il faut attendre deux ans avant que ne se révèle la finesse de sa finale et surtout le supplément de saveurs du végétal mûr déjà perceptible. (25 000 bouteilles)

14 /20 Domaine des Tourelles - 2005
Roger Cuillerat.
84190 Gigondas.

10,50 €
T 04 90 65 86 98
domaine-des-tourelles@wanadoo.fr

Dans la lignée des bons millésimes auxquels nous a habitués ce domaine classique de Gigondas, c'est un 2005 porté par des tanins denses mais fin, sans dureté, net et carré en finale. (25 800 bouteilles)

13,5 /20 Domaine Saint François-Xavier - Sélection Fruitée 2006
Christian et Jean-François Gras.
Les Terres, 84190 Gigondas.

9,60 €
T 06 20 52 64 54
www.gigondas-vin.fr

Nez de fruits noirs et cumin, déjà un peu évolué. Bouche ferme et un rien sèche, sans creux ni dilution sur la finale. À boire. (40 000 bouteilles)

13,5 /20 Mas des Restanques - 2007
Josiane et Jean-Luc Faraud.
Les Parties, 84190 Gigondas.

10,50 €
T 04 90 65 80 87
masdesrestanques@hotmail.com

Une vendange entière (grenache et syrah), pigée pendant trente jours, aboutit à un gigondas fin, plus profond en saveur, solidement tannique, mais pas au point d'assécher sa finale. Il faut l'attendre un à deux ans. Cette cuvée stylée incite à suivre de près ce domaine. (3 000 bouteilles)

13,5 /20 R & D Vins - 2005
François Dauvergne.
Château Saint-Maurice, RN 580, 30290 Laudun.

10,90 €
T 04 66 82 96 59
www.dauvergne.ranvier.com

Il offre du volume, de la générosité et de l'intensité dans ses saveurs. Déjà ouvert, il se destine à une consommation assez rapide. (15 000 bouteilles)

12,5 /20 Domaine des Florets - 2007
Jérôme Boudier.
Route des Dentelles, 84190 Gigondas.

10,00 €
T 04 90 40 47 51
scea-domainedesflorets@orange.fr

Il se déguste déjà avec plaisir dans l'exubérance de son fruit très cassis et charnu. Sa finale simple encourage à le boire jeune. Un domaine récemment repris à suivre. (12 000 bouteilles)

LIRAC

*Ce cru gardois tricolore, reconnaissable par une bouteille spéciale, mise sur des rouges (80 %) dominés par la syrah. Si certains producteurs lui donnent une dimension de terroir, notamment dans l'expression de tanins moelleux et fins, une majorité se contente d'une expression simplement solaire. Les liracs se singularisent moins de fait qu'il y a dix ans. Les rouges 2006 sont de belles réussites dans cette appellation avec des expressions de maturité et de concentration plus intenses que sur les autres crus du sud de la vallée du Rhône. **Une sélection établie à moins de 9 €.***

16 /20 **Domaine Pélaquié - 2006**
Luc Pélaquié.
7, rue du Vernet, 30290 Saint-Victor-La-Coste.
♀ 8,50 €
T 04 66 50 06 04
www.domaine-pelaquie.com

Très aromatique, abricoté et vanillé, et une pointe fumée de silex. On retrouve un fruité expressif et de la tenue en fin de bouche, digne d'un cru.

15,5 /20 **Les Vignerons de Roquemaure - Cuvée Saint Valentin 2006**
Jacques Hilaire.
1 rue des vignerons, 30150 Roquemaure.
🍷 7,00 €
T 04 66 82 82 01
www.vignerons-de-roquemaure.com

Vin très coloré et porté dans les arômes par un boisé encore très présent. Mais le vin possède du fond et de la mâche. Belle harmonie des tanins dans un style très moderne. Il plaira aux amateurs de vins colorés et concentrés. (18 000 bouteilles)

15 /20 **Château d'Aquéria - 2006**
Vincent de Bez.
30126 Tavel.
🍷 9,00 €
T 04 66 50 04 56
www.aqueria.com

Ce vin longuement cuvé se distingue par davantage de corps, d'équilibre et de finesse dans les tanins pour ce 2006 assez friand et de bonne fraîcheur de fruit en finale. Agréable à boire dans l'année. (70 000 bouteilles)

15 /20 **Domaine de la Croze Granier - Bel Air 2006**
Françoise Granier.
13 rue de l'Escatillon, 30150 Roquemaure.
🍷 9,00 €
T 04 66 82 56 73
croze-granier@wanadoo.fr

Puissant et richement coloré, ce lirac montre un style assez moderne dans un registre très fruits noirs. Belle fraîcheur en bouche avec de la concentration et du corps. Les tanins encore fermes demanderont deux à trois années de garde pour s'affiner. (2 900 bouteilles)

TAVEL

*La particularité de Tavel est de produire une seule couleur : le rosé. Les vins proviennent uniquement de la commune de Tavel, et son vignoble est situé en face de celui de Châteauneuf-du-Pape, sur l'autre rive du Rhône. En général, les rosés produits ici sont généreux en alcool, d'acidité souvent basse. Notre dégustation ne nous a pas franchement emballés. Comme pour Gigondas, l'appellation semble se caricaturer, endormie sur son image de « plus grand rosé du monde ». Résultat sur quinze échantillons : une majorité de vins épais, peu savoureux, brûlants et chers ! Rappelons que la première qualité d'un vin est d'être bu avec plaisir et pour le rosé avec gourmandise ! Fût-t-il charnu et vineux comme doit l'être un bon tavel. **Une sélection établie à moins de 7.50 €.**

15 /20 **Château de Ségriès - 2007**
Henri de Lanzac.
Chemin de La Grange, 30126 Tavel.
🍷 7,00 €
T 04 66 50 22 97
chateaudesegries@wanadoo.fr

Belle bouche avec de la matière dans un registre puissant et très vineux tout en gardant une grande fraîcheur de fruit. Très plaisant. (35 000 bouteilles)

15 /20 **Château de Trinquevedel - 2007**
Guillaume Demoulin.
Château de Trinquedevel, 30126 Tavel.
🍷 7,50 €
T 04 66 50 04 04
trinquevedel@aol.com

Bel exemple de tavel très classique avec une matière ample et vineuse. On retrouve en finale de fines notes d'oxydation contribuant à sa complexité. Beau style traditionnel. (40 000 bouteilles)

15 /20 **Domaine Beaumont - 2007**
Brisse Beaumont.
Chemin de la Filature, 30126 Lirac.

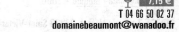 7,15 €
T 04 66 50 02 37
domainebeaumont@wanadoo.fr

Fraîcheur et finesse de style en bouche avec une fine acidité en finale. Très plaisant avec de la longueur construite sur les épices. Belle finesse de style. (3 000 bouteilles)

 14,5 /20 **Domaine Le Malaven - 2007**
Dominique et Isabelle Roudil.
Route de la Commanderie, 30126 Tavel.

7,20 €
T 04 66 50 20 02
dominique.roudil@orange.fr

Très joliment vinifié, ce tavel se montre plein et très vineux. On apprécie ce caractère légèrement tanique offrant une expression intense de fruits rouges et une finale sur les épices. Belle longueur en finale. Il se gardera deux à trois ans. (35 000 bouteilles)

14,5 /20 **Les Caves Saint-Pierre - Préférence 2007**
Marc Besson.
Avenue Pierre de Luxembourg, 84230 Châteauneuf-du-Pape.

5,75 €
T 04 90 83 58 35
www.cavessaintpierre.fr

Bonne tenue et ensemble de belle ampleur en bouche avec des notes mentholées. Agréable fraîcheur et finesse en finale. C'est un rosé de bonne corpulence, mais sans lourdeur. (8 000 bouteilles)

VACQUEYRAS

*L'appellation est toute proche de Gigondas et est assez similaire dans les terroirs et son exposition. Cependant, elle avait pris un peu de retard dans l'évolution de ses vins en comparaison avec certains crus et villages voisins. La belle endormie s'est réveillée il y a un peu moins de dix ans. Son style est assez charpenté, avec des vins riches en soleil, donc souvent en alcool, mais toujours d'un bel équilibre et de bon potentiel de garde. Les prix se rapprochent de ceux de Gigondas. Nous avons dégusté cette année une très belle série de 2006 aux tanins mûrs et suaves formant des vins équilibrés et de belle maturité de fruit. Beaucoup d'entre eux pourront se garder sans difficulté trois à quatre ans. **Une sélection établie à moins de 10 €.***

 16 /20 **Domaine des Amouriers - Signature 2006**
Famille Chudzikiewicz.
Les Garrigues, 84260 Sarrians.

 9,00 €
T 04 90 65 83 22
domaine-des-amouriers@aliceadsl.fr

De belles notes réglissées marquent le nez et la bouche avec des tanins ayant atteint un très bon niveau de suavité et l'ensemble se montre équilibré et fin. Pas d'une très grande longueur, mais c'est un vin séduisant et de belle fraîcheur en finale. Parfait à boire durant l'hiver. (20 000 bouteilles)

---

 16 /20 **Domaine Le Couroulu - Classique 2006**
Guy Ricard.
La Pousterle, 84190 Vacqueyras.

 8,70 €
T 04 90 65 84 83

Belle matière avec un peu de réduction au premier nez, mais bonne extraction des tanins et registre classique en finale. Il a besoin d'air pour s'exprimer parfaitement, mais se fera avec le temps. Un beau vin à mettre en cave. (35 000 bouteilles)

---

 15 /20 **Domaine Font Sarade - 2006**
Bernard Burle.
Quartier La Ponche, 84190 Vacqueyras.

8,50 €
T 04 90 65 82 97
fontsarade@aol.com

Joli vin charnu fortement marqué par la syrah dans un registre moderne et flatteur avec une belle finale sur les épices apportées notamment par un boisé encore très présent et qui demande à se fondre. À mettre en cave deux ans. (18 000 bouteilles)

15 | **Mas des Restanques – 2007**
/20 | Josiane et Jean-Luc Faraud.
Les Parties, 84190 Gigondas.

🍷 8,50 €
T 04 90 65 80 87
masdesrestanques@hotmail.com

Ce domaine repris en mains récemment est en passe de devenir l'une des références de l'appellation. Il produit des vins pleins et charnus offrant une très belle expression de syrah et de grenache dans ce dernier millésime. Il forme un très bon équilibre du style moderne (couleur, fruité et fraîcheur) et du style traditionnel (tannique, fine acidité et caractère épicé). À découvrir absolument. (3 000 bouteilles)

15 | **Mas du Bouquet – 2006**
/20 | Pascal Duconget.
Route de Vaison-la-Romaine, 84190 Vacqueyras.

🍷 8,80 €
T 04 90 65 84 54
contact@vigneronsdecaractere.com

Ce vin produit par la cave coopérative Vignerons de Caractère de Vacqueyras offre une grande concentration et de la corpulence tout en affichant une masse de tanins. Un vin qui séduit par sa concentration, ce qui n'est pas désagréable. Il faudra l'adapter à une cuisine roborative. (66 000 bouteilles)

14,5 | **Domaine Le Clos des Cazaux – Les Templiers 2005**
/20 | Jean-Michel et Frédéric Vache.
Chemin du Moulin, 84190 Vacqueyras.

🍷 9,00 €
T 04 90 65 85 83
www.closdescazaux.fr

Un bon classique avec une évolution agréable sur des notes de fruits très légèrement confits et des nuances d'épices et de poivre. Bon style, parfait à boire. (15 000 bouteilles)

14 | **Domaine Palon – 2006**
/20 | Jean-Pierre et Sébastien Palon.
Le Pot du Bary, Route de Vacqueyras, 84190 Gigondas.

🍷 7,50 €
T 04 90 62 24 84
contact@domainepalon.com

Opulent avec des tanins un rien massifs, ce vin offre cependant de la richesse et de la corpulence en bouche. Dans un registre assez boisé avec des notes toastées en finale, l'ensemble doit encore se fondre. (20 000 bouteilles)

VIN DE PAYS (RHÔNE SUD)
Une sélection établie à moins de 5 €.

15,5 | **Domaine des Amouriers – VDP du Vaucluse 2006**
/20 | Famille Chudzikiewicz.
Les Garrigues, 84260 Sarrians.

🍷 4,00 €
T 04 90 65 83 22
domaine-des-amouriers@aliceadsl.fr

Contrairement à la cuvée Val des deux rivières, on est ici sur un vin de style plus corpulent et suave. La matière a tout l'effet d'un grand vin, le fruit est gourmand. Cette cuvée aura du répondant jusque sur les plats en sauce. (20 000 bouteilles)

14,5 | **Domaine Fond Croze – VDP de la Drôme 2007**
/20 | Bruno et Daniel Long.
Le Village, 84290 Saint-Roman-de-Malegarde.

🍷 4,00 €
T 04 90 28 97 07
www.domaine-fondcroze.com

Véritable boule de fruit, ce vin croquant de type primeur est à ravir. Tout à fait dans le caractère sudiste avec ses notes de garrigue et dans un cocktail de mûre et de cassis. (20 000 bouteilles)

14 **Domaine des Amouriers - VDP du Vaucluse Val 2 Rivières 2007** 🍷 **3,70 €**
/20 Famille Chudzikiewicz. T 04 90 65 83 22
Les Garrigues, 84260 Sarrians. domaine-des-amouriers@aliceadsl.fr

Si l'on entend des vins de la vallée du Rhône qu'ils sont tanniques, pesants, chargés en alcool... nous avons ici tout l'inverse : un véritable vin de soif. Palette aromatique autour des aromates. (10 000 bouteilles)

14 **Domaine du Trapadis - VDP de la Principauté d'Orange 2006** 🍷 **4,50 €**
/20 Helen Durand. T 04 90 46 11 20
Route d'Orange, 84110 Rasteau. www.domainedutrapadis.com

Dans un style fluide et délayé, cette cuvée affiche une grande personnalité. La bouche est très fraîche et le fruit résonne dans toute la bouche. Il y a une dominante aromatique sur les caramels amendés par un côté jus de truffe. À accorder sur toutes les déclinaisons de cochons grillés ou des accords terre-mer avec des sucs de viande. (13 000 bouteilles)

13 **La Bastide Saint-Vincent - VDP du Vaucluse 2007** 🍷 **3,50 €**
/20 Guy Daniel. T 04 90 70 94 13
Route de Vaison-la-Romaine, 84150 Violès. bastide.vincent@free.fr

Bouche suave sur les fruits rouges et le cassis. La couleur est profonde. Léger empattement, reflet de son sous-sol argilo limoneux. Joli accord sur des viandes blanches en perspective. (15 000 bouteilles)

12 **Domaine Lucien Tramier - VDP de la Principauté d'Orange 2007** 🍷 **4,00 €**
/20 SCEA Lucien Tramier. T 04 90 70 65 80
Domaine Pied Girod, 84150 Jonquières.

Une cuvée en demi-puissance sur la gourmandise du fruit. La finale souligne cet aspect rond et jovial. (4 000 bouteilles)

VINSOBRES

*En 2005, les sept kilomètres de coteaux de ce village ont décroché, exclusivement pour les vins rouges, le premier cru du Rhône dans la Drôme provençale. Il compte près de 1 000 hectares plantés. Des rouges de bonne acidité, avec un style fruité, aromatique, dominant surtout dans les grenaches, mais qui ne font pas l'économie de la maturité, surtout en 2005. Les prix sont encore sages, un cru découverte. **Une sélection établie à moins de 8 €.***

15 **Domaine de Deurre - 2005** 🍷 **7,50 €**
/20 Laurent Valayer. T 04 75 27 62 66
RD 94, 26110 Vinsobres. www.domaine-de-deurre.com

Il se distingue par la persistance de notes fumées dans une bouche encore un peu stricte, mais de laquelle se dégage de l'élégance. Reste savoureux dans sa finale. (30 000 bouteilles)

14,5 **Maison Perrin et Fils - Les Cornuds 2006** 🍷 **7,30 €**
/20 Jean-Pierre et François Perrin. T 04 90 11 12 00
Route de Jonquières, 84100 Orange. www.clubperrin.com

Un village plus savoureux, plus masculin, voire brutal dans ses saveurs de graphite et animales, tout en restant fin de matière, jusque dans ses derniers tanins. Du travail bien fait. (69 600 bouteilles)

14 /20 **Domaine de la Péquelette - Cuvée Émile 2005**
Cédric Guillaume-Corbin.
Le Plan de Moye, 26110 Vinsobres.

🍷 **8,00 €**
T 04 75 27 68 69
www.lapequelette.fr

Il conjugue le volume et la fraîcheur typique des 2004, année de maturité limite mais très digeste. Il se termine sans dureté de tanins, tout en restant entier. À boire. (14 000 bouteilles)

 14 /20 **Domaine du Moulin - Les Vieilles Vignes de Jean Vinson 2006**
Denis Vinson.
26110 Vinsobres.

🍷 **6,50 €**
T 04 75 27 65 59
denis.vinson@wanadoo.fr

Le velouté fruits noirs et cacao du grenache domine cet assemblage de bonne concentration, dont la finale joue en rondeur. À boire sur deux ans. (19 000 bouteilles)

 13,5 /20 **Domaine du Moulin - Cuvée ++ 2006**
Denis Vinson.
26110 Vinsobres.

🍷 **7,80 €**
T 04 75 27 65 59
denis.vinson@wanadoo.fr

L'attaque est fine, ce vin est doté d'une matière puissante, de saveur moyenne, suave, coulante jusqu'à une finale encore sur des tanins un peu rustiques. À ouvrir à partir de 2010. (8 000 bouteilles)

13 /20 **Cave La Vinsobraise - Émeraude 2006**
Bernard Meyer.
26110 Vinsobres.

🍷 **6,90 €**
T 04 75 27 64 22
www.la-vinsobraise.com

Cette sélection parcellaire sur coteaux livre un grenache syrah fin, frais, facile à boire, déjà délicieux dans sa finale finement sucrée mais sans lourdeur. À boire jeune. (25 000 bouteilles)

SYSTÈME DE NOTATION

18 à 20 /20 **À ne pas manquer.** Peu de vins forment l'excellence et la perfection. Mais certains sont irréprochables, réunissant l'expression d'un terroir, la maturité du fruit, complexité et élégance. De plus, ils sont dotés d'un potentiel de vieillissement.

16 à 18 /20 **Excellent.** Des vins de grandes occasions possédant une forte personnalité provenant de son terroir, de son encépagement, de sa technique de vinification, de son millésime et du propriétaire. Des valeurs sûres.

14 à 16 /20 **Très bon.** On retrouve dans cette échelle de notation les très bons vins, classiques et réguliers. Ils forment l'essentiel de notre sélection et sont des vins faciles à boire dans leur jeunesse.

12 à 14 /20 **Bon.** Le minimum exigé pour être retenu. Cependant un vin noté 12 ou 13 ne signifie pas que c'est un vin médiocre. Au contraire, c'est une bouteille d'un style friand, procurant un vrai plaisir immédiat et souvent à très bon prix.

INDEX DES APPELLATIONS

Cet index ne recence pas toutes les appellations de France, mais celles où nous avons découvert, cette année, nos meilleurs rapports qualité/prix. A l'intérieur de chaque appellation, les vins sont classés par note qualificative décroissante. Tous les vins de pays sont classés à la lettre V.

Notes

INDEX DES DOMAINES

Ce guide est composé de 15 régions, classés par ordre alphabétique. A l'intérieur de chaque région, le classement se fait par appellation et par ordre alphabétique. A l'intérieur de l'appellation, par note décroissante, et pour une même note, par ordre alphabétique des domaines.

Notes

Imprimé en Italie
par N.I.I.A.G.
Dépôt légal : septembre 2008
ISBN 978-2-915736168